KB246269

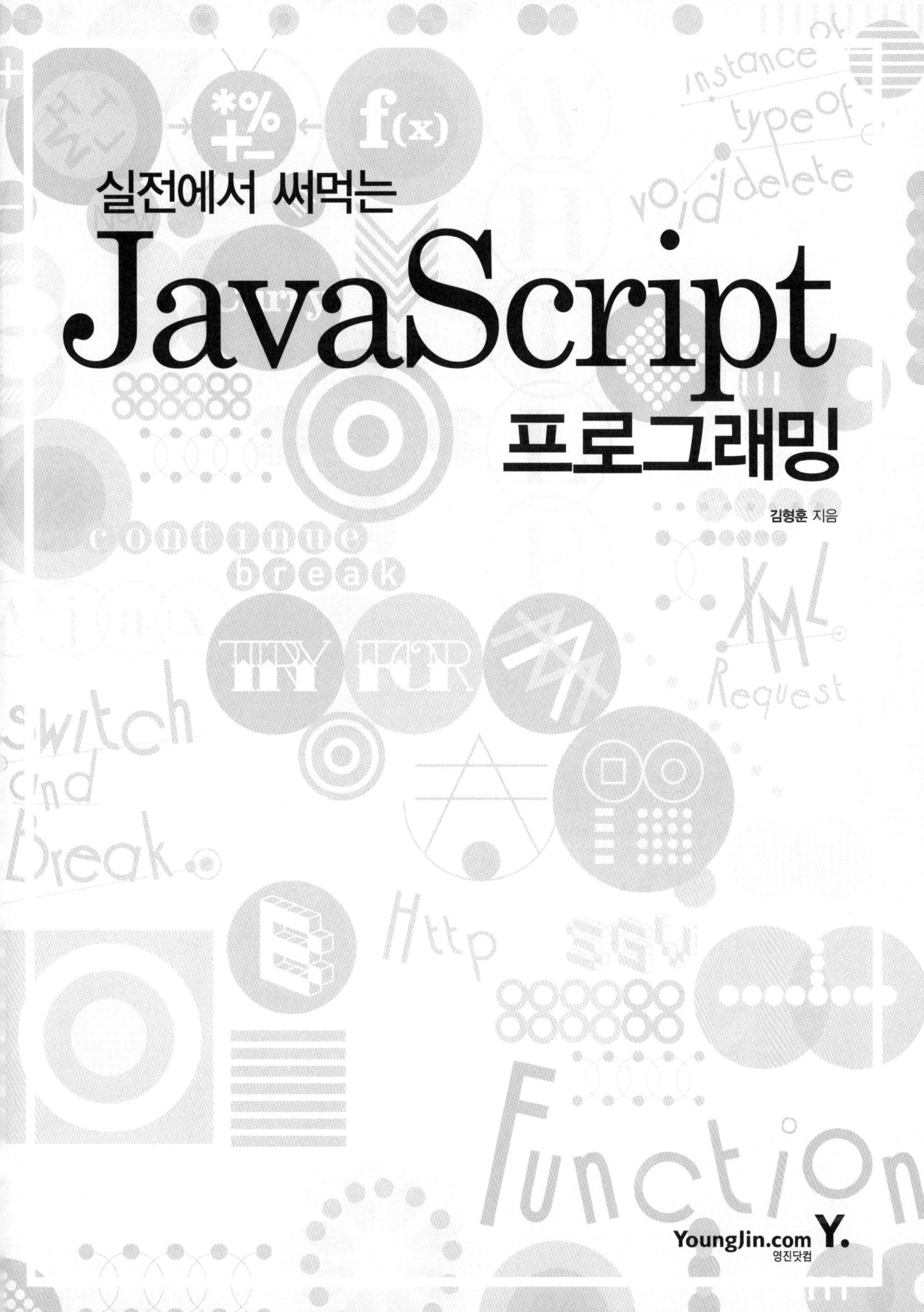

실전에서 써먹는
JavaScript
프로그래밍
김형훈 지음
YoungJin.com Y.
영진닷컴

실전에서 써먹는
JavaScript 프로그래밍

Copyright ⓒ 2013 by Youngjin.com Inc.

10F. Daeryung Techno Town 13th. Gasan-dong, Geumchen-gu, Seoul 153-803, Korea.

All rights reserved. First published by Youngjin.com Inc in 2013. Printed in Korea.

저작권법에 의하여 한국 내에서 보호를 받는 저작물이므로 무단 전재와 무단 복제를 금합니다.

이 책에서 언급된 모든 상표는 각 회사의 등록 상표입니다.
또한 인용된 사이트의 저작권은 해당 사이트에 있음을 밝힙니다.

독자님의 의견을 받습니다

이 책을 구입한 독자님은 영진닷컴의 가장 중요한 비평가이자 조언가입니다. 저희 책의 장점과 문제점이 무엇인지, 어떤 책이 출판되기를 바라는지, 책을 더욱 알차게 꾸밀 수 있는 아이디어가 있으면 이메일, 또는 우편으로 연락주시기 바랍니다. 의견을 주실 때에는 책 제목 및 독자님의 성함과 연락처(전화번호나 이메일)를 꼭 남겨 주시기 바랍니다. 독자님의 의견에 대해 바로 답변을 드리고, 또 독자님의 의견을 다음 책에 충분히 반영하도록 늘 노력하겠습니다.

주　　소　(우)153-803 서울특별시 금천구 가산동 664번지 대룡테크노타운 13차 10층 영진닷컴 기획1팀

대표전화　1588-0789

대표팩스　(02) 2105-2207

등　　록　2007. 4. 27. 제16-4189호

이 메 일　support@youngjin.com

ISBN　　978-89-314-4382-0

저자 김형훈 | 총괄 김태경 | 진행 조충래

본문 편집 이경숙 | 표지 디자인 임정원

머리말...

최근 에트리(ETRI)를 비롯한 많은 연구기관의 결과물로서 웹 기반 애플리케이션에 대한 많은 자료가 제공되고 있다. 현재에 이르기까지 웹 2.0의 성장과 함께 다양한 신규 응용과 기술들이 등장하기 시작하였다. 이 중에서도 가장 많은 변화를 일으킨 부분은 XML 데이터 조각을 이용한 서비스 연동 기술과 Ajax와 같은 비동기식 처리 기술, 브라우저 및 자바스크립트 가속화 기술, Open API와 매시업 기술 분야 등이었고 이와 같은 다양한 기본적인 기술이 종합적으로 어우러져서 하나의 웹 애플리케이션 통합체를 만들기 위한 많은 기술적 전진이 있었다.

피처 폰에서 스마트폰으로 발전해 나가면서 많은 사람들에게 새로운 경험을 제공하였다. 이동통신 서비스 시장은 기존 음성 서비스 중심에서 데이터 서비스 중심으로 이동하였고, 사용자 중심의 콘텐츠가 서비스의 경쟁력을 좌우하는 새로운 비즈니스 환경으로 전환되면서 웹 기반 유무선 통합 모바일 서비스는 많은 파생적 효과를 직접적으로 많은 사용자에게 보여주고 많은 놀라울만한 가치를 만들어 내었다. 웹은 개별 콘텐츠와 서비스를 제공하면서 다양한 응용과 서비스를 제공하기 위한 명실상부한 플랫폼이 되어가고 있다.

모바일 웹 포럼에서 제시한 웹 플랫폼 기술의 핵심으로 웹 엔진과 자바스크립트 프레임워크가 있다. 웹 애플리케이션을 구성히는 웹 콘텐츠를 렌더링하고, 로직을 담당하는 자바스크립트를 구동하기 위한 웹 엔진, 그리고 이와 더불어 웹 애플리케이션 개발을 쉽게 하기 위한 UI 프레임워크인 jQuery Mobile, Sencha Touch 등의 자바스크립트 프레임워크가 있다. 웹 플랫폼과 웹 애플리케이션이 성공 적으로 수행하기 위해 다양한 디바이스의 특성을 파악해야 한다. W3C, WAC 등에서 Device API 표준화 작업을 통해 확장된 기능을 제공하고는 있지만, 아직 관련 규격들은 모바일에 한정되어 있다. 웹의 이벤트 처리도 데스크 탑 환경의 마우스 클릭 이벤트 위주로 처리되어 있어 다양한 기기를 위한 확장 처리를 위해서는 관련 표준화가 진행되어야 한다. 또한, 웹 엔진의 단편화 및 성능 이슈를 해결해야 한다. 웹 기술로 더 나은 UX와 기능을 제공하기 위해 Drag & Drop, Web Socket, Web Worker 등과 같은 여러 가지 기술들을 웹 표준으로 발전시켜 나가야 한다.

이 책에서는 웹 플랫폼과 웹 애플리케이션의 일부분을 구성하면서 다양한 부가적인 기능들을 제공해주는 자바스크립트에 대한 내용을 담고 있다. 1990년대에 나타난 자바스크립트는 웹 애플리케이션에서 기능 동작 표현력을 높여주는데 많은 도움을 주고 있다. 구글이 제공하는 자바스크립트 엔진인 V8의 경우에는 구글 크롬 브라우저와 안드로이드 브라우저에 탑재되어 있으며, 자바스크립트를 바이트코드(bytecode)로 컴파일하거나 인터프리트(interpret)하는 대신 실행하기 전 직접적인 기계어(x86, ARM, 또는 MIPS)로 컴파일(compile)하여 소비자가 제일 중요하게 여기는 애플리케이션의 동작 성능을 향상시켰다.

최근 다양한 이기종 시스템에서 다양한 웹 기반 서비스가 증가하면서 자바스크립트가 다시 관심을 끌고 있다. 이번 기회를 통해서 관련된 많은 내용을 담고자 했지만 부족한 점이 존재할 수도 있다. 하지만, 이 책을 읽는 독자로 하여금 자바스크립트를 사용하는데 있어서 계단 하나의 역할을 할 수 있는 디딤돌이 될 수 있기를 바란다. 한 장 한 장씩 작성하면서 흩어져 있는 많은 지식과 여러 가지 사례들을 종합적으로 정리하고자 노력하였다. 그래서 독자들이 자바스크립트를 사용할 때 약간의 도움이라도 되기를 희망한다.

김 형 훈

이 책의 구성...

이 책은 전체 18개의 챕터로 구성되어 있다. 전체를 3개 파트로 나누어 맨 앞의 Part 1은 처음 시작하는 사람들을 중심으로 자바스크립트의 기본적인 내용들을 설명하며 Part 2와 Part 3에서는 보다 수준이 높은 기술들에 대해서 설명하고 있다.

Chapter 01 자바스크립트 소개

자바스크립트에 대한 기본적인 구성 내용과 마이크로소프트의 인터넷 익스플로러, 구글 크롬, 모질라 파이어폭스에서의 자바스크립트 디버깅 방법을 살펴본다. 여러 가지 도구를 활용한 자바스크립트의 디버깅과 활용/비활용 설정 방법을 포함한다. 도입 부분이면서 기본적인 내용이 포함되어 있으므로 가볍게 읽을 수 있다.

Chapter 02 기초 다지기

프로그래밍 언어를 배우기 위해서는 가장 먼저 배워야 할 것으로 명명 규칙, 주석을 어떻게 달아야 하는지, 공백은 얼마만큼 띄워야 하는지 등의 기본적인 내용을 다룬다.

Chapter 03 데이터 타입과 값

자바스크립트는 다른 프로그래밍 언어와 마찬가지로 기본 데이터 타입이 숫자, 문자열, 불리언(Boolean)을 지원할 뿐만 아니라 추가적으로 객체 데이터 타입을 지원한다. 객체로서 이름이 부여된 데이터, 배열 데이터, 함수가 지원된다. 이와 관련된 내용들을 살펴본다.

Chapter 04 함수

자바스크립트에서 한 번 또는 여러 번 실행될 수 있는 일련의 동작들을 정의한 함수에 대해서 기본적인 내용들을 살펴본다.

Chapter 05 변수

프로그래밍의 변수란 프로그램에 전달되는 정보나 그 밖의 상황에 따라 바뀔 수 있는 값으로 정의하고 있다. 자바스크립트 변수의 기본 타입을 비롯한 여러 가지 내용에 대해서 살펴보도록 한다.

Chapter 12 브라우저 다루기

자바스크립트의 많은 활용은 브라우저를 통해서 나타난다. 자바스크립트의 여러 가지 기본 동작들을 기반으로 어떻게 활용이 되는지를 알아보도록 한다.

Chapter 13 CSS와 DHTML

HTML은 사용자의 요청에 맞추어 여러 가지 변경을 효율적으로 수행하기 위해서 다수의 정의된 시트들을 저장하고 유기적으로 활용하기 위한 여러 가지 방법을 제공한다. 여기서는 이와 관련된 내용들을 살펴보도록 한다.

Chapter 14 DOM과 문서 스크립팅

자바스크립트에서는 표준 객체 모음인 DOM(Document Object Model)을 사용하여 웹 페이지 내에서 HTML 코드를 조작하는 것을 가능하도록 해준다. 여기서는 DOM에 대한 내용과 더불어 문서 스크립팅을 어떻게 수행하는지에 대해서 살펴보도록 한다.

Chapter 15 이벤트 처리

애플리케이션의 시작, 마우스를 통한 변경, 키보드를 통한 변경이 이루어질 때 해당 동작이 이루어질 수 있도록 자바스크립트에서도 처리되어야 한다. 여기서는 이벤트 발생 시 이를 처리하는 방법들을 살펴본다.

Chapter 16 폼과 폼 엘리먼트

웹 페이지에서의 HTML 폼(Form)은 사용자가 데이터를 입력하기 위한 어떤 형태를 만들어주는 방법이다. 여기서는 폼과 폼 엘리먼트에 대해서 살펴보는 시간을 가지도록 한다.

Chapter 17 Ajax

웹 응용 환경의 변화로 웹 응용이 단순한 HTML 기반의 브라우징이 아니라 웹 서비스와 개방형 API에 기반한 하나의 복합 응용의 형태로 사용자들에게 다가가고 있으며, 이를 지원하기 위해서 Ajax 등의 클라이언트 확장 기술을 통해 웹 응용의 범위를 넓히고 있다. Ajax에 관련된 기본적인 내용을 살펴보는 시간을 가지도록 한다.

자바스크립트를 사용한 대표적인 애플리케이션을 살펴보도록 한다. Video.js 는 HTML5 & Flash 비디오를 플레이할 수 있으며 동일한 HTML/CSS 스킨 과 자바스크립트 API를 제공하는 솔루션이다. 그리고 pdf.js에서는 네이티브 코드를 사용하지 않고서도 PDF의 렌더러 기능을 제공할 수 있다. 폰갭을 기반 으로 하는 'Walkable Restaurants' 앱 사례를 통해 어떻게 구성되고 동작하 는지를 간략히 살펴보도록 한다.

지금까지 간략하게 요약한 내용을 보면 Chapter 01부터 Chapter 18까지 적지 않은 내용을 다루고 있으며 많은 다양한 내용에 대해서도 커버하고자 노력하고 있 다. 사용자가 한 장 한 장씩 천천히 읽어보면서 기본적인 바탕 지식들을 쌓아가도 록 구성하였으며 쌓아올려진 내용들이 다시 결합되어 도움이 될 수 있도록 노력하 였다. 그리고 다른 개발자들은 자바스크립트를 어떻게 사용하는지 살펴보고, 자바 스크립트로 어떠한 기능을 제공할 수 있는지도 알아보는 기회가 될 것이다. 이제 자바스크립트의 세계로 한걸음 떼도록 하자.

Contents

Chapter 03 데이터 타입과 값

Chapter 04 함수

Chapter 05 변수

Chapter 06 표현식과 연산자

Chapter 10 클래스와 모듈

Part 02
다양하게 사용하는 자바스크립트

Chapter 11 웹 브라우저와 자바스크립트

Chapter 15 이벤트 처리

Chapter 16 폼과 폼 엘리먼트

Chapter 17 Ajax

Part 03
자바스크립트가 활용된 프로젝트 탐험

Chapter 18 실제 프로젝트 살펴보기

Appendix
부록

Part Ⅰ. 도전! 자바스크립트

자바스크립트 소개

자바스크립트 프로그래밍을 본격적으로 시작하기 전에 알아야 하는 기본적인 내용들을 알아보겠다. 자바스크립트란 무엇인지부터 기초 문법과 데이터 타입과 값, 함수, 변수, 연산자, 문자열과 정규 표현식 등에 대해 자세히 살펴보도록 하자.

웹 기반 애플리케이션들이 주위에 등장하기 시작했고 그 증가세는 나날이 높아지고 있다. 웹 서비스를 풍부하게 제공하기 위해서는 다양한 기반 기술이 필요한데 중요한 요소 중 하나가 바로 자바스크립트이다.

1.1 자바스크립트의 정의와 발전 과정

1990년 처음으로 웹이 나왔을 때 모든 웹 페이지는 정적으로 구성되었다. 그래서 사용자가 웹 페이지를 열면 그 웹 페이지는 미리 설정된 내용만 보여주고 사용자와 상호 간의 정보를 교환할 수 있는 방법은 제공되지 않았다. 상호 간에 정보를 공유하고 사용자들에게 동적이면서 동일하게 보여주기 위해서는 사용자의 행동에 대응하는 방법이 미리 정의되어야 했다. 브라우저를 실행하면 웹 페이지를 다시 로드하지 않아도 동일한 컴퓨터에서 동일한 서비스가 제공될 필요가 있었다.

이러한 시기에 두 개의 웹 브라우저가 사용자들에게 제공되었다. 하나는 넷스케이프 네비게이터이고 또 다른 하나는 인터넷 익스플로러이다. 전자는 안타깝게도 역사의 뒤로 사라져버렸다.

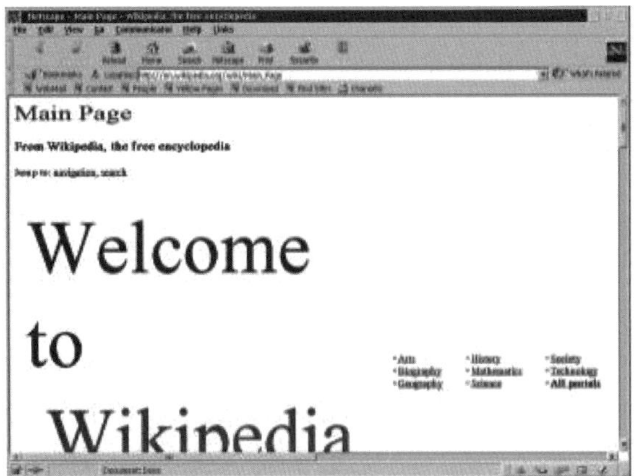

▲ 넷스케이프 네비게이터(v4.61)

▲ 인터넷 익스플로러(v9.08)

넷스케이프 사에서는 클라이언트 측에서 독립적으로 실행되는 프로그램을 작성하기 위한 스크립트 언어로 웹 브라우저에 통합될 수 있는 '라이브스크립트(LiveScript)'를 사용하였다. 그러나 자바가 선풍적인 인기를 끌기 시작하자 넷스케이프 사는 자바를 만든 썬 마이크로시스템즈(Sun Microsystems) 사와 공동 프로젝트를 진행하여 라이브스크립트를 확장시킨 '자바스크립트'를 개발하였다. 자바스크립트는 넷스케이프 사의 브렌던 아이크(Brendan Eich)가 처음에는 모카(Mocha), 나중에는 라이브스크립트(LiveScript)라는 이름을 붙였고 최종적으로 자바스크립트(JavaScript)라고 명명했다.

자바스크립트는 썬 마이크로시스템즈사의 자바와 구문(syntax)이 유사한 점도 있지만, 사실 두 언어 모두 C 언어의 기본 구문을 바탕으로 만들어졌으며 자바와 자바스크립트는 실제로는 직접적인 관련성이 없다.

▲ 자바스크립트 이름 변천사

자바스크립트는 동적인 스크립트 언어이다. 비록 자바와 유사한 이름을 가져서 처음 접하는 많은 사람들이 헷갈리기 쉽지만 다른 목적을 가진 완전히 다른 언어이다.

자바스크립트는 객체지향 스크립트 언어로서 프로그램 코드가 HTML 문서 사이에 직접 들어간다. 그리고 HTML 문서가 실행될 때 동적으로도 동작할 수 있도록 많은 기능을 지원한다.

자바스크립트로 만든 프로그램에서는 사용자가 마우스를 클릭하거나 키보드로 입력하는 작업을 즉시 처리할 수 있다. 그리고 자바스크립트는 오직 클라이언트 쪽에서만 실행되기 때문에 네트워크를 통한 데이터 전송없이 모든 작업을 처리할 수 있다. 그리고 자바스크립트는 사용자가 입력한 내용이 제대로 되었는지를 데이터를 서버로 전송하지 않고도 즉석에서 확인하여 처리할 수 있다. 또한 사용자가 페이지를 열거나 이동할 때를 알아내 원하는 작업을 수행시킬 수 있으며 웹 브라우저에 관한 정보를 알아낸다거나 설치된 플러그인 정보를 알아낼 때에도 사용될 수 있다. 그 외에 자바스크립트는 웹 브라우저 상에 나누어져 있는 프레임을 통해 방문했던 페이지를 기록한 히스토리를 관리하는 작업들도 수행할 수 있다.

다음은 HTML과 같이 사용된 자바스크립트의 가장 기본적인 형태를 보여준다. 어느 언어에서든 마찬가지로 여기에서도 헬로 월드(Hello World!)를 출력하고 있다.

```
<!DOCTYPE HTML PUBLIC "-//W3C//DTD HTML 4.01//EN"
"http://www.w3.org/TR/html4/strict.dtd">
<html>
 <head>
  <meta http-equiv="Content-Type" content="text/html"
   charset="UTF-8" />
  <title> 자바스크립트 페이지 </title>
 </head>
 <body>
  <script type="text/javascript">
```

```
    document.write("<p>Hello World!</p>");
  </script>
  <noscript>
    <p>브라우저가 자바스크립트 기능을 지원하지 않거나 자바스크립트 기능이 꺼져 있습니다.</p>
  </noscript>
  </body>
</html>
```

▲ 자바스크립트 기본 예

자바스크립트는 코어 자바스크립트와 클라이언트 자바스크립트로 나뉜다. DOM API와 XMLHttpRequest 오브젝트는 자바스크립트의 코어라고 생각할 수 있지만 실제로는 웹 브라우저의 확장 API이다. 코어 자바스크립트는 이러한 확장 API를 제외한 기본 데이터 타입과 일부 오브젝트를 의미한다. 코어 자바스크립트의 문법은 C, C++와 유사하며 if/while 루프도 지원하고 기본 데이터 타입으로 숫자, 문자열, 불리언 값을 지원하고 배열, 날짜, 정규 표현식 객체를 지원한다. 자바스크립트가 웹 브라우저에서 사용되면서 다양한 객체로 확장되고 사용자와 상호작용을 할 수 있게 되었다. 이때 동작이 웹 서버가 아닌 웹의 클라이언트에서 동작하므로 이는 클라이언트 자바스크립트라고 한다.

넷스케이프 네비게이터의 웹 페이지 스크립팅을 위해 개발된 자바스크립트는 웹 브라우저의 성공에 의해서 많은 사용자를 확보하였다. 그렇지만 초기 오류에 대한 수정과 보완 과정을 거치면서도 통일되지 않은 버전이 나옴으로써 표준화 기구인 ECMA(European Computer Manufactures Association)에서 자바스크립트 표준안을 만들었다.

표준 ECMA-262 3판에 대응하는 자바스크립트 버전은 1.5이다. ECMAScript는 쉽게 말해 자바스크립트의 표준화된 버전이다. 모질라 1.8 베타 1이 나오면서 XML에 대응하는 확장 언어인 E4X(ECMA-357)를 부분 지원한다. ECMA-357은 E4X(ECMAScript for XML) 자바스크립트의 확장 기능이 표준화되어 있다. XML 데이터 타입 지원과 XML 값을 조작하기 위한 연산자 및 구문이 포함되었다. 2012년부터 최신 브라우저들은 모두 ECMAScript 5.1의 기능을 전부 지원하며 예전 브라우저의 경우는 최소한 ECMAScript 3까지는 지원하고 있다.

ECMAScript 표준의 6번째 버전은 현재 작업 중이며 달라지는 신기능에 대한 릴리즈 진행 상황은 다음과 같이 관련 사이트(http://www.ecma-international.org/publications/standards/Standard.htm)를 통해서 알 수 있다.

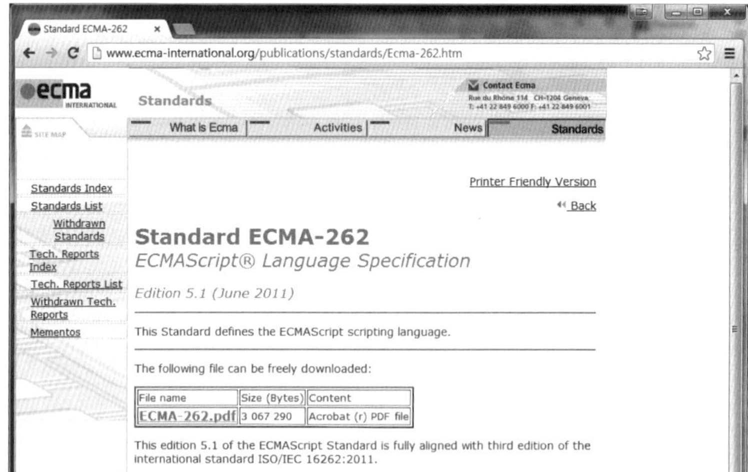

▲ 최신 ECMA 버전(출처 : www.ecma-international.org)

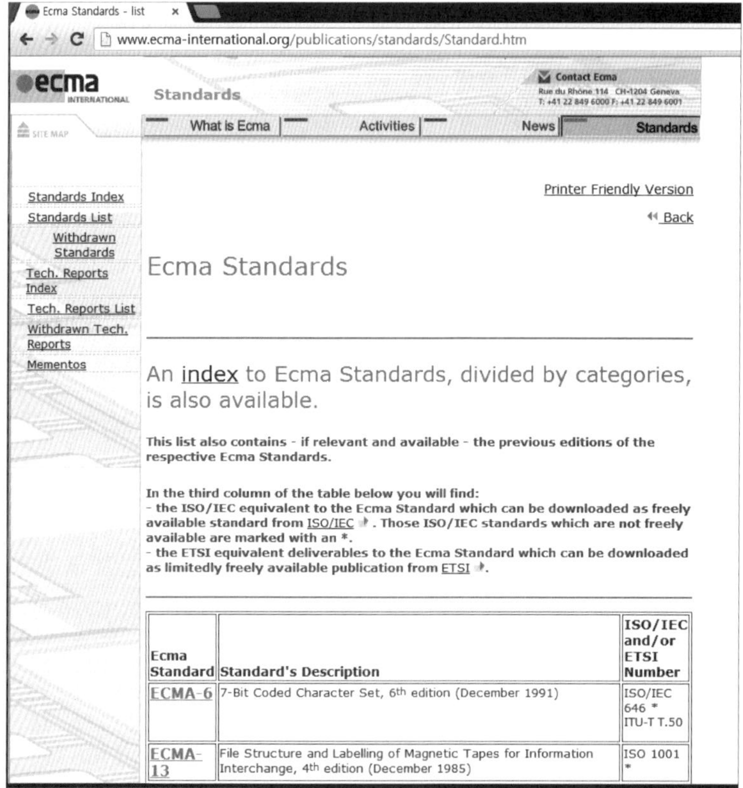

▲ ECMA 버전 릴리즈 현황을 보여주는 사이트
(출처 : http://www.ecma-international.org/publications/standards/Standard.htm)

ECMA는 다른 국제 표준화 조직하고도 깊숙한 관계를 맺으면서 다양한 표준화 활동에 나서고 있다. 주요 관련 국제 조직으로는 다음과 같이 5개를 뽑을 수 있다.

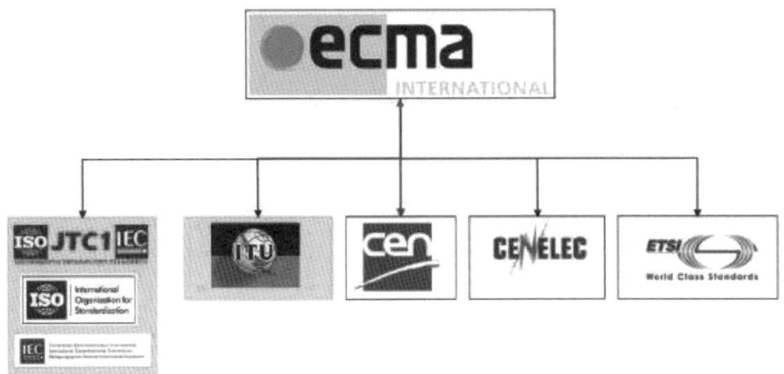

▲ ECMA와 다른 국제 조직과의 관계

ECMA에서는 표준안을 만들기 위해서 다음과 같이 제안을 받은 아이템에 대해서 드래프트를 제작하고 다양한 기술적인 컨퍼런스를 통해서 리뷰를 수행하여 최종 드래프트를 만든 이후에 투표를 통해서 표준안으로 선정한다.

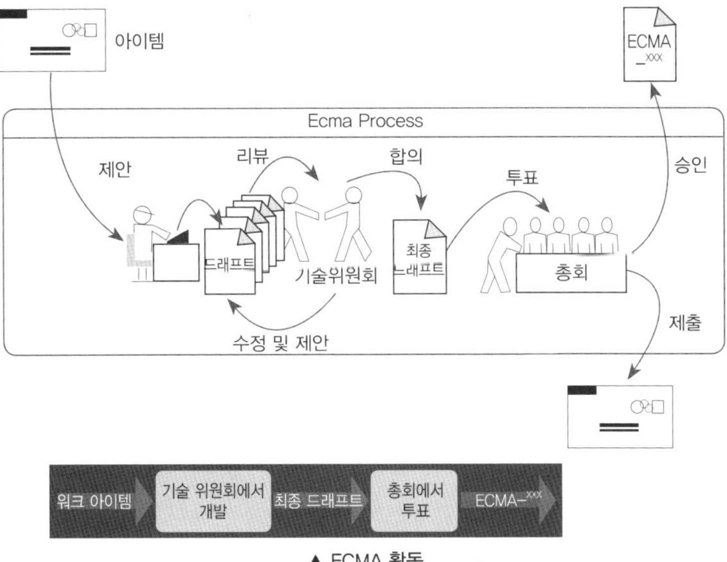

▲ ECMA 활동

1.2 자바스크립트와 다른 언어와의 관계

스크립트 언어(Scripting Language)는 일련의 타스크들을 자동으로 실행시키는 소프트웨어 환경 하에서 작성된 프로그램들 또는 스크립트들을 지원하는 프로그래밍 언어를 말한다. 따라서 운영체제에서의 쉘을 예로 들 수 있으며 웹 브라우저 내의 웹 페이지, 소프트웨어 애플리케이션들에서도 다양한 스크립트 언어를 사용하고 있다. 스크립트 언어를 실행시키기 위해서는 각 스크립트 구성 행들을 읽어 들이고 해석하여 실행할 수 있는 환경이 꼭 필요하다. 스크립트들은 컴파일과 링크라는 단계를 포함하지 않고 수행된다.

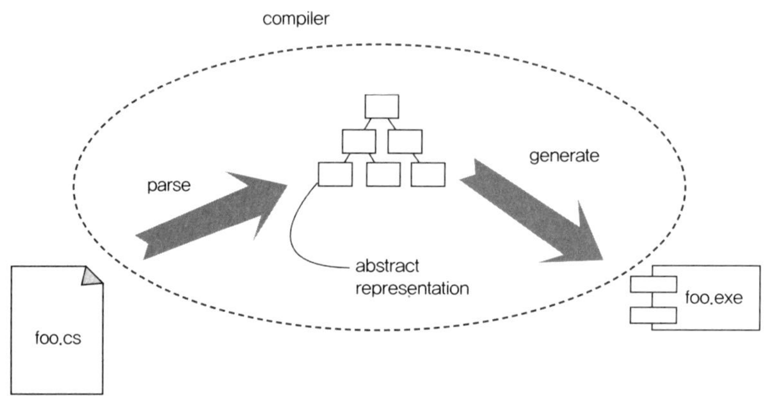

▲ 일반적인 프로그램 수행 순서(출처 : http://martinfowler.com)

스크립트 언어는 1950년대에 메인 프레임 컴퓨터 환경으로부터 시작되었다. 메인 프레임 컴퓨터에서는 상호 간의 연동이 이루어지기보다는 배치 프로세싱과 같은 일괄적인 동작이 수행되었다. IBM의 JCL(Job Control Language)은 배치 프로세싱을 수행하고 제어하기 위해서 개발된 언어였다. 1960년대에 처음으로 상호 연동을 지원하기 위해서 도입된 방법은 쉘(Shell)이다. 쉘이 개발되면서부터 쉘스크립트를 사용하여 원격지 운용을 하고 시간을 쉐어링할 수 있다. 이후에 도입된 스크립트 언어로서 Tcl, Lua가 있으며 이들은 애플리케이션 내에 임베디드 되어 사용되면서 다양한 목적을 수행할 수 있도록 개발되었다. VBA(Visual Basic for Application)의 경우에도 애플리케이션과 결합하여 여러 가지 자동화 기능을 제공할 수 있도록 개발되었다. 최근에는 프로그래밍 언어들을 사용하여 기능을 구현하고자 할 때 부족한 부분이 보이더라도, 새로운 언어를 개발하기보다는 다양한 스크립트 언어를 결합하여 그 부족한 부분을 채우는 방법이 주로 사용된다.

1.3 다양한 환경 내의 자바스크립트

자바스크립트는 클라이언트 측의 웹 브라우저에서 동작한다. 다음의 표는 많은 브라우저 중에서 자바스크립트를 지원하는 것과 지원하지 않는 것을 정리한 것이다. 18개의 브라우저 중에서 단 한 개만 자바스크립트를 지원하지 않는 것을 보면서 자바스크립트는 다른 웹 기술보다도 보편화되어 있고 핵심 기술로 자리 잡고 있음을 알 수 있다.

표) 여러 가지 브라우저의 자바스크립트 지원 여부

브라우저	JavaScript	ECMAScript 3	DOM1	DOM2	DOM3	XPath	DHTML	XMLHttp Request
AOL Explorer	Yes	Yes	Partial	Yes	No	No	Yes	Yes
DocZilla	Yes	No	Yes	Yes	Partial	Yes	Yes	Yes
Google Chrome	Yes	Yes	Yes	Yes	Partial	Yes	Yes	Yes
Internet Explorer	Yes	Yes	Yes	Yes	Partial	Yes	Yes	Yes
Internet Explorer for Mac	Yes	Yes	Partial	No	No	No	Yes	No
Konqueror	Yes	Yes	Yes	Yes	Partial	No	Yes	Yes
Maxthon	Yes	Yes	Partial	No	No	Yes	Yes	Yes
Midori	Yes	Yes	Yes	Yes	Partial	Yes	Yes	Yes
Mosaic	No	No	No	No	No	No	No	No
Mozilla	Yes	Yes	Yes	Yes	No	Yes	Yes	Yes
Mozilla Firefox	Yes	Yes	Yes	Yes	Partial	Yes	Yes	Yes
Netscape	Yes	Yes	Yes	Yes	No	Yes	Yes	Yes
Netscape Browser	Yes	Yes	Depends	Depends	No	Depends	Yes	Yes
Netscape Navigator	Yes	Partial	No	No	No	No	Yes	No
Netscape Navigator 9	Yes	Yes	Yes	Yes	No	Yes	Yes	Yes
OmniWeb	Yes	Yes	Yes	Yes	No	No	Yes	Yes
Opera	Yes	Yes	Yes	Yes	Partial	Yes	Yes	Yes
Safari	Yes	Yes	Yes	Yes	Partial	Yes	Yes	Yes

자바스크립트는 앞에서 본 바와 같이 다양한 브라우저에서 지원되고 있지만, 필요에 따라서 사용하지 않도록 활성화 여부를 사용자가 결정할 수 있다. 이를 위해서는 각 웹 브라우저에서 설정 작업이 필요하다.

||||| 인터넷 익스플로러

인터넷 익스플로러 9(Internet Explorer 9, IE9)는 마이크로소프트에서 개발한 웹 브라우저이며 2011년 3월 14일에 정식 버전이 출시되었다. Direct2D API를 이용한 GPU 그래픽 가속을 지원하는 것이 가장 큰 특징이다. 이밖에도 빠른 브라우저를 표방하고 있으며 HTML5, CSS3를 완전히 지원하는 것이 목적이다. SVG 역시 지원한다. 이전 버전의 브라우저와 같이 Acid1, Acid2를 통과하였으며 Acid3(브라우저 테스트 페이지)에서 테스트 점수는 100점을 받았다.

인터넷 익스플로러 9의 경우에는 다음 그림과 같이 브라우저의 오른쪽 상단에 위치한 '도구(※)' 버튼을 클릭하고 '인터넷 옵션'을 선택한다. 메뉴 안에서 '보안' 탭을 선택한 이후에 [사용자 지정 수준] 버튼을 클릭한다.

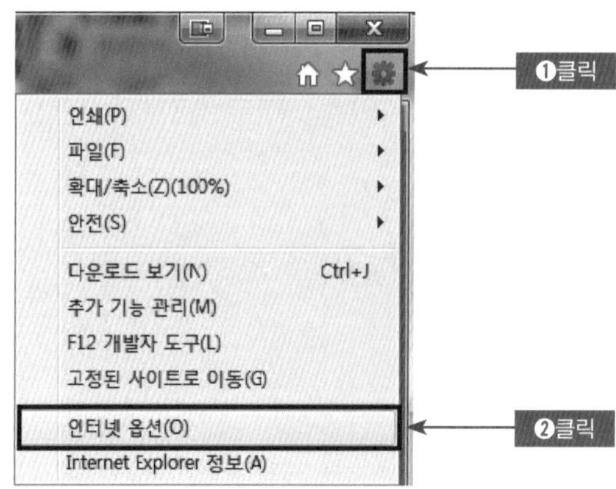

▲ 인터넷 익스플로러에서 첫 번째 단계

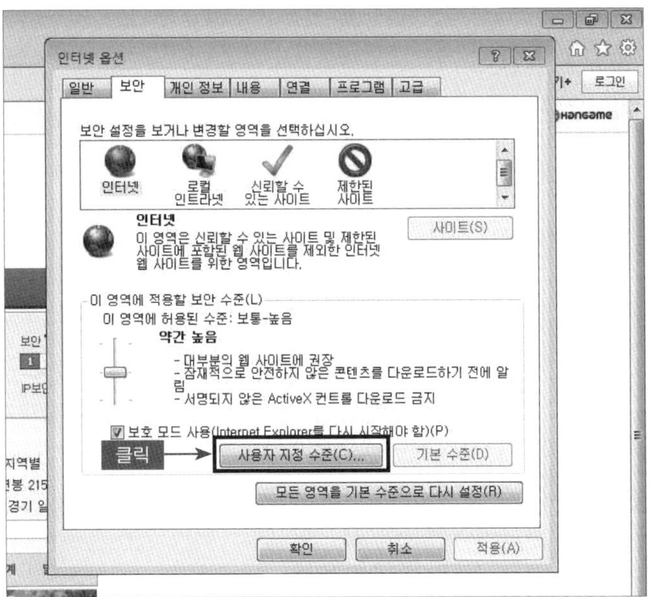

▲ 인터넷 익스플로러에서 두 번째 단계

[사용자 지정 수준] 버튼을 선택하여 오픈된 [보안 설정] 상자에서 스크롤해서 아래 쪽으로 이동한다.

▲ 인터넷 익스플로러에서 세 번째 단계

스크롤하면 '스크립팅'에서 'Active 스크립팅' 항목을 발견할 수 있다. 바로 이것이 인터넷 익스플로러에서 자바스크립트를 활성화/비활성화할 수 있는 체크박스이다. 만약에 사용하지 않고자 할 경우에는 '사용 안 함'을 선택하는데 이때 웹 페이지에서 호환성 이슈가 발생할 수 있다.

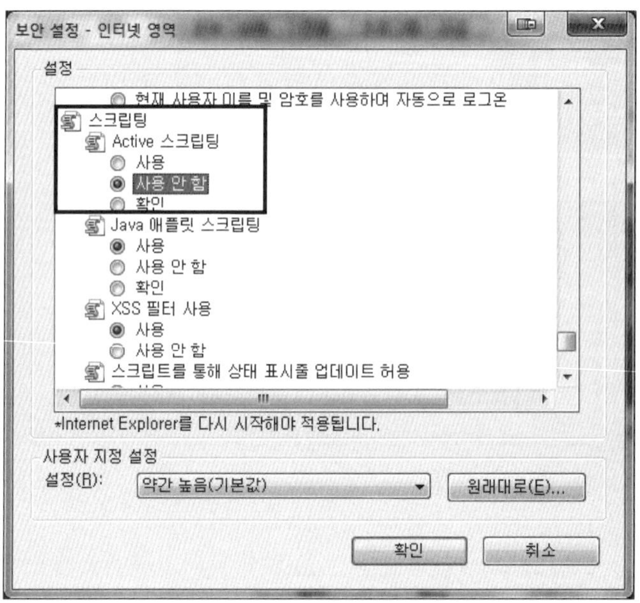

▲ 인터넷 익스플로러에서 네 번째 단계

||||| 모질라 파이어폭스

모질라 파이어폭스(Mozilla Firefox)의 경우에도 실제로는 인터넷 익스플로러와 마찬가지로 브라우저의 설정 부분에서 자바스크립트를 사용하도록 활성화/비활성화를 할 수 있다. 모질라 파이어폭스는 모질라 재단과 모질라 기업이 개발하는 무료 웹 브라우저로 2011년 전 세계 웹 브라우저 시장에서 약 28%의 점유율을 차지하고 있고 세계에서 2번째로 많이 사용하는 브라우저이다. 웹 페이지를 표시하기 위해 레이아웃 엔진을 사용하며 웹 표준을 구현하고 있다. 주요 기능으로는 탭 브라우징, 맞춤법 검사, 통합 검색, 라이브 북마크, 다운로드 관리자 등이 있다. 사용자가 원하는 검색 엔진을 사용할 수 있는 통합 검색 시스템이 주요 특징이다. 제3자가 만든 부가 기능으로 기능을 추가할 수도 있다.

▲ 모질라 파이어폭스 메인 화면

웹 브라우저에서 '도구' 메뉴를 선택하면 '설정'이라는 하위 메뉴를 발견할 수 있다. '설정' 메뉴를 클릭해보자.

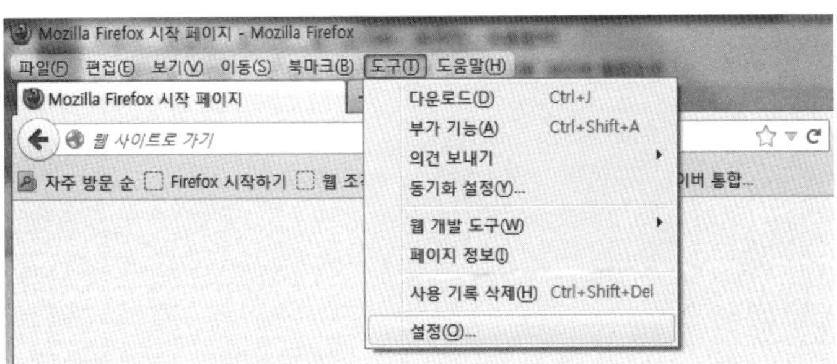

▲ 모질라 파이어폭스에서 첫 번째 단계

하위 메뉴인 '설정'에 들어가면 그 내부에 '내용'이라는 탭을 발견할 수 있고 이 중에 '자바스크립트 사용' 체크박스를 사용하여 활성화와 비활성화를 선택할 수 있다.

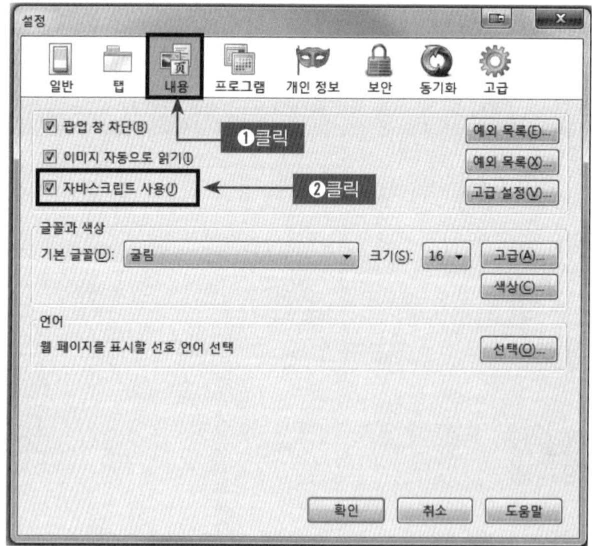

▲ 모질라 파이어폭스에서 두 번째 단계(활성화)

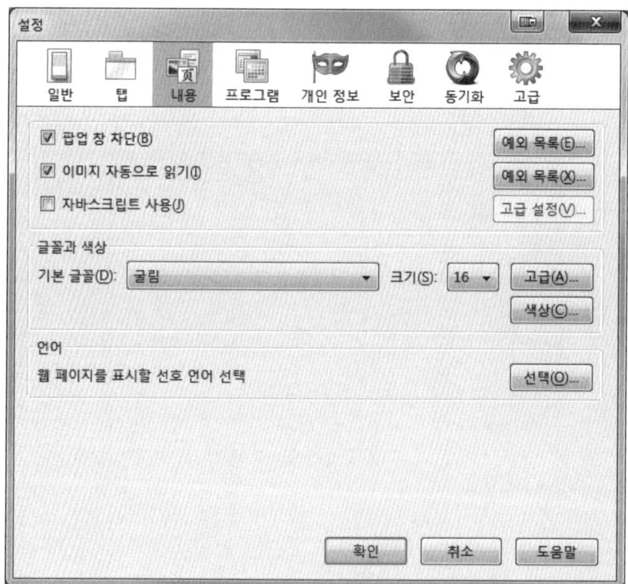

▲ 모질라 파이어폭스에서 세 번째 단계(비활성화)

||||| 구글 크롬

구글 크롬(Google Chrome)도 모질라 파이어폭스와 마찬가지로 설정에서 자바스크립트의 활성화/비활성화가 가능하다. 구글 크롬은 웹킷(Webkit) 레이아웃 엔진을 이용하여 개발 중인 프리웨어 웹 브라우저이다. 구글 크롬은 간단하고 효율적인 사용자 인터페이스를 제공하며 현존하는 다른 웹 브라우저들보다 나은 안정성과 속도, 그리고 보안성을 갖는 것을 목표로 한다. 2008년 9월 3일 마이크로소프트 윈도우용 베타 버전이 나왔으며 2008년 12월 11일 첫 번째 안정화 버전이 나왔다. 크롬이란 뜻은 원래 그래픽 사용자 인터페이스에서 창틀을 의미하는데 여기서는 브라우저 틀의 영역을 말하며 이 영역을 최소화시키자는 목표로 크롬이라고 이름을 지었다고 한다. 설정을 하기 위해서는 오른쪽 상단의 버튼(≡)을 선택한다.

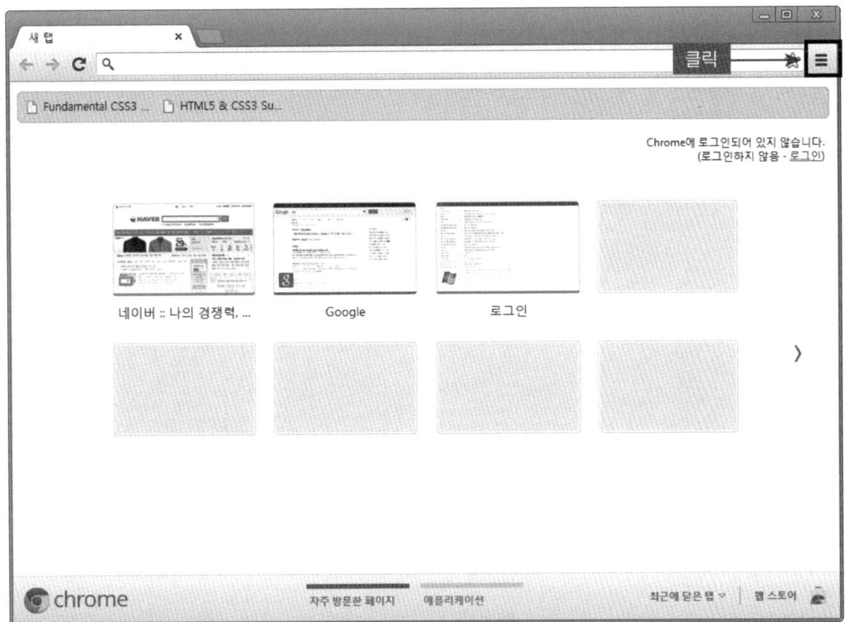

▲ 구글 크롬에서 첫 번째 단계

오른쪽 상단의 아이콘을 선택하면 '설정' 메뉴가 나타난다.

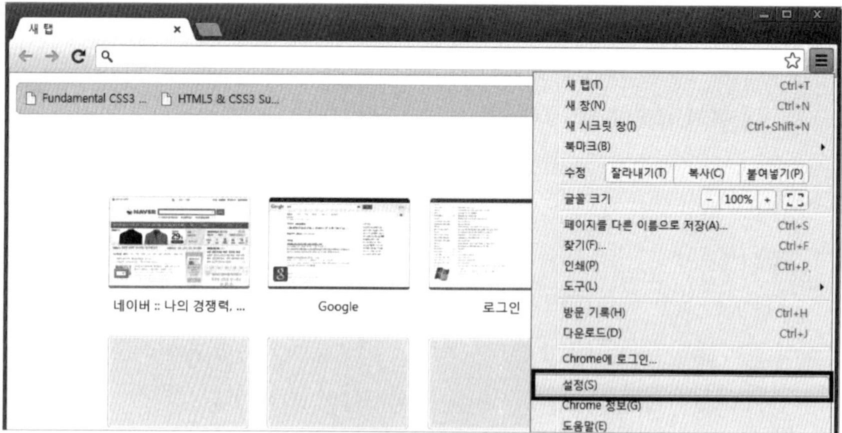

▲ 구글 크롬에서 두 번째 단계

'설정' 메뉴에 들어가면 하단의 [고급 설정 표시] 버튼을 클릭한다. 이를 선택하지 않으면 자바스크립트 활성화/비활성화 기능을 볼 수 없다.

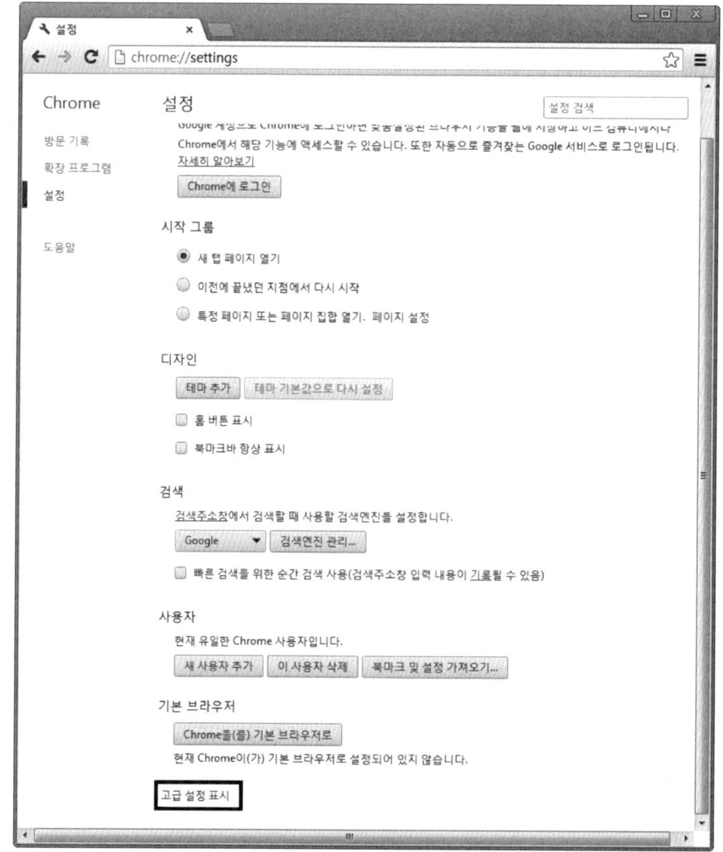

▲ 구글 크롬에서 세 번째 단계

[고급 설정 표시] 버튼을 클릭한 후 다음의 그림과 같이 [콘텐츠 설정] 버튼을 클릭하여 크롬 브라우저에서 사용자가 자바스크립트 실행 여부를 결정하는 화면으로 넘어갈 수 있다.

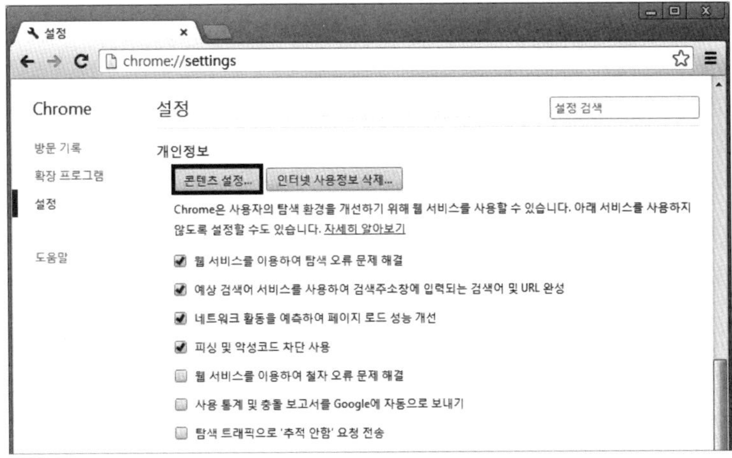

▲ 구글 크롬에서 네 번째 단계

[콘텐츠 설정] 버튼을 클릭해야만 숨겨져 있던 자바스크립트를 설정할 수 있는 세부 메뉴가 보인다. 웹에서는 자바스크립트를 실행해야만 다양한 기능을 제공할 수 있기 때문에 '실행 허용'이 권장사항이다. 만약에 '실행 허용 안함'으로 할 경우에는 사이트 이동 시 여러 가지 어려움을 만날 수 있다.

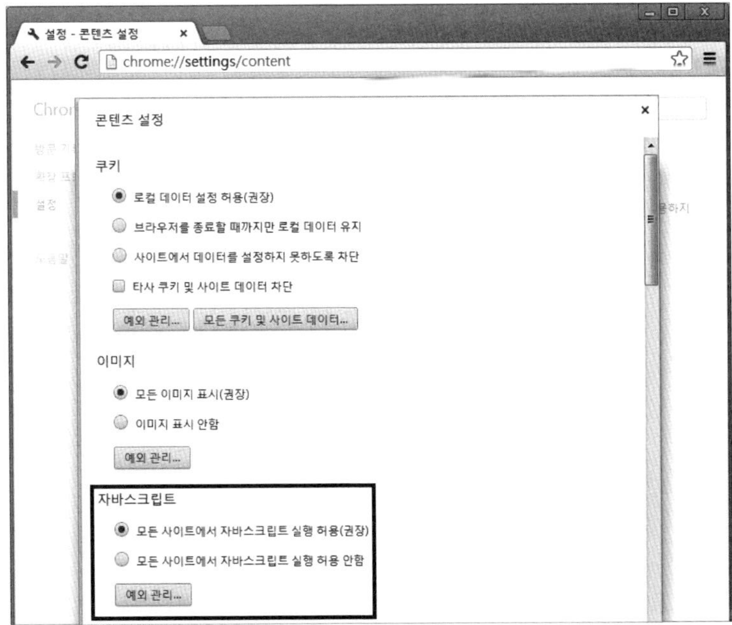

▲ 구글 크롬에서 다섯 번째 단계

지금까지 주요 웹 브라우저에서 자바스크립트의 활성화 방법을 살펴보았다. 다양한 웹 브라우저가 세상에 많이 존재하였고 지금도 존재하지만 여기서는 상위 점유율을 차지하는 주요 웹 브라우저 3개를 기준으로 살펴보았다. 이 3개는 다음과 같은 기준으로 도출되었다.

표) 2013년 3월 기준 웹 브라우저 점유율 비교

구분	구글 크롬	인터넷 익스플로러	파이어폭스	사파리	오페라	기타
스캣 카운터	33.07%	29.30%	20.87%	8.50%	1.17%	14.44%
W3카운터	30.3%	24.6%	19.3%	16.3%	2.3%	4.5%
넷애플리케이션	16.76%	55.58%	20.09%	5.32%	1.77%	0.48%
클리키	31.92%	35.83%	21.29%	9.52%	1.21%	0.13%

2013년 3월을 기준으로 살펴보면 구글 크롬은 스탯 카운터(사이트 기준) 통계로 전 세계 시장 점유율 1위를 차지하고 있고 넷 애플리케이션 통계 기준으로는 전 세계 시장 점유율 3위를 차지하고 있다. 물론 분석 기준이 다르기 때문에 분석 업체의 결과 수치에 차이가 있을 수 있으며 실제로는 인터넷 익스플로러와 구글 크롬이 서로 앞서거니 뒷서거니를 반복하고 있다고 보면 된다.

Tip 웹 브라우저

웹 브라우저는 WWW(World Wide Web) 상에서 정보라는 리소스들을 추출해 내고 표현하고 변환시키는 애플리케이션이다. 웹 브라우저가 실행되는 곳을 클라이언트라 하고 웹 브라우저의 정보를 제공하는 곳을 웹 서버라고 볼 수 있다. 웹 서버를 통해서 제공되는 다양한 정보들을 웹 브라우저를 통해서 사용자가 원격지에서 얻을 수 있다. 사용자가 가지고자 하는 정보 리소스로 웹 페이지를 구성하는 이미지, 비디오와 같은 것들이 있으며 리소스는 URI(Uniform Resource Identifier)를 통해서 구별될 수 있다. 현재 많은 종류의 웹 브라우저가 사용자에게 제공되고 있지만 실제로 많은 인기를 차지하는 것은 주요 4개(인터넷 익스플로러, 크롬, 파이어폭스, 사파리)이다. 각각에 대한 시장 점유율은 다음 그래프와 같다.

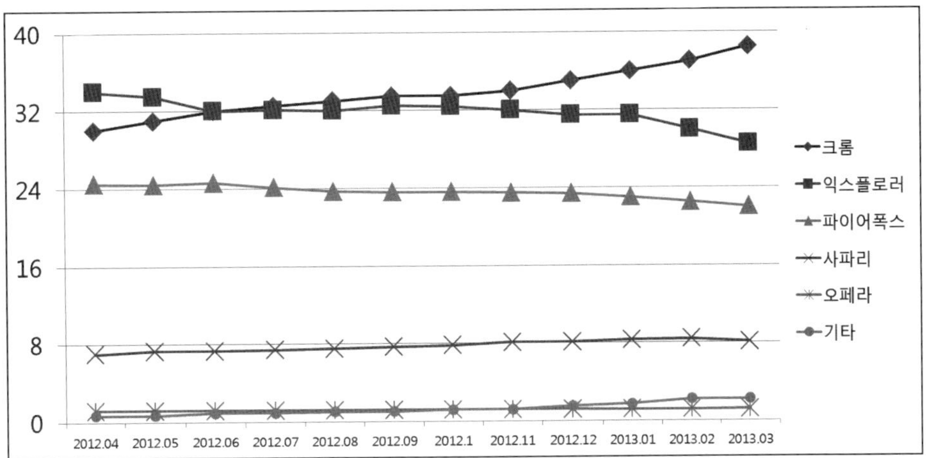

▲ 웹 브라우저의 주요 점유율(출처 : statcounter.com)

기존에 강세를 보였던 마이크로소프트의 인터넷 익스플로러가 감소세를 보이는 반면에 구글의 크롬이 지속적으로 강세를 보이고 있다. 파이어폭스의 경우에는 일정한 포지션을 차지하면서 유지되고 있으며 사파리의 경우에도 애플 제품의 호조에 힘입어 증가 추세를 보이고 있다.

1.4 자바스크립트 개발 환경 및 디버깅

자바스크립트를 사용하여 개발을 진행할 때 발생할 수 있는 여러 가지 문제점들을 해결하기 위해서 개발자는 어떻게 해야 할까? 일단 자바스크립트는 웹 애플리케이션을 개발할 경우가 대다수이므로 웹 브라우저와 디버거를 활용해서 문제점을 해결하도록 한다.

개발자는 개발 환경(웹 브라우저 등)에 설치한 자바스크립트용 디버거를 사용함으로써 보다 품질이 좋은 코드를 계획한 시간 안에 오류가 없도록 만들 수 있다. 자바스크립트를 위한 디버거를 통해서 자신이 가지고 있는 버그를 이전보다 신속히 효율적으로 찾아낼 수 있으므로 개발 시간을 쉽게 감소시킬 수 있을 것이다. 지금부터는 자바스크립트를 개발할 때 어떠한 도구를 사용할 수 있는지와 다양한 웹 브라우저 중에서 가장 많이 사용하는 브라우저인 인터넷 익스플로러, 파이어폭스, 크롬에서 자바스크립트를 어떻게 디버깅하는지를 살펴보도록 한다.

ⅢⅢ 자바스크립트 개발 환경

자바스크립트를 개발하기 위해서는 다양한 개발 환경을 사용할 수 있다. 그만큼 자바스크립트가 많이 사용되고 사람들이 관심을 가지기 때문에 여러 방식의 많은 지원이 존재한다. 이제 몇 가지의 자바스크립트 개발 환경에 대해 설명하겠다.

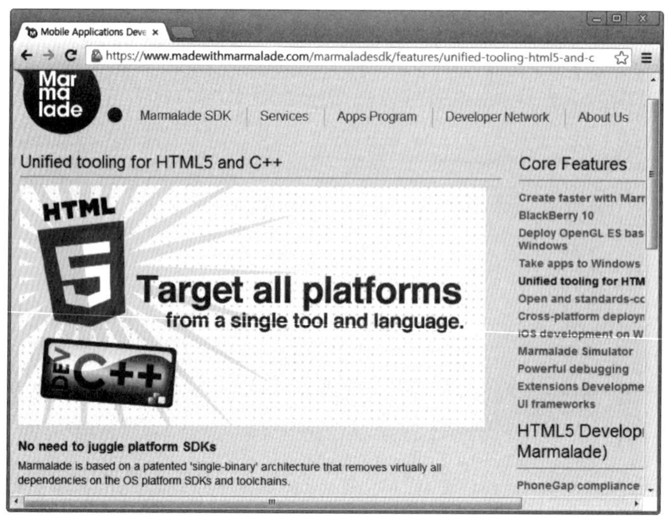

▲ HTML5와 C++의 동시 지원 도구(출처 : https://www.madewithmarmalade.com)

Marmalade

Marmalade는 iOS, 안드로이드, 블랙베리 및 그 외 다수의 모바일과 스마트 TV 플랫폼에 가장 풍부하고 사용하기 편리하며 성공적인 앱을 제공하는 데 노력하고 있다. Marmalade 6.0 버전은 웹 개발업자들에게 모든 네이티브 파워를 제공하여 HTML5는 물론 크로스 플랫폼 네이티브 코드의 강점까지 이용할 수 있는 기회를 제공한다.

Tip **Marmalade SDK**

Marmalade SDK는 스마트폰, 태블릿, 스마트 TV 및 그 외 임베디드 플랫폼에서 사용하는 풍부한 앱과 게임을 위한 크로스 플랫폼 개발 환경이다. 개발업자들은 Marmalade를 이용하여 네이티브 CPU 명령에 단일 코드베이스를 올린 다음 모바일 타겟인 iOS, 안드로이드, 블랙베리 장치와 일부 스마트 TV 플랫폼을 포함하는 다양한 플랫폼에 쉽게 앱을 설치할 수 있다.

Marmalade에서는 웹과 네이티브 기술을 결합한 하이브리드 앱이 미래의 열쇠라고 생각하고 지원하고 있다. 이를 통해서 개발자들은 Marmalade 6.0을 통해 HTML5, CSS3 및 자바스크립트로 모바일 앱을 개발하고 iOS와 안드로이드에서 동시에 네이티브 앱으로 출시할 수 있다.

▲ 윈도우 환경에서 iOS 앱 개발(출처 : https://www.madewithmarmalade.com)

Marmalade 도구를 사용하면 개발자들은 플랫폼 SDK 사이에서 이동하거나 윈도우와 맥 사이에서 전환할 필요도 없다. 그래서 윈도우 기반 개발자들은 윈도우 PC 환경에서 iOS 앱을 개발, 테스트, 프로그램 수정 및 설치할 수 있으며 Chrome JavaScript 디버거와 Web Inspector 툴이 완전 통합된 초고속 데스크탑 장치 시뮬레이터 내에서 모바일 앱을 미리 볼 수도 있다.

개발 도구를 사용하면서 중요한 점 중 하나는 바로 실제 수행 시 문제가 없는 가이다. 이를 지원하기 위해서 시뮬레이터를 제공한다. 스크린 해상도, 멀티 터치, 키보드, 엑셀러레이터, GPS, 모바일 폰을 위한 디바이스 특성 값, 메모리 등의 특성에 대해서도 고려되어 있다.

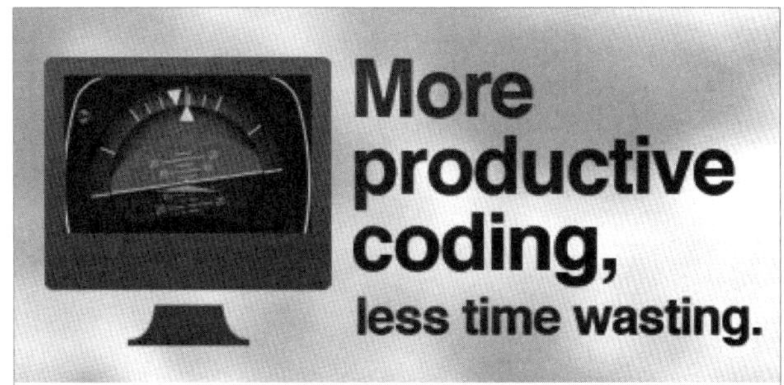

▲ 다양한 고려가 포함된 시뮬레이터(출처 : https://www.madewithmarmalade.com)

Marmalade SDK를 다운받기 위해서는 Marmalade 홈페이지를 방문해 로그인하고, 오른쪽 상단에 있는 [Download] 버튼을 클릭한다. 물론 상용화된 버전을 얻을 수 있지만 이보다는 먼저 무료 버전을 사용한다.

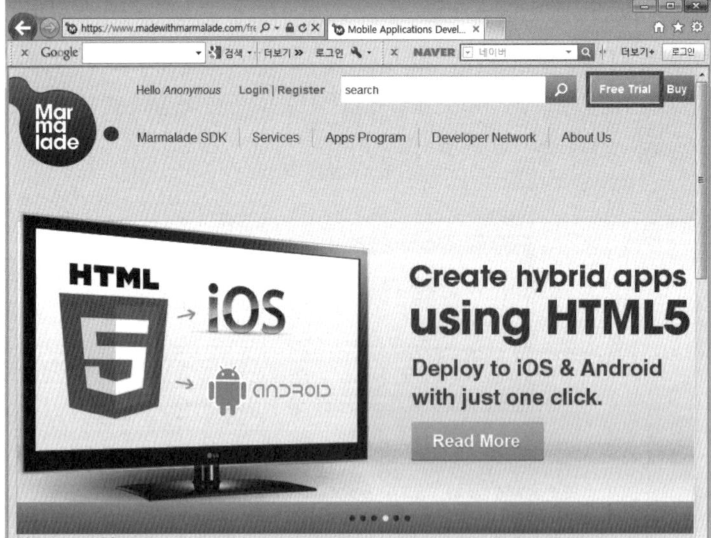

▲ Marmalade SDK Free 버전 다운 받기(출처 : https://www.madewithmarmalade.com)

무료 버전을 얻기 위해서는 단지 주황색 [Free Trial] 버튼만을 선택한다고 해서 끝
나는 것이 아니다. 그 다음에는 다양한 버전이 나와 있는 화면에서 자신의 개발 환경
에 맞는 버전을 선택해야 한다.

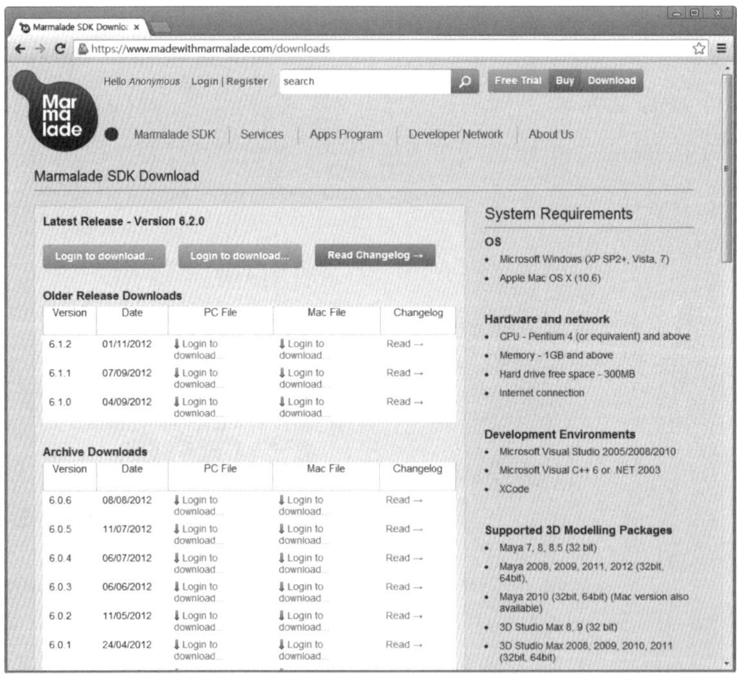

▲Marmalade SDK 다운로드

w3school과 jsFiddle

앞에서 간략히 설명한 SDK와 같은 도구를 사용하는 방법도 있지만, 이 방법 이외에 여러 웹 사이트에서 제공하는 웹 페이지 프리뷰(Preview) 에디터를 사용하는 방법이 있다. 다양한 사이트가 존재하는데 여기서는 w3school(www.w3schools.com)과 jsFiddle(http://jsfiddle.net)을 간략히 보도록 한다.

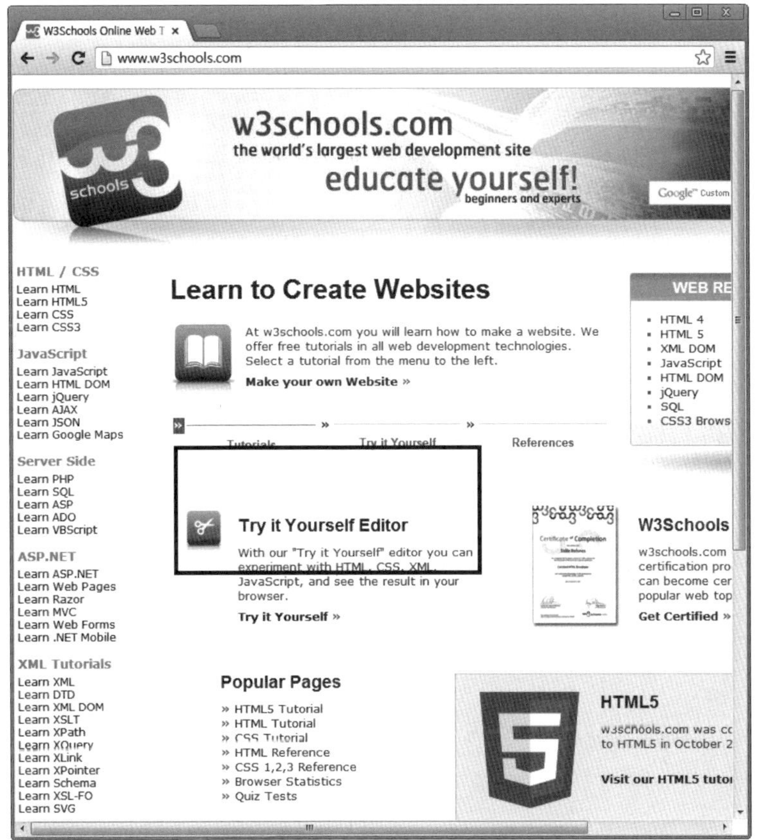

▲ w3school 사이트에 있는 Try it Yourself Editor

w3school 사이트에 접속한 다음에 중앙에 위치한 'Try it Yourself Editor'를 볼 수 있다. 이 사이트는 다양한 웹 프로그래밍 관련 자료들을 제공하고 있으며 그 자료들을 수정하고 바로 그 자리에서 결과를 보여줄 수 있는 에디터도 제공한다.

다음 그림은 실제 개발자가 작성한 코드이며 오른쪽은 왼쪽 코드가 실행될 때 나오는 결과물이다.

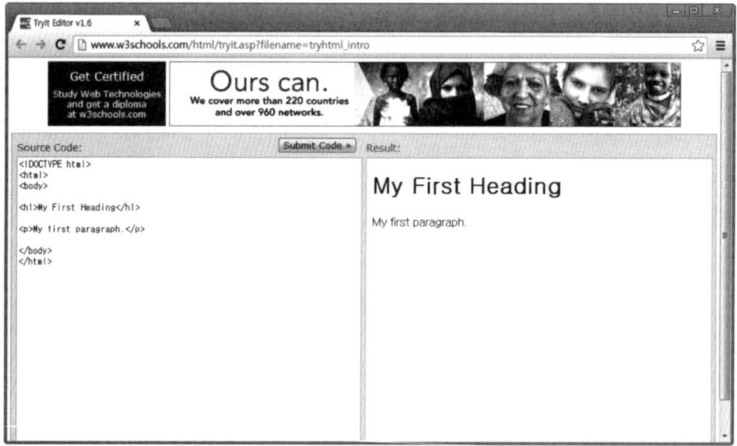

▲ Try it Yourself Editor 실행 화면

그 외에도 jsFiddle 사이트가 존재하는데 자바스크립트 이외에 HTML, CSS 코드들을 모두 기입하면 오른쪽 하단에서 결과를 볼 수 있다. 개발자가 하나의 화면에서 웹 표현을 위한 다양한 언어를 쉽게 넣을 수 있다는 장점이 있다.

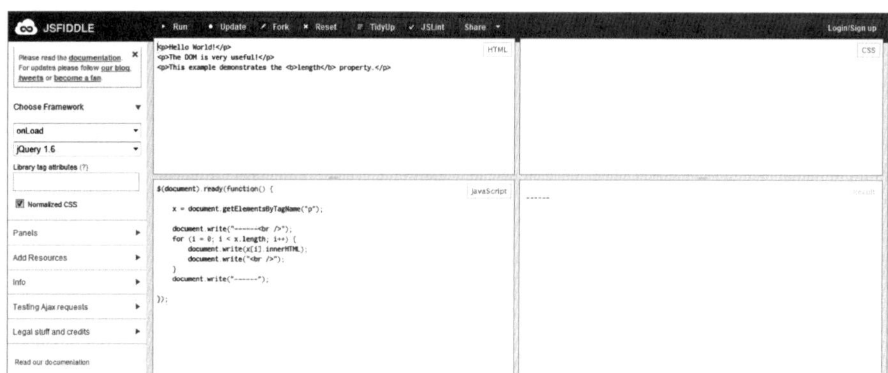

▲ jsFiddle 사이트

이외에도 많은 사이트들이 있겠지만 가장 손쉬운 방법은 개발자 자신이 작성한 HTML 코드와 자바스크립트 코드, CSS 코드를 자신이 사용하는 웹 브라우저에 드래그 앤 드롭으로 실행하여 결과를 보는 것이다.

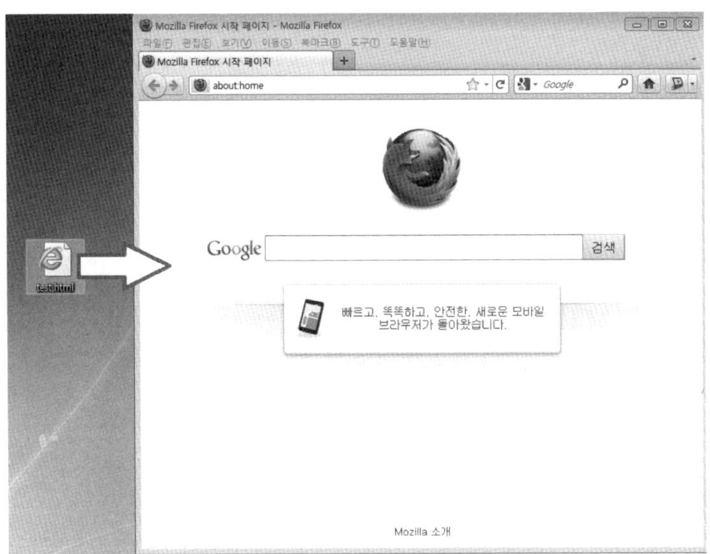

▲ 웹 브라우저를 사용한 웹 프로그래밍 테스트

웹 브라우저를 실행한 이후에 테스트하고자 하는 HTML과 자바스크립트가 포함된
파일을 드래그 앤 드롭하면 해당 내용이 실행된다. 이때 코드 내용을 보고 싶다면, 바
로 웹 브라우저에서 '소스 보기' 메뉴를 통해서 살펴볼 수 있다.

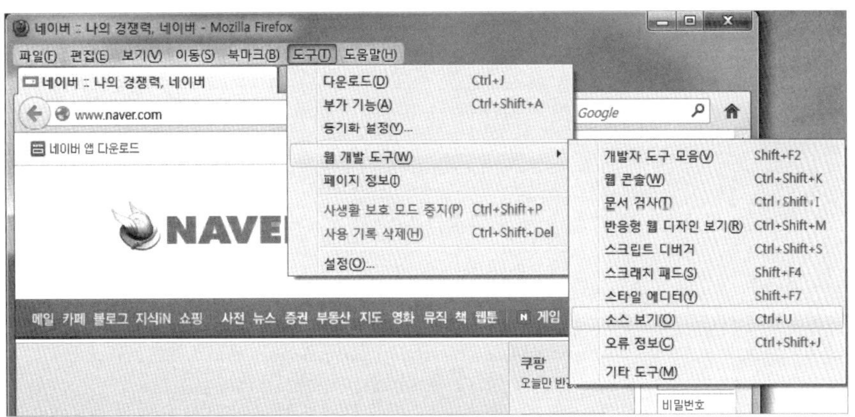

▲ 파이어폭스 웹 브라우저에서 소스 보기 메뉴 실행

||||| 자바스크립트 디버깅 환경

지금부터는 자바스크립트의 디버깅을 어떻게 하는지 살펴보도록 하자. 인터넷 익스
플로러의 경우에는 우선 브라우저의 인터넷 옵션 박스에서 몇 가지를 수정한 이후에

진행할 수 있다. 왜냐하면 자바스크립트 디버깅을 하려면 먼저 인터넷 익스플로러의 설정이 필요하기 때문이다. 인터넷 익스플로러를 실행시킨 이후에 오른쪽 상단의 [도구]–[인터넷 옵션] 메뉴를 클릭한다.

'인터넷 옵션' 대화상자의 [고급] 탭에서 다음 그림과 같이 기본적으로 표시되어 있는 것과 반대로 표시되도록 수정하여 설정한다. 먼저 '모든 스크립트 오류에 관련된 알림 표시'를 체크해 자바스크립트 오류가 발생하면 바로 알려주도록 한다. 원래는 일부 넘어가도 될 수 있는 스크립트 오류는 사용자에게 보여주지 않고 매끄럽게 흘러가 주는 것이 웹 브라우저의 본연의 임무 중 하나이기 때문에 기본적으로 인터넷 익스플로러를 설치하였을 때 기본값으로는 비활성화되어 있다. 이제는 체크하였기 때문에 스크립트 오류가 발생하면 경고 창이 나타난다. 그리고 '스크립트 디버깅 사용 안 함'을 둘 다 체크 해제한다.

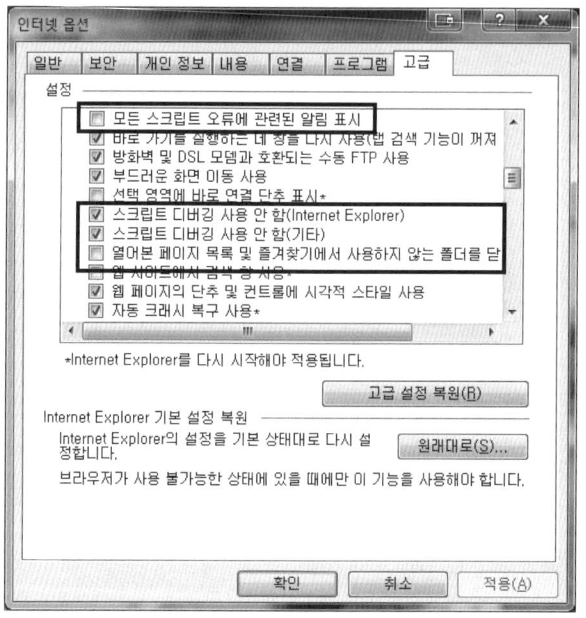

▲ 인터넷 옵션의 설정을 변경하기 변경 전 상태

변경한 이후에 '인터넷 옵션'의 체크 결과는 다음과 같다. 만약에 디버깅을 추가로 진행할 도구가 설치되어 있다면 그 도구를 실행할 것인지를 확인하는 메뉴가 나타날 것이다.

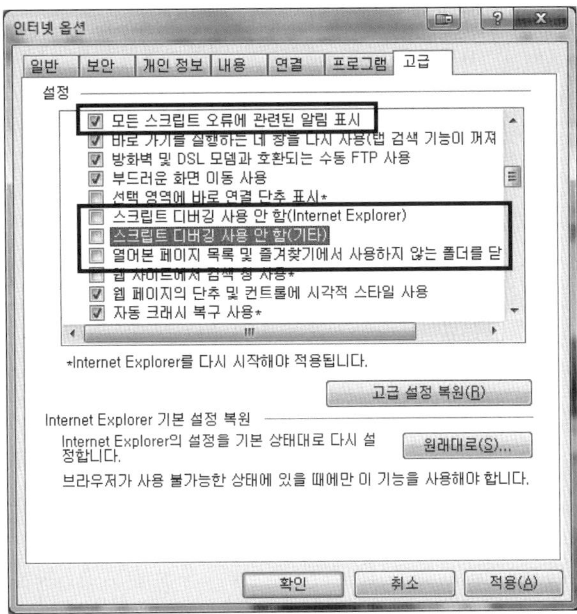

▲ 인터넷 옵션의 설정 변경 완료

인터넷 옵션에서 스크립트 디버깅을 사용하도록 변경한 이후에는 웹 서핑을 하면서 다음과 같은 웹 페이지 오류 팝업 창을 자주 볼 수 있을 것이다. 기존에 안보였던 오류들이 사용자들에게 직접적으로 보여지는 계기가 되었다.

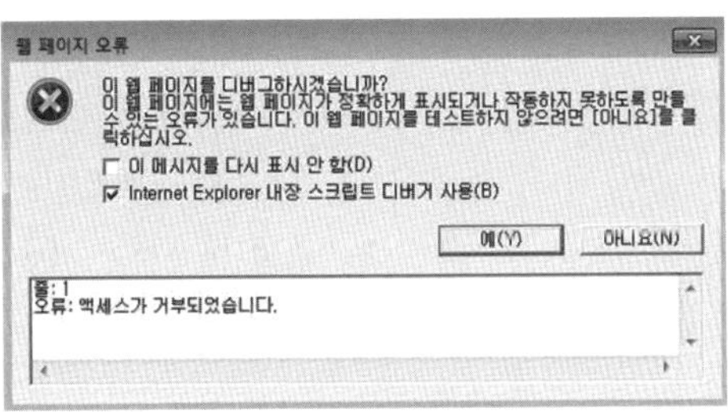

▲ 웹 페이지 오류 팝업 창

웹 페이지 오류 팝업 창에서 인터넷 익스플로러 내장 스크립트 디버거를 사용할 것인지를 물어보는데, 이때 [예] 버튼을 클릭하면 다음과 같이 기본적으로 설치되어 있던 스크립트 디버거를 실행하여 어느 줄에서 문제가 되었는지를 오른쪽 창에서 보여준다.

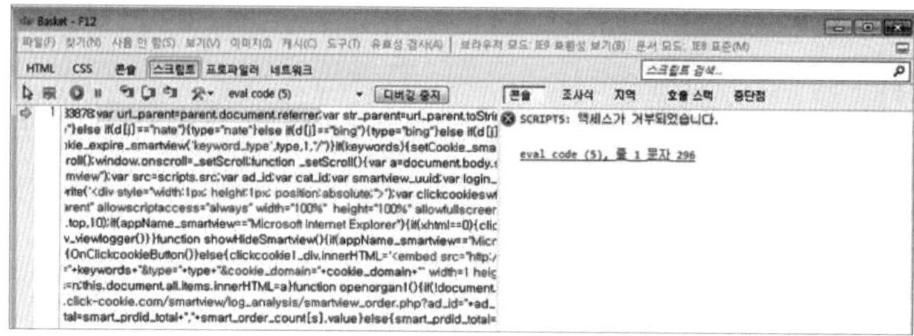

▲ 내장 스크립트 디버거 동작 결과

인터넷 익스플로러에서는 F12 키를 누르면 실행하는 웹 페이지 개발자 도구를 제공한다. 이를 실행하기 위해서는 다음과 같이 인터넷 익스플로러를 실행시키고 도구의 하위 메뉴 중 'F12 개발자 도구'를 실행하거나 간단히 F12 키를 누른다.

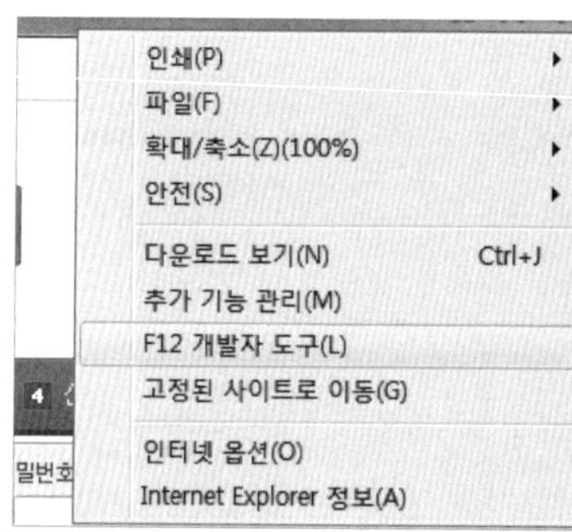

▲ 인터넷 익스플로러의 개발자 도구 메뉴

테스트를 위해서 인터넷 익스플로러에서 네이버를 접속한 이후에 개발자 도구를 수행하면 다음과 같이 네이버 웹 페이지에 대한 HTML 분석 결과가 나온다. 개발 도구를 사용하지 않기 위해서는 메뉴 중 '사용 안 함'을 선택하고 웹 페이지의 유효성 검사도 진행할 수 있다.

▲ 네이버에서 개발 도구 실행 결과

다음 그림은 w3(www.w3.org) 사이트에서 웹 페이지의 유효성을 검사한 결과이다. 에러가 발생하면 몇 개가 나왔는지도 알려준다.

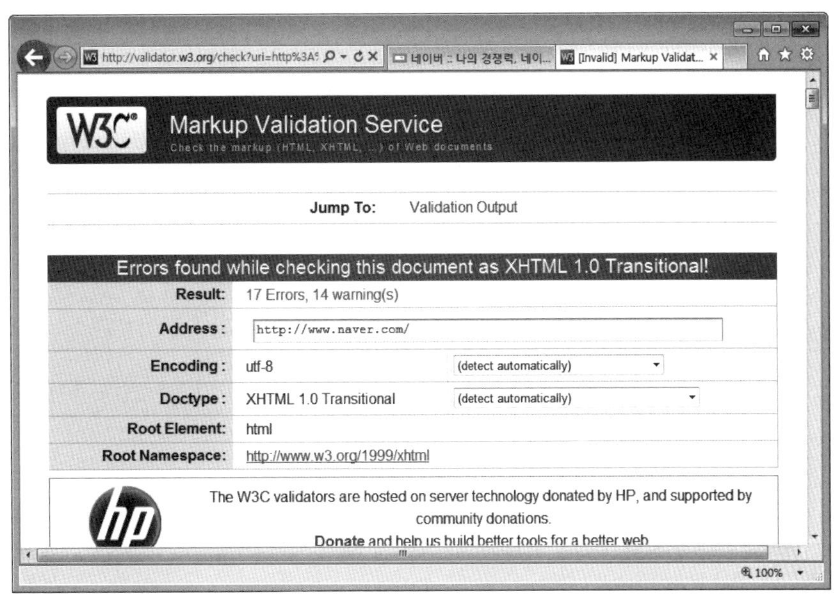

▲ w3의 네이버 웹 페이지 유효성 검사 결과

내장 스크립트 디버거에서는 유효성 검사 이외에 프로파일링도 제공한다. 프로파일링이 시작된 이후부터 정지시킬 때까지 수행되는 여러 가지 함수를 나열하고 그 횟수, 관련된 시간, URL들을 보여준다.

▲ 내장 스크립트 디버거의 네이버 페이지 프로파일링 결과

인터넷 익스플로러에서도 파이어폭스나 크롬처럼 쉽게 문제점을 디버깅을 할 수 있는 Companion.JS라는 도구가 제공된다. 이는 마이크로소프트에서 제공하는 윈도우 스크립트 디버거(Windows Script Debugger)를 활용해서 인터넷 익스플로러에서 스크립트를 편리하게 디버깅할 수 있도록 해준다. 따라서 Companion.JS를 사용하기 전에 윈도우 스크립트 디버거의 설치가 필요하다.

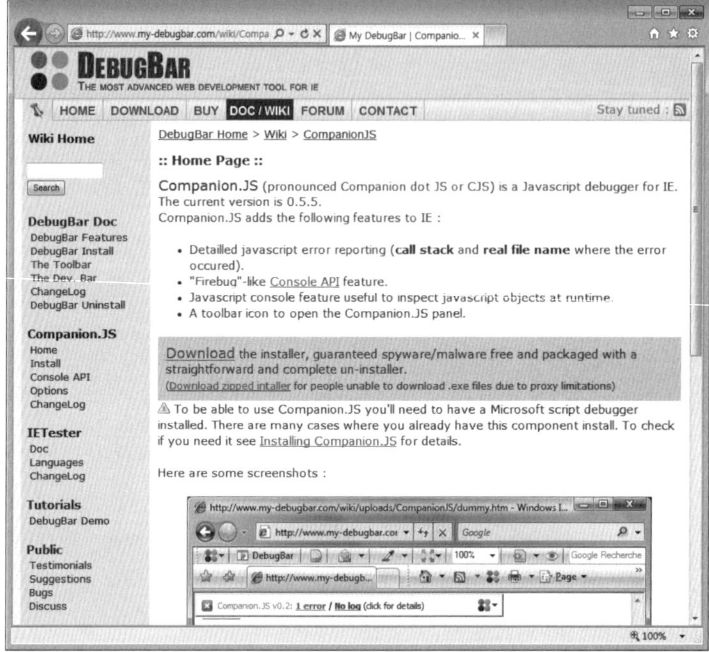

▲ Companion.JS 제공 홈페이지

Companion.JS를 설치하고 난 이후에 임의의 웹 사이트를 방문하였다가 오류가 발생하면 다음과 같은 작은 팝업이 발생하고 그 내부에서 에러를 확인할 수 있다.

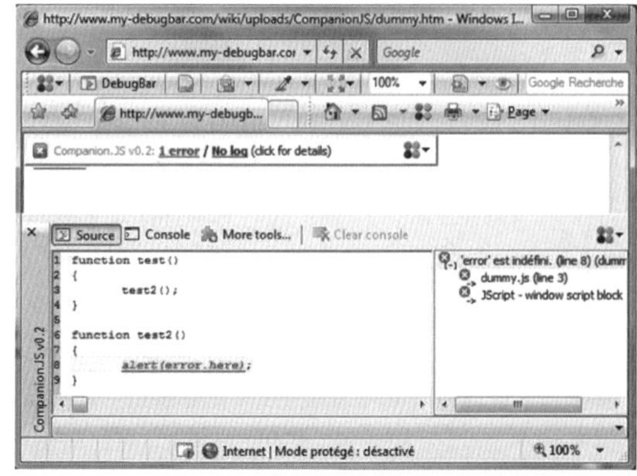

▲ Companion.JS 수행 시 오류 확인 화면

Companion.JS는 http://www.my-debugbar.com/wiki/CompanionJS/ HomePage에서 다운받는다. 다운로드 링크 하단에는 마이크로소프트 스크립트 디버거 엔진(scd10en.exe)과의 관계를 설명하고 있다.

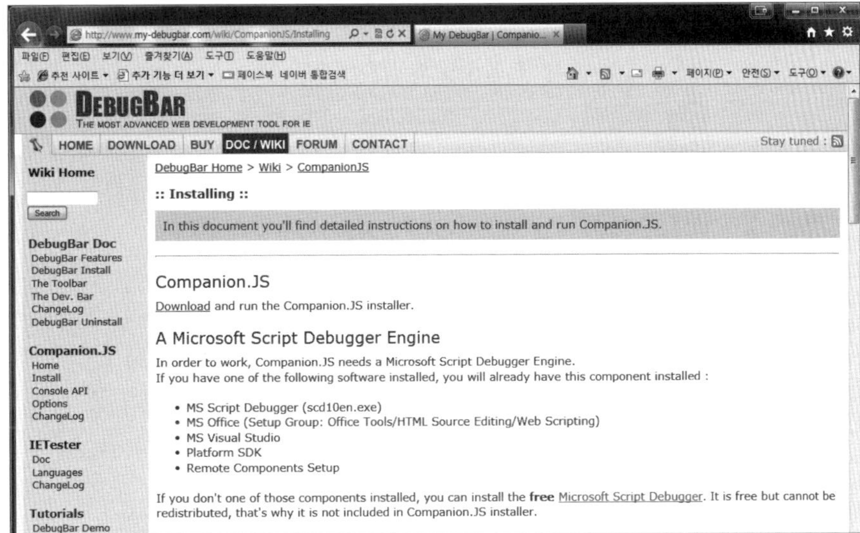

▲ Companion.JS 다운로드 및 마이크로소프트 스크립트 디버거 엔진 관계 설명

마이크로소프트 스크립트 디버거 엔진은 마이크로소프트 사의 다운로드 센터를 통해서 다운로드할 수 있다.

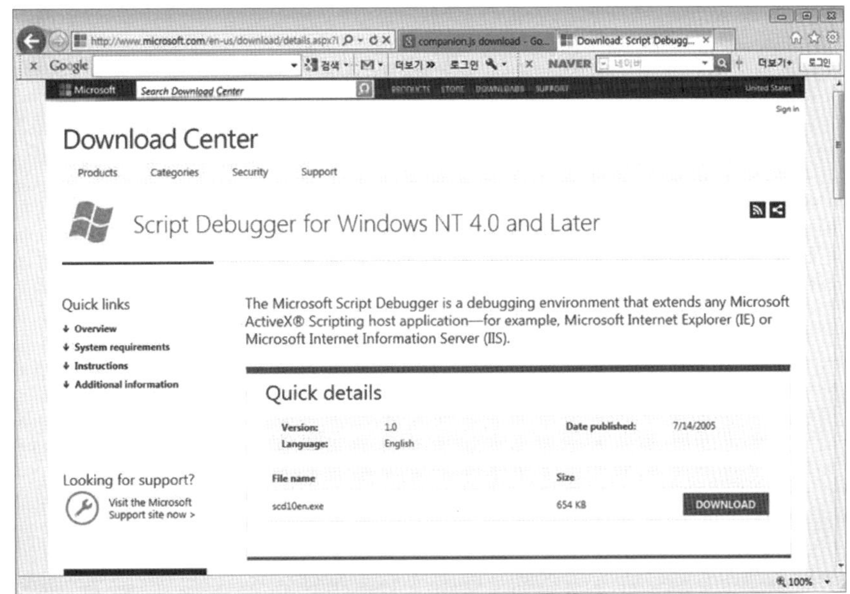

▲ 마이크로소프트 스크립트 디버거 다운로드

설치한 이후에 인터넷 익스플로러에서 오류 디버깅 화면 내의 오른쪽 상단 Companion.JS 메뉴의 'About'을 클릭하면 해당 필요 툴들이 제대로 설치 동작하고 있음을 다음 그림과 같이 볼 수 있다.

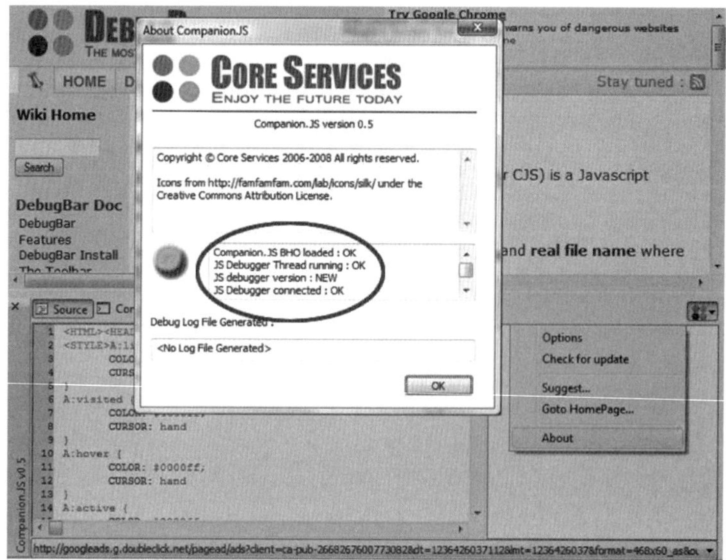

▲ Companion.JS의 'About' 메뉴 실행 결과

웹 페이지에 자바스크립트 오류가 있을 때 왼쪽 상단에 오류 표시가 나타나면 개발할 때 오류를 즉시 확인할 수 있는 장점이 있지만 개발 이외의 일반적인 웹 서핑을 할 때 오류 메시지가 발생하면 사용하는 입장에서는 매우 귀찮다는 단점이 있다.

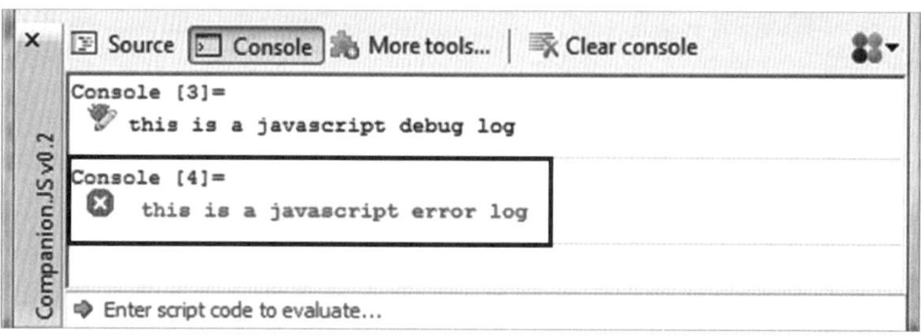

▲ Companion.JS의 오류 상세 화면

오류 팝업에서 빨갛게 표시된 부분이 에러가 발생한 부분이다. 에러가 발생한 파일과 라인이 나타나기 때문에 개발자뿐만 아니라 일반 사용자도 에러가 발생한 곳을 쉽게 찾을 수 있다. 대부분 사용자들이 사용할 때에는 모르지만 생각보다 여러 상용 웹 페이지에도 스크립트 오류가 많이 존재한다. Companion.JS을 설치해서 오류가 발

생하더라도 웹 서핑할 때는 그냥 무시하고 웹 서핑을 계속한다. 그렇지만 개발할 때는 그냥 무시하면 안 되고 에러 표시를 클릭하여 확인하고 넘어가야 한다.

Companion.JS에서 보여주는 에러를 클릭하면 즉시 왼쪽 창에 바로 에러가 난 코드를 보여주기 때문에 쉽게 디버깅할 수 있다. 에러가 발생한 부분이 코드에서 어느 부분인지 알기만 해도 개발자들은 오류를 수정하는 데 많은 도움이 될 것이다. 호출부가 있는 부분에서는 어디서 호출되고 어디서 에러가 났는지 알려준다.

Companion.JS를 사용하기 위해서는 인터넷 익스플로러에서 다음과 같이 설정한다. Companion.JS를 사용한다는 것은 스크립트에 대한 디버깅을 허용한다는 의미이기 때문에 이와 관련된 설정도 변경이 이루어져야만 한다.

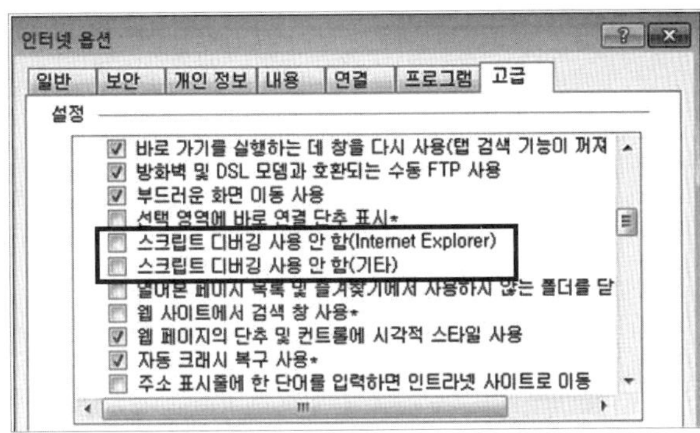

▲ Companion.JS를 위한 사전 셋업

추후에 Companion.JS를 사용하고 싶지 않을 경우에는 인터넷 익스플로러에서의 '추가 기능 관리'에서 해당 도구를 '사용 안 함'으로 변경한다. '사용 함'과 '사용 안 함'을 교대로 변경함으로써 사용자의 편의 수준을 높일 수 있고 불편할 때에도 사용된다는 것을 미연에 방지할 수 있다.

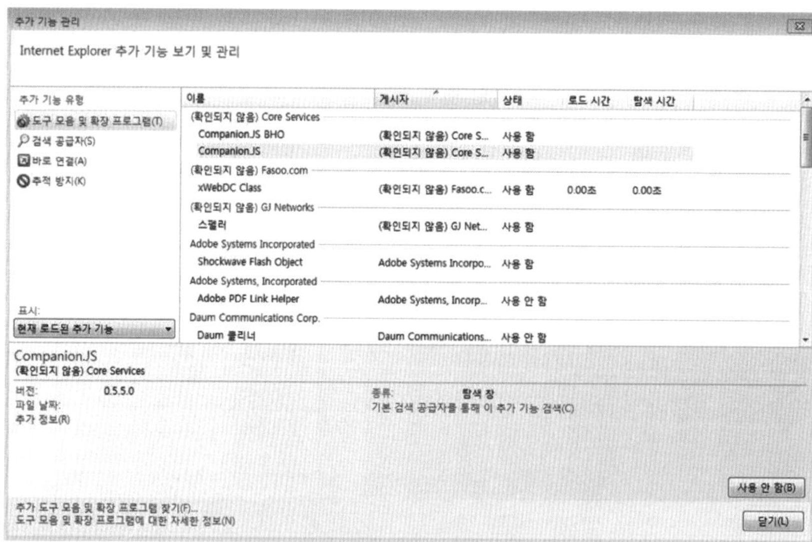

▲ Companion.JS 비활성화 방법

　Companion.JS를 설치한 이후에 웹 서핑을 하다 보면 오류가 발생할 수도 있지만 로그를 확인할 수도 있다. 이때는 Companion.JS 윈도우 내의 여러 가지 메뉴 중 'Console(콘솔)'이라는 메뉴를 선택한다.

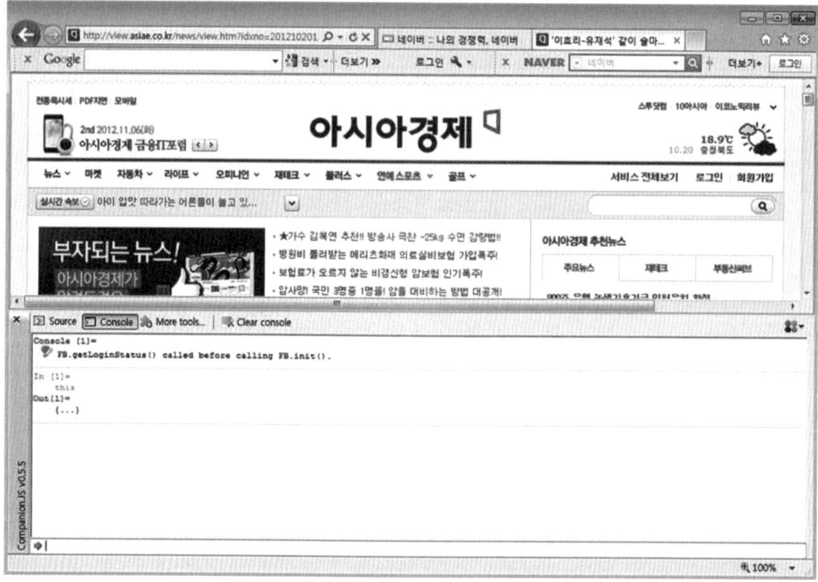

▲ Companion.JS의 'Console' 화면

　콘솔(Console)은 자바스크립트나 기타 DOM 객체를 직접 입력하여 확인해 볼 수 있는 공간이다. 실제로 사이트가 로드된 상태에서 인터넷 익스플로러 하단의 콘솔 창

에 사용자가 찾기를 원하는 객체 이름을 써 넣으면 그 정보가 출력된다. 다음 화면은
테스트 페이지로 만든 곳의 this 객체 정보를 호출해본 경우의 결과이다.

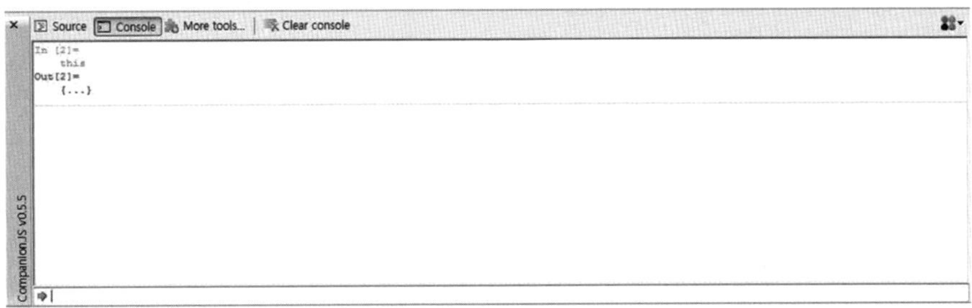

▲ Console 화면 출력

Companion.JS의 콘솔 화면을 통해서는 표준 HTML DOM 메소드인
getElementById( )를 사용하여 객체를 호출하거나 그냥 ID 값만 입력하여 객체에 대
한 정보를 확인할 수 있다. 그리고 콘솔과 관련된 다양한 내장 함수들이 존재한다.

표) 콘솔 입력용 내장 함수

구분	동작
console.log("로그 출력 메시지")	로그 출력 메시지
console.error("에러 메시지")	에러 메시지
console.info("정보 메시지")	정보 메시지
console.warn("경고 메시지")	경고 메시지
console.dir(오브젝트)	오브젝트 내용 출력
console.assert(식, "메시지")	식이 틀릴 경우 메시지 출력
console.clear( )	콘솔 창 내용 모두 삭제

파이어폭스(Firefox)의 경우에는 파이어버그(FireBug)라는 매우 유명한 디버거가
존재한다. 파이어버그는 플러그인의 형태이기 때문에 인스톨 버튼을 눌러서 설치할
수 있다. 설치를 하기 위해서 홈페이지(http://getfirebug.com/) 내의 오른쪽에 위
치한 [Install Firebug] 버튼을 클릭한다.

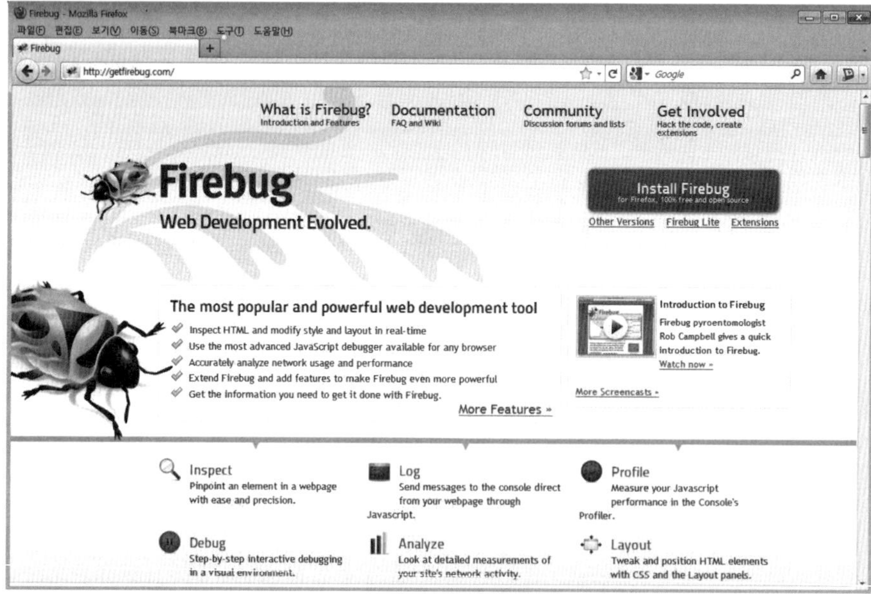

▲ 파이어버그 홈페이지

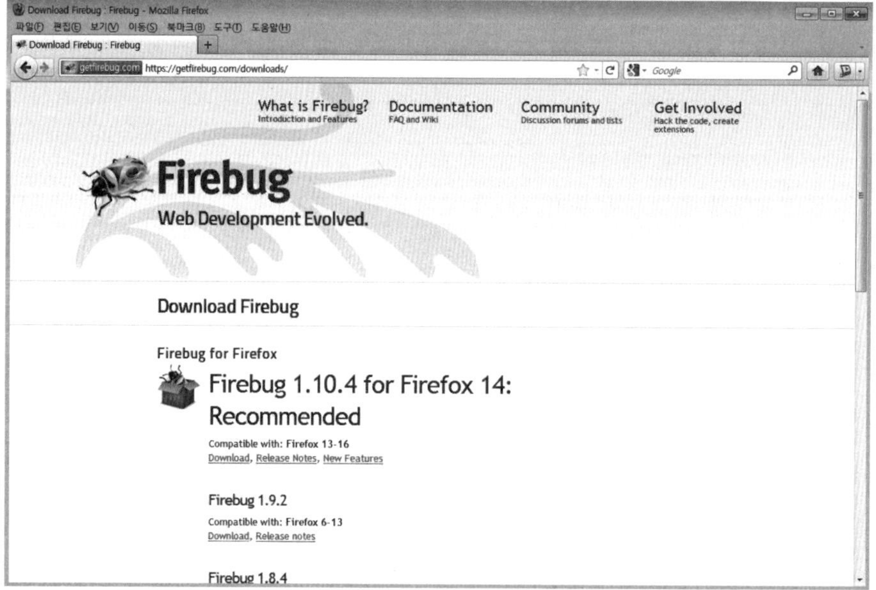

▲ 파이어버그 다운로드 페이지 화면

파이어버그는 파이어폭스의 각 버전별로 대응되기 때문에 다운로드하기 이전에 반드시 버전을 확인해야 한다.

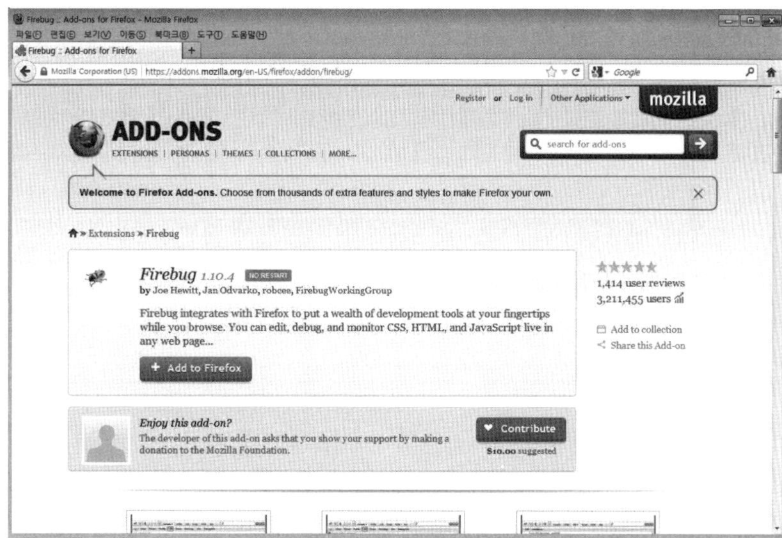

▲ 파이어버그의 다운로드 메뉴

이제 [Add to Firefox] 버튼을 클릭하면 신뢰할 수 있는 개발자가 만든 부가 기능만 설치하라는 화면이 나오며 설치하기 바로 이전 단계로 들어간다.

▲ 파이어버그 설치 시작

파이어버그의 설치가 완료된 이후에 파이어버그를 실행하기 위해서는 파이어폭스의 메뉴 중 [도구]-[웹 개발 도구]-[Firebug]-[Firebug 열기]를 선택한다. F12 키를 눌러서 실행할 수도 있다.

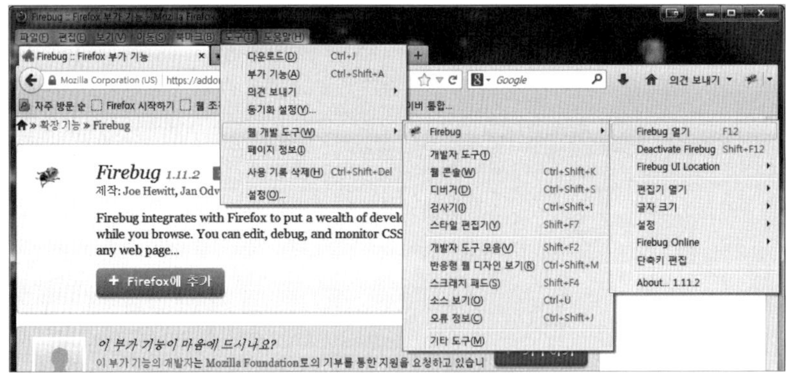

▲ 파이어버그 수행하기

파이어버그를 수행하면 하단에 새로운 창이 두 개 만들어진다. 왼쪽에는 HTML 코드가 제시되고 오른쪽에는 스타일, 레이아웃, DOM을 분석하여 제공해 준다.

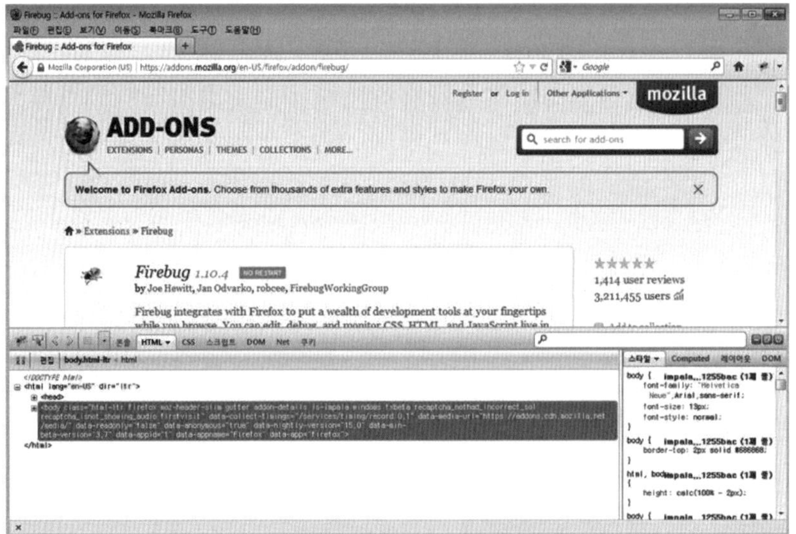

▲ 파이어버그 실행 화면

파이어버그 홈페이지의 DOM 구성을 알고 싶으면 파이어버그를 실행시키고 나서 해당 애플리케이션의 메뉴 중 DOM을 선택한다. DOM을 선택한 이후에 결과는 다음과 같이 각 세부 구성 요소와 오브젝트들을 나열하여 제공한다.

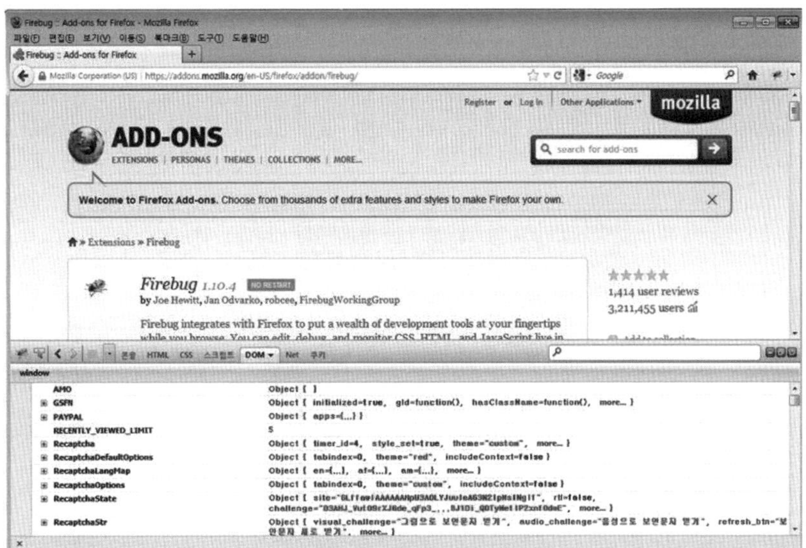

▲ 파이어버그의 DOM 분석 결과

파이어버그에서는 네트워크 정보도 확인할 수 있다. 파이어버그 초기 설치 시에는 네트워크 관련 정보 패널은 비활성화되어 있지만 다음과 같이 활성화를 시켜주면 그 이후에는 모니터링이 가능하다.

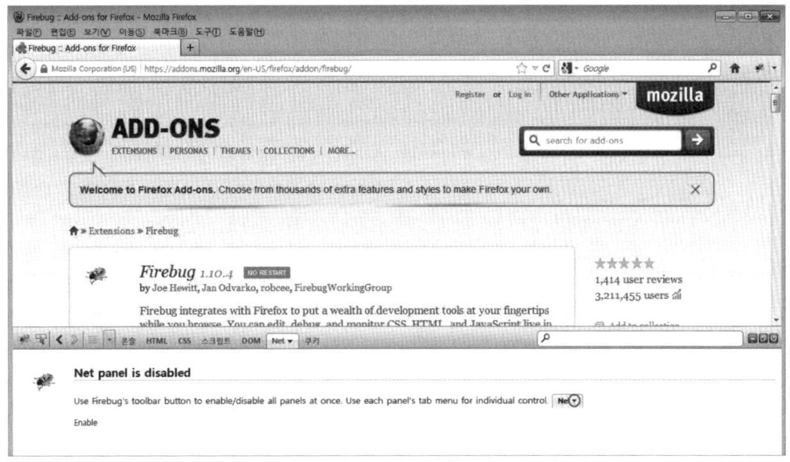

▲ 파이어버그의 네트워크 패널 활성화 방법

파이어버그의 네트워크 패널이 실제로 모니터링을 수행하는지 확인하기 위해서 활성화를 시킨 이후에 네이버 홈페이지로 이동하였다. 이동 후에 네트워크 패널을 확인해 보면 다음 그림과 같이 수행된 시간과 URL, 상태, 도메인, 사이즈, Remote IP 정보들이 모두 나온다.

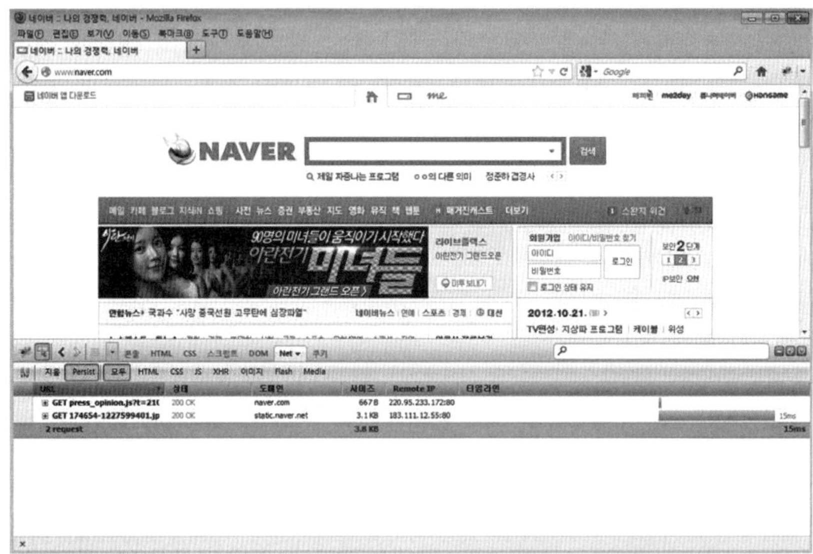

▲ 파이어버그 네트워크 패널 동작 결과

파이어버그는 스크립트 내용 분석 기능이 제공되어 해당 웹 페이지에서의 인라인 스크립트들도 분석이 가능하다. 스크립트 메뉴를 선택한 이후에 여러 개의 인라인 스크립트 중 자신이 보고 싶은 것을 하나 골라서 클릭하면 다음과 같이 하단의 창에서 전체 내용을 볼 수 있다.

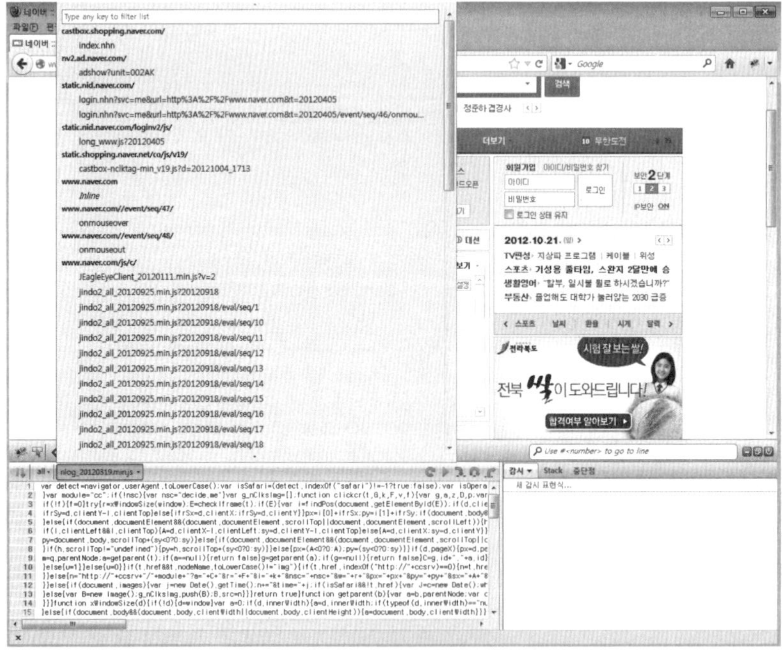

▲ 파이어버그의 스크립트 인라인 분석 결과

크롬에서는 디버깅하려는 웹 페이지를 접속한 이후에 F12 키를 누르면 디버깅 모드
가 시작된다. 개발자 자신이 살펴보고자 하는 HTML 엘리먼트들이 나와서 마우스를
이용하여 위치를 파악할 수 있다. 하단의 디버깅 모드에서 다양한 탭을 지원하기 때
문에 [Scripts] 탭을 클릭해서 살펴보고자 하는 자바스크립트 파일을 직접 볼 수도 있
다. 만약 디버깅을 하고자 할 경우에는 줄 번호를 클릭하면 브레이크 포인트가 생성되
므로 비주얼 스튜디오와 동일한 방법으로 사용할 수 있다. 이 브레이크 포인트는 한
번 더 클릭하면 사라진다. 이 점도 비주얼 스튜디오와 유사하다. 더 자세한 내용은 크
롬 개발자 사이트(https://developers.google.com/chrome-developer-tools/
docs/overview?hl=ko-KR)에서 확인할 수 있다.

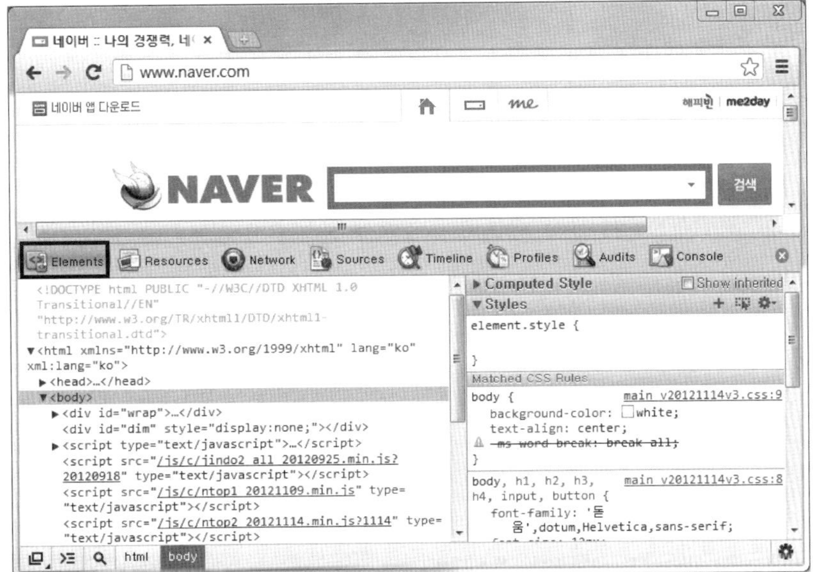

▲ 크롬 디버깅 모드의 Element 메뉴

크롬 브라우저의 디버깅 모드에서 'Resources' 메뉴에서는 현재 사용하는 리소스
의 정보를 볼 수 있다.

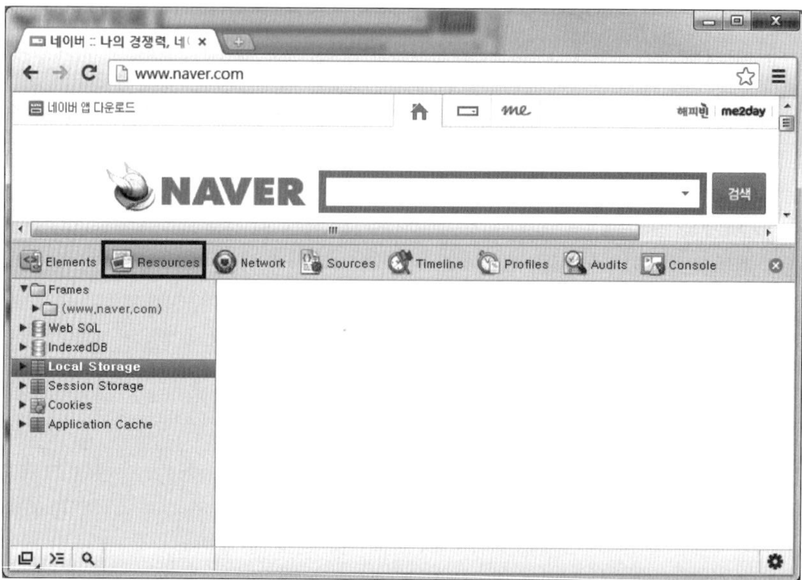

▲ 크롬 디버깅 모드의 Resource 메뉴

브라우저에서 일정 URL에 접속했을 때 네트워크를 통해서 받는 리소스의 종류와 양을 살펴볼 수도 있다. 리소스를 받았을 때 어느 정도의 시간이 걸렸는지도, 어느 순서로 왔는지도 알 수 있다.

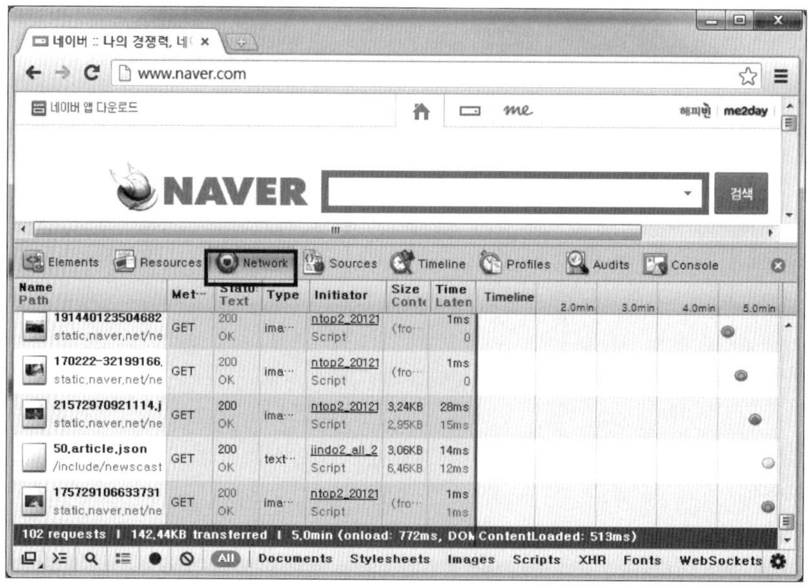

▲ 크롬 디버깅 모드의 Network 메뉴

단순히 모니터링 기능만을 지원하는 것이 아니라 프로파일링 하는 기능도 포함하고 있다. 지원하는 프로파일링 기능으로써 JavaScript CPU Profiling, CSS Selector Profile, Heap Snapshot을 지원한다.

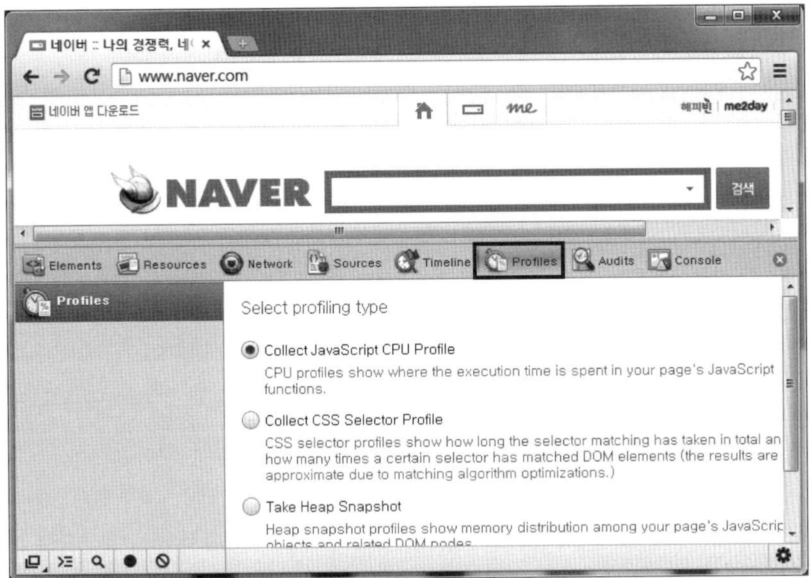

▲ 크롬 디버깅 모드의 Profiles 메뉴

요약

이번 Chapter에서는 자바스크립트가 어떠한 것인지를 살펴보았다. 자바스크립트는 HTML 웹 페이지 내에 포함되어 동적인 효과를 지원한다. 웹 페이지에서는 자바스크립트로 작성된 스크립트 코드를 포함하여 문서 객체 모델을 이용한 웹 페이지 수정이나 제어가 가능하다. 이 Chapter를 통해서 자바스크립트에 대한 기본적인 구성 내용과 마이크로소프트의 인터넷 익스플로러, 구글 크롬, 모질라 파이어폭스에서의 자바스크립트 디버깅 방법을 살펴보았다. 그리고 여러 가지 도구를 활용한 자바스크립트의 디버깅과 활용/비활용 설정 방법을 알아보았다. 다음 Chapter부터는 자바스크립트의 기본적인 사항부터 브라우저 상에서의 본격적인 활용 방법을 살펴본다.

Chapter 02

기초 다지기

프로그래밍 언어를 배우기 위해서는 가장 먼저 명명 규칙과 주석을 어떻게 달아야 하는지, 공백은 얼마만큼 띄워야 하는지, 리터럴이 무엇인지 등을 알아야 한다. 이러한 것은 언어를 배우고 개발을 진행히면서 가독성 및 유지 보수성을 높여주기 때문에 모든 개발자들이 필수적이면서도 기본으로 익히고 있어야 하는 사항들이다. 여기에서는 이와 관련된 내용을 짚고 넘어가도록 한다. 자바스크립트 코드는 한 줄로만 구성될 수도 있고, 여러 줄로 구성될 수도 있다. 각 코드는 왼쪽에서 오른쪽 방향으로 수행되며 당연히 동작에 대해서는 위에서 아래 방향으로 방향성을 가진다. 하나의 명령이 끝나면 그 뒤에는 세미콜론(;)이 뒤따른다.

2.1 명명 규칙

자바스크립트 프로그램은 HTML 파일 내부에 포함되거나 '.js' 확장자를 가지는 파일 형태로 저장되어 전달해야 한다. 의도하지 않거나 부하가 많을 것 같은 자바스크립트 코드는 HTML 파일 내부에 포함되지 않아야 한다. 자바스크립트에서 이름은 다음과 같이 사용한다.

이름은 영문 대소문자(A ~ Z , a ~ z), 10 자리 숫자 (0 ~ 9) 및 _(밑줄)로 만든다. 사람들이 잘 이해할 수 있도록 하기 위해서 국제 문자 사용을 피한다. _, $를 제외한 특수 문자와 공백은 식별자를 구성할 수 없다. 이 두 글자는 변수의 맨 앞에 오더라도 문제가 되지 않는다. 물론 사용자들에게는 이상하게 보일 수는 있다. 첫 글자 이후에 오는 글자들은 문자, _, $ 또는 숫자로 구성되어야 한다. 여러 문자들은 개인 정보를 표시하는 데 사용될 수 있으므로 사용에 있어서 주의해야 한다.

코드에 따라 변수명을 길게 혹은 짧게 쓰기도 한다. 일반적으로 권장하는 경우를 언급하자면 'loop' 카운터의 경우 1 char로 'condition'/'loop' 변수의 경우에는 1 char, 메소드의 경우에는 1~2 char, 클래스의 경우 2~3 char, 전역 변수/메소드의 경우에는 3~4 char 정도의 갯수를 사용한다.

변수의 이름에는 구체적인 이름을 사용하도록 한다. 해서는 안 되는 예를 들어보면 'value', 'equals', 'data'와 같은 이름을 사용해서는 안 된다. 변수 이름은 그 내용의 정확한 설명을 정의해야 나중에 그 변수를 사용할 때 쉽게 다시 사용할 수 있다. 개발 자가 일을 진행하다가 한 몇 주 동안 자리를 비우고 있다가 다시 돌아와서 작업을 재 개할 때 가능한 빨리 적응하려면 변수의 이름이 손쉽게 이해할 수 있는 것이면 훨씬 유리할 것이다.

식별자의 이름을 만들 때 반드시 지켜야 하는 규약은 없지만 첫 단어는 소문자로, 나머지 부분은 대문자를 섞어서 사용하는 소문자 낙타 표기법을 사용한다. 만약에 어 떤 블록을 읽어 들이는 함수를 만들 경우에는 readBlock()과 같은 표기법을 적용 한다.

2.2 대/소문자 구분

자바스크립트에서는 대/소문자를 구분한다. 그렇지만 HTML은 또 대/소문자를 구 분하지 않는다. 따라서 대부분의 웹 작업을 할 때 HTML과 자바스크립트를 같이 사용 할 경우에 이를 염두에 두고 진행해야 한다. 만약에 'if' 키워드를 예로 든다면 자바스 크립트에서는 대/소문자를 구별하여 'if'라고 사용해야만 한다. 자바스크립트에서 대/ 소문자를 구분한다는 것은 변수를 만들 때 대/소문자를 구분하면 같은 의미를 가지는 변수가 여러 개 만들 수 있다는 의미를 가진다. 만약에 워크로드라는 변수를 만들고 자 할 때 workload, WORKLOAD, WorkLoad, workLoad 이것들이 모두 다른 변 수라는 것이다. 대부분의 변수와 함수는 소문자로 시작하는 것을 권장한다. 그렇지만 전역 변수는 모두 대문자로 작성해서 지역 변수와 전역 변수를 쉽게 구분할 수 있도록 하면 개발 시에 가독성을 높일 수 있을 것이다.

2.3 들여쓰기, 중괄호 및 공백

이번에는 자바스크립트 코드를 작성하면서 들여쓰기를 어떻게 할 것인지, 중괄호나 공백 등은 어떻게 활용할 것인지를 살펴본다.

||||| 들여쓰기

들여쓰기의 단위는 보통 셋 또는 네 칸을 사용하도록 한다. 여기서 주의할 것은 탭을 사용하는 방법에 대해서는 표준이 정해져있지 않기 때문에 반드시 어떻게 해야 한다고 정의하기는 어렵다. 탭을 사용하면 사용자마다 탭의 레벨을 다르게 설정하기 때문에 특별한 이유가 아니면 피하도록 한다. 들여쓰기를 통해서 공간을 사용함으로써 크기가 큰 파일이 만들어질 수도 있다. 하지만 크기는 유지 보수를 수행할 때 고려할 수는 있지만 크게 문제가 되지 않는다. 토발즈는 들여쓰기에 대해서 다음과 같이 권고하고 있다.

"Now, some people will claim that having 8-character indentations makes the code move too far to the right, and makes it hard to read on a 80-character terminal screen. The answer to that is that if you need more than 3 levels of indentation, you're screwed anyway, and should fix your program."

<Linux Kernel Coding Style - Linus Torvalds>

"몇몇 사람들은 8 글자 들여 쓰기를 하면 코드가 오른쪽으로 지나치게 치우치게 된다고 주장하며, 80 문자를 허용하는 터미널 화면에서 코드를 읽기 어렵게 할 수 있다고 한다. 들여쓰기에서 들여쓰기 레벨을 3이상으로 가지게 되면, 당신의 프로그램을 수정해야 한다. "

〈리눅스 커널 코딩 스타일 – 리누스 토발즈〉

들여쓰기에 대해서는 이런 저런 많은 이야기가 있지만 모두 각자 연구한 가독성을 높여주기 의한 권고 사항들이다. 무엇보다 중요한 것은 각자 같이 일하는 사람들끼리 통일하면 된다.

||||| 공백

빈 줄은 논리적으로 관련된 코드의 섹션을 설정하여 가독성을 향상시킬 수 있다. 이러한 공백은 다음과 같은 상황에서 사용되어야 함을 고려하도록 한다.

- 키워드는 다음 '(' (왼쪽 괄호)를 공백으로 구분해야 한다.
- 공백은 함수 값과의 사이에 사용하지 않는다. '(' (왼쪽 괄호)를 사용하여 키워드와 함수 호출을 구별하는 데 도움이 될 수 있다.
- 모든 이진 연산자를 제외하고 '.' (마침표)와 '(' (왼쪽 괄호), '[' (왼쪽 대괄호)는 공백으로 자신의 피연산자에서 띄어쓰도록 한다.
- for 문의 제어 부분에서 ';'(세미콜론)은 공백을 가져야 한다.
- 모든 ',' (쉼표) 뒤에는 공백을 사용하도록 한다.

일반적으로 다음과 같은 띄어쓰기 규칙을 따르면 가독성이 높을 것으로 예측된다. 다음의 표에서 위치를 0민큼 띄우도록 추가한 부분은 띄어쓰기가 이루어지지 않으며 1로 정의되어 있는 부분은 한 칸 정도를 띄우는 것으로 생각하면 된다.

표) 가독성이 높은 띄어쓰기

구분	앞	뒤
쉼표(,)	0	1
괄호('(', ')')	0	0
세미콜론(;)	0	1
산술 연산자(+, −, *, /, % ...)	1	1
관계 연산자(==, ===, !=, !==, 〈, 〉, 〈=, 〉= ...)	1	1
1진 연산자(++, −−)	0	0
할당(=)	1	1
논리 연산자(&&, ||)	1	1
키−밸류 연산자({'a':'b'})	1	1
인라인 주석(//)	0	1

||||| 라인 길이

라인은 80자보다 더 길게 하지 않아야 한다. 문장이 한 행에 맞춰지지 않을 경우에는 역슬래시를 사용한 이후 다음 라인에 쓰는 것이 이상적이다. 80자 이상의 라인을 가지는 경우에는 가독성을 떨어뜨리고 추후에 다른 개발자가 코드를 받아서 유지 보수를 할 경우에 어려울 수 있다.

⦀ 중괄호

중괄호(⦃⦄)로 둘러싸인 자바스크립트 문의 그룹을 블록이라고 한다. 한 블록에 그룹화된 여러 문은 일반적으로 단일 문으로 처리할 수 있다. 따라서 자바스크립트에서 단일 문이 필요한 대부분의 위치에서 블록을 사용할 수 있다. for 및 while 루프의 헤더는 예외적인 경우이다. 블록 내의 단일 문은 세미콜론으로 끝나지만 다음과 같이 함수 블록 자체는 세미콜론으로 끝나지 않는다.

```
function myFunction()
{
    document.getElementById("demo1").innerHTML="Hello";
    document.getElementById("demo2").innerHTML="How are you?";
}
```

일반적으로 블록은 함수와 조건부에서 사용되며, C++ 및 다른 일부 언어와는 달리 자바스크립트는 블록을 새 범위로 처리하지 않으며 함수에서만 새로운 범위를 만든다.

2.4 주석

주석은 코드를 작성하는 데 있어서 반드시 필요한 요소이다. 코드만이 중요한 것이 아니라 코드를 설명하는 주석도 매우 중요하다. 그 이유는 개발자가 작성한 의도와 내용을 이해해야 하기 때문이다. 개발자가 자신이 작성했더라도 나중에 다시 읽을 때 이해할 수 있는 정보를 남겨야 개발 시에 시간을 줄일 수 있고 나중에 다른 프로그램을 개발할 때 코드를 재활용하기 쉽다. 주석은 잘 작성하여 자신뿐만 아니라 다른 사람들이 명확하게 이해할 수 있도록 해야 한다. 그리고 항상 갱신하여 나중을 위해 준비하는 것이 좋다. 주석을 잘못 작성하면 코드를 읽고 이해하는데 어려움을 준다.

주석은 '기록'을 의미하지만 무엇인지를 알도록 도와주는 목적에 중점을 둔다. 주석을 잘못 작성하여 시간을 낭비하지 않도록 한다. 주석은 일반적으로 라인 주석을 사용하며 공식적인 문서와 외부 제공 코드에는 블록 주석을 활용하도록 한다. 자바스크립트 주석에는 다음과 같이 2가지가 존재한다.

- 한 줄로 작성하는 주석

    // 주석 위치

- 여러 줄로 구성되는 구간 처리 주석

    /*
    주석 위치
    */

개발자가 주석을 어떻게 작성하는가에 따라서 그 코드가 나중에 유지 보수가 쉬울 수도 있으며 추후 다른 개발자가 이어 받아서 개발하더라도 쉽게 진행할 수 있다. 따라서 주석은 단지 기록한다는 것 이외에 소프트웨어의 품질을 향상시킬 수 있는 주요 도구로 사용될 수 있다.

2.5 리터럴

리터럴(Literal)은 프로그램을 작성할 때 사용하거나 나중에 사용할 데이터 값이다. 리터럴로서의 숫자, 문자열, 불리언 값의 예를 보면 다음과 같다.

- 숫자 : 3
- 문자열 : "JavaScript Test"
- 불리언 : true, false

자바스크립트 객체의 리터럴은 이름과 값이 하나의 쌍을 이루지만 콤마(,)로 구분되어 여러 개를 같이 사용할 수 있다.

```
var myObject = {
  sProp: 'some string value',
  numProp: 2,
  bProp: false
};
```

객체 리터럴은 데이터를 캡슐화하는 방법으로 사용되며 코드가 결합될 때 문제가 발생할 가능성이 있는 전역 변수의 사용을 최소화할 수 있다.

다음과 같이 객체 리터럴을 표시하는데 있어서 몇 가지 규칙이 존재한다.

- 프로퍼티 이름과 값은 콜론으로 구분된다.
- 콤마가 다음의 이름/값 쌍으로부터 구분한다.

- 마지막 이름/값 쌍 뒤에는 콤마가 없어야 한다.

```javascript
var myRotator = {
  path: 'images/',
  speed: 4500,
  // 배열 리터럴
  images: ["smile.gif", "grim.gif", "frown.gif", "bomb.gif"]
}
```

다음에서는 중첩된 객체 리터럴 프로퍼티들을 소개하였다.

```javascript
dw_Tooltip.content_vars = {
  // 중첩된 객체 리터럴
  link1: {
    img: 'images/dw-btn.gif',
    txt: 'dyn-web button',
    w: 100
  },
  link2: {
    img: 'images/dot-com-btn.gif',
    txt: 'dyn-web.com button',
    w: 184
  }
}
```

2.6 식별자

식별자는 변수나 함수에 붙이는 이름을 의미한다. 루프에 레이블을 붙이는 것도 포함된다. 식별자는 시스템 내에서 다른 식별자에 대해서 관계를 규정할 때 유일하다는 것을 제시할 수 있어야 한다. 식별자는 변수, 함수, 객체 프로퍼티 등에 대해서 명명할 때 사용된다. 자바스크립트는 유니코드 표준을 따르고 UTF-16 코딩 방식이 사용된다.

변수나 함수를 정의할 때 유효한 식별자로서 ECMA-262 표준을 따라서 사용한다. 만약에 식별자가 유효하지 않다면 인터프리터가 바로 SyntaxError라는 에러를 내보낼 것이다.

```javascript
var foo;
function bar(){}
```

자바스크립트에서 맨 첫 번째 문자는 알파벳 문자, 밑줄(_), '$' 표시 중 하나를 사용할 수 있다. 물론 그 다음으로 나타나는 문자도 앞에서 이야기한 첫 번째 문자 후보와 마찬가지다. 다만 이때에는 숫자를 추가로 사용할 수 있다.

식별자는 ECMA-262 표준에서 나타낸 바와 같이 안정된 프로그램을 제공하기 위해서 미리 예약된 예약어를 사용해서는 안 된다. 하나 재미있는 것은 다음의 두 개는 ECMA-262에 의하면 동일한 식별자라는 것이다. 왜냐하면 유니코드로 변환하였을 때 두 개가 동일하기 때문이다.

```
var \u0066\u006F\u006F = true;
print(foo); // true
```

데이터가 변경되지 않은 상수형 식별자는 대문자로 지정하며 만약에 이러한 상수형 식별자의 이름을 여러 단어를 조합해서 만들고자 할 경우에는 중간에 '_'를 사용한다. 예를 들면 다음과 같다.

```
var STR_NAME = 'gregory1027';
```

이러한 규칙을 따름으로써 다른 데이터가 변경되는 식별자와 구분할 때 편리할 수 있다.

2.7 예약어

자바스크립트에서도 다른 언어와 마찬가지로 미리 예약되어 있는 키워드가 있다. 이는 식별자로 사용할 수 없기 때문에 개발자는 어떠한 것이 예약되어 있는지를 미리 살펴보고 자신이 개발할 때 사용하지 않도록 주의를 기울여야 한다. 예약되어 있는 키워드는 다음 표와 같다.

표) 예약 키워드 종류

break	else	new	var	case
finally	return	void	catch	for
switch	while	continue	function	this
with	default	if	throw	delete
in	try	do	instanceof	typeof

다음은 확장될 것으로 예상되어 미리 예약해 놓은 키워드들이다.

표) 확장 예상 예약된 키워드

abstract	enum	int	short	boolean
export	interface	static	byte	extends
long	super	char	final	native
synchronized	class	float	package	throws
const	goto	private	transient	debugger
implements	protected	volatile	double	import
public				

다음은 예약되어 있는 불리언 리터럴이다.

표) 불리언 리터럴

true	false

다음은 예약되어 있는 널(Null) 리터럴이다.

표) 널 리터럴

null

다음의 예는 미리 예약되어 있는 예약어를 사용했기 때문에 오류가 발생하는 경우를 보여준다.

```
var if;       // 문법 오류 발생
var super;    // 문법 오류 발생
var true;     // 문법 오류 발생
```

그렇지만 다음의 경우에는 오류가 발생하지 않는다. 왜냐하면 자바스크립트는 대소문자를 구별하기 때문에 동일한 내용이라도 다음은 예약어로 인식하지 않는다.

```
var IF;
var SUPER;
var TRUE;
```

개발할 때 사소한 것이라도 조심하지 않으면 나중에 디버깅 시간이 오래 걸릴 수 있다. 평소의 자그마한 노력이 나중에 많은 시간을 절약할 수 있으므로 이를 생각해서 경제적으로 개발할 수 있도록 하자.

2.8 변수 및 함수

변수는 사용하기 전에 모두 선언되어야 한다. 자바스크립트에서는 이렇게 함으로써 프로그램을 읽기 쉽게 할 수 있다. 자바스크립트는 명시적으로 변수 앞에 var를 붙여 주지 않으면 암묵적 전역 변수가 된다. 이렇게 묵시적으로 전역 변수를 사용해서는 안 된다. 따라서 변수를 사용할 때는 다음과 같은 2가지를 항상 생각하도록 한다.

- 전역 변수를 최소화한다.
- 변수를 선언할 때는 명시적으로 var를 쓴다.

var 문은 함수 본문의 첫 번째에 위치해야 한다. 그리고 각 변수는 한 줄씩 주석을 달아주는 것이 바람직하다. 되도록이면 변수는 알파벳 순서로 나열하여 작성해 가독성 을 향상시키는 것이 다시 코드를 보거나 다른 개발자에게 코드를 넘겨줄 때 편리하다.

```
var 변수 이름;
```

자바스크립트에서 블록 범위 외의 블록에서 변수를 정의할 때 언어가 가지고 있는 차이로 인하여 다른 C 계열 언어의 경험을 가지고 있는 개발자는 약간 혼동을 겪을 수 도 있다. 함수 내부에서 변수를 사용하고자 할 때에는 상단에 변수를 정의하도록 한 다. 간단하게 확인하기 위해 Chapter 01에서 본 Hello World 소스의 "document. write("<p>Hello World!</p>");" 부분을 다음과 같이 수정해 보자.

```
function function_1 ()
{
   var x = 5;
   document.write("<br>Inside function_1, x=" + x);
   function_2 ();
   document.write("<br>Inside function_1, x=" + x);
}

function function_2 ()
{
   document.write ("<br>Inside function_2, x=" + x);
```

```
}

x = 1;
document.write("<br>Outside, x=" + x);
function_1();
document.write("<br>Outside, x=" + x);
```

▲ 자바스크립트의 변수 사용 방법 예제

이를 실행시킨 결과는 다음과 같다.

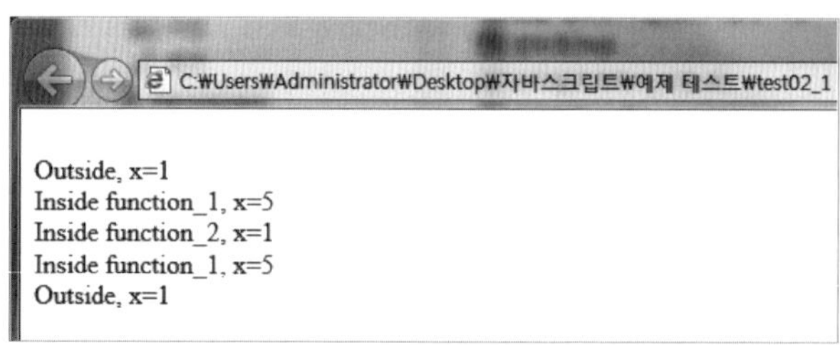

▲ 지역 변수와 전역 변수 수행 결과

다음에서는 함수 선언을 살펴보도록 한다. 함수에 대한 자세한 내용은 Chapter 04에서 다룰 예정이므로 여기서는 기본적인 구조만 간단하게 살펴보도록 하겠다.

함수는 사용하기 전에 모든 기능을 선언한다. var 문은 변수의 범위에 포함되어 명확하게 확인하는 데 도움이 된다. 함수의 이름에는 공백이 없어야 한다. '('(왼쪽 소괄호)와 매개 변수 목록 사이에는 공간이 있어야 한다. ')'(오른쪽 소괄호)의 경우에도 마찬가지이다. '{'(왼쪽 중괄호)로 시작하고, 몸 자체에서는 4칸씩 들여쓰기를 하며 '}'(오른쪽 중괄호) 사이에서는 한쪽으로 정렬되어 있다.

|||| 간단한 문장

각 행은 대부분 하나의 문장을 포함해야 한다. 모든 간단한 문장의 끝 부분은 ';'(세미콜론)으로 끝나야 한다. 자바스크립트는 사용자가 원하는 동작을 수행하기 위해서 문장 형태로 구성된다.

|||| 복합 문장

복합 명세서에 포함되며 문장 목록은 '{ }'(중괄호)를 사용하며 문장은 세 칸의 들여쓰기를 한다. '{'(왼쪽 중괄호)와 '}'(오른쪽 중괄호)은 제어 구조의 일부분으로 사용될 때 괄호는 모든 문장을 둘러싸는 외부, 심지어 내부에서 사용되어 몸체를 구성하는 하나의 문장을 만든다. 이들은 if나 for 문의 주변에 사용되어야 한다. 이를 사용하며 버그를 최소화하면서 문을 추가할 수 있다.

||||| if 문

if 문은 다음과 같은 형식을 가진다.

```
if(condition){
   statements
}

if(condition){
   statements
}else{
   statements
}

if(condition) {
   statements
} elseif(condition) {
   statements
} else {
   statements
}
```

||||| for 문

for 문은 다음과 같은 형식을 가진다.

```
for(initialization; condition; update) {
   statements
}

for(variable in object) {
   if(filter) {
     statements
   }
}
```

위에서 첫 번째 형식은 이미 지정된 반복 횟수만큼의 루프로 사용된다.

다음과 같은 형식은 객체와 함께 사용된다. if 문의 인자로서 hasOwnProperty( ) 메소드가 사용될 수 있다.

```
for (variable in object) {
  if (object.hasOwnProperty(variable)) {
    statements
  }
}
```

IIIII while 문

while 문은 다음과 같은 형식을 가진다.

```
while (condition) {
  statements
}
```

IIIII do 문

do 문은 다음과 같은 형식을 가진다.

```
do {
  statements
} while (condition);
```

다른 문과 달리 do 문은 항상 세미콜론으로 끝난다.

IIIII switch 문

switch 문은 다음과 같은 형식을 가진다.

```
switch (expression) {
  case expression:
    statements
  default:
    statements
}
```

각 case로 정렬되어 있으며, 문장의 각 그룹은 break(default는 제외)로 끝나야 한다.

||||| try/catch 문

try/catch 문은 다음과 같은 형식을 가진다.

```
try {
    statements
  } catch(variable) {
    statements
  }


try{
    statements
} catch(variable) {
    statements
} finally {
    statements
}
```

||||| continue 문

continue 문은 되도록 사용하지 않도록 한다. 왜냐하면 자주 사용하면 함수 제어 흐름을 흐릿하게 하는 경향이 있기 때문이다.

요약

자바스크립트 프로그램은 '.js' 확장자를 가지는 파일 형태로 저장되어 전달해야 한다. 이름은 영문자(A ~ Z, a ~ z), 10자리 숫자(0 ~ 9) 및 '_' (밑줄)으로 만든다. 그리고 잘 이해할 수 있도록 하기 위해서 국제 문자의 사용을 피하도록 한다. $(달러 기호) 또는 \(역슬래시)를 이름에는 사용하지 않도록 한다. 가독성을 향상시키기 위해서 빈 줄을 사용하고 이를 통해서 논리적으로 관련된 코드의 섹션을 설정할 수 있다. 들여쓰기는 보통 네 칸을 사용하고 80자보다 라인을 더 길게 하지 않도록 한다. 문이 한 행에 맞지 않을 경우에는 이상적으로 역슬래시를 사용한 이후에 라인을 교환하도록 한다. 주석은 코드를 작성하는데 있어서 반드시 필요한 요소이다. 개발자가 작업을 하다가 잠시 자리를 비우고 돌아와서 코드를 다시 볼 때 필요한 것이 무엇이겠는가? 바로 자신이 남긴 코드 옆 또는 앞/뒤의 주석일 것이다.

데이터 타입과 값

자바스크립트에서 지원하는 데이터 타입은 다양하다. 다른 프로그래밍 언어와 마찬가지로 기본 데이터 타입인 숫자, 문자열, 불리언을 지원할 뿐만 아니라 추가적으로 객체 데이터 타입을 지원한다. 객체로서는 이름이 부여된 데이터, 배열 데이터, 함수가 있을 수 있다. 실행 가능한 코드가 들어 있는 함수를 객체로 생각한다는 점이 다른 언어와 달리 새롭다. 배열 데이터의 경우에는 비순서적인 데이터가 존재하는 것이 아닌 어느 기준을 가지는 순서 있는 데이터의 모음이라고 생각하면 된다. 이외에도 날짜를 표현할 수 있는 날짜(Date) 객체와 정규 표현식을 나타내는 RegExp 객체가 자바스크립트에서 지원된다. 지금부터는 이와 관련된 내용을 하나씩 살펴보도록 한다. 단, 함수 객체는 Chapter 04에서, 배열 객체는 Chapter 08에서 좀 더 자세히 다루며, RegExp 객체는 Chapter 09에서 다루니 여기서는 일단 넘어가도록 하겠다.

3.1 숫자

자바스크립트에서의 숫자 데이터는 이미 다른 언어를 사용해봐서 알겠지만 기본적으로 사용되는 데이터 타입이다. 자바스크립트에서는 정수와 실수가 구분되지 않으며 64비트 실수 형식을 사용한다.

자바스크립트에서는 10진수 정수는 연속된 숫자 형태를 가지며 16진수 숫자도 지원한다. 16진수 숫자의 경우에는 접두어로 '0x'가 붙는다. 그리고 8진수도 지원하며 이때는 맨 앞에 숫자 0이 붙는다. 자바스크립트에서는 소수점을 가지는 부동소수점 데이터(정수, 소수점, 소수점 이하로 구성)도 지원한다. 소수점을 사용할 수도 있지만,

지수 표기법을 사용해서 표기할 수도 있다.

자바스크립트에서 소수점이 있는 경우와 없는 경우에 대한 예는 다음과 같다.

```
var pi=3.14;
var x=1234;
```

다음은 매우 큰 수와 작은 수의 예이다. 매우 크거나 작은 수를 표현하기 위해서 지수 표기법을 사용하였다.

```
var y=1234e5;   // 123400000
var z=1234e-5;  // 0.01234
```

8진수나 16진수를 표현하기 위해서는 다음과 같이 사용한다.

```
var y=0123;
var z=0xFFFF;
```

숫자 객체에서 사용할 수 있는 프로퍼티들은 다음과 같다.

- MAX VALUE
- MIN VALUE
- NEGATIVE INFINITIVE
- POSITIVE INFINITIVE
- NaN
- prototype
- constructor

숫자 객체에서 사용할 수 있는 메소드들은 다음과 같다.

- toExponential()
- toFixed()
- toPrecision()
- toString()
- valueOf()

3.2 문자열

문자열(String)은 유니코드(Unicode) 문자나 숫자 그리고 문장 부호와의 결합으로 만들어진 시퀀스를 가지는 텍스트 표현 데이터 타입이다. 문자열은 다른 데이터 타입하고 구분하기 쉬운 것이 작은따옴표, 큰따옴표를 사용하여 구분한다. 작은따옴표 안에 큰따옴표가 존재 가능하다. 문자열은 한 줄로 구성되며, 다음 줄로 개행하고자 한다면 '\n'을 사용한다. 문자열을 사용할 때 주의할 것은 can't와 같은 축약형을 사용할 때 문자열임을 나타내는 따옴표와 구분될 수 있도록 역슬래시(\)를 사용해야 한다는 점이다.

만약에 사용자가 숫자를 문자열로 바꾸고 싶다면 다음의 방법 중 하나를 사용한다.

- String(숫자);
- toString(숫자);
- toFixed(숫자);

반대로 하고 싶은 경우에는 다음과 같은 방법을 사용한다.

```
Number();
```

다음은 자바스크립트에서의 문자열 객체의 예이다.

```
var myCarname="Hyundai YF Sonata";
var myCarname='Hyundai YF Sonata';
```

위의 예에서 보여주는 것과 같이 큰따옴표, 작은따옴표 모두 사용 가능하다. 문자열 안에 작은따옴표나 큰따옴표를 사용하려면 맨 바깥쪽에 반대 따옴표를 사용하던가 아니면 역슬래시 문자를 사용한다.

```
var answer="It's Sonata";
var answer="It is called 'Sonata'";
var answer='It is called "Sonata"';
var answer='It\'s Sonata';
```

||||| 문자열의 길이 구하기

문자열의 길이를 구하기 위해서는 length 프로퍼티를 다음과 같이 사용한다.

```
<!DOCTYPE html>
<html>
<body>
  <script>
    var txt = "Hello Greg!";
    document.write("<p>" + txt.length + "</p>");
    var txt="ABCDEFG";
    document.write("<p>" + txt.length + "</p>");
  </script>
</body>
</html>
```

▲ 문자열 길이 구하기 예제

ⅠⅠⅠⅠⅠ 원하는 문자열 찾기

문장에서 문자열을 찾기 위해서는 다음과 같이 indexOf() 메소드를 사용하도록 한
다. innerHTML을 사용하여 엘리먼트에 저장되어 있는 모든 콘텐츠에 대한 액세스가
가능하며 HTML 콘텐츠를 설정할 때도 사용이 가능하다.

```
<!DOCTYPE html>
<html>
<body>
  <p id="p1">Where is Word "locate" here?</p>
  <p id="p2">0</p>
  <button onclick="myTest()">Let's Test!</button>
  <script>
    function myTest()
    {
        // innerHTML는 임의의 HTML 태그들을 포함, 엘리먼트 콘텐츠 전체 접근
      var str=document.getElementById("p1").innerHTML;
      var n=str.indexOf("locate");
      document.getElementById("p2").innerHTML=n+1;
    }
  </script>
</body>
</html>
```

▲ 문장에서 문자열 찾기 예제

||||| 콘텐츠 매칭하기

문자열 안에서의 콘텐츠 매칭을 하기 위해서는 match() 메소드를 사용하여 다음과 같이 사용한다.

```
<!DOCTYPE html>
<html>
<body>
  <script>
    var str="My name is Greg.";
    document.write(str.match("greg") + "<br>");
    document.write(str.match("Greg") + "<br>");
    document.write(str.match("Greg!"));
  </script>
</body>
</html>
```
▲ 문자열 안에서의 콘텐츠 매칭 예제

||||| 대소문자 변환하기

대소문자 변환을 위해서는 toUpperCase( ), toLowerCase( ) 메소드를 사용한다.

```
<!DOCTYPE html>
<html>
<body>
  <script>
    var txt="My name is Greg.";
    document.write("<p>" + txt + "</p>");
    document.write("<p>" + txt.toUpperCase() + "</p>");
    document.write("<p>" + txt.toLowerCase() + "</p>");
  </script>
</body>
</html>
```
▲ 대소문자 변환 예제

문자열을 배열로 변경하기 위해서는 split() 메소드를 사용한다.

```
<!DOCTYPE html>
<html>
<body>
  <p id="demo">Test for split function.</p>
```

```html
<button onclick="myFunction()">Let's Test!</button>
<script>
  function myFunction()
  {
    var str="a,b,c,d,e,f";
    var n=str.split(",");
    document.getElementById("demo").innerHTML=n[4];
  }
</script>
</body>
</html>
```

▲ 문자열을 배열로 변경한 예제

3.3 불리언 값

불리언은 true와 false라는 두 가지 결과를 나타낸다. 보통 두 가지 이상의 값을 서로 비교하여 결과를 얻고자 할 때 사용한다.

3.4 함수

함수는 우리가 정의한 실행이 가능한 코드 또는 이미 정의되어 있는 실행이 가능한 코드이다. 다른 프로그래밍 언어와 마찬가지로 한 번 정의한 코드는 여러 번 사용될 수 있지만 한 번만 사용될 수도 있고 준비만 해놓고 사용되지 않을 수도 있다. 자바스크립트에서도 다른 언어와 마찬가지로 함수에서 매개 변수를 통해서 필요한 값을 전달받고 결과를 반환할 수 있다.

하지만 자바스크립트에서는 다른 언어와 달리 함수 리터럴이라는 것을 제공한다. 이 함수 리터럴은 다른 언어의 함수와 다른 점이 함수 정의를 수행하지만 그 함수는 이름을 지정하지 않으며, 문자열 형태로도 사용할 수 있다. 함수 리터럴에서는 함수가 이름이 생략된 상태로 존재할 수 있다.

```javascript
var showFavoriteColor = function(colorName) {
  alert("This is" + getFavoriteColor(colorName) + ".");
};
```

함수 리터럴에서는 함수의 이름이 변수와 동일하며 함수 몸체가 변숫값으로 구성된다.

3.5 객체

자바스크립트에서 객체는 이름이 부여된 값들이며 각각의 값이 객체의 프로퍼티이다. 자바스크립트에서는 데이터와 동작을 별개의 것으로 구분하지 않는다. 변수와 함수는 객체의 내부에서 객체 멤버로서 구성된다. 여기서 변수는 객체 프로퍼티라 하며 함수는 메소드라고 구분한다. 이를 통해서 객체의 내부에서 데이터 저장과 저장 데이터에 대한 동작을 수행한다.

객체는 프로토타입을 통해서 내부의 속성을 정의할 수 있다. 예를 들어 'picture'라는 객체를 하나 만들어보자.

```
picture
```

이 객체의 특성을 보면 가장 먼저 떠오르는 것이 생김새가 사각형이라는 것이다. 이 사각형은 넓이와 높이(길이)로 그 특성을 잡을 수 있다. picture라는 객체의 프로퍼티는 다음과 같이 잡는다. 객체와 프로퍼티를 점(.) 연산자를 사용하여 연결하여 객체 내에 데이터를 저장할 수 있다.

```
picture.width
picture.length
```

객체 프로퍼티를 참조하기 위해서는 객체 이름을 쓰고 마침표와 프로퍼티를 쭉 이어 쓴다. 객체의 프로퍼티는 함수, 객체, 배열 모든 것을 가질 수 있다. 객체 생성을 위해서는 간단히 new를 사용한다. 객체는 다양한 데이터를 처리하기 때문에 복합 데이터 타입으로 처리될 수 있다. 객체는 숫자, 문자, 불리언과 더불어 추가 항목으로 존재한다.

```
var picture = new Object();
picture.x = 1;
picture.y = 2;
```

객체와 객체 리터럴을 효율적으로 관리하기 위해서 객체 리터럴을 자바스크립트에서 사용한다.

```
var picture = {
  x:1,
  y:2
}
```

객체 리터럴의 모양을 잘 보면 이름과 값이 콜론으로 구성된다. 그리고 객체의 메소드는 함수를 생각하면 된다. 대부분의 객체 메소드는 객체 표기법을 사용하여 호출되어야 한다. 만약에 객체 없이 메소드만 호출되는 경우를 보면 이는 window 객체에 속해 있는 메소드로 간주하면 된다. 인스턴스 객체는 실제 데이터를 가지고 있으며 이미 정의된 객체 정의를 통해서 확장될 수 있다.

3.6 배열

배열은 데이터 값들이 모여 있는 것으로 일정한 순서와 규칙을 가진다. 배열에서도 배열 리터럴을 제공하며 대괄호 안에 이름과 값이 쉼표로 구분되어 생성되고 초기화된다. 하나의 변수에서 여러 개의 값을 저장하고자 할 때 배열 객체를 사용한다. 다음은 배열의 예를 나타내고 있다.

```html
<!DOCTYPE html>
<html>
<body>
  <script>
    var i;
    var mycars = new Array();
    mycars[0] = "HYUNDAI";
    mycars[1] = "GM";
    mycars[2] = "KIA";
    mycars[3] = "BMW";
    mycars[4] = "Ford";
    for (i=0;i<mycars.length;i++)
    {
        document.write(mycars[i] + "<br>");
    }
  </script>
</body>
</html>
```

▲ 배열 사용 예제

3.7 null

null(널)은 아무런 값도 없음을 나타낸다. null이 불리언 문맥에서 존재할 경우에는 false로 치환된다. null은 특수한 값을 가지는 객체로서 어떤 변수가 null을 가지면 그 변수는 기본 값을 가지지 않는 것으로 생각한다. 이러한 특성으로 인하여 null은 다른 모든 값들과 구분된다.

```
<!DOCTYPE html>
<html>
<body>
  <script>
    var x;
    document.write("<p>x is : ");
    x=null;
    document.write(x + "</p>");
    document.write("<p>0.5 + 0.5 = ");
    y=(0.5*10+0.5*10)/10;
    document.write(y +"</p>");
    document.write(3 + x +"</p>"); // 3 + 0이므로 결과 : 3
    document.write(3 - x +"</p>"); // 3 - 0이므로 결과 : 3
    document.write(3 * x +"</p>"); // 3 * 0이므로 결과 : 0
    document.write(3 / x +"</p>"); // 3 / 0이므로 결과 : Infinity(무한대)
    document.write(3 % x +"</p>"); // 3 % 0이므로 결과 : NaN(Not a
        Number. 숫자가 아님)
  </script>
</body>
</html>
```

▲ null 사용 예제

3.8 undefined

undefined는 선언은 되었지만 값이 할당되지 않은 변수에 접근하거나 존재하지 않는 객체 프로퍼티에 접근하면 반환된다. undefined는 사용하고자 하지만 실제로는 정의가 되지 않은 경우에 발생한다.

```html
<!DOCTYPE html>
<html>
<body>
  <script>
    var a = 'Lucky 7';
    document.write(a +"</p>");
    //document.write(b);  // 존재하지 않는 값의 호출
    document.write(typeof b +"</p>"); //undefined 발생
    document.write("Is this executing?")
  </script>
</body>
</html>
```

▲ undefined 사용 예제

요약

자바스크립트는 다른 프로그래밍 언어와 마찬가지로 기본 데이터 타입인 숫자, 문자열, 불리언을 지원할 뿐만 아니라 추가적으로 객체 데이터 타입을 지원한다. 객체는 이름이 부여된 데이터, 배열 데이터, 함수가 지원된다. 배열 데이터는 비순서적인 데이터가 존재하는 것이 아닌 어느 기준을 가지는 순서 있는 데이터의 모음이다. 날짜(Date) 객체는 날짜를 표현할 수 있고 RegExp 객체는 정규 표현식을 지원한다. 지금까지 Chapter 03에서는 데이터 타입에 대해서 간단히 살펴보았으며 다음 Chapter에서는 자바스크립트에서 중요한 요소 중 하나인 함수에 대해서 계속해서 살펴보도록 한다.

Chapter 04 함수

자바스크립트에서 함수는 한 번 또는 여러 번 실행될 수 있는 일련의 동작들을 정의한 것을 의미한다. 이미 많은 사용자들은 이 함수를 다른 언어에서도 많이 봤기 때문에 그리 낯설지는 않을 것이다. 수행하고자 하는 동작을 하나의 큰 블록으로 정의할 수도 있지만, 이를 잘게 쪼개서 여러 개의 블록들로 나누어 실행할 수도 있다. 이렇게 여러 개로 나누어 사용할 경우에는 구조적 프로그래밍이 가능해진다는 장점을 얻을 수 있으며 재활용하는 부분에 있어서는 중복 정의될 필요가 없어서 프로그램의 용량이 감소되는 효과를 얻을 수도 있다.

4.1 함수 호출

함수는 내부에 존재하는 변수에 값을 전달하기 위해서 파라미터(인자)를 사용하며, 함수가 종료되면 실행 흐름상 원래의 함수로 돌아온다. 포트란의 경우에는 반환 값이 없는 경우를 서브루틴이라고 정의하여 함수와 구별하지만 C 언어의 경우에는 동일한 것으로 간주한다. 서브루틴이 인자를 받을 수 있으면 이를 프로시저라고 한다. 대부분의 경우에는 서브루틴, 함수, 프로시저를 동일하게 본다.

자바스크립트에서 각 function은 실제로 Function 객체이다. 함수 선언은 function이라는 키워드로 시작한다.

```
function 식별자 (인자) // 반복 구문을 줄이거나 기능을 객체화 가능
{
   ......
}
```

자바스크립트에서 함수를 호출하기 위해서는 다음과 같이 사용한다. 스크립트를 작성하고 그 안에 존재하는 함수를 버튼 동작 이벤트에 연결시킨다.

```
<!DOCTYPE html>
<html>
<head>
  <script>
    function myTest()
    {
      alert("Hello World!");
    }
  </script>
</head>
<body>
  <button onclick="myTest()">테스트 시작!</button>
</body>
</html>
```

▲ 함수 호출 예제

이제 함수를 동적으로 다양하게 생성하는 방법을 알아보도록 하겠다. 함수의 기본 형태는 다음과 같다.

```
function ([arg1[, arg2[, ... argN]],]) {functionBody}
```

기본 형태를 기반으로 다음과 같이 다양하게 활용된다.

- 방법 1. 즉시 실행 익명 함수 표현식(함수 리터럴이며 문장이 아니라 표현식으로 사용되므로 함수 이름이 필요 없다. 하지만 추가적으로 이름 지정 가능하다.)

```
var domQuery = (function() { ... }
```

- 방법 2. 즉시 실행 기명 함수 표현식

```
function setSomething (bStyle, sProp, sVal) { ... }
return (function (sSelectors) { ... }
```

- 방법 3. 익명 함수 표현식

```
function getSelectors () { ... }
```

여기서 기명 함수 표현식은 익명 함수 표현식에 매개 변수 인자를 추가한다. 이것을 모아서 하나의 코드로 합치면 다음과 같다.

```html
<!DOCTYPE html>
<html>
<head>
  <script type="text/javascript">
    var domQuery = (function () {
    var aDOMFunc = [
      Element.prototype.removeAttribute,
      Element.prototype.setAttribute,
      CSSStyleDeclaration.prototype.removeProperty,
      CSSStyleDeclaration.prototype.setProperty
    ];

    function setSomething (bStyle, sProp, sVal) {
      var bSet = Boolean(sVal), fAction = aDOMFunc[bSet |
        bStyle << 1],
      aArgs = Array.prototype.slice.call(arguments, 1,
        bSet ? 3 : 2),
      aNodeList = bStyle ? this.cssNodes : this.nodes;
      if (bSet && bStyle) { aArgs.push(""); }
      for (
        var nItem = 0, nLen = this.nodes.length;
        nItem < nLen;
        fAction.apply(aNodeList[nItem++], aArgs)
      );
      this.follow = setSomething.caller;
      return this;
    }

    function setStyles (sProp, sVal) { return setSomething.
        call(this, true, sProp, sVal); }
    function setAttribs (sProp, sVal) { return setSomething.
        call(this, false, sProp, sVal); }
    function getSelectors () { return this.selectors; };
    function getNodes () { return this.nodes; };
    return (function (sSelectors) {
      var oQuery = new Function("return arguments.callee.follow.
        apply(arguments.callee, arguments);");
      oQuery.selectors = sSelectors;
      oQuery.nodes = document.querySelectorAll(sSelectors);
      oQuery.cssNodes = Array.prototype.map.call(oQuery.nodes,
        function (oInlineCSS) { return oInlineCSS.style; });
      oQuery.attributes = setAttribs;
```

```
            oQuery.inlineStyle = setStyles;
            oQuery.follow = getNodes;
            oQuery.toString = getSelectors;
            oQuery.valueOf = getNodes;
            return oQuery;
            });
        })();
    </script>
</head>
<body>
    <div class="testClass">Lorem ipsum</div>
    <p>Some text</p>
    <div class="testClass">dolor sit amet</div>
    <script type="text/javascript">
        domQuery(".testClass").attributes("lang", "en")("title",
            "Risus abundat in ore stultorum").inlineStyle
            ("background-color", "black")("color", "white")
            ("width", "100px")("height", "50px");
    </script>
</body>
</html>
```

▲ 함수 생성 예제

함수 내에서 사용하는 변수의 유효한 범위는 블록({ ... })으로 결정되는 것이 아니라 함수 단위로 결정된다. 따라서 다음과 같은 코드를 실행시키면 undefined가 반환되는 것이 아니라 'Are you calling me?'라는 값을 반환한다.

```
<!DOCTYPE html>
<html>
<head>
    <script>
    function myFunction()
    {
        var test = 'Are you calling me? ';
        function iFunc() {
            alert(test);
        }
        iFunc();
    }
    </script>
</head>
<body>
    <button onclick="myFunction() ">테스트 시작!</button>
```

```
〈/body〉
〈/html〉
```

▲ 함수 내 변수 범위 확인 예제

함수는 return 문을 반드시 사용해서 끝날 필요는 없다. 함수는 일련의 기능을 하나로 묶어주는 기능을 하기 때문에 재사용을 통해서 중복 코드를 감소시키는데 많은 도움을 준다. 함수는 웹 페이지의 〈script〉 태그 내부에 위치하거나 외부 자바스크립트 파일에 위치해 있다가 호출되어 사용된다. 사용자가 필요한 경우에 한 번 실행하는 코드를 사용하고자 할 경우에는 다음과 같이 생성해서 바로 실행하는 방식을 사용한다.

```
(function () { ... }) ()
```

한 번 실행되는 코드는 모두 함수 안에 위치하도록 하고 코드 구조를 단순하도록 한다.

4.2 함수 전달인자

함수를 구성하여 실제 몸체에 값을 넘겨주는 역할을 수행하는 것이 전달인자이다. 함수에 전달하는 인수의 개수에는 제한이 없지만 가독성과 유지 보수성을 위해서는 5개를 초과해서는 사용하지 않을 것을 권장한다.

전달 가능한 인자로는 상수, 변수, 문자가 있다. 각 인자는 값 전달을 위한 문자열이 위치한다. 이는 유효한 자바스크립트 구분자 역할을 수행한다. 각 인자 사이에는 콤마가 사용되어 구분시켜 주지만 인자들은 함수의 프로퍼티로서 생략이 가능하다.

```
function setStyles (sProp, sVal) { functionBody }
```

함수 생성자에서 인자를 지정하는 방법은 다음과 같다.

```
〈!DOCTYPE html〉
〈html〉
〈body〉
  〈p〉If you click the button, you can see the result for calling
      a function with arguments〈/p〉
  〈button onclick="myFunction('Your name is', 'Greg')"〉
```

```
      테스트 시작!</button>
  <script>
    function myFunction(name, job)
    {
      alert("Hello! " + name + " -> " + job);
    }
  </script>
</body>
</html>
```

▲ 함수에서 인자를 지정하는 예제

4.3 선언문 vs. 표현식

함수를 사용하기 위해서는 함수 그 자체를 호출하는 방법이 있으며 메소드를 사용하는 방법을 사용할 수도 있다. 그 밖에도 생성자로서 사용하던가 비간접적으로 모든 함수에 대해서 정의된 call( ), apply( ) 메소드를 사용하는 방법도 가능하다.

함수의 선언문(Declaration)은 함수가 변수 할당 없이 블록을 사용하여 이름을 가지고 정의하는 것을 의미하며 이렇게 선언된 함수는 부모 영역에서 접근하여 수행시킬 수 있다.

```
function foo() {
  return 3;
}
```

함수를 호출하는 방법은 다음과 같이 2가지 방법이 있다.

- 방법 1 (몸체 블록 사용)

  ```
  foo()
  ```

- 방법 2 (몸체 블록 비사용)

  ```
  foo
  ```

그러면 함수의 표현식(Expression)은 무엇일까? 함수의 표현식은 주로 변수를 할당하여 함수를 정의하거나 자기 호출 방식을 사용하여 정의하는 것을 의미한다. 함수 표현식에서는 이름을 가지거나 익명으로 만들 수 있다.

- 방법 1 (익명)

```javascript
var a = function() {
   return 7;
}
```

- 방법 2 (이름을 가짐)

```javascript
var a = function bar() {
   return 7;
}
```

- 방법 3 (자기 호출 함수)

```javascript
(function temTest() {
   alert("Test~ Test!");
})();
```

다음의 코드를 한 번 살펴보자. 함수 안에 다른 함수가 중첩되어 선언되있다. 중첩
함수의 경우에는 함수의 최상위 레벨에서만 가능하며 if, while 루프와 같은 문장 블
록 내에서는 정의가 불가능하다. 다만 함수 리터럴의 경우에는 가능하다. 바깥쪽 함수
가 호출되면 안쪽 함수가 정의된다. 여기서 자바스크립트를 실행시키면 결과가 어떻
게 나올까?

```html
<!DOCTYPE html>
<html>
<body>
  <button onclick="myFunction()">함수 중첩 선언 예제</button>
  <p id="demo"></p>
  <script>
    function foo1(){
      function bar() {
        return 3;
      }
      return bar();
      function bar() {
        return 8;
      }
    }
    alert(foo1());
  </script>
</body>
</html>
```

▲ 함수 중첩 선언 예제

재미있는 것은 결과가 3이 아닌 8이 나온다는 것이다. 함수 선언과 함수 변수들은 코드의 위치와 상관없이 자바스크립트 인터프리터에 의해 항상 자신의 자바스크립트 스코프에서 맨 첫 라인 부분으로 움직인다. 이를 호이스팅(hoisting)이라고 한다. 따라서 코드는 위와 같이 되어있더라도 자바스크립트 인터프리터에서는 다음과 같은 형태로 변경해서 수행한다.

```javascript
function foo1(){
  // 정의
  function bar() {
    return 3;
  }

  // 재정의
  function bar() {
    return 8;
  }

  return bar(); //8
}
```

▲ 함수 호이스팅 동작 관련 예제

4.4 콜백

콜백(Callback) 함수는 특정 함수의 동작이 끝나고 다시 다른 함수를 호출하고자 할 때 사용한다. 위키피디아에서는 콜백을 다음과 같이 정의하고 있다.

프로그래밍에서 콜백(callback)은 다른 코드의 인수로서 넘겨받는 서브루틴이다. 이를 통해 높은 수준의 층에 정의된 서브루틴(또는 함수)을 낮은 수준의 추상화 층이 호출할 수 있다. 일반적으로 먼저 높은 수준의 코드가 낮은 수준의 코드에 있는 함수를 호출할 때, 다른 함수의 포인터나 핸들을 넘겨준다. 낮은 수준의 함수를 실행하는 동안에 그 넘겨받은 함수를 적당히 회수, 호출하고 부분 작업을 실행하는 경우도 있다. 다른 방식으로는 낮은 수준의 함수는 넘겨받은 함수를 '핸들러'로서 등록하고 낮은 수준의 층에서 비동기적으로(어떠한 반응의 일부로서) 다음에 호출하는 데 사용한다. 콜백은 폴리모피즘과 제네릭 프로그래밍의 단순화된 대체 수법이며 어떤 함수의 정확한 동작은 그 낮은 수준의 함수에 넘겨주는 함수 포인터(핸들러)에 의해 바뀐다. 이것은 코드 재사용을 하는 매우 강력한 기법이라고 말할 수 있다.

▲ 콜백 정의

다음은 콜백 함수의 예를 나타낸다.

```html
<!DOCTYPE html>
<html>
<head>
  <script>
    // 콜백 함수 정의
    function callbackTest(arg){
      alert("Hello World!");
    }
    // 콜백 함수를 호출할 함수 정의
    function test(x, y, callbackFunc){
      if(typeof callbackFunc == "function"){
        callbackTest();
      }
    }
  </script>
</head>
<body>
  <button onclick="test( 'a', 'b', callbackTest('Greg') )">
    Try it</button>
</body>
</html>
```

▲ 콜백 함수 예

4.5 함수 반환

함수에서는 return 문을 사용하여 값을 반환한다. return 문은 함수 어디에서나
위치할 수 있지만 이를 만나게 되면 즉시 함수를 빠져나가게 되므로 사용할 때 주의해
야 한다. return을 만나면 즉시 빠져나간다라는 특성 때문에 경우에 따라서는 데이터
반환이라는 목적과 더불어 문장의 흐름을 제어하는 역할도 담당할 수 있다.

```javascript
function sum(a, b) {
  return a+b
}

var result = sum(2,5)
alert(result)
```

만약에 반환할 값이 없는 경우에는 undefined를 반환한다.

```javascript
function getNothing() {
   // 반환 값 없음
}

var result = getNothing()

alert(result)
```

return 다음에 아무런 값이 없어도 마찬가지로 undefined를 반환한다.

```javascript
function getNothing() {
   return
}
alert(getNothing() === undefined)
```

자바스크립트 함수는 블록으로 둘러싸여져 구현된다. 다음의 코드를 한 번 살펴보자.

```html
<!DOCTYPE html>
<html>
<head>
  <script>
    function outSide() {
      var out = "Yes, Out Boundary can be accessed!"

      function inSide() {
        var inVar = "In Boundary, "+" Can var out be showed? -> "+ out;
        return inVar;
      }

      return inSide;
    }
    var testBoundary1 = outSide();
    var testBoundary2 = testBoundary1();
  </script>
</head>
<body>
  <button onclick="alert(testBoundary2)"> 실행 </button>
</body>
</html>
```

▲ 함수 반환 예제

변수 inVar는 함수 inSide( ) 안에 존재하고 있기 때문에 inSide( ) 함수의 블록 범위 안에서만 존재한다. 그리고 지역 변수이기 때문에 함수가 종료되면 그 변수도 생명을 같이 할 것이다. 하지만 실제로 위의 코드를 실행시키면 outSide( ) 함수가 실행되면서 inSide( ) 함수가 바깥으로 확장되고, 그 다음에 다시 한 번 더 호출되면서 전역 변수처럼 사용될 수 있도록 되었다. 이와 같은 동작을 클로저(closure)라고 한다. 클로저는 다른 함수 내에서 내부 객체로 생성된 함수 리터럴을 반환하여 호출 프로그램에서 이를 변수로 배정하며 함수가 동작하는 데 필요한 데이터 영역을 확장하는 것을 의미한다.

중첩된 함수의 경우에는 중첩된 함수 외부에 존재하는 바깥쪽 함수의 모든 전달인자와 변수들에 접근할 수 있다. 함수가 정의될 당시의 유효 범위 블록은 한정되어 있지만 그 유효 범위 블록 내부의 프로퍼티들은 가변할 수 있다.

한 번 더 살펴보기 위해서 앞의 코드를 약간 변형시켜보자. 다음과 같이 변경하고 수행해보면 어떤 값을 얻을 수 있을까?

```html
<!DOCTYPE html>
<html>
<head>
  <script>
    var checkValue = "Yes, Out Boundary can be accessed!"
    function inSide(){
      var checkValue = "Here is In Boundary";
      function checkpoint() { return checkValue; }
      return checkpoint();
    }
    var testBoundary1 = inSide();
  </script>
</head>
<body>
  <button onclick="alert(testBoundary1)">Try it</button>
</body>
</html>
```

▲ 함수 변수 접근 관련 예제(1)

실행을 해 보면 inSide( ) 함수 내의 지역 변수를 참조하고 있음을 알 수 있다. 그러면 다음과 같이 하면 어떤 값을 얻을까? 여기서는 inSide( ) 함수 뒤에 두 개의 괄호가 위치한다. 괄호 내부의 변수를 통해서 값이 전역 참조를 할 것으로 예상할 수 있지만, 실제로는 여기서도 지역 변수를 참조한다.

```
<!DOCTYPE html>
<html>
<head>
  <script>
    var checkValue = "Yes, Out Boundary can be accessed!"
    function inSide(){
      var checkValue = "Here is In Boundary";
      function checkpoint() { return checkValue; }
      return checkpoint;
    }
    var testBoundary1 = inSide()();
  </script>
</head>
<body>
  <button onclick="alert(testBoundary1)">Try it</button>
</body>
</html>
```

▲ 함수 변수 접근 관련 예제(2)

개별 독립 변수들은 함수 내 단일 클로저에 대해서 상호 배타적으로 동작한다. 따라서 다음과 같이 arithFunc( ) 함수에 대해서 내부적으로 plusOp와 minusOp를 구분지어 놓을 경우에는 각각 연산이 수행됨을 발견할 수 있을 것이다. 최종 수행한 값은 '3'이다.

```
<!DOCTYPE html>
<html>
<body>
  <p id="demo"></p>
  <script>
    function arithFunc(){
      var n = 0;
      return {
        plusOp: function() {return n++;},
        minusOp: function() {return n--;}
      };
    }

    var aTest = arithFunc(), bTest = arithFunc();
    document.getElementById("demo").innerHTML = aTest.plusOp();
    document.getElementById("demo").innerHTML = aTest.plusOp();
    document.getElementById("demo").innerHTML = bTest.minusOp();
    document.getElementById("demo").innerHTML = aTest.plusOp();
    document.getElementById("demo").innerHTML = bTest.minusOp();
```

```
      document.getElementById("demo").innerHTML = aTest.plusOp();
   </script>
</body>
</html>
```

▲ 함수의 변수 활용 연산 예제

getElementById( )는 엘리먼트가 유니크한 ID를 가지고 있으면 페이지 내부에서 HTML 엘리먼트에 접근이 가능하도록 해준다.

4.6 재귀 함수

재귀 함수는 자기 자신을 스스로 참조하여 호출하는 함수를 의미한다. 다음의 예제에서 보여주는 것과 같이 호출 함수 안에서 다시 자기 자신을 호출하는 구조로 되어 있다.

```
<!DOCTYPE html>
<html>
<body>
  <p id="demo"></p>
  <script>
    function selffuncTest(num)
    {
      if(num == 0)
      {
        return 1;
      }
      else
      {
        return (num * selffuncTest(num-1));
      }
    }

    var initValue = 5;
    document.write(selffuncTest(initValue));
  </script>
</body>
</html>
```

▲ 재귀 함수 예제

초깃값으로 5가 입력되고 재귀 함수에서 한 번씩 반복되면서 4, 3, 2, 1이 불려지고 각각의 값을 곱한 120이 결과로 얻어진다. 다음의 예는 재귀 함수를 사용하여 피보나치 함수를 구현한 예이다.

```html
<!DOCTYPE html>
<html>
<body>
  <p id="demo"></p>
  <script>
    function fib(n)
    {
      if (n == 0 || n == 1)
      {
        return n;
      }
      else
      {
        return fib(n-1) + fib(n-2);
      }
    }

    var initValue = 10;
    document.write(fib(initValue ));
  </script>
</body>
</html>
```

▲ 재귀 함수를 이용한 피보나치 예제

4.7 즉시 실행 함수

많은 개발자들이 함께 자바스크립트를 이용해 작업을 하다보면 변수, 함수 이름이 겹치기도 하여 나중에 실제로 코드들이 연동하면서 예상치 못한 버그를 만들어 내기도 한다. 이러한 경우를 방지하기 위해서 즉시 실행 함수 패턴을 사용하면 보다 안전한 동작을 기대할 수 있다. 즉시 실행 함수는 정의되자마자 바로 실행한다. 즉시 실행 함수에서는 임의의 함수를 만들고 바로 실행시킨다.

```
(function(){
  // 이곳에서 코드 작성
  var myName = 'aji'; // 지역 변수
})();
```

함수의 내부에서 변수 함수를 var로 선언하여 전역 변수가 되지 않도록 한다. 즉시 실행 함수는 값의 할당 없이 정의부만 존재할 수 있기 때문에 이러한 케이스가 많이 생기면 메모리를 낭비할 수 있다. 그렇지만 초기화 코드에 유효 범위 샌드박스(sandbox)를 제공하기 때문에 전역 네임스페이스를 깨끗하게 유지해 주고 인자를 전달할 수 있어서 실행 함수 내에서 window를 사용하지 않고도 전역 객체에 접근할 때 유용하다. 또한 즉시 실행 함수에서 미리 계산하여 클로저에 저장해둔 값을 반환할 수 있으며 객체 프로퍼티를 정의할 때도 사용할 수 있다.

4.8 유용한 함수들

사용자가 유용하게 사용할 수 있는 함수들은 다음과 같다.

 **함수**

http://www.onextrapixel.com/2012/10/04/10-useful-and-time-saving-javascript-snippets/에서 필요 함수들을 참조하였다.

addEvent( )

이벤트(event)를 추가하는 함수이다. Scott Andrew가 작성한 addEvent( ) 함수는 다음과 같다.

```
function addEvent(elm, evType, fn, useCapture) {
  if (elm.addEventListener) {
    elm.addEventListener(evType, fn, useCapture);
    return true;
  }
  else if (elm.attachEvent) {
    var r = elm.attachEvent('on' + evType, fn);
    return r;
  }
```

```
  else {
    elm['on' + evType] = fn;
  }
}
```

addLoadEvent( )

페이지를 다 읽어들인 후에는 이벤트들을 추가하는 기능을 제공한다. Simon Willison이 작성한 addLoadEvent( ) 함수는 다음과 같다.

```
function addLoadEvent(func) {
  var oldonload = window.onload;
  if (typeof window.onload != 'function') {
    window.onload = func;
  }
  else {
    window.onload = function() {
      oldonload();
      func();
    }
  }
}
```

만약 다른 방법을 사용해야 한다면 addEvent( ) 함수를 사용해서 간단히 여러 이벤트 인식자들을 추가하도록 한다.

getElementsByClass( )

클래스 이름별 요소들에 접근할 수 있는 방법을 제공하는 함수이다. 다음은 Dustin Diaz가 작성한 버전을 소개하였다. 이 함수에 있는 getElementsByTagName( )은 페이지 내의 모든 엘리먼트들을 배열로 반환하여 HTML에 나타난 순서대로 배열을 구성한다.

```
function getElementsByClass(searchClass,node,tag) {
  var classElements = new Array();
  if ( node == null )
    node = document;
  if ( tag == null )
    tag = '*';
  var els = node.getElementsByTagName(tag);
  var elsLen = els.length;
  var pattern = new RegExp('(^|\\s)'+searchClass+'(\\s|$)');
  for (i = 0, j = 0; i < elsLen; i++) {
```

```
      if ( pattern.test(els[i].className) ) {
        classElements[j] = els[i];
        j++;
      }
    }
  return classElements;
}
```

간단하게 클래스 이름을 함수 맨 앞에 추가하고 두 번째와 세 번째 변수들은 자유 선택이다.

toggle( )

이벤트가 발생할 때 특정 요소를 보여주거나 사라지게 하는 기능을 제공하는 함수이다.

```
function toggle(obj) {
  var el = document.getElementById(obj);
  if(el.style.display != 'none') {
    el.style.display = 'none';
  }
  else {
    el.style.display = '';
  }

}
```

insertAfter( )

함수명 그대로 노드의 다음 위치에 추가하는 기능을 지원한다.

```
function insertAfter(parent, node, referenceNode) {
  parent.insertBefore(node, referenceNode.nextSibling);
}
```

inArray( )

DOM 핵심 기능에 포함되어 있지는 않지만 DOM Array object를 확장하는 prototype으로 구현되었다(EmbiMEDIA 버전).

```
Array.prototype.inArray = function (value) {
  var i;
```

```
    for (i=0; i < this.length; i++) {
      if (this[i] === value) {
        return true;
      }
    }
    return false;
};
```

getMaxHeight( )

getMaxHeight()는 엘리먼트의 폭과 넓이를 구하는 자바스크립트 코드 ($(elements).height(getMaxHeight($(elements))이다.

```
var getMaxHeight = function ($elms) {
  var maxHeight = 0;
  $elms.each(function () {
    // 다른 경우에, outerHeight()를 대신해서 사용 가능
    var height = $(this).height();
    if (height > maxHeight) {
      maxHeight = height;
    }
  });

  return maxHeight;
};
```

isValidDate( )

isValidDate( )는 유효 날짜를 쉽게 확인하는 함수이다.

```
function isValidDate(value, userFormat) {

  // 포맷이 제공되지 않은 경우에는 기본 포맷 설정
  userFormat = userFormat || 'mm/dd/yyyy';

  // 월, 일, 년도 체크
  var delimiter = /[^mdy]/.exec(userFormat)[0];

  // 월, 일, 년도를 가지는 배열 생성
  // 인덱스를 사용하여 포맷 순서를 알 수 있음
  var theFormat = userFormat.split(delimiter);

  // 사용자 날짜에 대한 배열 생성
```

```javascript
    var theDate = value.split(delimiter);

    function isDate(date, format) {
      var m, d, y, i = 0, len = format.length, f;
      for (i; i < len; i++) {
        f = format[i];
        if (/m/.test(f)) m = date[i];
        if (/d/.test(f)) d = date[i];
        if (/y/.test(f)) y = date[i];
      }
      return (
        m > 0 && m < 13 &&
        y && y.length === 4 &&
        d > 0 &&
        // 날짜 확인
        d <= (new Date(y, m, 0)).getDate()
      );
    }

    return isDate(theDate, theFormat);
}
```

highlight( )

highlight( )는 텍스트를 하이라이트 시키기 위한 함수이다.

```javascript
function highlight(text, words, tag) {
  // 없는 경우 기본 태그 설정
  tag = tag || 'span';

  var i, len = words.length, re;
  for (i = 0; i < len; i++) {
    // 매칭 확인
    re = new RegExp(words[i], 'g');
    if (re.test(text)) {
      text = text.replace(re, '<'+ tag +' class="highlight">$&
        </'+ tag +'>');
    }
  }

  return text;
}
```

unhighlight( )

unhighlight()는 하이라이트된 텍스트를 해제해 주는 함수이다.

```
function unhighlight(text, tag) {
  // 없는 경우 기본 태그 설정
  tag = tag || 'span';
  var re = new RegExp('(<'+ tag +'.+?)|(\/'+ tag +'>)', 'g');
  return text.replace(re, '');
}
```

embedYoutube( )

링크로 유튜브 비디오를 임베딩하기 위한 코드이다.

```
function embedYoutube(link, ops) {
  var o = $.extend({
    width: 480,
    height: 320,
    params: ''
  }, ops);
  var id = /\?v\=(\w+)/.exec(link)[1];
  return '<iframe style="display: block;"'+
    ' class="youtube-video" type="text/html"'+
    ' width="' + o.width + '" height="' + o.height +
    ' "src="http://www.youtube.com/embed/' + id + '?' + o.params +
    '&amp;wmode=transparent" frameborder="0" />';
}
```

4.9 함수 커리

자바스크립트에서 말하는 커리(Curry)는 우리가 쉽게 주위에서 맛볼 수 있는 그런 커리는 아니다. 여기서의 커리는 함수와 매개 인자를 결합하여 새로운 함수를 만들어 낼 수 있는 방법을 의미한다. 간단한 예를 들면 다음과 같이 기존에 존재하는 addOriginal 함수에 커리를 적용하여 addCurryTest()라는 함수를 새로 만들었다.

```
var addCurryTest = addOriginal.curry(2);
document.writeln(addTest(6));  // 8
```

　addCurryTest( ) 함수는 addOriginal의 커리 메소드를 통해서 2를 전달하는 기능을 가졌다. 따라서 자기 함수의 인자에 2를 더한다. 또 다른 예를 들면 다음과 같다.

```javascript
var add = function (a,b) {
  return a + b;
}


var addTen = add.curry(10); //10을 반환하는 함수 생성
    + argument
addTen(20); // 30
```

　원래 자바스크립트는 커리 메소드를 가지고 있지 않다. 그렇지만 사용자가 Function.prototype을 이용하여 사용 가능하도록 한다. 다음에서 이러한 지원을 위한 코드를 나타냈다.

```javascript
Function.method('curry', function ( ) {
  var slice = Array.prototype.slice,
    args = slice.apply(arguments),
    that = this;
  return function ( ) {
    return that.apply(null, args.concat(slice.apply(arguments)));
  };
});
```

　커리는 실행 시 전달된 매개인자에 대해서 이미 할당된 값들을 가지고 함수 실행 복사본을 생성한 이후에 반환한다. toArray( ) 함수에 대한 커리를 지원하기 위해서 작성한 코드는 다음과 같다.

```javascript
function toArray(enum) {
  return Array.prototype.slice.call(enum);
}


Function.prototype.curry = function() {
  if (arguments.length(1) {
    return this; // nothing to curry with - return function
  }
  var __method = this;
  var args = toArray(arguments);
  return function() {
    return __method.apply(this, args.concat(toArray(arguments)));
  }
}
```

커리를 활용한 추가적인 다양한 예를 다음에서 간략히 소개하도록 한다.

```javascript
var converter = function(ratio, symbol, input) {
  return [(input*ratio).toFixed(1),symbol].join(" ");
}

var kilosToPounds = converter.curry(2.2,"lbs");
var litersToUKPints = converter.curry(1.75, "imperial pints");
var litersToUSPints = converter.curry(1.98, "US pints");
var milesToKilometers = converter.curry(1.62, "km");

kilosToPounds(4); //8.8 lbs
litersToUKPints(2.4); //4.2 imperial pints
litersToUSPints(2.4); //4.8 US pints
milesToKilometers(34); //55.1 km
```

▲ 커리 메소드 활용 사례

요약

함수는 프로그램에서 특정 동작을 수행하도록 구현된 코드를 의미한다. 자바스크립트에서 각 function은 실제로는 Function 객체이다. 함수 선언은 'function'이라는 키워드로 시작한다. 함수를 구성하여 실제 몸체에 값을 넘겨주는 역할을 수행하는 것이 전달 인자이다. 각 인자는 값 전달을 위한 문자열을 가진다. 이는 유효한 자바스크립트 구분자 역할을 수행한다. 함수를 사용하기 위해서는 함수 그 자체를 호출하는 방법이 있으며 메소드를 사용하는 방법을 사용할 수도 있다. 재귀 함수는 자기 자신이 스스로 참조하여 호출하는 함수를 의미한다. 자바스크립트에서는 즉시 실행 함수를 지원하며 임의의 함수를 만들고 바로 실행시킬 수 있다.

Chapter 05

변수

텀즈(www.terms.co.kr)에서는 프로그래밍의 변수란 프로그램에 전달되는 정보나 그밖의 상황에 따라 바뀔 수 있는 값으로 정의하고 있다. 대개 프로그램은 컴퓨터가 해야 할 일을 나타내는 지시문과 수행 중 사용하게 될 데이터로 구성된다. 데이터는 절대 불변의 상수와 변수로 구성되는데 변수는 대개 초깃값을 0으로 갖거나 프로그램 사용자가 값을 넣기 전까지는 기본 값을 가진다.

자바스크립트에서도 변수 객체를 지원한다. 여기서의 변수는 정보를 저장하기 위한 저장소/컨테이너의 역할을 담당한다. 변수는 값을 가지는 알파벳으로 구성된 객체이다. 변수에 할당되는 정보로서 숫자 값뿐만 아니라 표현식도 가능하다. 변수명으로는 간단한 변수명으로부터 길고 복잡한 변수명까지 모두 지원 가능하다.

5.1 변수 타입 및 선언

변수명은 문자로 시작해야만 하며 '$'와 '_'로 시작할 수 있다. 그렇지만 실제로 '$'와 '_'를 넣는 경우는 많지 않다. 변수명은 대소문자를 구분하기 때문에 소문자 a와 대문자 A는 서로 다른 변수로 간주한다. 자바스크립트 변수로 5개의 다른 타입들이 존재한다.

- 불리언 : true, false
- 숫자 : 1, −31, 0.013
- 문자열 : "Hello Greg!"
- 함수 : 사용자 정의 함수 또는 빌트인(built-in)된 함수들

- 객체 : document, window

자바스크립트에서는 크게 숫자와 문자로 구분하며 숫자형은 정수형과 실수형을 별도로 구분하지 않는다. 변수 선언 시에 var를 먼저 사용한다. 일반적인 프로그래밍 언어에서는 데이터 종류에 따라서 다양한 변수 타입을 사용하는데 자바스크립트에서는 다행히도 선언을 var 한 가지만 사용한다. 다만 대입하는 값에 따라서 형이 변하게 되어 사용자의 편의성을 높였다. 자바스크립트에서는 var를 굳이 사용하지 않고 처음으로 변수가 나타나더라도 자동으로 새로 선언하게 되므로 이를 주의하도록 한다. 전역 변수로 사용하는 변수가 함수 앞에서 사용하게 될 경우에 다음과 같은 점을 고려해야 한다. 만약에 사용자가 이미 전역 변수가 있음에도 불구하고 변수명을 동일하게 하고 지역 변수로 사용하고자 한다면 이때에는 var를 선언해야 한다는 점이다.

```
<!DOCTYPE html>
<html>
<body>
  <script>
    var x=5;
    var y=5;
    var z=5+5;
    document.write(x + "<br>");
    document.write(y + "<br>");
    document.write(z + "<br>");
  </script>
</body>
</html>
```

▲ 변수 선언 예제

변수에는 숫자뿐만 아니라 문자열도 대입할 수 있다.

```
<!DOCTYPE html>
<html>
<body>
  <script>
    var str1="Javascript";
    var str2='OK!!';
    document.write(str1 + "<br>");
    document.write(str2 + "<br>");
  </script>
</body>
</html>
```

▲ 변수에 문자열 대입

변수에는 지역 변수(함수 내부 사용), 전역 변수(함수 외부 사용)로 구분되며 전역 변수의 경우에는 존재하는 문서 어디에서든 사용이 가능하다. 일반적인 지역 변수와 전역 변수의 예를 살펴보자.

```
var myName = "자바스크립트";  // 전역 변수
alertThisName("프로그래밍");

function alertThisName(myName){  // 지역 변수
   alert(myName); // "프로그래밍"을 표시
}

alert(myName); // "자바스크립트"를 표시
```

다음과 같이 연산을 하게 되면 지역 변수와 전역 변수에는 각각 어떤 값이 저장될까? 이름은 같지만 지역 변수로 선언되면 별도의 메모리 공간을 가지게 되고, 함수의 수명이 다하는 지점에서는 해당 값도 사라진다. 따라서 같은 변수명이지만 다음 추가된 주석처럼 다른 값을 가지게 된다.

```
var myCount = 7;  // 전역 변수
doSomeMath();

function doSomeMath(){
   var myCount = 7 * 7;
   alert(myCount); // "49" 표시
}

alert(myCount); // "7" 표시
```

여기서 var myCount = 7*7 부분을 살짝 바꾸어보자. var를 빼보는 것이다. 그러면 어떠한 값을 얻을 수 있을까? 여기서는 지역 변수가 아니라 전역 변수로의 역할을 수행한다.

```
var myCount = 7;  // 전역 변수
doSomeMath();

function doSomeMath(){
   myCount = 7 * 7;
   alert(myCount); // "49" 표시
}

alert(myCount); // "49" 표시
```

이제 첫 째줄에 있는 'var myCount = 7;'을 삭제해 다음과 같이 예제를 더 변경해 보자.

```
function doSomeMath() {
  myCount = 7 * 7;
  alert(myCount); // "49" 표시
}


alert(myCount); // 에러 발생
```

doSomeMath( )에서는 myCount가 변수로서 역할을 수행하지만 함수 바깥에서는 에러가 발생한다.

5.2 기본 타입과 참조 타입

변수는 이미 앞에서도 정의한 바와 같이 데이터를 저장하는 공간으로서 기본 타입으로는 숫자, 문자열, 여러 가지 표현식을 모두 저장한다. 함수에 값을 전달할 때 기본 타입에 직접 값을 대입하여 전달하면 경우에 따라서는 의도하지 않은 결과를 얻을 수도 있다. 다음의 예제에서 보면 사용자는 4라는 값과 5라는 값을 얻을 것으로 계산하고 코드를 작성하였다. 그렇지만 실제로는 수행했을 때 어떤 값을 얻게될지 살펴보자.

```
<!DOCTYPE html>
<html>
<body>
  <script>
    function myfunction(x)
    {
      x = 5;
    }

    var x = 4;
    document.write(x + "<br>");
    myfunction(x);
    document.write(x + "<br>");
  </script>
</body>
</html>
```

▲ 변수 기본 타입 활용 예제

잠시 시간을 내서 머릿속으로 예상해 보자. 처음에는 4가 나오지만 myfunction()이 수행된 이후에는 5가 나올 것 같다. 하지만 실제로 실행해보면 둘 다 4라는 값을 얻는다. 이렇게 직접 기본 변수를 사용한 값 전달을 하다보면 꼬이는 경우가 발생할 수 있다. 그래서 전달할 때 참조 변수를 사용하면 보다 안전하다.

```html
<!DOCTYPE html>
<html>
<body>
  <script>
    function myobject()
    {
      this.value = 5;
    }

    var o = new myobject();
    document.write(o.value + "<br>");
    function objectchanger(fnc)
    {
      fnc.value = 6;
    }

    objectchanger(o);
    document.write(o.value+ "<br>");
  </script>
</body>
</html>
```

▲ 변수 참조 타입 활용 예제(1)

여기서는 값이 첫 번째로는 5가 나오고 두 번째로는 6을 얻을 수 있다. 참조된 변수를 제대로 호출하기 때문에 둘 다 예상한 대로 값을 얻을 수 있었다. 다음은 결과가 어떨지 한 번 예상해 보자.

```html
<!DOCTYPE html>
<html>
<body>
  <script>
    function myobject()
    {
      this.value = 5;
    }

    myobject.prototype.add = function()
```

```
    {
       this.value++;
    }
    var o = new myobject();
    document.write(o.value + "<br>");
    o.add();
    document.write(o.value + "<br>");

    function objectchanger(fnc)
    {
       fnc();
    }
    objectchanger(o.add);
    document.write(o.value + "<br>");
  </script>
</body>
</html>
```

▲ 변수 참조 타입 활용 예제(2)

여기서는 5, 6, 6이라는 값이 나온다. 이러한 값을 얻게 된 이유는 함수에 파라미터를 전달할 때 객체의 컨텍스트와의 연관성이 끊어져 버렸기 때문이다. 즉, 객체 함수에 전달할 때가 아닌 이미 호출된 객체의 컨텍스트를 참조하였기 때문에 앞에서 언급한 숫자들을 얻게 된 것이다.

맨 마지막에서 6이 아닌 하나 더 증가된 값을 얻기 위해서 사용해야 할 메소드를 아는 경우와 모르는 경우에 대해서 objectchanger(obj)를 다음과 같이 수정하도록 한다.

```
function objectchanger(obj)
{
   (방법 1) obj.add();
   (방법 2) fnc.call(obj);
}
```

자바스크립트에서는 숫자, 불리언 등의 기본형 데이터 변수 이외에도 객체, 배열, 함수 데이터를 지원한다. 자바스크립트는 변수의 형 변환이 자유롭기 때문에 'var result = "what"; result = 777;'이라고 다른 형을 하나의 변수에 연속해서 대입하더라도 문제가 되지 않는다. 실제로는 대입되는 것이 무엇인지를 파악해서 해당 값이 문자이면 문자 변수이고, 숫자이면 숫자 변수로 그때마다 변경된다. 프로그래밍 언어로서 자바스크립트의 변수는 매우 유연한 특성을 지원한다.

5.3 가비지 컬렉션

낮은 수준의 언어인 C 언어의 경우에는 메모리를 할당하고 해제하기 위해서 malloc( ) 함수와 free( ) 함수를 사용한다. 메모리 할당/해제 함수는 사용자가 직접 사용해야 하기 때문에 만약에 잘못 사용하거나 해제하지 않게 되면 메모리 문제를 발생시킨다. 하지만 자바스크립트의 경우에는 객체, 문자열 등이 생성될 때 자동으로 메모리가 할당되고 추후에 해제된다.

모든 언어에 있어서 메모리가 사용되는 과정은 다음과 같다.

- 메모리 할당
- 사용
- 메모리 반환(해제)

자바스크립트에서는 사용자가 메모리를 직접 해제해주는 것이 아니라 가비지 컬렉터라는 모듈의 동작에 의해 이루어진다. 따라서 가비지 컬렉터가 자신이 알아서 사용하지 않는 메모리를 수집해야 할 때 동작한다. 객체가 접근하기 어려운 위치에 있으면 즉, 대상 객체를 참조하지 않을 것으로 예상되면 자바스크립트 인터프리터는 그 메모리가 필요없는 것으로 판단하고 자동으로 해제된다. 하지만 다음과 같이 a와 b 사이에 서로 참조가 계속 이루어지는 경우에는 둘 다 모두 가비지 컬렉션이 되지 않는다.

```javascript
function foo() {
   var a, b;
   a = {};
   b = {};
   b.refa = a;
   a.refb = b;
}
```

자바스크립트의 객체와 DOM 객체가 서로 참조하고 있는 경우에는 순환 참조가 이루어져서 참조 관계가 끊어지지 않기 때문에 가비지 컬렉션의 대상이 될 수 없다. 가비지 컬렉션의 대상이 되지 않는다라는 의미는 메모리가 회수되는 경우가 발생하지 않는다는 것도 의미하기 때문에 메모리 누수 대상이 될 수 있다.

```html
<!DOCTYPE html>
<html>
<body>
  <script type="text/javascript">
```

```
    document.write("Circular references between JavaScript and
        DOM!");
    var obj;
    window.onload = function(){
      obj=document.getElementById("DivElement");
      document.getElementById("DivElement").expandoProperty=obj;
      obj.bigString=new Array(1000).join(new Array(2000).
          join("XXXXX"));
    };
  </script>
  <div id="DivElement">Div Element</div>
</body>
</html>
```

▲ 가비지 컬렉션 예제(1)

순환 참조가 이루어질 경우에는 계속해서 참조가 이루어지기 때문에 자연적으로는 참조 연관 관계가 끊어질 수 없다. 따라서 이를 인위적으로 끊어주는 작업이 필요하다. 이를 위해서 객체에 null을 넣어서 순환 참조를 끊어주어야 한다.

```
<!DOCTYPE html>
<html>
<body>
  <script type="text/javascript">
    document.write("Avoiding memory leak via closure by breaking
        the circular reference");
    window.onload=function outerFunction(){
      var obj = document.getElementById("element");
      obj.onclick=function innerFunction()
      {
        alert("Hi! I have avoided the leak");
        // 추가 대상 로직은 여기에 작성
      };
      obj.bigString=new Array(1000).join(new Array(2000).
          join("XXXXX"));
      obj = null; // 순환 참조를 끊음
    };
  </script>
  <button id="element">"클릭하세요!"</button>
</body>
</html>
```

▲ 가비지 컬렉션 예제(2)

가비지 컬렉션 알고리즘은 Mark&Sweep 알고리즘을 기반으로 한다. 이 알고리즘은 주기적으로 모든 변수 목록을 살펴보고 참조 값에 표기하는데 이 대상이 객체 또는 배열이면 그 내부의 프로퍼티나 배열 요소에도 표기를 수행한다. 만약 이렇게 동작을 수행했는데 표기가 안 된 것이 발견되면 이는 가비지 컬렉션으로 볼 수 있다.

5.4 변수와 프로퍼티

변수는 데이터를 저장하는 공간으로서 실행 컨텍스트 내에서 이름과 저장하고자 하는 값 사이의 연결 관계를 가지고 있다. 반면에 프로퍼티는 객체의 일부로서 이름과 저장하고자 하는 값을 연결하는 관계를 가진다. 프로퍼티는 객체를 구성하는 내부 구성 요소이다. 각각의 간단한 예를 들어보자.

- 변수 : var bar = "Greg";
- 프로퍼티 : a.bar = "Greg"; 또는 Math.PI;

변수와 프로퍼티는 존재하는 공간이 다르다. 그러면 둘 사이는 서로 데이터를 주고 받을 수 있을까? 함수 컨텍스트의 경우를 제외하고 전역 객체와 전역 VariableObject 사이에서는 가능하다.

```html
<!DOCTYPE html>
<html>
<body>
  <script>
    // 프로퍼티로 정의, 변수에서 접근 가능
    window.foo = "a";
    document.write(foo + "<br>");
    // 변수로 정의, 프로퍼티로 접근 가능
    var bar = 54;
    document.write(window.bar + "<br>");
  </script>
</body>
</html>
```

▲ 변수와 프로퍼티 테스트 예제

프로퍼티를 정의하는 방법으로는 어떠한 것들이 있을까?

- 방법 1) window.a= 'greg';
- 방법 2) window['a'] = 'greg';
- 방법 3)

```
var opGreeting = function() {
  a = "greg";
}
```

- 방법 4)

```
Object.defineProperty(window,"a", {value: "greg"});
```

- 방법 5)

```
Object.defineProperties(window, {"a": {value:
"greg"},"opGreeting": {value: "Hello"}});
```

모든 함수에는 미리 정의된 프로토타입 객체를 참조하는 프로토타입 프로퍼티가 있다. 객체는 원형 객체가 가지고 있는 프로퍼티를 모두 상속 받을 수 있다. 실제로는 물려받기보다는 공유하고 있다고 하는 것이 정확하다. 하지만 원형 객체가 생성될 당시에 의미있는 프로퍼티에 대한 정의가 포함된 내용을 가지고 있으면 공유가 아닌 상속이 된다.

요약

변수란 프로그램에 전달되는 정보나 상황에 따라 바뀔 수 있는 값으로 정의하고 있다. 변수명은 문자로 시작해야만 하며 '$'와 '_'로 시작할 수 있다. 변수에는 숫자뿐만 아니라 문자열도 대입이 가능하다. 변수의 기본 타입으로는 숫자, 문자열, 여러 가지 표현식을 모두 저장한다. 자바스크립트에서는 메모리를 사용자가 직접 해제해주는 것이 아니라 가비지 컬렉터라는 모듈의 동작에 맡긴다. 따라서 가비지 컬렉터가 자신이 알아서 사용하지 않는 메모리를 수집해야 할 때 동작한다.

Chapter 06

표현식과 연산자

이 Chapter에서는 자바스크립트에서의 여러 가지 표현식과 연산자에 대해서 설명하겠다. 표현식과 연산자는 다른 구문과 마찬가지로 다른 프로그래밍 언어에서도 지원하며 많은 사용자들은 이 유사함을 한 번에 알아볼 수 있을 것이다. 표현식은 프로그래밍 언어에서 값, 상수, 변수, 연산자, 함수들의 조합으로 정의내릴 수 있으며 연산자의 경우에는 프로그래밍 언어에서 연산/계산할 때 사용하는 기호이다.

자바스크립트는 다양한 연산자(식에서 수행할 연산을 지정하는 기호) 집합을 제공한다. 열거형은 일반적으로 ==, !=, 〈, 〉, 〈=, 〉=, binary +, binary −, ^, &, |, ~, ++, −− 및 sizeof() 같은 정수 계열 형식의 연산을 수행할 수 있다. 또한 많은 연산자가 사용자에 의해 오버로드될 수 있으므로 연산자가 사용자 정의 형식에 적용될 때는 의미가 달라질 수 있다는 특징을 가지고 있다. 지금부터는 자바스크립트의 표현식과 연산자에 대해서 알아보겠다.

6.1 표현식

표현식이란 자바스크립트 인터프리터가 계산하여 구할 수 있는 자바스크립트 구절을 의미한다. 표현식은 상수(literals), 변수, 연산자 그리고 단일 값을 반환하는 계산식(값은 숫자, 문자열, 논리 값이 가능)이 알맞게 조합된 집합체를 의미한다.

자바스크립트 표현식을 정리하면 다음과 같다.

- 산술형 : 3.14159와 같이 숫자를 표현한다. (일반적으로 산술 연산자를 사용)
- 문자열형 : "Fred"나 "234"와 같이 문자열을 표현한다.
  (일반적으로 문자열 연산자를 사용)
- 논리형 : 참(true) 혹은 거짓(false)을 표현한다. (종종 논리 연산자와 함께 사용)
- 객체형 : 객체를 표현한다.
  (객체 표현식에 사용하는 다양한 연산자는 특수 연산자를 참고)

표현식 중에서 가장 간단한 형태는 리터럴 또는 변수명이다. 간단한 예는 다음과 같다.

```
2.0
"JavaScript Go"
true
null
a
{a:1, b:2}
{1,2,3,4,5,6,7}
function(a){return b+c;}
```

연산자를 사용하여 하나의 표현식 구절이 만들어질 수도 있다.

```
a + 1
(a + b + 3) - c
```

6.2 연산자 개요

자바스크립트의 표현식에는 다음과 같은 두 가지 타입이 있다. 하나는 변수에 값을 할당하는 것이고 다른 하나는 단순히 값을 가지고 있는 것이다. 예를 들어 a=3은 a에 3이라는 값을 할당하는 표현식이다. 이 표현식은 스스로 3이라는 값을 부여한다. 이런 표현식들은 할당 연산자를 사용한다. 하지만 1+2라는 표현식은 단순히 3이라는 값을 계산하고 할당하지 않는다. 이런 표현식에서 사용되는 연산자는 그냥 단순히 연산자라고만 한다.

6.3 산술 연산자

산술 연산자는 수(상수 값 혹은 변수 등)를 받아서 결과를 반환한다. 표준 산술 연산자는 더하기(+), 빼기(−), 곱하기(∗), 나누기(/)가 있다. 다만, '/' 연산자는 자바스크립트에서 소수를 반환한다.

||||| +, −, *, %와 /(단, 숫자)

+(더하기), −(빼기), ∗(곱하기), %(나머지)와 /(나누기) 연산자에 대해 알아보자.

```
<!DOCTYPE html>
<html>
<body>
  <button onclick="myFunction()">+ 연산자 테스트!</button>
  <p id="demo"></p>
  <script>
    function myFunction()
    {
      var y=50;
      var x=y+12;
      var testP=document.getElementById("demo")
      testP.innerHTML="x=" + x;
    }
  </script>
</body>
</html>
```

▲ 산술 연산자 예제

이외에 다음과 같은 추가 산술 연산자가 있다.

||||| ++, −− 연산자

단항 연산(Unary)을 수행하며, 전치/후치를 증가시키거나 감소시킨다. 다음 예제에서는 y 값을 증가시키는 경우에 해당된다.

```
<!DOCTYPE html>
<html>
<body>
  <button onclick="mytest()">++ 연산자 테스트!</button>
```

```
<p id="demo"></p>
<script>
  function mytest()
  {
    var y=5;
    var x=++y;
    var testP=document.getElementById("demo")
    testP.innerHTML="x=" + x + ", y=" + y;
  }
</script>
<p><strong>Note:</strong> Both variables, x and y, are affected.</p>
</body>
</html>
```

▲ 단항 연산 산술 예제

||||| – 연산자

단항 연산자로서 피연산자의 부호를 바꾼 값을 반환한다.

6.4 문자열 연산자

문자열 연산자를 사용하여 두 문자열 값을 연결한 새로운 문자열 값을 반환할 수 있
다. 예를 들면, "JavaScript" + "Test"는 "JavaScript Test"라는 문자열을 반환한
다. temptext 변수가 abc라는 값을 가지고 있으면 temptext += "def"는 abcdef로
변환되어 temptext에 할당된다.

```
<!DOCTYPE html>
<html>
<body>
  <button onclick="myTest()">테스트 시작!</button>
  <p id="demo"></p>
  <script>
    function myTest()
    {
      var x=50+15;
      var y="JavaScript";
      var z="Hello"+y;
```

```
            var demoP=document.getElementById("demo");
            demoP.innerHTML=x + "<br>" + y + "<br>" + z;
        }
    </script>
</body>
</html>
```

▲ 문자열 연산자 예제

위 예제를 실행해보면 65, JavaScript, HelloJavaScript가 출력된다.

6.5 비교 연산자

비교 연산자는 피연산자들을 비교하고 결과가 참인지 거짓인지에 대한 논리 값을
반환한다. 피연산자는 숫자, 문자열, 논리 값 혹은 객체가 가능하며 문자열은 유니코
드 값을 이용해서 표준 사전순으로 비교한다. 만약 두 피연산자가 서로 다른 타입이고
===와 !== 연산자를 사용한 것이 아니라면 자바스크립트는 비교를 위해 피연산자
들을 적절한 타입으로 변환할 수 있다.

'==='(Strict Equal)은 다음과 같은 특성을 가진다.

- 두 타입이 다르면 false를 반환한다.
- 일반 타입은 정확히 일치해야 true를 반환한다.
- 두 값이 모두 null이거나 모두 undefined이면 true를 반환한다.
- !==(Strict Not Equal)는 일치하지 않은지 테스트하고자 할 때 사용한다.


```
<!DOCTYPE html>
<html>
<body>
    <button onclick="myTest()">테스트 시작!</button>
    <p id="demo"></p>
    <script>
        function myTest()
        {
            var x=3;
            document.getElementById("demo").innerHTML=x===8;
        }
    </script>
```

```
</body>
</html>
```

▲ ===비교 연산자 예제

'=='(Equal) 연산자는 다음과 같은 특성을 가진다.

- 두 타입이 같은 경우 값을 비교한다.
- 문자열과 숫자를 비교할 때에는 문자열을 숫자로 변환하여 비교한다.
- 두 값 중 하나가 true이면 이를 1로 변환하고 false이면 0으로 변환한 이후에 비교한다.
- 객체와 숫자/문자열 비교는 객체를 해당 기본 타입으로 변환한 이후에 비교한다.
- !=(Not Equal)는 동등하지 않은지 확인하고자 할 때 사용한다.

```html
<!DOCTYPE html>
<html>
<body>
  <button onclick="myTest()">테스트 시작!</button>
  <p id="demo"></p>
  <script>
    function myTest()
    {
      var x=8;
      document.getElementById("demo").innerHTML=x==8;
    }
  </script>
</body>
</html>
```

▲ ==비교 연산자 예제

>(Greater than) 연산자는 왼쪽의 피연산자가 오른쪽 피연산자보다 큰 경우에 true를 반환한다. 다음 예제를 살펴보자.

```html
<!DOCTYPE html>
<html>
<body>
  <button onclick="myTest()">테스트 시작!</button>
  <p id="demo"></p>
  <script>
    function myTest()
    {
      var x=10;
      document.getElementById("demo").innerHTML=x>8;
```

```
    }
  </script>
</body>
</html>
```

▲ 〉 연산자 예제

'〉='(Greater than or Equal) 연산자는 왼쪽의 피연산자가 오른쪽 피연산자보다 크거나 동일한 경우에 true를 반환한다. 다음 예제를 살펴보자.

```
<!DOCTYPE html>
<html>
<body>
  <button onclick="myTest()">테스트 시작!</button>
  <p id="demo"></p>
  <script>
    function myTest()
    {
      var x=10;
      document.getElementById("demo").innerHTML=x>=8;
    }
  </script>
</body>
</html>
```

▲ 〉= 연산자 예제

'〈'(Less than) 연산자는 오른쪽의 피연산자가 왼쪽 피연산자보다 큰 경우에 true를 반환한다. 다음의 예제를 살펴보자.

```
<!DOCTYPE html>
<html>
<body>
  <button onclick="myTest()">테스트 시작!</button>
  <p id="demo"></p>
  <script>
    function myTest()
    {
      var x=10;
      document.getElementById("demo").innerHTML=x<8;
    }
  </script>
</body>
</html>
```

▲ 〈 연산자 예제

'<='(Less than or Equal) 연산자는 오른쪽의 피연산자가 왼쪽 피연산자보다 크거나 동일한 경우에 true를 반환한다. 다음의 예제를 살펴보자.

```html
<!DOCTYPE html>
<html>
<body>
  <button onclick="myTest()">테스트 시작!</button>
  <p id="demo"></p>
  <script>
    function myTest()
    {
      var x=10;
      document.getElementById("demo").innerHTML=x<8;
    }
  </script>
</body>
</html>
```

▲ <= 연산자 예제

6.6 비트 연산자

비트 연산자는 피연산자를 10진수나 16진수, 8진수로 다루지 않고 32개의 비트 집합 형태로 값을 다룬다. 지금부터 다양한 비트 단위 연산자의 특성을 간단히 알아보도록 한다.

- & : 비트 단위로 AND 처리 수행
- | : 비트 단위로 OR 처리 수행
- << : 왼쪽으로 정해진 비트 수만큼 이동(오른쪽은 0으로 채움)
- >> : 부호 비트를 확장하면서 오른쪽으로 정해진 비트 수만큼 이동(오른쪽 남는 비트는 버림)
- >>> : 부호 비트를 확장 없이 오른쪽으로 이동(오른쪽 남는 비트는 버리고 왼쪽은 0으로 채움)
- ^ : 비트 단위 XOR 처리 수행
- ~ : 비트 단위로 피연산자를 뒤집음

다음 예제는 왼쪽 비트 이동 연산자를 사용하여 주어진 값을 왼쪽으로 딱 2비트 만큼만 이동시켜서 나온 값을 사용하도록 한 것이다.

```
⟨!DOCTYPE html⟩
⟨html⟩
⟨body⟩
    ⟨button onclick="myTest()"⟩ 테스트 시작!⟨/button⟩
    ⟨p id="demo"⟩⟨/p⟩
    ⟨script⟩
      function myTest()
      {
        var x=0x1;
        document.getElementById("demo").innerHTML=x⟨⟨2;
      }
    ⟨/script⟩
⟨/body⟩
⟨/html⟩
```

▲ 비트 연산자 예제

비트 연산자에서 피연산자는 32비트 정수로 변환되며 두 피연산자의 비트를 같은 위치에 있는 것을 기준으로 삼는다. 비트 이동 연산자는 피연산자 두 개를 받는데 첫 번째는 이동하려는 수이고 두 번째는 첫 번째 피연산자를 몇 비트나 이동시킬지 나타내는 비트 수이다. 이동 연산자는 피연산자를 32비트 정수로 변환하여 연산하고 왼쪽 연산자와 같은 자료형으로 반환된다.

6.7 할당 연산자

할당 연산자는 왼쪽 피연산자에 오른쪽 피연산자의 값을 할당한다. 가장 기본적인 할당 연산자에는 등호(=)가 있는데, 오른쪽 피연산자의 값을 왼쪽 피연산자에 할당한다. 즉, x=y라고 하면 y의 값이 x에 할당된다.

약식 연산자	의미
x += y	x = x+y
x -= y	x = x-y
x *= y	x = x*y
x /= y	x = x/y
x %= y	x = x%y
x ⟨⟨= y	x = x⟨⟨y

x >>= y	x = x>>y
x >>>= y	x = x>>>y
x &= y	x = x&y
x ^= y	x = x^y
x |= y	x = x|y

```html
<!DOCTYPE html>
<html>
<body>
  <button onclick="myTest()">테스트 시작!</button>
  <p id="demo"></p>
  <script>
    function myTest()
    {
      var x=100;
      var y=15;
      x+=y;
      var demoP=document.getElementById("demo")
      demoP.innerHTML="x=" + x;
    }
  </script>
</body>
</html>
```

▲ 할당 연산자 예제

6.8 특수 연산자

연산자는 이미 다른 언어에서도 많이 소개된 바와 같이 수학 연산과 유사한 동작을 수행한다. 앞에서 소개한 연산자 이외에 자바스크립트에서 특수한 목적으로 사용되는 여러 개의 다양한 특수 연산자에 대해서 살펴보도록 한다.

ⅠⅠⅠⅠⅠ 논리 연산자

변수와 값 사이에서의 논리 연산 결과를 나타낸다. 여러 개의 값을 사용하여 논리적 연산을 수행하고 그 결과를 이용하고자 하는 구문에서 사용할 수 있다.

- && : and
- || : or
- ! : not

지금 나타낸 변숫값에 대한 논리 연산 중 && 연산을 수행하는 예제를 살펴보도록 하자. 이는 양쪽 값을 사용하여 두 개 모두 true일 때 결과 값으로 true를 반환한다.

```
<!DOCTYPE html>
<html>
<body>
  <button onclick="myTest()"> 테스트 시작!</button>
  <p id="demo"></p>
  <script>
    function myTest()
    {
      var x=7;
      var y=3
      document.getElementById("demo").innerHTML=(x<10 && y>1);
    }
  </script>
</body>
</html>
```

▲ 논리 연산자 예제

in 연산자

문자열 속성이 해당 객체의 프로퍼티에 속하는지 판단하고, 그 결과에 따라서 true 또는 false를 반환한다.

```
// 사용자 개체
mycar = {make:"Honda",model:"Accord",year:1998}
"make" in mycar  // returns true
"model" in mycar // returns true
```

instanceof

지정된 해당 객체가 객체 타입인지 검사하여 true 또는 false를 반환한다. 실행 중에 객체의 형식을 알고 싶으면 instanceof를 사용하며 예외 처리할 때 발생한 예외 형식에 맞추어 서로 다른 처리를 할 수 있다. 객체가 아닌 경우에는 런타임 에러가 발생한다.

```
theDay=new Date(1995, 12, 17)
if (theDay instanceof Date) {
    // 실행할 문장
}
```

IIIII typeof

피연산자의 데이터 타입을 문자열로 리턴해 주며 기본형은 각 타입에 대한 소문자 문자열이다. 객체, 배열, null, 기본형 wrapper는 object, 함수는 function을, 미정의의 경우에는 undefined를 반환한다. typeof는 주로 객체의 타입을 구분하는 용도로 사용한다.

```
var myFun = new Function("5+2")
var shape="round"
var size=1
var today=new Date()
```

위의 객체들에 대한 typeof의 실행 결과는 다음과 같다.

```
typeof myFun is function
typeof shape is string
typeof size is number
typeof today is object
```

IIIII new

특정 함수와 연결되어 새 객체를 생성하고 함수를 호출한 후 생성된 객체를 리턴하는데 프로토타입과 연관되며 함수의 괄호는 생략이 가능하다.

IIIII delete

전달된 피연산자(객체, 객체의 프로퍼티, 배열 특정 인덱스의 원소)를 삭제하고 성공 여부를 true 혹은 false로 반환한다. 삭제 불가한 대상으로는 다음과 같은 것이 있다.

- 내장/클라이언트 프로퍼티
- var로 선언한 변수

만약에 존재하지 않는 대상에 대해서 삭제한 경우에는 true를 반환한다.

```
x=42
var y= 43
myobj=new Number ()
myobj.h=4       // h라는 속성을 만든다.
delete x        // returns true (암시적으로 선언된 변수는 지울 수 있다.)
delete y        // returns false (var로 선언한 변수는 지울 수 없다.)
delete Math.PI // returns false (미리 정의된 속성은 지울 수 없다.)
delete myobj.h // returns true (사용자 정의 속성은 지울 수 있다.)
delete myobj   // returns true (암시적으로 선언되었으므로 지울 수 있다.)
```

||||| void 연산자

이 연산자는 피연산자의 값을 무시하고 undefined를 반환한다. 특정 표현식을 평가하고 본래의 리턴 값을 무시하고 싶을 때 의도적으로 undefined를 생성하고자 할 때 사용한다. 다음의 예는 사용자가 클릭할 때 아무 동작도 하지 않는 하이퍼텍스트 링크를 만든다.

```
<A HREF="javascript:void(0)">Click here to do nothing</A>
```

||||| 배열/객체 접근 연산자 [ ]

배열, 객체를 나열하고자 할 때 사용한다.

||||| 함수 호출 연산자 ( )

임의 개수의 인자를 함수에 전달할 수 있다.

|||| 쉼표 (,) 연산자

for 문에서 변수 여러 개를 업데이트할 때와 같이 피연산자 두 개를 모두 평가하고
두 번째 피연산자의 값을 반환한다.

```
for(var i=1, j=10; i <= 10; i++, j--)
```

|||| this 연산자

현재의 객체를 참조할 때 this 키워드를 사용한다. this는 메소드를 호출하는 객체
를 참조한다.

```
function validate(obj, lowval, hival) {
  if ((obj.value < lowval) || (obj.value > hival))
    alert("Invalid Value!")
}
```

요약

지금까지 다양한 연산자를 살펴보았다. 표현식이란 자바스크립트 인터프린터가 계산하여 구할 수
있는 자바스크립트 구절을 의미한다. 표현식은 상수, 변수, 연산자 그리고 단일 값을 반환하는 계
산식(값은 숫자, 문자열, 논리 값이 가능)이 알맞게 조합된 집합체를 의미한다. 산술 연산자는 수
(상수 값 혹은 변수 등)를 받아서 결과를 반환한다. 표준 산술 연산자로 더하기(+), 빼기(−), 곱하기
(*), 나누기(/)를 지원한다. 자바스크립트에서는 문자열 연산자를 사용하여 두 문자열 값을 연결한
새로운 문자열 값을 반환한다. 비교 연산자는 피연산자들을 비교하고 결과가 참인지, 거짓인지에
대한 논리 값을 반환한다. 할당 연산자는 왼쪽 피연산자에 오른쪽 피연산자의 값을 할당한다.

Chapter 07 기본 구문

이번 Chapter에서는 다른 언어와 마찬가지로 자바스크립트에서도 조건을 판별하여 원하는 루틴을 수행하거나, 분기하거나, 지속적인 루프를 수행하는 등의 다양한 동작을 수행하기 위한 방법을 살펴본다. 자바스크립트도 어떠한 동작을 수행하기 위한 프로그래밍 언어이고, 사용자가 수행해야 하는 여러 가지 목적을 지원해야 하기 때문에 이를 위한 다양한 방법을 제공하고 있다. 대표적으로 if, for, while 문 등이 있으며, 지금부터 해당 문장에 대해서 하나씩 살펴보는 기회를 가지고자 한다.

7.1 if & else if

분기 동작의 기본은 if와 else이다. 이 중에서 if는 독립된 하나의 구문으로 사용될 수도 있고, if 뒤에 else가 결합되어 또 다른 동작을 수행하는 구문으로도 사용할 수 있다. 분기 동작 중 하나인 if 뒤에 else, 그리고 그 뒤에 다시 if 문이 존재 가능하여 다양한 조건에 따른 분기를 지원한다.

- if A : 특정 조건이 만족될 때 정해진 동작을 수행한다.
- if A else B : 특정 조건이 만족될 때 동작 A를 수행하지만, 그렇지 않을 경우에는 B 동작을 수행한다.
- if A else if B else C : 특정 조건이 만족될 때 동작 A를 수행하지만, 그렇지 않을 경우에는 B 동작을 수행, 두 번째 조건도 만족하지 않을 경우에는 C 동작을 수행한다.

맨 마지막 구문 표현에서 보여준 것과 같이 if와 else는 결합되어 다양한 조건을 지정하고 해당 조건의 만족 여부에 따라 정해진 동작이 수행되도록 되어 있다.

if 문은 단어 자체가 '만약 ~한다면'이라는 의미를 내포하는 것과 마찬가지로 if 문의 뒤에 나오는 조건을 고려하여 동작을 수행한다.

```
<!DOCTYPE html>
<html>
<body>
  <script>
    var visitor = "principal";
    if(visitor == "teacher"){
      document.write("My dog ate my homework...");
    } else if(visitor == "principal"){
      document.write("Good Morning! ");
    } else {
      document.write("How do you do?");
    }
  </script>
</body>
</html>
```

▲ if 문 사용 예제

위의 예제는 일반적인 if...else의 예를 나타낸 것이며 if 문 뒤에는 앞에서 나타낸 예제와 마찬가지로 else if...문이 필요한 만큼 계속해서 나올 수 있다.

7.2 switch

분기 동작인 if 문과 더불어서 switch 문도 분기를 지원한다. 이 둘 중에 어느 것을 사용하느냐는 사용자가 상황에 맞추어 사용하면 된다. switch 문에서는 여러 개의 블록 중 하나를 선택하여 동작을 수행한다.

```
<!DOCTYPE html>
<html>
<body>
  <p>Switch 문 테스트.</p>
  <button onclick="myFunction()">테스트 시작!</button>
  <p id="demo"></p>
```

```
    〈script〉
      function myFunction()
      {
        var x;
        var d=new Date().getDay();
        switch (d)
        {
          case 0:
            x="오늘은 일요일입니다.";
            break;
          case 1:
            x="오늘은 월요일입니다.";
            break;
          case 2:
            x="오늘은 화요일입니다.";
            break;
          case 3:
            x="오늘은 수요일입니다.";
            break;
          case 4:
            x="오늘은 목요일입니다.";
            break;
          case 5:
            x="오늘은 금요일입니다.";
            break;
          case 6:
            x="오늘은 토요일입니다.";
            break;
        }
        document.getElementById("demo").innerHTML=x;
      }
    〈/script〉
〈/body〉
〈/html〉
```

▲ switch 문 사용 예제

7.3 while & do/while

while은 조건이 계속적으로 true를 유지하는 동안에 특정 구문으로 구성된 루프를 계속 실행시킨다. 루프를 실행하기 이전에 조건 판별 동작이 이루어진다. 간단히 while 문을 사용하여 0부터 4까지의 5개의 숫자를 출력하는 코드를 만들어 보았다.

```html
<!DOCTYPE html>
<html>
<body>
  <script>
    var x=" ",i=0;
    while (i<5
    {
      x=x + "The number is " + i + "<br>";
      i++;
    }
    document.write(x);
  </script>
</body>
</html>
```

▲ while 문 사용 예제

앞에서 작성한 코드를 다시 do/while 문을 사용하여 재구성하였다. while과 do/while의 차이점은 조건을 먼저 판별하고 루프를 동작시키느냐, 아니면 루프를 먼저 수행하고 조건을 판별하느냐의 차이가 있다. 후자가 do/while 문에 해당된다.

```html
<!DOCTYPE html>
<html>
<body>
  <script>
    var x=" ",i=0;
    do
    {
      x=x + "The number is " + i + "<br>";
      i++;
    }
    while (i<5
    document.write(x);
  </script>
</body>
</html>
```

▲ do/while 문 사용 예제

7.4 for & for/in

for 문은 많은 사용자가 자주 사용하는 구문으로서 일정 블록을 주어진 인자의 결합만큼 수행시킨다. for 문은 for (statement 1; statement 2; statement 3)이라는 형태를 가지는데 첫 번째 인자는 루프가 시작되기 이전에 수행되고 두 번째 인자는 루프가 동작하는 동안에 코드 블록에서 정의되며 마지막 인자는 루프가 수행되면서 각각 매번 수행된다. 다음은 for 문을 사용하여 배열의 길이만큼 출력하는 코드를 만들어 보았다.

```
<!DOCTYPE html>
<html>
<body>
  <script>
    cars=["Sonata","K5","New SM5","BMW"];
    for (var i=0;i<cars.length;i++)
    {
      document.write(cars[i] + "<br>");
    }
  </script>
</body>
</html>
```

▲ for 문 사용 예제

for/in 구문의 경우에는 객체의 프로퍼티를 통해서 루트의 인자를 전달받고 이를 기준으로 루프를 수행한다. 따라서 해당 코드가 간결해 진다는 장점을 가진다.

```
<!DOCTYPE html>
<html>
<body>
  <script>
    var x;
    var txt=" ";
    var person={fname:"Greg",lname:"Kim",age:38};
    for (x in person)
    {
      txt=txt + person[x];
    }
    document.write(txt);
  </script>
</body>
</html>
```

▲ for/in 문 사용 예제

7.5 break & continue

break와 continue는 루프의 동작을 생략하거나 루프 안에서 탈출하기 위해서 사용한다. 반복문은 어떠한 일정한 동작을 계속해서 수행해야 한다. 그렇지만 루프 내에서 무한정 계속 수행할 수는 없고 어떠한 조건이 되면 빠져나가야 할 것이다. 이렇게 루프 반복문을 빠져나갈 수 있도록 만든 것이 break 문이다. 그러나 continue의 경우에는 루프를 빠져나가는 것이 아니라 나머지 부분의 수행을 생략하고 건너뛴다. break 문의 경우에는 이미 7.2절에서 소개한 switch 문에서도 유용하게 사용되었다.

다음은 break 문의 사용 예이다.

```
<!DOCTYPE html>
<html>
<body>
  <script>
    var x=" ",i=0;
    for (i=0;i<10;i++)
    {
      if (i==6)
      {
        break;
      }
      x=x + "The number is " + i + "<br>";
    }
    document.write(x);
  </script>
</body>
</html>
```

▲ break 문 사용 예제

여기서는 continue 문의 사용 예를 보여주고 있다.

```
<!DOCTYPE html>
<html>
<body>
  <script>
    var x="",i=0;
    for (i=0; i<10; i++)
    {
      if (i==7)
      {
        continue;
```

```
        }
        x = x + "The number is " + i + "<br>";
      }
      document.write(x);
   </script>
</body>
</html>
```

▲ continue 문 사용 예제

i값이 7일 때 해당 수행 구문을 건너뛰기 때문에 결과를 살펴보면 0부터 9 사이의 숫자 중 7만 안 보인다.

7.6 var

var는 일종의 선언문인데 하나 이상의 변수를 선언하기 위해서 사용한다. 기본적인 활용 예는 다음과 같다.

```
var i;
var j = 100;
var x, y = 7, z = "greghouse";
```

함수 내부의 var 문장은 함수 호출 객체에 주어진 변수 이름의 프로퍼티를 생성하고 이를 통해서 변수가 정의된다. 사용자가 변수 x를 var 키워드를 사용하여 선언했으면 delete x를 사용하더라도 효과가 있지 않다. x는 계속해서 값을 가지고 있을 것이고 유효한 변수로서 계속 존재한다. 변수를 null, undefine로 정의하더라도 이는 하나의 변수로서 계속 유효하고 결코 변수를 없애버린다고 생각하면 안 된다.

```
<!DOCTYPE html>
<html>
<body>
  <script>
    // x는 아직 정의가 안 된 상태
    document.write("1. x does not exist yet" + "<br>");
    document.write(x + "<br>");                    // Error: x는 미정의
    document.write(typeof x + "<br>");             // 미정의(undefined)
    document.write(window.hasOwnProperty(x) + "<br>"); // true

    // var를 사용하여 x 정의
```

```javascript
document.write("2. declare x with the var keyword" + "<br>");
var x = 1;                                    // 1
document.write(typeof x + "<br>");            // 넘버
document.write(window.hasOwnProperty(x) + "<br>"); // false

// x가 아직 사용되지 않음
document.write("3. delete x does not work" + "<br>");
delete x;
document.write(x + "<br>");                    // 1
document.write(typeof x + "<br>");            // 넘버
document.write(window.hasOwnProperty(x) + "<br>"); // false
x=null;                                       // 널(null)
document.write(typeof x + "<br>");             // 객체(object)
document.write(window.hasOwnProperty(x) + "<br>"); // false
x=undefined;                     // undefined
document.write(typeof x + "<br>");              // 미정의(undefined)
document.write(window.hasOwnProperty(x) + "<br>"); // true

// y가 var 선언 없이 사용
document.write("4. y is first used without var declaration"
    + "<br>");
y = 1;                                         // 1
document.write(typeof y + "<br>");            // 넘버
document.write(window.hasOwnProperty(y) + "<br>"); // false

// 'y'는 var를 사용하여 선언
document.write("5. now y is belatedly declared using var"
    + "<br>");
var y;                                         // 1
document.write(typeof y + "<br>");            // 넘버
document.write(window.hasOwnProperty(y) + "<br>"); // false
y = null;                                      // null
document.write(typeof y + "<br>");             // 객체(object)
document.write(window.hasOwnProperty(y) + "<br>"); // false
y = undefined;                       // 미정의(undefined)
document.write(typeof y + "<br>");             // 미정의(undefined)
document.write(window.hasOwnProperty(y) + "<br>"); // true

// 'delete y' 수행
document.write("6. delete y WORKS!" + "<br>");
delete y;
document.write(y + "<br>");                        // Error: y는 미정의
document.write(typeof y + "<br>");                // 미정의(undefined)
document.write(window.hasOwnProperty(y) + "<br>"); // true
</script>
```

```
</body>
</html>
```

▲ var 문 사용 예제

7.7 function

function 문은 이미 다른 곳에서 살펴봤듯이 자바스크립트 함수를 정의하기 위해서 사용한다. 함수의 이름은 정의할 함수 이름을 넣으며 문자열, 표현식이 아닌 식별자로 넣어야만 함을 기억하도록 한다.

함수 이름 뒤에는 다음의 예와 같이 쉼표로 구성된 전달 인자 목록이 뒤따른다. 인자 다음으로는 함수 몸체가 존재하며 수행하기 위한 자바스크립트 코드들로 구성된다.

```
<!DOCTYPE html>
<html>
<body>
  <p> Usage test of Function & Return statement</p>
  <p id="demo"></p>
  <script>
    document.write("<< Define & Execution function >>" + "<br>");
    function myFunction(a,b)
    {
      return a*b;
    }
    document.write("Result :" +myFunction(4,3));
  </script>
</body>
</html>
```

▲ function 사용 예제

7.8 return

return 문은 함수의 몸체 내에서 함수의 반환되는 값을 지정할 때 사용한다. return이 수행됨으로써 함수는 종료 동작을 수행한다. 따라서 return 뒤에 별도의 자바스크립트 코드를 남겨도 수행되지 않는다.

```
<!DOCTYPE html>
<html>
<body>
  <p> Usage test of Function & Return statement</p>
  <p id="demo"></p>
  <script>
    document.write("<< Define & Execution function >>" + "<br>");
    function myFunction(a,b)
    {
      document.write("<< Return execution >>" + "<br>");
      return a*b;
    }
    document.write("Result : " + myFunction(4,3));
  </script>
</body>
</html>
```

▲ return 사용 예제

7.9 throw

throw 문은 예외가 생겨서 처리해야 할 때 에러가 생겨서 별도의 동작을 해야 할 때 사용된다. 프로그램이 동작하면서 고의적이던 비고의적이던 원래 수행하고자 했던 동작 이외에 다른 목적의 동작을 해야 할 때가 발생한다. 이때 사용하기 위한 문장이다. 예외가 발생하면 현재 수행하던 문장은 바로 동작을 멈추어 예외 처리기를 통해서 지정된 동작을 수행한다.

```
<!DOCTYPE html>
<html>
<head>
```

```
<script type="text/javascript">
  function myFunc()
  {
    var a = 100;
    var b = 0;
    try{
      if ( b == 0 ){
        throw( "Divide by zero error." );
      }else{
        var c = a / b;
      }
    }catch ( e ) {
      alert("Error: " + e );
    }
  }
</script>
</head>
<body>
  <p>Click to test for throw op. :</p>
  <form>
    <input type="button" value="Click Me" onclick="myFunc();" />
  </form>
</body>
</html>
```

▲ throw 사용 예제

throw는 예외 상황을 처리하기 위해서 2단으로 사용자 처리를 지원할 수 있다. try 문에서도 throw를 사용하여 예외 처리를 하고 catch 문 내에서 if 문을 통한 조건 처리를 통해서 예상하지 못한 방향으로 빠질 때 다시 throw를 사용할 수 있다.

```
try {
  throw n;
} catch (e) {
  if (e <= 50) {
    // 예외 상황 처리
  } else {
    // 예외 상황을 처리하지 못할 경우에 다시 동작해야 할 부분
    throw e;
  }
}
```

throw 이외에도 에러가 발생했을 때 자바스크립트에서의 에러 핸들링을 위해서 onerror 이벤트 핸들러를 지원한다. onerror 이벤트 핸들러는 윈도우 객체에서 지원되며 페이지에서 예외 상황이 발생했을 때 사용된다.

```html
<!DOCTYPE html>
<html>
<head>
  <script type="text/javascript">
    window.onerror = function (msg, url, line) {
      alert("Message : " + msg );
      alert("url : " + url );
      alert("Line number : " + line );
    }
  </script>
</head>
<body>
  <p>Click the following to see the result:</p>
  <form>
    <input type="button" value="Click Me" onclick="myFunc();" />
  </form>
</body>
</html>
```

▲ onerror 사용 예제

onerror 이벤트 핸들러에서는 에러의 원인을 정확하게 알 수 있도록 지원하기 위해서 에러 메시지, URL, 라인 넘버 3가지를 전달해준다.

7.10 try/catch

try와 catch는 자바스크립트에서 예외 처리를 하기 위해 제공되는 문장이다. 이 두 개는 별도로 사용되지 않고 같이 사용되어 예외 처리를 수행한다. try 문에서는 예외 발생 가능 블록을 정의하고 catch에서는 try에서 예외가 발생했을 때 수행되는 영역이다.

이 두 개의 문장 뒤에는 finally 문장을 두어 앞의 상황에 상관없이 무조건 일정한 동작을 하도록 하기 위해서 사용된다.

이를 알기 쉽게 구성하면 다음과 같다.

```
try {
   try_statements
}
catch (exception_var_1 if condition_1) {
   catch_statements_1
}
...
catch (exception_var_2) {
   catch_statements_2
}
finally {
   finally_statements
}
```

이제는 위에서 제시한 구조를 바탕으로 다음 예제를 살펴보자. 실행하면 try 블록
에 있는 adddlert에서 에러가 발생하여 catch 블록에 구현된 내용들이 실행된 후
finally 블록에 있는 문장이 실행된다. adddlert를 alert로 수정하면 에러는 발생하지
않는다.

```html
<!DOCTYPE html>
<html>
<head>
  <script>
    var txt="";
    function message()
    {
      try
      {
        adddlert("try/catch 문 테스트 시작!");
      }
      catch(err)
      {
        txt="이 페이지에서 에러가 발생했습니다.\n\n";
        txt+="Error description: " + err.message + "\n\n";
        txt+="계속하려면 [확인] 버튼을 클릭하세요.\n\n";
        alert(txt);
      }
      finally {
        document.write("finally operation 수행 완료.");
      }
    }
  </script>
```

```
</head>
<body>
  <input type="button" value="테스트 시작!" onclick="message()" />
</body>
</html>
```

▲ try/catch 사용 예제

다음의 예제는 try 문 다음에 catch가 없이 바로 finally 문이 위치하는 경우이다.

```
<!DOCTYPE html>
<html>
<head>
  <script>
    var txt=" ";
    function message()
    {
      try
      {
        alert("try/catch 문 테스트 시작!");
      }
      finally {
        document.write("finally operation 수행 완료.");
      }
    }
  </script>
</head>
<body>
  <input type="button" value="테스트 시작!" onclick="message()" />
</body>
</html>
```

▲ try/finally 사용 예제

try, catch, finally는 각각 가지고 있는 역할에 맞추어서 다음의 3가지 조합 중 하나로 사용될 수 있다.

- try ... catch
- try ... finally
- try ... catch ... finally

당연한 이야기이겠지만 여기서 보면 try는 반드시 호출되어야 하고 발생하는 예외 상황이나 사용자의 의도에 따라서 catch와 finally가 위치하게 된다.

만약에 무조건적으로 catch를 실행하도록 하기 위해서는 try 문에서 throw를 사용하면 된다.

```javascript
try {
    throw "myException"; // 예외 발생
}
catch (e) {
    // 예외 처리 부분
    logMyErrors(e); // 에러 핸들러로 예외 관련 객체를 전달
}
```

요약

여기서 살펴본 내용은 기본적인 제어와 분기 역할을 수행하는 문장들이다. 조건을 기준으로 정해진 동작을 수행하기 위해서는 if 문을 사용하며 여러 가지 케이스별 분기를 위해서는 switch문을 사용한다. 루프로 구성되어 일정 횟수동안 동작을 반복하면 for 문을 사용한다. 루프에서 탈출하고자 할 때는 break 문을 사용하면 되지만 continue는 해당 문장을 생략하고 다음 순서로 넘어가고자 할 때 사용된다. 그 외에도 var, function 등 많은 기본적인 구문들이 존재하며 사용자는 용도와 기본 동작을 파악하여 상황 별로 적절하게 혼합해서 사용하면 유용하게 사용할 수 있다. 해당 구문들은 다른 언어에서도 제공되며 기본적인 동작을 할 때 반드시 사용될 수 있다.

Chapter 08 객체와 배열

자바스크립트에서 많이 사용되는 것 중 두 가지가 객체와 배열이다. 객체와 배열은 데이터 값을 담고 있는 컨테이너의 성격을 가지고 있기 때문에 자바스크립트를 사용하는 사람이면 누구나 알고 어떻게 사용하는지를 제대로 알아야만 한다. 객체는 특정 이름이 부여된 데이터 저장소이며 배열은 숫자가 부여된 값들의 집합이다. 객체에 부여된 이름을 통해서 해당 내용에 접근할 수 있다. 이들은 데이터를 저장하지만 다른 저장 장소인 문자열 등과는 좀 다른 성격을 가지고 있다. 지금부터는 객체와 배열에 대해서 기본적인 사항들을 살펴보는 기회를 가지도록 한다.

8.1 객체 생성 및 삭제

사용자가 객체를 사용하기 위해서는 먼저 객체를 생성해야 한다. 물론 더 이상 사용할 필요가 없을 때에는 삭제하는 것은 당연하다. 객체를 생성하는 방법을 3가지로 나누어서 나타낼 수 있다.

첫 번째 방법은 생성자를 호출하는 방법이다. 객체 관련 데이터는 객체가 생성될 때 초기화되어야 하며 객체를 활성화하기 위해서는 생성자를 사용한다. 모든 사용자 정의 객체는 자신만의 객체 생성자를 필요로 한다. 생성자 없이는 어떤 프로퍼티도 가질 수 없다.

```
var myObj = new Object();
```

두 번째 방법은 객체 리터럴 문법을 사용한다.

```
var myObj = {};
```

마지막은 ECMAScript의 최신 버전에 맞추어서 다음과 같이 생성한다.

```
var myObj = Object.create(proto);
```

이번에는 객체 생성자를 사용하여 객체를 생성할 때 소요되는 시간을 살펴보도록 한다.

```html
<!DOCTYPE html>
<html>
<head>
  <meta charset="UTF-8">
  <script>
    function runTest() {
      var totalTime,
      start,
      iterations,
      myObj;

      console.log('Object.create(null)');
      start = (new Date()).getTime();
      iterations = 1000000;
      while (iterations--) {
        myObj = Object.create(null);
      }
      totalTime = (new Date()).getTime() - start;
      console.log('\ttotalTime: ' + totalTime);

      console.log('Object.create({})');
      start = (new Date()).getTime();
      iterations = 1000000;
      while (iterations--) {
        myObj = Object.create({});
      }
      totalTime = (new Date()).getTime() - start;
      console.log('\ttotalTime: ' + totalTime);

      console.log('new Object()');
      start = (new Date()).getTime();
```

```
      iterations = 1000000;
      while (iterations--) {
        myObj = new Object();
      }
      totalTime = (new Date()).getTime() - start;
      console.log('\ttotalTime: ' + totalTime);

      console.log('{}');
      start = (new Date()).getTime();
      iterations = 1000000;
      while (iterations--) {
        myObj = {};
      }
      totalTime = (new Date()).getTime() - start;
      console.log('\ttotalTime: ' + totalTime);
      console.log('---------------');
    }
  </script>
</head>
<body>
  <h4>Testing Object Creation Times</h4>
  <button onclick="runTest()">Run test</button>
  <p>Open your JavaScript Console to view timings</p>
</body>
</html>
```

▲ 객체 생성자 사용 예제

구글 크롬에서 위의 소스를 실행하면 다음 그림과 같이 [Run test] 버튼이 나온다. [F12] 키를 눌러 디버깅 모드로 선택하고 Console 탭을 클릭한 후, 이 버튼을 클릭하면 콘솔에서 객체 생성 시 걸리는 시간이 나온다(출처 : http://downloads.newyyz. com/NTGBlogPosts/jsobject/).

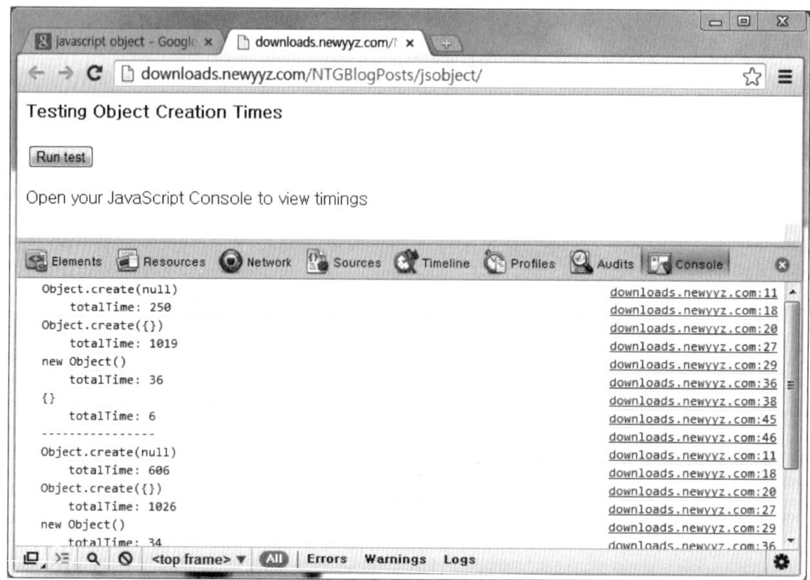

▲ 객체 생성 시간 측정

객체의 생성 이후에 삭제를 하는 경우에는 다음과 같이 removeChild( )라는 메소드를 사용하여 할 수 있다.

```javascript
var obj=document.getElementById("newObject");
obj.parentNode.removeChild(obj);
```

8.2 객체 프로퍼티

자바스크립트에서 객체의 속성은 '객체.속성 이름 = 속성 값'과 같이 할당할 수 있다. 객체의 프로퍼티를 생성하고 초기화하는 객체의 생성자를 작성하기 위해서 this 키워드를 사용할 수 있다. this 키워드를 사용하여 객체의 프로퍼티를 참조할 수 있고, 동일 객체로부터 해당 객체를 참조할 수 있다.

```javascript
function Car(){
    this.name = '누구차'; // 프로퍼티는 생성자 인수를 통해서 초기화
}

var car = new Car();
alert(car.name);
```

자바스크립트에서 프로퍼티는 객체의 상태를 나타낸다. 프로퍼티는 다음과 같이 3가지 종류가 있다.

- 기명 데이터 프로퍼티(Named Data Property)
- 기명 액세서 프로퍼티(Named Accessor Property)
- 내부 프로퍼티(Internal Property)

이제 각각의 프로퍼티에 대해서 하나씩 살펴보고 각 프로퍼티의 정의 방법과 어떻게 호출해서 사용해야 하는지를 간단히 정리해보도록 한다.

||||| 기명 데이터 프로퍼티

기명 데이터 프로퍼티(Named Data Property)를 보도록 하자. 객체의 일반적인 프로퍼티를 지원하며 프로퍼티 이름인 문자열에 데이터 값을 매칭시킨다. 예를 들면 객체 obj는 문자열로 된 'prop'이라는 이름을 가지는 데이터 프로퍼티를 가진다. 그리고 그 데이터 프로퍼티는 값으로 숫자 123을 가진다.

```
var obj = {
  prop: 123
};
```

다음에서는 객체 프로퍼티로부터 값을 읽는 방법이다.

```
console.log(obj.prop);        // 결과 : 123
console.log(obj["prop"]);    // 결과 : 123
```

그리고 객체 프로퍼티에 값을 써 넣는 방법이다.

```
obj.prop = "abc";
obj["prop"] = "abc";
```

||||| 기명 액세서 프로퍼티

기명 액세서 프로퍼티(Named Accessor Property)를 살펴보면 이는 프로퍼티의 값을 얻거나 설정하는 것을 함수를 통해서 수행한다. 이때 사용하는 함수를 액세서 함수(Accessor function)라고 한다. 값을 얻는 동작을 하는 함수를 게터(Getter)라고 하고, 반대로 설정하는 역할을 수행하는 함수를 세터(Setter)라고 한다.

```
var obj = {
  get prop() {
    return "Getter";
  },
  set prop(value) {
    console.log("Setter: "+value);
  }
}
```

||||| 내부 프로퍼티

다음은 마지막인 내부 프로퍼티(Internal property)이다. 몇몇의 프로퍼티들은 스펙에서만 사용되고 실제로는 잘 활용되지 않는다. 이러한 프로퍼티는 언어적으로 볼 때 직접 액세스가 되지는 않지만 동작에 영향을 주기 때문에 명칭에 이러한 특성을 반영하여 내부 프로퍼티라고 하였다. 내부 프로퍼티는 표기할 때 두 개의 꺽쇠([[ ])를 사용하여 다른 프로퍼티와 구분한다.

- 내부 프로퍼티 표시 예 : [[Prototype]]

내부 프로퍼티를 익히기 위해서는 Object.getPrototypeOf( )를 통해서 가능하다. 내부 프로퍼티에 값을 설정하는 것은 Object.create( ) 또는 __proto__를 통해서 새로운 객체를 생성할 때만 가능하다.

내부 프로퍼티 [[Extensible]]은 객체에 프로퍼티들을 추가할 수 있는지 없는지를 결정할 때 사용된다. Object.isExtensible( )을 사용하여 읽을 수 있으며, Object.preventExtensions( )를 통해서 false로 설정될 수 있다. 한 번 false로 설정되면 다시는 true로 설정될 수 없다.

자바스크립트에서 프로퍼티 서술자는 객체 프로퍼티의 어트리뷰트(Attribute)를 나타낸다. 다음과 같은 프로퍼티 서술자에서 value가 가지는 값은 123이다.

```
{
  value: 123,
  writable: false,
  enumerable: true,
  configurable: false
}
```

사용자는 프로퍼티 서술자에 액세서를 다음과 같이 추가할 수 있다.

```
{
  get: function () { return 123 },
  enumerable: true,
  configurable: false
}
```

프로퍼티 서술자를 변경할 수 있는 함수들로는 다음과 같은 함수들이 있다.

```
Object.defineProperty(obj, propName, propDesc)
```

프로퍼티의 이름이 propName이며 어트리뷰트는 propDesc를 통해서 결정될 수
있다. 다음과 같은 방법으로 사용할 수 있다.

```
var obj = Object.defineProperty({}, "foo", {
  value: 123,
  enumerable: true
});

Object.defineProperties(obj, propDescObj)
```

위의 함수는 Object.defineProperty() 함수의 배치 버전이다. propDescObj
의 각 프로퍼티는 프로퍼티 서술자를 가진다. 프로퍼티의 이름과 값은 Object.
defineProperties를 통해서 가능하다.

```
var obj = Object.defineProperties({}, {
  foo: { value: 123, enumerable: true },
  bar: { value: "abc", enumerable: true }
});

Object.create(proto, propDescObj)
```

위의 함수는 프로토타입 proto를 가지는 객체를 생성한다. Object.
defineProperties와 마찬가지로 옵션 파라미터인 propDescObj를 통해서 프로퍼티
가 추가될 수 있다.

```
var obj = Object.create(Object.prototype, {
  foo: { value: 123, enumerable: true },
  bar: { value: "abc", enumerable: true }
});
```

자바스크립트의 모든 객체는 초기화를 목적으로 하는 constructor 프로퍼티를 지원한다. 다음은 Date( ) 생성자를 통한 객체를 생성하는 예이다.

```
var a = new Date();
a.constructor == Date;
```

사용자가 constructor 프로퍼티를 사용하여 객체 타입을 판단하기 위해서는 다음과 같이 할 수 있다.

```
if (( typeof b == "object" ) && (b.constructor == Date))
```

8.3 프로토타입과 열거

프로토타입 객체는 메소드들이 클래스 내부에 저장될 수 있도록 한다. 그리고 인스턴스들이 불필요하게 중복되는 코드를 포함하는 것을 방지할 수 있다. 프로토타입 객체를 사용함으로써 클래스 레벨에서 메소드를 가지며 프로퍼티를 설정할 수 있다.

```
test.prototype.toRead = function () {
    // 프로토타입 객체는 프로퍼티와 마찬가지로 참조
    .....
}
```

대부분의 객체는 프로토타입 객체를 가지고 있다. 프로토타입 객체는 프로퍼티와 메소드가 클래스 레벨에서 추가 가능하도록 해 준다. 이러한 추가 동작을 통해서 객체의 확장이 가능하다.

프로퍼티를 구성하는 항목의 수가 많은 경우에는 정의할 때 각 항목별 구성 및 나열을 체계적으로 수행할 필요가 있다. 이를 위해서 항목 열거를 다음과 같이 하도록 한다.

```
var proto = Object.defineProperties({}, {
  foo: { value: 1, enumerable: true },
  bar: { value: 2, enumerable: false }
});
var obj = Object.create(proto, {
  baz: { value: 1, enumerable: true },
  qux: { value: 2, enumerable: false }
});
```

8.4 타입 변환

자바스크립트에서 객체는 타입의 변환이 가능하다. 또한 자바스크립트에서 숫자가 아닌 프리미티브를 숫자로 변환시키기 위한 방법으로 두 가지 방법을 사용할 수 있다.

- parseInt( )
- parseFloat( )

parseInt( )은 값을 정수형으로 변경한다.

표) parseInt( ) 사용 예

사용 예	결과
parseInt("4");	4
parseInt("5aaa");	5
parseInt("4.33333");	4
parseInt("aaa");	NaN ("Not a Number")

부동소수점 수를 정수로 변경하고자 할 때에도 parseInt( )를 사용한다.

표) parseInt( )를 사용한 부동소수점 수 변경 예

사용 예	결과
parseInt(5.133);	5

해당 예제 코드는 다음과 같다.

```
<!DOCTYPE html>
<html>
<body>
<script language="javascript">
  var a="334";
  var b=3;
  var c=parseInt(a)+b;
  var d=a+b;
  document.write("parseInt(a)+b="+c+"<br>");
  document.write("a+b="+d);
</script>
</body>
</html>
```
▲ parseInt 메소드 사용 예제

이를 실행한 결과는 다음과 같다.

```
parseInt(a)+b=337
a+b=3343
```

parseFloat( )는 값을 부동소수점으로 변경한다.

표) parseFloat() 사용 예

사용 예	결과
parseFloat("4.333");	4.333
parseFloat("5aaa");	5
parseFloat("6e2");	600
parseFloat("aaa");	NaN ("Not a Number")

위와 같은 메소드들은 문자열에 대해서만 동작하며 다른 타입을 사용했을 경우에는 NaN을 반환한다. 그러면 이번에는 반대로 정수/부동소수점 숫자를 문자열로 변경해 보자. 이를 위해서는 toString( )을 다음의 예와 같이 사용한다.

표) toString( ) 메소드 사용 예

사용 예	결과
var a = 3.22; a.toString();	"3.22"
var a = 5; a.toString();	"5"

다음은 이에 대한 간단한 예제 코드이다.

```
<script language="javascript">
   var a=32;
   var b=333;
   var c=a.toString()+b;
   document.write("toStringfunction->"+c);
</script>
```

▲ toString( ) 사용 예제

예제를 실행했을 때 얻을 수 있는 결과는 다음과 같다.

```
toStringfunction->)32333
```

불리언, 숫자, 문자열들과 같은 모든 대상이 toString( ) 메소드를 사용하여 문자열로 변경 혹은 결합시킬 수도 있다. 만약에 불리언 결과 값에 toString( ) 메소드를 사용한다면 문자열 true 또는 false를 얻을 수 있다. 예는 다음과 같다.

```
var bFound = false;
alert(bFound.toString());   //"false" 출력
```

toString( ) 메소드는 다음과 같은 기본 모드를 지원한다.

- 기본 모드
- 라딕스(Radix) 모드

기본 모드에서 toString( ) 메소드 출력은 적합한 문자열 형태를 지원하는 숫자 값 형태를 제공한다.

```
var iNum1 = 10;
var fNum2 = 10.0;
alert(iNum1.toString());   // outputs "10"
alert(fNum2.toString());   // outputs "10"
```

또한, toString( ) 메소드에서는 숫자를 문자열 형태로 표현할 때 십진수 형태로 변경해서 표현한다.

문자열로 타입 캐스팅을 하기 위해서 자바스크립트는 toString( ) 메소드를 사용한다. 이때, toString( ) 메소드의 입력 값으로 null 또는 undefined 값이 들어오면 어떻게 될까?

다음과 같은 경우에는 에러가 발생하지 않고 null이라고 저장한다.

```
var s1 = String(null);   // "null"
var oNull = null;
```

하지만 다음의 예와 같이 사용하는 경우에는 에러가 발생한다.

```
var s2 = oNull.toString(); // 에러 발생
```

다음을 살펴보자. parseFloat("1.23e-2")는 다음의 예제와 같이 사용한다.

```html
<!DOCTYPE html>
<html>
<head>
  <title>타입 변환</title>
</head>
<body>
  <p>
  <script type="text/javascript">
    var sNum = "1.23e-2";
    document.writeln(parseFloat(sNum));
  </script>
</p>
</body>
</html>
```

▲ 타입 변환 예제(1)

parseFloat("1.45inch")는 다음의 예제와 같이 사용한다.

```html
<!DOCTYPE html>
<html>
<head>
  <title>타입 변환</title>
</head>
<body>
  <p>
  <script type="text/javascript">
    var fValue = parseFloat("1.45inch");
    document.writeln("<p>" + fValue + "</p>");
  </script>
  </p>
</body>
</html>
```

▲ 타입 변환 예제(2)

타입 Boolean( )의 캐스트 시에는 적어도 하나의 문자를 가지고 있는 문자열, 0이 아닌 숫자 값, 객체를 입력으로 받을 때 출력 결과 값은 true가 된다. 하지만 숫자 0, null, undefined, 비어있는 문자열을 입력으로 받는 경우에는 false를 반환한다.

이러한 내용을 손쉽게 알도록 해 주는 예제를 간단히 살펴보도록 하자.

```
var b1 = Boolean(" ");              // false -- 비어있는 문자열
var b2 = Boolean("JavaScript");     // true -- 비어있지 않은 문자열
var b3 = Boolean(100);              // true -- 0이 아닌 숫자
var b4 = Boolean(null);             //f alse -- 널(null)
var b5 = Boolean(0);                // false -- 제로 값
var b6 = Boolean(new Object());     // true -- 객체
```

Number( ) 메소드 타입 캐스팅을 사용할 경우에는 parseInt( )와 parseFloat( ) 처럼 동작한다. 차이점은 일부분만이 아닌 전체 값을 변경한다는 점이다. 예를 들면 변경이 이루어지는 동안에 유효하지 않은 숫자가 나오면 그때까지만 변경이 이루어진다. 즉, 4.5.6에 대해서는 "4.5"만 결과로서 얻어진다. Number( ) 메소드를 사용하는 경우에 대해서는 다음의 표에서 해당 메소드의 간단한 사용법과 예상되는 결과를 살펴본다. 캐스팅과 달리 Number("4.5.6")을 사용할 때 결과는 NaN이다.

표) Number() 메소드 사용법

사용 예	결과
Number(false)	0
Number(true)	1
Number(undefined)	NaN
Number(null)	0
Number("5.5")	5.5
Number("56")	56
Number("5.6.7")	NaN
Number(new Object())	NaN
Number(100)	100

8.5 래퍼 객체

자바스크립트에서는 숫자, 문자열, 불리언 데이터 객체 타입 각각을 지원하기 위한 클래스가 있다. 즉, number, string, boolean 클래스가 존재하여 기본 데이터 타입을 둘러싸며 데이터 변경을 위한 프로퍼티와 메소드를 모두 지원한다.

자바스크립트에서 문자열은 가장 기본적으로 제공되는 데이터 타입이지만 객체는
아니다. 그러면 다음과 같은 코드를 살펴보고 잠시 생각하는 시간을 가지도록 해보자.

```
var str = 'hello';
console.log(str.toUpperCase()); // --> HELLO
```

신기하게도 객체가 아니라고 했지만 str은 toUpperCase라는 프로퍼티를 가진다.
그럼 무엇이지? 사실 이렇게 보면 헷갈려 보인다. 만약에 문장절이 객체가 아니라면
toUpperCase, toLowerCase 같은 프로퍼티들은 어떻게 지원된다는 것인가?

이는 자바스크립트가 프리미티브와 객체 사이에서 상호간 지배 관계를 지원해주고
있기 때문이라고 간단히 정리할 수 있다. 좀 더 자세히 말하자면 문자열 str의 프로퍼
티를 사용하고자 하면 자바스크립트에서는 문자열 값을 new String(str)을 사용하여
객체로 강제 변경해주기 때문이다. 이러한 객체를 래퍼 객체라고 한다. 래퍼 객체는
모든 문자열 메소드들에 있어서 적용되며 이를 사용해서 프로퍼티를 지원할 수 있다.
또한 이와 동일한 컨셉이 숫자와 불리언 값에도 적용된다. 문자열이 래퍼 객체이기 때
문에 다음과 같은 코드를 실행하면 undefined를 얻게 된다.

```
var str = 'hello';
str.custom = 1;
console.log(str.custom); // -> undefined
```

객체 컨텍스트에서 문자열을 사용할 때 생성되는 String 객체는 임시적으로 존재
한다. 그렇기 때문에 String 객체의 프로퍼티와 메소드에 대한 접근이 이루어지고 난
이후에는 시스템이 객체를 회수한다. 따라서 위에 str.custom의 콘솔로 출력 결과는
undefined로 나온다. 그렇지만 원래 문자열 str은 그대로 'hello'를 가지고 있다.

```
var str = 'hello';
str.custom = 1;
```

자바스크립트에서는 래퍼 문자열 객체를 먼저 생성한다. 그리고 프로퍼티 값에 1을
설정한다. 이 객체의 프로퍼티에 대한 접근이 완료되면 객체는 더 이상 필요하지 않기
때문에 시스템이 객체를 가지고 간다. 따라서 시스템이 회수를 수행한 이후로는 더 이
상은 사용이 힘들다.

따라서 String 객체를 사용하기 위해서 자동 회수되지 않도록 임시 객체가 아닌 정
식 객체를 만들어 사용해야 한다.

```
var str = 'hello';
var temp = new String(str); // 래퍼(Wrapper) 객체
temp.custom = 1;
```

만약에 파이어버그를 사용하여 디버깅을 한다면 실제로 다음과 같이 문자열 핸들링
방법으로 사용됨을 알 수 있다.

```
String:
  0: "h"
  1: "e"
  2: "l"
  3: "l"
  4: "o"
  length: 5
  custom: 1
```

여기서 custom 프로퍼티는 temp라는 래퍼 객체로 설정된다. 다음과 같은 예제를
살펴보자.

```
var str = 'hello';
var upper = str.toUpperCase();
console.log(upper); // --> HELLO
```

이렇게 작성된 코드는 다시 다음과 같이 변환되어 사용될 수 있다.

```
var upper = (new String(str)).toUpperCase()
```

래퍼 객체를 사용한 경우에 == 연산사는 임의의 값과 래퍼 객체를 동일하게 비교
하지만 === 연산자와 같이 엄격하게 비교하는 경우에는 기본 데이터 타입과 래퍼 객
체를 구분하여 서로 다르다고 판단한다.

```
var a = 'hello';                   // 프리미티브
var b = new String('hello');   // 래퍼 객체

typeof a;    // 문자열
typeof b;    // 객체

a == b       // true
a === b      // false
```

자바스크립트에서는 문자열 이외에도 숫자, 불리언 데이터 타입을 지원하며 Number, String, Boolean 클래스도 지원한다. 따라서 숫자에 대해서도 위에서 이미 언급한 내용들이 동일하게 적용된다.

```javascript
var x = 1;
var y = new Number(1);

typeof x;    // 숫자
typeof y;    // 객체

x == y       // true
x === y      // false
```

8.6 비공개 프로퍼티

자바스크립트에서는 클로저를 사용하여 비공개 멤버를 구현할 수 있다. 특권 메소드는 비공개 멤버에 접근 권한을 가진 공개 메소드를 가리키는 이름이다. 예를 들면 다음의 예제에서는 getName() 메소드가 해당된다. terminal.name 값을 얻고자 한다면 비공개이기 때문에 이는 외부에서 접근할 수 없다. 하지만 terminal.getName()을 사용하면 접근이 가능하기 때문에 그 값을 얻을 수 있다.

```javascript
function showName() {
  // 외부에서 접근 불가
  var name = 'GS3';
  // 공개된 함수
  this.getName = function () {
    return name;
  }
}

var terminal = new showName();
console.log(terminal.name);         // undefined
console.log(terminal.getName());  // GS3
```

비공개 멤버 변수는 외부에서는 접근이 불가능하지만 함수 생성자 내의 비공개 메소드에 의해서는 접근이 가능하다.

```javascript
function Container(param) {
  function dec() {
    if (secret > 0) {
      secret -= 1;
      return true;
    } else {
      return false;
    }
  }
  this.member = param;
  var secret = 3;
  var that = this;
}
```

특권을 부여 받은 메소드는 생성자 내부에서 this를 가지고 사용될 수 있다.

```javascript
function Container(param) {
  function dec() {
    if (secret > 0) {
      secret -= 1;
      return true;
    } else {
      return false;
    }
  }
  this.member = param;
  var secret = 3;
  var that = this;
  this.service = function () {
    return dec() ? that.member : null;
  };
}
```

특권 메소드에서 비공개 변수의 값을 반환할 경우에 이 변수가 객체나 배열이라면 값이 아닌 참조가 반환된다. 그러면 외부 코드에서 비공개 변수의 값에 접근이 가능해진다. 따라서 이러한 단점을 피하기 위해 최소 권한 원칙을 적용하여 필요 이상의 권한을 주지 않도록 한다. showName.getName( )을 실행하면 'GS3'을 얻는다.

```
var showName = (function () {
  // 비공개 멤버
  var name = 'GS3';
  // 공개될 부분을 구현
  return {
    getName : function () {
      return name;
    }
  };
}());


showName.getName();
```

8.7 method

여기서는 자바스크립트 객체를 지원하는 메소드에 대해 알아보자. 다양한 객체를 기준으로 해당 객체에서 사용할 수 있는 메소드들이다.

표) 자바스크립트 객체별 메소드(참조 : http://msdn.microsoft.com)

메소드명	자바스크립트 객체
anchormethod	String
applymethod	Function
atEndmethod	Enumerator
bigmethod	String
bindmethod	Function
blinkmethod	String
boldmethod	String
callmethod	Function
charAtmethod	String
charCodeAtmethod	String
compilemethod	Regular Expression
concatmethod(Array)	Array
concatmethod(String)	String

dimensionsmethod	VBArray
everymethod	Array
execmethod	Regular Expression
filtermethod	Array
fixedmethod	String
fontcolormethod	String
fontsizemethod	String
forEachmethod	Array
getDatemethod	Date
getDaymethod	Date
getFullYearmethod	Date
getHoursmethod	Date
getItemmethod	VBArray
getMillisecondsmethod	Date
getMinutesmethod	Date
getMonthmethod	Date
getSecondsmethod	Date
getTimemethod	Date
getTimezoneOffsetmethod	Date
getUTCDatemethod	Date
getUTCDaymethod	Date
getUTCFullYearmethod	Date
getUTCHoursmethod	Date
getUTCMillisecondsmethod	Date
getUTCMinutesmethod	Date
getUTCMonthmethod	Date
getUTCSecondsmethod	Date
getVarDatemethod	Date
getYearmethod	Date
indexOfmethod(Array)	Array
indexOfmethod(String)	String
italicsmethod	String
itemmethod	Enumerator
joinmethod	Array

lastIndexOfmethod(Array)	Array
lastIndexOfmethod(String)	String
lboundmethod	VBArray
linkmethod	String
localeComparemethod	String
mapmethod	Array
matchmethod	String
moveFirstmethod	Enumerator
moveNextmethod	Enumerator
popmethod	Array
pushmethod	Array
reducemethod	Array
reduceRightmethod	Array
replacemethod	String
reversemethod	Array
searchmethod	String
setDatemethod	Date
setFullYearmethod	Date
setHoursmethod	Date
setMillisecondsmethod	Date
setMinutesmethod	Date
setMonthmethod	Date
setSecondsmethod	Date
setTimemethod	Date
setUTCDatemethod	Date
setUTCFullYearmethod	Date
setUTCHoursmethod	Date
setUTCMillisecondsmethod	Date
setUTCMinutesmethod	Date
setUTCMonthmethod	Date
setUTCSecondsmethod	Date
setYearmethod	Date
shiftmethod	Array

slicemethod(Array)	Array
slicemethod(String)	String
smallmethod	String
somemethod	Array
sortmethod	Array
splicemethod	Array
splitmethod	String
strikemethod	String
submethod	String
substrmethod	String
substringmethod	String
supmethod	String
testmethod	Regular Expression
toArraymethod	VBArray
toDateStringmethod	Date
toExponentialmethod	Number
toFixedmethod	Number
toGMTStringmethod	Date
toISOStringmethod	Date
toJSONmethod	Date
toLocaleDateStringmethod	Date
toLocaleLowerCasemethod	String
toLocaleTimeStringmethod	Date
toLocaleUpperCasemethod	String
toLowerCasemethod	String
toPrecisionmethod	Number
toTimeStringmethod	Date
toUpperCasemethod	String
toUTCStringmethod	Date
trimmethod	String
uboundmethod	VBArray
unshiftmethod	Array

이 중에서 중요한 몇 가지를 살펴보면 우선 toString( ) 메소드는 메소드를 호출한 객체의 값을 문자열로 반환하는 기능을 지원한다. toLocaleString( ) 메소드는 객체의 지역화된 문자열 표현을 지원한다. valueOf( ) 메소드는 객체를 문자열이 아니라 숫자와 같은 기본 타입으로의 변환을 지원한다. 그리고 replace( ) 메소드는 특정한 값을 가지는 문자열을 찾고 그 문자열을 바꾸고자 하는 문자열로 교체한다.

replace( ) 메소드를 사용한 간단한 예제는 다음과 같다.

```html
<!DOCTYPE html>
<html>
<body>
  <p id="demo">Let's Visit...Where am I....</p>
  <button onclick="myFunction()">테스트 시작!</button>
  <script>
    function myFunction()
    {
      var str=document.getElementById("demo").innerHTML;
      var n=str.replace("Where am I","Greg Room");
      document.getElementById("demo").innerHTML=n;
    }
  </script>
</body>
</html>
```

▲ replace( ) 메소드 사용 예제

split( ) 메소드는 문자열을 일정한 기준으로 나누어 서브 문자열로 변경하는 역할을 지원한다. 다음의 예와 같이 하나의 문자열을 공백을 기준으로 서브 문자열로 나누어 콤마로 구분한다.

```html
<!DOCTYPE html>
<html>
<body>
  <p id="demo">Split 메소드 테스트 </p>
  <button onclick="myFunction()">테스트 시작!</button>
  <script>
    function myFunction()
    {
      var str="Where am I? I want to go your building...";
      var n=str.split(" ");
      document.getElementById("demo").innerHTML=n;
```

```
    }
  </script>
</body>
</html>
```

▲ split( ) 메소드 사용 예제

8.8 배열

배열은 하나의 변수에 여러 개의 데이터를 저장하기 위해서 사용한다. 배열은 순서 있는 값들의 집합이며 배열 안의 항목들은 원소라 한다. 각 원소는 배열 안에서 순서를 나타내기 위해서 인덱스라는 번호를 가진다. 자바스크립트는 다른 언어와 달리 고정 타입이 아니기 때문에 배열 내의 각 항목들은 서로 다른 타입을 가질 수 있다.

배열 객체의 프로퍼티로는 다음과 같은 것들이 있다.

표) 배열 프로퍼티 특성

프로퍼티	내용
constructor	배열 객체의 프로토타입을 생성
length	배열에서의 엘리먼트들을 설정하거나 반환
prototype	배열 객체에 프로퍼티나 메소드를 추가

배열의 객체 프로퍼티 중 length를 사용하여 배열 내의 항목 전체 길이를 구하면 다음과 같다.

```
<!DOCTYPE html>
<html>
<body>
  <p id="demo">배열 길이 구하기</p>
  <button onclick="lengthTest()">테스트 시작!</button>
  <script>
    function lengthTest()
    {
      var fruits = ["iphone", "galaxy", "sky", "optimus", "HTC"];
      var x=document.getElementById("demo");
```

```
        x.innerHTML=fruits.length;
    }
  </script>
</body>
</html>
```

▲ 배열 객체 사용 예제

배열 객체에서 지원되는 메소드는 다음과 같다.

표) 배열 객체의 메소드와 특성

메소드	내용
concat()	두 개 이상의 배열을 결합하고 결합된 것을 반환
indexOf()	배열을 검색하고 위치를 반환
join()	배열의 모든 엘리먼트들을 문자열로 결합
lastIndexOf()	배열에서 엘리먼트를 탐색하고 위치를 반환
pop()	배열의 마지막 엘리먼트를 제거하고 반환
push()	배열 끝에 새로운 엘리먼트를 추가하고 새로운 길이를 반환
reverse()	배열에서 엘리먼트의 순서를 반대로 함
shift()	배열에서 첫 번째 엘리먼트를 제거하고 반환
slice()	배열의 일부분을 선택하고 새로운 배열로 반환
sort()	배열 내 엘리먼트들을 정렬
splice()	배열에서 엘리먼트들을 추가하거나 삭제
toString()	배열을 문자열로 변환하고 그 결과를 반환
unshift()	새로운 엘리먼트를 배열 앞부분에 추가하고 새로운 길이 값을 반환
valueOf()	배열의 프리미티브 값을 반환

배열의 내부 구성 항목들의 순서를 반대로 하기 위해서는 다음과 같이 reverse( ) 메소드를 사용해서 구현할 수 있다.

```
<!DOCTYPE html>
<html>
<body>
  <p id="demo">reverse 메소드 테스트</p>
  <button onclick="reverseTest()">테스트 시작!</button>
  <script>
    function reverseTest()
```

```
    {
      var phones = ["iphone", "galaxy", "sky", "optimus", "HTC"];
      phones.reverse();
      var x=document.getElementById("demo");
      x.innerHTML=phones;
    }
  〈/script〉
〈/body〉
〈/html〉
```

▲ reverse 메소드 사용 예제

배열의 일부분을 지정하여 선택한 이후에 선택된 부분만 반환하는 코드를 slice( ) 메소드를 사용하여 만들면 다음과 같다.

```
〈!DOCTYPE html〉
〈html〉
〈body〉
  〈p id="demo"〉Slice 메소드 테스트〈/p〉
  〈button onclick="sliceTest()"〉테스트 시작!〈/button〉
  〈script〉
    function sliceTest()
    {
      var phones = ["Banana", "Orange", "Lemon", "Apple", "Mango"];
      var citrus = phones.slice(1,4);
      var x=document.getElementById("demo");
      x.innerHTML=citrus;
    }
  〈/script〉
〈/body〉
〈/html〉
```

▲ slice 메소드 사용 예제

마지막으로 살펴볼 메소드는 toString( )이다. 이를 사용하여 배열 내 구성 요소들을 묶어서 하나의 문자열로 만든다.

```
〈!DOCTYPE html〉
〈html〉
〈body〉
  〈p id="demo"〉Convert Array -〉 String.〈/p〉
  〈button onclick="convertTest()"〉테스트 시작!〈/button〉
  〈script〉
```

```
    function convertTest()
    {
      var phones = ["iphone", "galaxy", "sky", "optimus", "HTC"];
      phones.toString();
      var x=document.getElementById("demo");
      x.innerHTML=phones;
    }
  </script>
</body>
</html>
```

▲ toString( ) 메소드 사용 예제

요약

객체라는 것은 특정 이름이 부여된 데이터 저장소이며 배열은 숫자가 부여된 값들의 집합이다. 객체에 부여된 이름을 통해서 해당 내용에 접근할 수 있다. 이들은 데이터를 저장하지만 다른 저장소인 문자열 등과는 좀 다른 성격을 가지고 있다.

배열은 하나의 변수에 여러 개의 데이터를 저장하기 위해서 사용한다. 배열은 순서있는 값들의 집합이며 배열 안의 항목들은 원소라 한다. 각 원소는 배열 안에서 순서를 나타내기 위해서 인덱스라는 번호를 가진다. 자바스크립트는 다른 언어와 달리 고정 타입이 아니기 때문에 배열 내의 각 항목들은 서로 다른 타입을 가질 수 있다. 자바스크립트에서 프로퍼티는 객체의 상태를 나타낸다. 프로퍼티로 기명 데이터 프로퍼티, 기명 액세서(Accessor) 프로퍼티, 내부 프로퍼티와 같은 3가지 종류가 있다. 생성자를 호출, 객체 리터럴 문법 사용, Object.create(proto)를 사용하여 객체를 생성할 수 있다. 자바스크립트에서는 클로저를 사용하여 비공개 멤버를 구현할 수 있다. 특권 메소드는 비공개 멤버에 접근 권한을 가진 공개 메소드를 가리키는 이름이다.

문자열과 정규 표현식

정규 표현식(Regular Expression)은 문자 패턴을 기술하고 다루기 위한 객체이다. 문자열은 일련의 문자들이 저장되어 있는 객체이며 정규 표현식을 통해서 문자열 중에서 필요한 부분을 사용자가 원하는 패턴대로 다룰 수 있다. 자바스크립트에서 정규식으로 RegExp 클래스를 지원한다. 자바스크립트 1.5부터는 ECMAScript v3이 요구하는 정규 표현식 기능을 모두 지원한다. 이번 Chapter에서는 정규 표현식이 사용하는 문법과 사용 예에 대해서 살펴보겠다. 추후에 알겠지만, 자바스크립트의 정규 표현식은 펄의 사용과 유사하다. 만약 필요하다면 펄의 사용 예를 참고하기 바란다.

9.1 정규 표현식 정의

위키피디아에서는 정규 표현식(Regular Expression, Regexp 또는 Regex)을 특정한 규칙을 가진 문자열의 집합을 표현하는 데 사용하는 형식 언어로 정의하고 있다. 정규 표현식은 많은 텍스트 편집기와 프로그래밍 언어에서 문자열의 검색과 치환을 위해 지원하고 있으며, 특히 펄과 Tcl은 언어 자체에 강력한 정규 표현식 구현을 내장하고 있다.

정규 표현식이란 문자 그대로의 의미 이상으로 해석되는 메타 문자(Metacharacters)라고 부르는 문자들의 집합을 의미하며 정규 표현식을 유닉스에 특별한 특징을 부여하는 문자들과 메타 문자들의 집합으로 보기도 한다. 정규 표현식은 주로 텍스트 탐색과 문자열 조작에 쓰인다. 정규 표현식은 하나의 문자와 일치(Match)하거나 혹은 문자열의 일부분(Substring)이나 전체 문자열인 문자 집합들과 일치하게 된다.

grep이나 vi 등 유닉스에 있는 여러 명령어를 사용하여 파일에서 글자를 찾는 명령어들이 찾을 파일을 명시할 때 정규 표현식을 사용한다. 원하는 단어만 명시하는 것이 아니라, 특징을 가진 파일을 찾기 위하여 단어들이 가진 특징을 폭넓게 나타내는 방법이다.

정규 표현식을 사용하여 파일 내부의 글자를 찾을 때 정규 표현식을 사용하여 찾으려는 글자를 함축적으로 표현한다. 정규 표현식은 일반 정규 표현식(Basic Regular Expression)과 확장 정규 표현식(Extended Regular Expression)으로 구분되며 일반 정규 표현식에 여러 기호를 추가해서 확장한 것이 확장 정규 표현식이다.

정규 표현식은 컴퓨터 과학의 정규 언어로부터 유래하였으나 구현체에 따라서 정규 언어보다 더 넓은 언어를 표현할 수 있는 경우도 있으며 심지어 정규 표현식 자체의 문법도 여러 가지 존재하고 있다. 이중 표준화된 것으로는 POSIX의 확장 정규 표현식이 있으며 표준화되지는 않았지만 펄의 정규 표현식과 그 대체 구현인 PCRE도 널리 사용된다.

다음은 정규 표현식을 쉽게 파악할 수 있도록 정리하였다.

일반 정규 표현식

① ^ : 문자열의 첫 글자를 나타냄. 줄의 시작을 나타내지만 가끔 문맥에 따라서는 정규 표현식에서 문자 집합의 의미를 반대로 해석할 수 있음.

ex) ^s : s자로 시작하는 라인, ^$: 빈 줄과 일치

② $: 문자열의 끝 글자를 나타냄, 줄 끝과 일치

ex) s$: s자로 끝나는 라인

③ . : 뉴 라인을 제외한 오직 한 개의 글자와 일치

ex) a...b : a와 b 사이에 세 글자가 있는 단어

ex) 13. : 13과 빈칸을 포함한 최소 한 글자를 나타냄(1133, 11333)

④ * : * 기호 바로 이전의 글자나 정규 표현식이 0회 이상 반복. 즉, 바로 앞의 문자열이나 정규 표현식에서 0개 이상 반복되는 문자를 나타냄.

ex) abc* : *는 정규 표현식에서 맨 처음 글자로 나타낼 경우, 자신의 본래의 의미를 나타내지 않고 단순히 글자 역할만 수행함. c가 0번 이상 반복(ab, abc, abcc, abccc 등)됨.

ex) a*b : "b", "ab", "aab", "aaab"를 포함. **에서 첫 글자 *은 바로 이전에 아무런 글자나 정규 표현식이 없으므로 * 글자 자체의 의미를 가지며, 두 번째 *은 앞에 글자가 있으므로 정규 표현식을 나타내는 기호로 쓰임. **의 의미는 이것으로 나타낼 아무런 글자가 없거나, *, **, ***와 같이 * 글자가 1개 이상 반복되는 단어를 뜻함

ex) 1133* : 11과 하나 이상의 3, 그리고 가능한 다른 문자들을 나타냄(113, 1133, 11312 등).

⑤ [ ] : "["과 "]" 사이의 문자 중 하나를 선택, "|"를 여러 개 쓴 것과 같은 의미임. 한 글자를 대체할 글자의 목록을 [ ]내에 지정, "-" 기호와 함께 쓰면 문자의 범위를 지정할 수 있음.

ex) [abc]d : a,b,c 중 어떤 한 글자라도 반드시 있는 단어(ad, bd, cd를 의미),

ex) [a-z] : a부터 z까지 중 하나.

ex) [1-9] : 1부터 9까지 중의 하나를 뜻함.

ex) [B-Pk-y] : B에서 P까지 중이나 k에서 y까지 중의 한 글자와 일치

ex) [a-z0-9] : 소문자나 숫자 중의 한 문자와 일치

⑥ [^] : "[^과 "]" 사이의 문자를 제외한 나머지 하나를 선택, 한 글자를 대체하지 못하는 글자의 목록을 [ ] 내에 지정, ^은 바로 뒤에 나오는 정규 표현식의 의미를 반대로 해석하게 해줌, "-" 기호와 함께 쓰면 문자의 범위를 지정할 수 있음.

ex) [^abc]d : ad, bd, cd는 포함하지 않고 ed, fd 등을 포함.

ex) [^a-z] : 알파벳 소문자로 시작하지 않는 모든 문자를 나타냄.

ex) [^b-d] : b에서 d 사이의 문자를 제외한 모든 문자를 나타냄.

확장 정규 표현식

① + : + 기호 바로 이전의 글자나 정규 표현식이 1회 이상 반복됨을 의미, +는 정규 표현식에서 맨 처음 글자로 나타낼 경우 자신의 본래의 의미를 나타내지 않고 단순히 글자 역할만 수행함

ex) abc+ : c가 1회 이상 반복됨(abc, abcc, abccc 등)

② ? : ? 기호 바로 이전의 글자나 정규 표현식이 없거나 1회만 존재함을 의미함, ?은 정규 표현식에서 맨 처음 글자로 나타낼 경우 자신의 본래 의미를 나타내지 않고 단순히 글자 역할만 수행함.

ex) abc? : c가 없거나 한 번만 존재(ab, abc)

ex) a?b : b, ab

③ ( ) : 부분 정규 표현식의 시작과 끝을 표시함, "("와 ")"로 여러 식을 하나로 묶을 수 있음.

ex) a(bc)* : bc가 0회 이상 반복(a, abc, abcbc 등)

ex) a(bc)+ : bc가 1회 이상 반복(abc, abcbc 등)

ex) a(bc)? : bc가 있거나 없음(a, abc 등)

④ | : |로 구분된 단어 중 최소 하나가 존재하는지를 확인, 여러 식 중에서 하나를 선택

ex) a(b|c) : b 또는 c가 최소 하나가 존재(ab, ac, abc, acb 등)

ex) abc|adc : abc라는 문자열 또는 adc라는 문자열을 포함, a (b | d) c와 같은 의미임

⑤ {m, n} : { } 기호 바로 이전의 글자나 정규 표현식이 m개 이상 n개 이하 반복됨.

　　ex) a{1,3}b : 'ab', 'aab', 'aaab'를 포함하지만, 'b'나 'aaaab'는 포함하지 않음.

　　ex) "(fa|mo|b?o)ther" : "father", "mother", "bother", "other"를 의미함.

앞에서 나타낸 것과 같이 여러 개의 대괄호로 묶인 문자들은 일반적인 낱말 패턴을 제공한다. 따라서 "[Yy][Ee][Ss]"의 경우에는 대소문자를 교차하여 yes, Yes, YES, yEs 등의 글자들을 만들어 낼 수 있다. 이러한 예제 중 흥미를 가질만한 것으로서 다음과 같은 패턴이 있다.

> " [0-9] [0-9] [0-9] [0-9] [0-9] - [0-9] [0-9] [0-9] [0-9] [0-9] [0-9] [0-9] " : 주민등록번호

역슬래시(\)는 특수 문자를 원래의 문자 의미대로 해석하게 해준다. "\$"는 정규 표현식에서 줄 끝(end-of-line)을 나타내는 의미 대신 "$" 문자 그대로 해석하게 해준다. 그러면 역슬래시를 두 개 연달아 사용하면 어떻게 해석해야 할까? "\\"는 그냥 "\" 문자 그 자체로 보면 된다. 그리고 이스케이프된 "중괄호"(\{ \})는 바로 앞 정규 표현식 빈도수를 나타낸다고 보면 된다. "[0-9]\{5\}"는 0에서 9까지의 문자가 정확히 5번 나오는 것을 의미한다. 중괄호를 이스케이프 시키지 않으면 중괄호 문자를 그대로 해석한다. 따라서 이스케이프가 필요하다.

POSIX 문자 클래스(POSIX Character Classes)의 표기법은 [:class:]이며 일치하는 문자의 범위를 지정할 수 있는 또 다른 방법이다. 단 POSIX 문자 클래스는 보통 쿼우팅이나 이중 대괄호([[ ]])를 해 줘야 한다.

표) POSIX 문자 클래스(POSIX Character Classes) 표기법

구분	내용
[:alnum:]	알파벳이나 숫자와 일치하고 [A-Za-z0-9] 와 같은 표현
[:alpha:]	알파벳과 일치하고 [A-Za-z] 와 같은 표현
[:blank:]	빈 칸이나 탭과 일치
[:cntrl:]	제어 문자들과 일치
[:digit:]	10진 숫자들과 일치하고 [0-9] 와 같은 표현
[:graph:]	아스키 33~126의 문자들과 일치 빈 칸 문자가 포함되지 않는다는 것만 제외하고는 밑에서 설명할 [:print:]와 동일
[:lower:]	알파벳 소문자와 일치하고 [a-z] 와 같은 표현

[:print:]	아스키 32~126까지의 문자들과 일치 [:graph:] 와 같지만 빈칸 문자가 포함되어 있음
[:space:]	공백문자들과 일치(빈칸, 수평 탭)
[:upper:]	알파벳 대문자와 일치하고 [A-Z]와 같은 표현
[:xdigit:]	16진수 숫자와 일치하고 [0-9A-Fa-f]와 같은 표현

자주 사용되는 정규식 표현 예로는 다음과 같은 것들이 있다.

- 전자 우편 주소

  ```
  /^[a-z0-9_+.-]+@([a-z0-9-]+\.)+[a-z0-9]{2,4}$/
  ```

- URL

  ```
  /^(file|gopher|news|nntp|telnet|https?|ftps?|sftp):\/\/([a-z0-9-]+\.)+[a-z0-9]{2,4}.*$/
  ```

- HTML 태그

  ```
  /\<(/?[^\>]+)\>/
  ```

- 전화 번호 – 123-123-2344 혹은 123-1234-1234 등등

  ```
  /(\d{3}).*(\d{3}).*(\d{4})/
  ```

- 날짜 – 예, 3/28/2007 혹은 3/28/07

  ```
  /^\d{1,2}\/\d{1,2}\/\d{2,4}$/
  ```

- jpg, gif 또는 png 확장자를 가진 그림 파일명

  ```
  /([^\s]+(?=\.(jpg|gif|png))\.\2)/
  ```

- 1부터 50 사이의 번호(1과 50 포함)

  ```
  /^[1-9]{1}$|^[1-4]{1}[0-9]{1}$|^50$/
  ```

- 16진수로 된 색깔 번호

  ```
  /#?([A-Fa-f0-9]){3}(([A-Fa-f0-9]){3})?/
  ```

- 적어도 소문자 하나, 대문자 하나, 숫자 하나가 포함되어 있는 문자열(8글자 이상 15글자 이하)

  ```
  /(?=.*\d)(?=.*[a-z])(?=.*[A-Z]).{8,15}/
  ```

9.2 패턴 매칭 메소드

문자열 메소드에는 패턴 매칭 시 사용할 때 매우 유용한 것들이 있다. 이번 시간에는 문자열 메소드 중 해당하는 메소드들을 살펴보겠다. 여기서 확인할 수 있는 패턴 매칭 메소드는 모두 4가지이다.

||||| search 메소드

주어진 문자열 탐색을 통한 패턴 매칭을 수행한다.

```html
<!DOCTYPE html>
<html>
<body>
   <p id="demo"> Pattern matching Using str method with search </p>
   <button onclick="myFunction()"> PM Test </button>
   <script>
     function myFunction()
     {
       var str="Where am I?";
       var n=str.search("am");
       document.getElementById("demo").innerHTML=n;
     }
   </script>
</body>
</html>
```

▲ search 메소드 사용 예제

||||| replace 메소드

문자열 탐색 후 원하는 문자열로 교체한다. 이 메소드를 사용할 때 이용하는 첫 번째 인자는 변경될 대상, 두 번째 인자는 변경할 문자열이다.

```html
<!DOCTYPE html>
<html>
<body>
   <p>Check and Test with "google" and "gmobiletech" here. </p>
   <p id="demo">Please visit google!</p>
   <button onclick="myFunction()"> PM Test </button>
```

```
   <script>
     function myFunction()
     {
       var str=document.getElementById("demo").innerHTML;
       var n=str.replace("google","gmobiletech");
       document.getElementById("demo").innerHTML=n;
     }
   </script>
</body>
</html>
```

▲ replace 메소드 사용 예제

||||| match 메소드

찾기를 원하는 문자열의 매칭 수행하며 대소문자를 구분한다. match로 매칭한 결과는 배열 형태로 반환된다.

```
<!DOCTYPE html>
<html>
<body>
  <script>
    var str="Hello world!";
    document.write(str.match("world") + "<br>");
    document.write(str.match("World") + "<br>");
    document.write(str.match("world!"));
  </script>
</body>
</html>
```

▲ match 메소드 사용 예제

||||| split 메소드

구분자를 사용하여 문자열을 나누는 동작을 수행한다. 다음 예제는 콤마(,)를 구분자로 사용해서 문자열을 분리한다. 분리된 결과는 배열에 저장된다.

```
<!DOCTYPE html>
<html>
<body>
  <p id="demo"> Pattern matching Using str method with split </p>
```

```
<button onclick="myFunction()"> PM Test </button>
<script>
  function myFunction()
  {
    var str="a,b,c,d,e,f";
    var n=str.split(",");
    document.getElementById("demo").innerHTML=n[0];
  }
</script>
</body>
</html>
```

▲ split 메소드 사용 예제

9.3 RegExp 객체

자바스크립트에서 정규 표현식은 RegExp 객체이다. 패턴 중에서 가장 간단한 패턴은 단 하나만의 문자로 이루어진 경우이다. 그렇다면 좀 더 복잡한 패턴은 한 개 이상의 문자들로 구성된 패턴일 것이다.

이러한 패턴들 중에서 사용자 자신이 원하는 패턴을 찾기 위해서는 파싱하고 포멀 체킹하고 대치하는 여러 과정을 거쳐야 한다. 자바스크립트의 RegExp 객체는 생성자, 메소드, 프로퍼티를 가지고 있으며 이를 사용하여 강력한 패턴 매칭 기능을 제공한다. 실제로 코드가 동작하는 것을 보면 앞에서 소개한 문자열 메소드의 동작 결과와 차이가 크지 않다.

자바스크립트의 RegExp 객체의 기본적인 사용법은 다음과 같다.

```
var patt=new RegExp(pattern, modifiers);
var patt=/pattern/modifiers;
```

RegExp 객체의 기본 변경자를 사용해서 대소문자를 구분하거나 전역 검색을 수행할 수 있다. 이를 위한 변경자로서 'i'와 'g'를 사용한다.

표) RegExp 객체의 기본 변경자

구분	내용
i	대소문자를 구별하지 않고 매칭 수행 만약에 i를 생략하면 대소문자를 구별하여 매칭 수행
g	첫 번째 매칭 결과 이후에도 계속해서 매칭 동작을 수행

첫 번째 예제로서, i 변경자를 통해서 대소문자를 구별하는 매칭 동작을 살펴보도록 하자.

```html
<!DOCTYPE html>
<html>
<body>
  <script>
    var str = "My working place is in Greghouse";
    var patt1 = /House/i;
    document.write(str.match(patt1));
  </script>
</body>
</html>
```

▲ RegExp 객체 사용 예제(1)

두 번째 예제에서는 g 변경자를 사용하여 패턴 매칭이 1회에만 그치는 것이 아니라 계속해서 적용되는 것을 확인한다.

```html
<!DOCTYPE html>
<html>
<body>
  <script>
    var str="Middle school is levels of schooling between
        elementary and high schools. It is called the preparatory
        stage and consists of three phases.";
    var patt1=/is/g;
    document.write(str.match(patt1));
  </script>
</body>
</html>
```

▲ RegExp 객체 사용 예제(2)

이제 RegExp 객체에서 제공하는 test( ) 메소드를 살펴보도록 하자. test( ) 메소드는 찾는 문자열이 발견되면 true를, 없으면 false를 반환한다.

```
<!DOCTYPE html>
<html>
<body>
  <script>
    var str="Middle school is levels of schooling between
        elementary and high schools. It is called the preparatory
        stage and consists of three phases.";
    // "school"을 탐색
    var patt=/school/g;
    var result=patt.test(str);
    document.write("[exec method] Returned value: " + result);
    // "greghouse"을 탐색
    patt=/greghouse/g;
    result=patt.test(str);
    document.write("<br>[exec method : None case] Returned value:
        " + result);
  </script>
</body>
</html>
```

▲ test( ) 메소드 사용 예제

이제 exec( ) 메소드를 보도록 하자. 이 메소드는 특정한 값을 가지는 문자열을 검
색한다. 만약에 값을 찾으면 그 문자를 반환하며, 반환하지 못한 경우에는 null을 반
환한다.

```
<!DOCTYPE html>
<html>
<body>
  <script>
    var str="Middle school is levels of schooling between
        elementary and high schools. It is called the preparatory
        stage and consists of three phases.";

    // "school"을 탐색
    var patt=/school/g;
    var result=patt.exec(str);
    document.write("[exec method] Returned value: " + result);

    // "greghouse"를 탐색
    patt=/greghouse/g;
    result=patt.exec(str);
    document.write("<br>[exec method : None case] Returned value: "
```

```
              + result);
        </script>
    </body>
</html>
```
▲ exec( ) 메소드 사용 예제

추가적으로 괄호를 사용하는 예를 보자. 괄호 안의 문자들을 기준으로 매칭되는 문자들을 찾기 위해서 사용하는 방식이다. 다음의 예제를 통해서 실제로 어떻게 사용되는지 보도록 하자. 문자열이 주어졌을 때 '[a-c]'를 사용함으로써 a, b, c로 한정지어서 찾도록 한다. 다만 뒤에 g 변경자를 적용하여 한 번 찾고 끝나는 것이 아니라 전체 문장 대상으로 범위를 확장시킨다.

```
<!DOCTYPE html>
<html>
<body>
    <script>
        var str="Middle school is levels of schooling between
            elementary and high schools. It is called the preparatory
            stage and consists of three phases.";
        var patt1=/[a-c]/g;
        document.write(str.match(patt1));
    </script>
</body>
</html>
```
▲ 괄호 사용 문자 매칭 수행 예제(1)

이와 반대되는 것은 '[^a-c]'이다. '^'만 추가하면 이전의 결과아 반대되는 결과를 얻게 된다. 예제는 다음과 같다.

```
<!DOCTYPE html>
<html>
<body>
    <script>
        var str="Middle school is levels of schooling between
            elementary and high schools. It is called the preparatory
            stage and consists of three phases.";
        var patt1=/[^a-c]/g;
        document.write(str.match(patt1));
    </script>
</body>
</html>
```
▲ 괄호 사용 문자 매칭 수행 예제(2)

RegExp 객체의 프로퍼티로 5가지가 지원된다.

표) RegExp 객체의 프로퍼티

구분	내용
global	g 변경자가 설정되었는지 알려줌
ignoreCase	i 변경자가 설정되었는지 알려줌
lastIndex	매칭이 발생했을 때의 index를 나타냄
multiline	m 변경자(멀티라인 매칭)가 설정되었는지 알려줌
source	RegExp 패턴 텍스트 제공

프로퍼티 lastIndex를 사용하는 예는 다음과 같이 작성될 수 있다. 먼저 test 메소드를 사용한 이후에 패턴 매칭 수행 시 발견되었을 때 인덱스의 위치를 나타내도록 하였다.

```
<!DOCTYPE html>
<html>
<body>
  <script>
    var str="Middle school is levels of schooling between
        elementary and high schools.";
    var patt1=/hool/g;
    while (patt1.test(str)==true)
    {
      document.write("'hool' found. Index now at:
        "+patt1.lastIndex);
      document.write("<br>");
    }
  </script>
</body>
</html>
```

▲ 프로퍼티 lastIndex 사용 예제

이를 실행한 결과는 다음과 같다.

```
'hool' found. Index now at: 13
'hool' found. Index now at: 33
'hool' found. Index now at: 71
```

프로퍼티 source를 사용한 경우에 결과는 해당 패턴 매칭된 문자열을 반환한다.

```
<!DOCTYPE html>
<html>
<body>
  <script>
    var str="Middle school is levels of schooling between
        elementary and high schools.";
    var patt1=/hool/g;
    document.write("Text of the RegExp : "+patt1.source);
  </script>
</body>
</html>
```

▲ 프로퍼티 source 사용 예제

9.4 문자열 병합

이번에는 어떻게 하면 문자열을 병합할 수 있는지 살펴보자. 문자열을 병합하고자
할 때 사용할 수 있는 메소드로 concat( ) 메소드가 있다. concat( ) 메소드는 'txt1.
concat(txt2)'와 같이 사용되어 txt1에 txt2를 이은 결과를 반납한다. 그래서 문자열
을 서로 결합시킴으로써 다양한 결과를 손쉽게 얻을 수 있다.

사용 방법은 다음 예제와 같다.

```
<!DOCTYPE html>
<html>
<body>
  <p id="demo"> 문자열 병합하기 </p>
  <button onclick="myFunction()">테스트 시작!</button>
  <script>
    function myFunction()
    {
      var txt1 = "Where ";
      var txt2 = "am I?";
      var n=txt1.concat(txt2);
      document.getElementById("demo").innerHTML=n;
    }
  </script>
</body>
</html>
```

▲ 문자열 병합 예제

9.5 문자열 트리밍

문자열 str에서 앞/뒤에 있는 공백을 제거하기 위해서 다음과 같은 정규 표현식을
이용할 수 있다.

```
str = str.replace(/^\s+|\s+$/g,'')
```

위의 예에서 사용한 정규 표현식은 '/^\s+|\s+$/g'이다. 문자열의 시작과 끝
에서 공백(\s)이 발생하는지를 체크한다. 체크하는 문자열의 앞부분에서 공백을 찾더
라도 멈추지 않고 그 다음으로 넘어가서 끝까지 공백이 있는지를 확인한다.

메소드 string.replace( )를 사용하여 모든 앞/뒤의 공백 문자들을 비어있는 스트링
형태로 변경할 수 있다. 이를 다른 형태로 지원해주는 방법이 최근에 추가되었다. 최
근의 브라우저(Firefox 3, Opera 11, Safari 5.x, Chrome 10, Internet Explorer
9 등등)들은 앞서 언급한 메소드를 사용자가 좀 더 쉽게 사용할 수 있도록 해주는
string.trim( ) 메소드를 지원한다. 하지만 주의해야 할 점은 그 이전 버전에서는 지원
되지 않기 때문에 사용할 때 브라우저의 버전을 확인해야 할 필요는 있다.

```
str = str.trim()
```

만약에 지원되지 않는 브라우저에서도 지원되길 원한다면 trim( ) 메소드를 사용하
기 전에 〈HEAD〉 섹션에서 다음의 스크립트를 추가하여 지원해준다.

```
if (!String.prototype.trim) {
  String.prototype.trim = function() {
    return this.replace(/^\s+|\s+$/g,'');
  }
}
```

지금까지 나타낸 여러 가지 동작들이 어렵게만 느껴질 수 있다. 하지만 실제로 사용
해보면 이러한 동작을 수행하기 위한 과정이 그다지 어려운 것만은 아니라는 것을 알
수 있다.

트리밍을 사용하는 방법에 대한 간단한 예를 잠시 살펴보도록 한다.

- 예 1)

```
String.prototype.trim=function(){return this.replace(/^\
s\s*/, '').replace(/\s\s*$/, '');};
```

- 예 2)

```
String.prototype.ltrim=function(){return this.
replace(/^\s+/,'');};
```

- 예 3)

```
String.prototype.rtrim=function(){return this.
replace(/\s+$/,'');};
```

- 예 4)

```
String.prototype.fulltrim=function(){return this.replace(/
(?:(?:^|\n)\s+|\s+(?:$|\n))/g,'').replace(/\s+/g,' ');};
```

요약

이번 Chapter에서는 정규 표현식에 대해서 간단히 살펴보았다. 정규 표현식은 문자 패턴을 기술하고 다루기 위한 객체이다. 문자열은 일련의 문자들이 저장되어 있는 객체이며 정규 표현식을 이용해 문자열 중에서 필요한 부분을 사용자가 원하는 패턴대로 다룰 수 있다. 자바스크립트에서는 정규 표현식으로 RegExp 클래스를 지원하고 있다.

클래스와 모듈

객체지향 프로그래밍(OOP)에서 클래스는 특정 종류의 객체 내에 있는 변수와 메소드를 정의하는 템플릿이다. 클래스는 OOP를 정의하는 개념 중 하나로서, 클래스는 전부 혹은 일부를 그 클래스 특성으로부터 상속받는 서브 클래스를 가질 수 있다. 서브 클래스는 자신만의 메소드와 변수를 정의할 수도 있다. 예를 들어 C#에서는 클래스는 'class' 키워드를 사용하여 선언한다. C#의 클래스는 하나의 기본 클래스에서만 구현을 상속할 수 있고 인터페이스를 두 개 이상 구현할 수 있으며 형식 매개변수가 있는 일반 클래스를 선언할 수도 있다. 클래스에는 생성자, 소멸자, 상수, 필드, 메소드, 속성, 인덱서, 연산자, 이벤트, 대리자, 클래스, 인터페이스, 구조체와 같은 멤버 선언이 포함될 수 있다. 여기서는 다른 언어의 클래스가 아닌 자바스크립트에서의 클래스를 살펴보도록 한다.

10.1 클래스

많은 개발자들이 이미 잘 알고 있는 내용이지만 C#에서의 클래스는 다음 예제와 같이 class 키워드를 사용하여 선언한다.

```
class TestClass
{
    .................
}
```

다음의 클래스 예제에서는 클래스의 필드, 생성자 및 메소드 선언을 보여주며 개체를 인스턴스화하는 것과 인스턴스 데이터를 출력하는 것을 포함한다. 이 예제에서는 두 개의 클래스를 선언하며, 첫 번째 클래스인 Kid 클래스에는 두 개의 private 필드(name 및 age)와 두 개의 public 메소드가 있다. 두 번째 클래스인 MainClass는 Main 메소드를 포함하고 있다.

```csharp
// class 예제
using System;
class Kid
{
    private int age;
    private string name;

    // 기본 생성자
    public Kid()
    {
        name = "N/A";
    }

    // 생성자
    public Kid(string name, int age)
    {
        this.name = name;
        this.age = age;
    }

    // 프린팅 메소드
    public void PrintKid()
    {
        Console.WriteLine("{0}, {1} years old.", name, age);
    }
}

class MainClass
{
    static void Main()
    {
        // 객체 생성, 객체들은 새로운 오퍼레이터를 통해서 생성
        Kid kid1 = new Kid("Craig", 11);
        Kid kid2 = new Kid("Sally", 10);

        // 기본 생성자를 사용하여 객체 생성
        Kid kid3 = new Kid();

        // 화면에 결과 표시
        Console.Write("Kid #1: ");
```

```
    kid1.PrintKid();
    Console.Write("Kid #2: ");
    kid2.PrintKid();
    Console.Write("Kid #3: ");
    kid3.PrintKid();
  }
}
```

▲ C#에서 클래스 선언

하지만 자바스크립트에서는 클래스가 없다. 클래스와 가장 비슷한 효과를 얻는 방법은 다음과 같이 생성자 함수를 정의하는 방법이다. 생성자 함수를 통해서 실제 클래스가 아닌 가상의 모조 클래스(Pseudo Class)를 만든다.

```
function testConstructor(name) {
  this.name = name;
  this.respondTo = function(name) {
    if(this.name == name) {
      alert("Test done");
    }
  };
}


var tpTest = new testConstructor("test1");
tpTest.respondTo("test1");
```

▲ 자바스크립트의 생성자 함수 정의

객체를 생성하기 위해서 new 연산자를 사용할 수 있다. 연산자명을 통해서도 알 수 있듯이 new 연산자를 통해서 새로운 생성 동작이 이루어질 수 있다. 다만 new 연산자 뒤에는 항상 함수 호출이 뒤따라야 한다.

```
var spot = new testConstructor("test1");
```

new 연산자가 동작하면 가장 먼저 비어있는 새 객체를 만든다. 이러한 동작 이후에 만들어진 새 객체를 함수 내의 this 값으로 설정하고 관련된 함수를 호출한다. 여기서 이번 기회를 통해서 이러한 시퀀스를 만족하는 동작을 다른 코드로 재구성 해보도록 하자.

```
// 비어있는 객체를 생성, 해당 객체의 메소드로서 함수를 호출
var test1 = {};
testConstructor.call(test1, "Test1");
```

생성자를 통해서 클래스를 제공하는 간단한 예를 살펴보자. 자바스크립트에서는 this가 가리키는 객체를 대상으로 몇 가지 프로퍼티 추가 기능을 수행할 수 있다.

```
var Cat = new Class({
  initialize: function(name){
    this.name = name;
  }
});


var myCat = new Cat('Mimi');
alert(myCat.name);


var Cow = new Class({
  initialize: function(){
    alert('Cow_initialized');
  }
});
```

자바스크립트에서 정의되는 class는 모두 프로토타입(Prototype)이라는 프로퍼티를 가진다. 객체에 존재하지 않는 메소드나 클래스 필드를 호출하면 프로토타입 프로퍼티에서 메소드나 클래스 필드를 찾는 동작을 수행한다. 만약에 이렇게 찾는 과정 중 프로토타입에서 찾지 못하면 하위의 프로토타입 프로퍼티까지 계속해서 탐색한다. 만약에 최종적으로 찾지 못한다면 어떻게 될까? 결국은 "undefined"(클래스 필드인 경우), " "(메소드인 경우)를 출력하고 종료하게 되는 순서를 가지고 동작한다.

자바스크립트에서 효과적으로 클래스를 정의하기 위한 방법을 다음에서 보여주고 있다. 메소드 정의부를 클래스 형태로 정의하고 변경하는 동작을 수행한다.

```
[클래스 정의 대상]
function worker(name, age)
{
  var strName = name;
  var intRank = rank;
  Student.prototype.getName() { return this.strName; }
  Student.prototype.setName(name) { this.strName = name; }
  Student.prototype.getRank() { return this.setRank; }
  Student.prototype.setRank(rank) { this.intRank = rank; }
}
```

```
[재정의를 위한 표준 타입]
fucntion class_name ( parameter, ... )
```

```
{
    class_name.prototype.method_name ( parameter, ... ) { ... };
    .....
}
```

위의 클래스 정의 방법으로는 사용자 데이터에 대한 정보 은닉에 대한 약점을 가지고 있다. 정보 은닉이라는 측면에서 약점을 가지게 된다는 것은 보안이라는 현대의 가장 핫한 이슈를 해결하기 어렵다는 것을 보여주기 때문에 다양한 고려가 필요하다. 많은 소비자를 대상으로 많은 서비스를 다양하게 제공하고자 할 때 중요시 되고 가장 우선 순위의 고려 대상이 될 수 있다.

앞서 예로 들은 예제에서는 'worker.name'을 통해서 프로퍼티에 접근이 가능하다. 그렇기 때문에 보안이라는 주요 필수 특성에 대해서는 완벽한 만족을 제공할 수 없음을 보여준다. 특히 프로퍼티를 대상으로 자유롭게 액세스되는 것은 객체지향 프로그래밍에서 내부 데이터에 대한 외부 공격을 막아내기가 힘들기 때문에 이러한 단점을 방어하기 위한 방법을 도입해야 한다. 그래서 보안을 고려한 프로퍼티 접근 방법을 적용하기 위해서 다음과 같은 변경을 고려하도록 한다.

```
function testGet () {
  var officers = [new Officer(....), new Officer(....),
     new Officer(...)];
  this.prototype.getTotalWeights() {
    var totalWeight = 0;
    for( i = 0 ; i < officers.length ; i++) {
      totlaWeight += officers[i].getWeight();
    }
    return totalWeight;
  }
}
```

10.2 생성자와 프로토타입

생성자는 객체를 활성화하며 객체의 속성들을 초기화하면서 객체 생성에 대한 책임을 진다. 앞에서 클래스를 설명하면서 생성자와 관련된 내용을 많이 제공하였다. 생성자를 사용한 클래스의 생성 방법을 상기하기 위해서 심플한 예를 나타내었다. 객체를 생성하기 위한 방법으로 new 연산자를 사용하며 사용 시점에 객체 생성자를 호출한다.

```
new Object();

var array = new Array(10);
var today = new Date();
```

이미 여러 번 설명이 이루어졌듯이 new 연산자 뒤에는 항상 함수 호출이 따라와야 한다. new 연산자는 아무 프로퍼티도 없는 새 객체 하나를 생성한다. 생성 동작이 수행된 이후에는 new 연산자 뒤에 있는 함수의 호출이 가능하다. 이러한 동작이 이루어지고 난 이후에는 this 키워드가 새로 생성된 객체를 가리킨다. 이런 식으로 new 연산자와 함께 사용되는 함수를 생성자 함수라고 한다. 생성자 함수에는 일반적인 반환 값이 없다.

자바스크립트에서 사용하는 함수 선언 방식으로는 정적 메소드 방식으로 선언하고 해당 함수 객체에 프로퍼티를 추가하는 방법이 있으며 두 번째로는 생성자 함수 프로토타입을 사용하여 선언하는 방식이 있다. 자바스크립트에서 new를 사용하여 생성된 객체 인스턴스에 대해서는 사용하고자 하는 목적에 맞게 액세스를 유효하게 할 수 있다는 장점이 있다.

```
// 생성자 함수
function MyClass () {
  var privateVariable; // private 멤버 선언
  this.privilegedMethod = function () {
      // 'private' 멤버에 대한 액세스 가능
  };
}

// 정적 메소드 선언 ('MyClass' 객체 인스턴스와는 연관성 없음)
MyClass.staticMethod = function () {};

MyClass.prototype.publicMethod = function () {
    // this 키워드를 통해서 객체 인스턴스에 대한 참조 가능
    // 여기서 privileged와 public 멤버에 대한 액세스 가능
};

var myObj = new MyClass(); // 새로운 객체 인스턴스

myObj.publicMethod();
MyClass.staticMethod();
```

위키피디아에서 자바스크립트의 프로토타입 기반 프로그래밍과 관련해서 설명해 놓은 바에 의하면 클래스 기반 언어에서 객체는 일반적으로 두 가지 형태가 있는데, 클래스(class)와 인스턴스(instance)이다. 클래스는 객체의 기본적인 만듦새와 기능을 정의한다. 인스턴스는 "사용할 수 있는" 객체로 특정 클래스의 양식을 기반으로 한다.

클래스는 동작 방식인 메소드의 모임으로 동작하고 모든 인스턴스의 구조는 동일하며 인스턴스는 객체의 자료를 가지고 있다. 프로토타입 기반 프로그래밍은 객체지향 프로그래밍의 한 형태로서 자리잡고 있다. 또한, 일종의 갈래로서 클래스가 없고 클래스 기반 언어에서 상속을 사용하는 것과는 다르게 객체를 원형(프로토타입)으로 하여 복제라는 과정을 통하여 객체의 동작 방식을 다시 사용할 수 있다.

프로토타입 기반 프로그래밍은 클래스리스(class-less), 프로토타입 지향 (prototype-oriented) 혹은 인스턴스 기반(instance-based) 프로그래밍이라고도 한다. 자바스크립트에서는 프로토타입 기반의 상속을 통해 객체지향을 구현한다.

프로토타입 개체는 자바스크립트의 객체지향 프로그램에서 핵심적인 개념이다. 프로토타입이라는 이름은 자바스크립트에서 프로토타입 개체의 복사본에서 개체를 만들기 때문이며 프로토타입 개체의 모든 속성 및 메소드는 이 프로토타입의 생성자로 만드는 모든 개체의 속성 및 메소드로 나타난다. 여기서 만들어진 개체가 해당 프로토타입에서 속성 및 메소드를 상속받을 수 있다. 자바스크립트의 모든 함수에서는 프로토타입 개체 참조를 위한 prototype 속성과 함수 자체 참조를 위한 constructor 속성을 지원한다.

여기서 잠시 함수와 메소드 차이점을 비교해 보는 시간을 가지도록 하자. 대부분의 사용자들이 알고 있듯이 함수(Function)는 특정 객체에 속해 있지 않은 Function을 의미한다. 메소드(Method)는 함수와 유사하지만 특정 객체의 프로퍼티에 속해 있으며 객체를 통해 호출이 가능하다는 특징을 가지고 있다.

```javascript
function Rectangle(w, h) {  // 생성자명은 객체명과 동일
  this.width = w;           // this 키워드는 객체 프로퍼티 참조
  this.height = h;          // 프로퍼티들은 생성자 인수를 통해 초기화
  this.area = function() { return this.width * this.height };
}

var surface = new Rectangle(15, 10);
surface.area();
```

프로토타입 기반 프로그래밍을 통해서 위와 같이 생성자 함수 Rectangle을 정의하

고 사용하는 것이 가능하다. 단 width와 height는 객체가 생성될 때마다 변경된다. 하지만 area( ) 메소드는 Rectangle의 모든 인스턴스에서 동일하다. 하지만 위와 같이 구현할 경우 여러 단점과 비효율이라는 사용자가 미쳐 놓칠 수 있는 일부 필수 고려 대상들이 생길 수 있다. 이러한 단점을 해결하기 위한 노력으로서 자바스크립트의 모든 객체가 가지고 있는 프로토타입 프로퍼티를 사용하도록 하는 방법을 도입할 수 있다.

자바스크립트에서 프로토타입을 이용하여 객체를 만들기 위해서는 사용자들은 다음과 같은 단계를 거쳐서 진행할 수 있다.

① 생성자 함수를 만든다.

```
function yourBody(weight) {
    this.weight = weight;
}
```

② 생성자 함수에 프로토타입으로 사용할 객체를 지정한다.

```
yourBody.prototype = {
    exercise: function() {
        console.log("exercise in gym");
    }
}
yourBody.prototype.constructor = yourBody;
```

③ 생성자 함수를 new 연산자로 호출하여 인스턴스를 생성한다.

```
var yourBodyInstance = new yourBody(3);
```

자바스크립트의 모든 객체는 다른 객체(프로토타입)를 내부적으로 참조할 수 있으며 이러한 기능 지원을 통해서 객체는 프로토타입의 프로퍼티들을 자신의 프로퍼티 내에서 사용할 수 있다. 자바스크립트 프로토타입이란 객체 생성 시의 원형에 대한 객체를 의미한다. 클래스를 기반으로 하는 언어에서 생성된 객체는 클래스 타입을 그대로 가지기 때문에 객체는 객체로만 존재하지 다른 객체 생성을 위한 클래스로의 사용은 안 된다.

```
function Rectangle(w, h){
   this.width = w;
   this.height = h;
}

Rectangle.prototype.area = function() {
     return this.width * this.height }
```

```
var r = new Rectangle(5, 4);
r.area();
```

프로토타입의 프로퍼티는 읽을 수만 있고 변경할 수는 없다. 그러므로 프로토타입 자체를 바꾸고자 한다면 인스턴스 객체에서 수행하면 안 된다. 그 대신 프로토타입 객체에서 변경하도록 하는 동작을 수행해야 한다. 또한 프로토타입을 이용하여 상속해야 하는 경우가 발생한다면 인스턴스 생성 후에 사용해야 하는 객체의 생성자 함수에 프로토타입으로 지정하도록 한다(프로토타입의 인자 없이 인스턴스를 생성하고 프로토타입으로 사용 가능하다).

```
function yourCompany() {
  ......
}

yourCompany.prototype = new companyName();

function myCompany() {
  ......
}

myCompany.prototype = new companyName();
```

생성자 함수의 인스턴스를 생성하기 위해서는 다음과 같은 방법을 사용하도록 한다.

```
var nextmobiletech = new yourCompany();
var gmobiletech = new myCompany();
```

객체는 함수로부터 생성되고 함수는 객체를 프로토타입 형태로 보관한다. 함수로부터 생성된 객체에는 자신을 생성한 생성자를 가리키는 constructor 프로퍼티가 존재한다. 다음의 코드를 통해서 생성자 확인을 어떻게 하는지 살펴보도록 한다.

```
function myCompany() {};
myCompany.prototype = {
  work: function() {
    console.log("Hard Working");
  }
};
myCompany.prototype.constructor = myCompany;

function gmobiletech() {}
```

```javascript
gmobiletech.prototype = new myCompany(); // 프로토타입 객체를 다시 할당
gmobiletech.prototype.constructor = gmobiletech;
// 생성자 함수를 다시 일치시킴.

var oneGmobiletech = new gmobiletech();
console.log(oneGmobiletech.constructor == gmobiletech);
// 결과는 true
```

▲ 생성자 확인 예제

10.3 덕 타이핑

자바스크립트에서 typeof는 객체의 타입을 먼저 확인하기 위해 사용한다. 하지만 배열이나 코어 객체, 객체의 인스턴스에 대해서는 다음과 같이 타입을 구분하기 모호한 면이 있다.

```javascript
typeof ['a', 1, 'b', 2];    // "object"
typeof new Date();          // "object"
typeof new String('abc');   // "object"
typeof new Number(123);     // "object"
typeof new Boolean(true);   // "object"

typeof Math;                // "object"
typeof Array;               // "function"
typeof Number;              // "function"
typeof Object;              // "function"
```

연산자 typeof를 사용할 때의 단점 때문에 프로퍼티와 메소드의 타입을 확인하기 위해서 보다 확실한 구분 방법인 덕 타이핑(Duck Typing)을 활용할 수 있다. 다음은 덕 타이핑의 간단한 예제이다.

```javascript
function isString(arg) {
   return arg.charAt !== undefined;
}


function isArray(arg) {
   return arg.pop !== undefined;
}
```

덕 타이핑은 객체의 변수 및 메소드 집합을 통해서 객체의 타입을 결정하는 것을 말한다. 위키피디아에서 덕 타이핑은 James Whitcomb Riley의 덕 테스트에서 정의한 "When I see a bird that walks like a duck and swims like a duck and quacks like a duck, I call that bird a duck"에서 유래한 것으로 본다.

따라서 덕 타이핑에서는 객체의 타입보다 객체가 사용되는 양상이 더 중요하기 때문에 여기서는 클래스 상속이나 인터페이스 구현으로 타입을 구분하지 않는다. 따라서 덕 타이핑은 객체가 어떤 타입에 대해서 적합한 변수와 메소드를 지니게 되면 객체를 해당 타입에 속한다고 본다. 덕 타이핑에서는 A 메소드나 B 메소드를 호출할 시점에서 객체에 두 메소드가 없다면 런타임 에러가 발생하고, 두 메소드가 제대로 구현되어 있다면 함수는 정상적으로 작동한다. 여기에는 인자로 받은 객체가 A 메소드와 B 메소드를 갖고 있다면 객체를 이미 정의한 타입으로 간주한다.

자바스크립트에서 덕 타이핑 방법을 사용하면 클래스, 인터페이스를 사용한 선언적 타입의 정의가 가능하다. 이를 통해서 객체지향 특징인 다형성을 통해서 전달 받은 객체에 대한 판별이 가능해진다. 덕 타이핑은 인자가 어떤 형인지 상관없이 그 동작(Behavior)을 할 수 있는지를 확인하여 객체를 판단하는 방법이다. 다음은 덕 타이핑의 간단한 예제이다.

```javascript
var Duck = function(){
  this.quack = function(){alert('Quaaaaaack!');};
  this.feathers = function(){alert('The duck has white and gray
      feathers.');};
  return this;
};

var Person = function(){
  this.quack = function(){alert('The person imitates a duck.');};
  this.feathers = function(){alert('The person takes a feather
      from the ground and shows it.');};
  this.name = function(){alert('John Smith');};
  return this;
};

var in_the_forest = function(duck){
  duck.quack();
  duck.feathers();
};

var game = function(){
  var donald = new Duck();
```

```
    var john = new Person();
    in_the_forest(donald);
    in_the_forest(john);
};


game();
```
▲ 덕 타이핑 예(출처 : 위키피디아)

타입을 찾기 위한 더 좋은 방법으로는 객체의 성질을 나타내주는, 문자열을 반환해 주는 toString( ) 메소드를 사용할 수 있다.

```
Object.prototype.toString('abc');
```

연산자 instanceof 및 typeof와 다른 점은 타겟 변수가 리터럴 또는 코어 객체의 인스턴스로 할당되던지 간에 상관없이 일관적으로 동일하게 동작한다는 점이다.

```
Object.prototype.toString(123);
Object.prototype.toString(new Number(123));

new Number(123) instanceof Number; // true
123 instanceof Number;             // false
```

또한 연산자 typeof와 비교하여 다른 점으로는 Math 객체와 Date에 대한 구분이 가능하다는 점이다.

```
Object.prototype.toString(Math);
Object.prototype.toString(new Date());
```

Object.prototype.toString( )을 사용하면 덕 타이핑을 넘어서는 장점을 가질 수 있는데 이는 변수의 타입을 체크할 때 하나의 단순한 함수로도 가능하다.

```
function isType(arg, type) {
  type = type.charAt(0).toUpperCase() + type.substr(1);
  return Object.prototype.toString.call(arg) ==
      '[object ' + type + ']';
}
```

10.4 슈퍼 클래스와 서브 클래스

자바나 C++와 같은 언어는 계층적 클래스에 대한 개념을 명확하게 제시하고 있다. 각 클래스는 프로퍼티나 메소드를 상속받을 수 있는 슈퍼 클래스를 가진다. 그리고 어떤 클래스는 확장될 수 있고 부모 클래스의 동작을 상속받는 서브 클래스를 가질 수도 있다. 이미 이야기한 바와 같이 자바스크립트에서는 클래스 기반이기보다는 프로토타입 기반의 상속을 지원한다.

다음의 예를 통해서 함수를 사용한 상속 동작을 살펴보는 기회를 가지도록 한다.

```javascript
function superClass() {
  this.supertest = superTest;        // superTest() 메소드 등록
}

function subClass() {
  this.inheritFrom = superClass;
  this.inheritFrom();
  this.subtest = subTest;            // subTest() 메소드 등록
}

function superTest() {
  return "superTest";
}

function subTest() {
  return "subTest";
}

var newClass = new subClass();
alert(newClass.subtest());           // subTest 수행
alert(newClass.supertest());         // superTest 수행
```

▲ 함수를 이용한 상속 방식

다음은 서브 클래스를 정의하는 법을 알아보자. 일반적으로는 슈퍼 클래스에서의 메소드 상속을 위해서 프로토타입 체인을 사용한다. 서브 클래스에서 정의된 메소드들은 슈퍼 클래스에서 정의된 것을 일부 이어받은 것일 수 있다.

```javascript
function A()                         // 슈퍼 클래스 정의
{ this.x = 1;}

A.prototype.DoIt = function()        // 메소드 정의
```

```
{ this.x += 1; }

B.prototype = new A;                    // 서브 클래스 정의
B.prototype.constructor = B;

function B()
{ A.call(this);                         // 슈퍼 클래스 생성자 호출
this.y = 2; }

B.prototype.DoIt = function()     // 메소드 정의
{ A.prototype.DoIt.call(this);  // 슈퍼 클래스 메소드 호출
this.y += 1; }

b = new B;
document.write((b instanceof A) + ', ' + (b instanceof B) + '<BR/>');
b.DoIt();
document.write(b.x + ', ' + b.y);
```

▲ 서브 클래스 정의 방법

여기서 명심해야 할 점은 서브 클래스를 정의할 때마다 프로토타입 체인을 구성하는 항목별 구성 요소 내부로 추가하기 위해서 슈퍼 클래스의 생성자를 호출해야 한다는 점을 항상 생각해야 한다. 그렇지만 이러한 주요 사항들을 고려하더라도 혹시 이렇게 하다가 문제가 발생할 수 있지 않나 하는 걱정이 생긴다. 사실 개발자라면 누구나 이러한 문제점을 생각하지 않을 수 없다.

각 서브 클래스를 정의할 때 슈퍼 클래스의 생성자를 호출하는 동작을 피하기 위해서 다음과 같이 사용할 수 있다.

```
Function.prototype.DeriveFrom = function(fnSuper)
{
  var prop;

  if (this == fnSuper)
    {
    alert("Error - cannot derive from self");
    return;
    }

  for (prop in fnSuper.prototype)
    {
    if (typeof(fnSuper.prototype[prop]) == "function" &&
```

```
                !this.prototype[prop])
            {
            this.prototype[prop] = fnSuper.prototype[prop];
            }
        }

    this.prototype[fnSuper.StName()] = fnSuper;
}
Function.prototype.StName = function()
{
    var st;

    st = this.toString();
    st = st.substring(st.indexOf(" ")+1, st.indexOf("("));
    if (st.charAt(0) == "(")
        st = "function ...";

    return st;
}
Function.prototype.Override = function(fnSuper, stMethod)
{
    this.prototype[fnSuper.StName() + "_" + stMethod] =
            fnSuper.prototype[stMethod];
}
```

▲ 서브 클래스 정의 방법(슈퍼 클래스 생성자 비호출)

여기서의 차이점은 다음과 같이 superclass 인스턴스를 생성한 것이다. subclass
는 변수이며 superclass에게서 상속받기 때문에 다시 서브 클래스를 만들지 않는다.

```
var subclass = new superclass();
```

그렇지만 subclass가 함수일 경우에는 가능하다. new 연산자를 사용하여 빌트인
객체의 인스턴스와 사용자 정의 타입(함수)을 생성할 수 있다.

```
function superclass() {this.stuff="stuff";}
function() subclass() {}
subclass.prototype = new superclass();
alert(new subclass().this);
```

다음은 상속과 서브 클래스와 관련된 간단한 예제이다. 함수의 프로토타입
을 사용하여 상속을 구현하였으며 슈퍼 클래스 함수의 인스턴스를 생성하고 프

로토타입에 할당하였다(출처 : http://ejohn.org/blog/simple-javascript-inheritance/#postcomment).

```javascript
/* 자바스크립트 상속 예제
 * (By John Resig http://ejohn.org/)
 * MIT Licensed.
 */

(function(){
 var initializing = false, fnTest = /xyz/.test(function(){xyz;})
     ? /\b_super\b/ : /.*/;
 // 기본 클래스
 this.Class = function(){};

 // 새로운 클래스 생성 - 확장
 Class.extend = function(prop) {
  var _super = this.prototype;

  // 기본 클래스 초기화 수행
  initializing = true;
  var prototype = new this();
  initializing = false;

  // 새로운 프로토타입을 대상으로 프로퍼티들을 복사
  for (var name in prop) {
   // 이미 존재하는 기존 함수에 덮어썼는지를 확인
   prototype[name] = typeof prop[name] == "function" &&
    typeof _super[name] == "function" && fnTest.test(prop[name]) ?
    (function(name, fn){
     return function() {
      var tmp = this._super;

      // 새로운 _super() 메소드 추가
      // 슈퍼 클래스
      this._super = _super[name];

      // 이 메소드는 일시적으로만 필요하기 때문에
      // 실제 수행 시에는 제거하도록 함
      var ret = fn.apply(this, arguments);
      this._super = tmp;

      return ret;
     };
    })(name, prop[name]) :
    prop[name];
```

```
    }

    // 더미 클래스 생성자
    function Class() {
      // 모든 생성은 init 메소드에서 실제로 수행
      if ( !initializing && this.init )
        this.init.apply(this, arguments);
    }

    // 생성된 프로토타입 객체 수행
    Class.prototype = prototype;

    // 생성자가 의도하는 것을 수행하도록 함
    Class.prototype.constructor = Class;

    // 클래스가 확장 가능하도록 준비
    Class.extend = arguments.callee;

    return Class;
  };
})();
```

▲ 상속과 서브 클래스

요약

이번 Chapter에서는 자바스크립트에서 지원하는 클래스란 무엇인지와 어떻게 클래스를 생성하는 지에 대해 알아보았다. 자바나 C++와 같은 언어는 계층적 클래스에 대한 개념을 명확하게 제시하고 있다. 자바스크립트의 슈퍼 클래스와 서브 클래스에 대해서도 살펴보았으며 각 클래스는 프로 퍼티나 메소드를 상속받을 수 있는 슈퍼 클래스를 가진다. 그리고 어떤 클래스는 확장될 수 있고 부모 클래스의 동작을 상속받는 서브 클래스를 가질 수도 있다. 지금까지 자바스크립트의 기본적 인 내용을 살펴보았다면 이후부터는 자바스크립트를 가지고 어떻게 활용할 것인가를 살펴보는 시 간을 가지도록 한다.

Part II.
다양하게 사용하는 자바스크립트

Chapter 11

웹 브라우저와 자바스크립트

웹 브라우저에서 사용되는 자바스크립트는 서버와 클라이언트 구조 중 클라이언트 사이드의 자바스크립트를 의미한다. 이번 Chapter에서는 웹 브라우저 상에서의 자바스크립트 수행을 위한 웹 브라우저 환경을 우선적으로 살펴보고 웹 브라우저 내에서 자바스크립트와 결합되어 서비스를 제공하기 위해서 사용되는 HTML5의 기본적인 내용을 살펴보도록 한다. 그리고 웹 브라우저가 기본적으로 내장하고 있는 스크립트, HTML이 이벤트 처리를 어떻게 하는지 HTML 입력 양식 및 스타일 시트를 살펴보며 XMLHttpRequest와 〈script〉 태그 사용 방법 및 HTML의 자유로운 사용을 위한 CANVAS 태그를 보도록 한다.

11.1 웹 브라우저 환경

자바스크립트가 웹 브라우저 내에 포함되면 브라우저가 제공하는 다양한 기능을 스크립트를 통해서 실행할 수 있다. 자바스크립트와 웹 브라우저가 시너지 효과를 내기 때문에 이러한 결합을 통해서 동적인 효과를 얻을 수 있고 사용자는 많은 이득을 얻어 갈 수 있다.

현재 사용자가 손쉽게 접할 수 있는 브라우저 종류는 다음 표에서 나타내는 바와 같이 매우 다양하다. 자바스크립트는 다양한 웹 브라우저에 모두 결합이 가능하다. 다음 표를 통해서 자바스크립트가 어떠한 웹 브라우저에 내장되는지를 간단히 살펴보도록 한다.

표) 다양한 웹 브라우저에서 자바스크립트 호환성

버전	릴리즈 날짜	호환성	모질라 파이어폭스	익스플로러	오페라	사파리	구글 크롬
1.0	1996. 03	–	–	3.0	–	–	–
1.1	1996. 08	–	–	–	–	–	–
1.2	1997. 06	–	–	–	–	–	–
1.3	1998. 10	ECMA–262 1st + 2nd edition	–	4.0	–	–	–
1.4	–	–	–	–	–	–	–
1.5	2000. 11	ECMA–262 3rd edition	1.0	5.5 (JScript 5.5), 6 (JScript5.6), 7 (JScript5.7), 8 (JScript5.8)	7.0	3.0–5	1.0–10.0.666
1.6	2005. 11	1.5 + array extras + array and string generics + E4X	1.5	–	–	–	–
1.7	2006. 10	1.6 + Pythonic generators + iterators + let	2.0	–	–	–	–
1.8	2008. 06	1.7 + generator expressions + expression closures	3.0	–	11.50	–	–
1.8.1	–	1.8 + native JSON support + minor updates	3.5	–	–	–	–
1.8.2	2009. 06. 22	1.8.1 + minor updates	3.6	–	–	–	–
1.8.5	2010. 07. 27	1.8.2 + ECMAScript 5 compliance	4	9	11.60	–	–

웹 브라우저에서 자바스크립트는 HTML과 같이 결합되어 사용된다. HTML만으로 발휘하기 어려운 다양한 동작들을 가능할 수 있도록 해준다. 다음의 예에서는 자바스크립트를 통해서 'Hello World!'를 웹 브라우저에 표시한다. HTML과 같이 사용될 때 자바스크립트는 <script type="text/javascript">와 </script>로 둘러싸여져 보여준다.

```
<!DOCTYPE HTML PUBLIC "-//W3C//DTD HTML 4.01//EN"
"http://www.w3.org/TR/html4/strict.dtd">
<html>
<head><title>샘플 페이지</title></head>
<body>
  <h1 id="header">JavaScript1</h1>
  <script type="text/javascript">
    document.body.appendChild(document.createTextNode(
        'Hello World!'));
    var h1 = document.getElementById("header");
    h1 = document.getElementsByTagName("h1")[0];
</script>
  <noscript>이 브라우저는 자바스크립트를 지원하지 않거나 자바스크립트 기능이 비활성화되어
      있습니다.</noscript>
</body>
</html>
```

▲ HTML과 자바스크립트 코드의 활용 예

11.2 웹과 HTML5

웹 브라우저에 자바스크립트가 내장됨으로서 많은 효과를 얻을 수 있다는 것을 앞에서 알게 되었다. 웹 브라우저를 구성하는 주요 요소로는 브라우저 자체도 있지만 그 브라우저에서 동작하는 HTML도 또한 중요한 위치를 가진다. 이번에는 자바스크립트와 결합되는 HTML5에 대해서 살펴보도록 한다.

HTML5는 웹 문서를 만들기 위한 'HTML(Hyper Text Markup Language)'의 최신 규격으로서 HTML의 차기 주요 제안 버전이며 월드 와이드 웹의 핵심 마크업 언어이다. HTML5는 아직 확정이 완료되지 않았으며 웹 표준화 기구 월드 와이드 웹 컨소시움(W3C)은 HTML5 초안에 대한 수정안 최종 요청(Last Call) 작업을 마무리하고 최종안 확정 시한을 2014년으로 잡고 있다. HTML5는 시맨틱한 구조를 가진 문서이며 멀티미디어 표준화 및 지원, 그래픽 지원 기능 향상, 로컬 저장 방법 제공, 위치 관련 기능 지원, 백그라운드 프로세서 지원 기능 추가, 드래그 앤 드롭, 오프라인 애플리케이션 캐시, 웹 스토리지 지원으로 인하여 기존의 HTML4보다 훨씬 향상되고 편리한 기능을 제공한다.

HTML5는 W3C에서 표준안이 확정되지 않았지만 새롭게 떠오르고 있는 HTML5

와 CSS3를 활용하여 개발된 웹 애플리케이션을 통해서 공공기관의 정보를 제공할 수 있는데, 이때 많은 요청에 의한 시스템의 처리 속도 및 부하를 고려해야 한다.

HTML5는 HTML 4.01, XHTML 1.0, DOM Level 2 HTML에 대한 차기 표준 제안이며 어도비 플래시나 마이크로소프트의 실버라이트, 썬의 자바 FX와 같은 플러그인 기반의 인터넷 애플리케이션에 대한 필요를 줄이는 데 목적을 두고 있다. HTML5는 액티브X(Active X)를 설치하지 않아도 동일한 기능을 구현할 수 있고 특히 플래시(Flash)나 실버라이트(Silverlight), 자바 FX(JAVA FX) 없이도 웹 브라우저에서 화려한 그래픽 효과를 낼 수 있기 때문에 점차 확장되고 있는 추세이다. 또한 애플 iOS와 구글 안드로이드의 웹 브라우저에서도 지원되면서 최근에 관심이 높아졌다. 더군다나 웹이 하나의 플랫폼으로도 인식되면서 중요도를 더하고 있다.

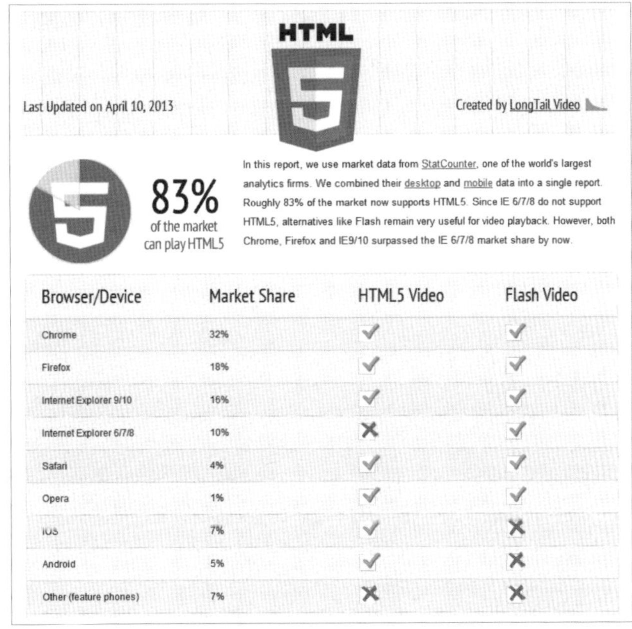

▲ HTML5 현재 시장 추세(출처 : http://www.longtailvideo.com/html5/)

HTML5와 자바스크립트 기술은 차세대 윈도우용 애플리케이션 기술로 들어가며 'MS Office 15 (2013)' 버전에 얹을 부가 프로그램을 만드는 데도 사용되고 있다. MS는 HTML5와 자바스크립트에 초점을 맞추고 MS Office 15(2013) 버전을 위한 개발 도구를 만드는 것이다.

어도비의 경우에는 플래시가 아닌 HTML, CSS, 자바스크립트 기술로 웹 애니메이션을 제작하는 프로그램을 내놓았다. 웹 디자이너들을 위한 HTML5 기반 양방향 웹 애니메이션 디자인 툴 '어도비 에지(Edge)'를 공개 시험판으로 공개하여 HTML과 같은 웹 표준 기술로 웹 상의 애니메이션에 필요한 움직임과 전환 효과를 쉽게 구현할 수 있도록 도와주는 기술을 제공한다.

HTML5에 비디오 코덱 관련 기술이 포함되지 않아서 각 브라우저 개발사들은 이를 위한 노력이 필요한 상태이고 개발자들이 사용할 수 있는 만족할만한 오픈소스 코덱을 찾는데 실패했기 때문에 각 브라우저 개발 업체들이 자사가 사용할 코덱을 선택하도록 선택권을 넘겼다. 그 대신 브라우저 개발 업체들이 HTML5에서 사용할 수 있는 표준 API가 제공되었는데 HTML5는 웹 소켓, 개발 툴의 지원은 부족한 편이다.

‖‖‖‖‖ HTML5 기술 특징

HTML5에서 도입된 가장 중요한 것이 HTML 문서가 시맨틱한 구조를 가진다는 점이다. HTML 문서는 정보 구조를 작성하기 위해서 마크업 언어로 작성된 문서이며 목적을 달성하기 위해서 기존 버전의 HTML 구조에서 XML의 구조적인 측면을 더 도입하고 거기서 다시 한 발자국 더 나아간 것이 HTML5임을 기억하도록 한다. HTML5는 페이지 문서를 논리적인 구조로 만들겠다는 마크업 언어의 목표를 달성하였다는 점에서 의미가 있다. HTML5에서는 header, navigation, sidebar 및 footer를 마크업 형식으로 표현하기 위한 특별한 태그들이 제공된다.

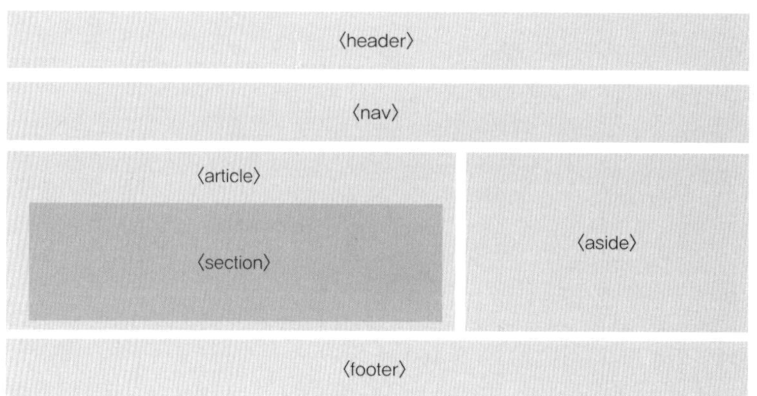

▲ HTML5 문서 구조

HTML5에서는 웹 브라우저가 표준 모드로 문서를 렌더링할 수 있도록 문서 처음에 DOCTYPE을 지정해야 하고 기존의 HTML DOCTYPE는 SGML 기반이었기 때문에 DTD를 명시할 필요가 있다. 하지만 HTML5에서 DOCTYPE은 브라우저가 표준 모드로 작동되는 역할만 하면 되기 때문에 이러한 작업이 매우 간략화되었다. HTML5는 멀티미디어 표준화 및 지원, 그래픽 지원 기능 향상, 로컬 저장 방법 제공,

위치 관련 기능 지원, 백그라운드 프로세서 지원 기능이 추가되어 많은 편리성을 제공해 준다.

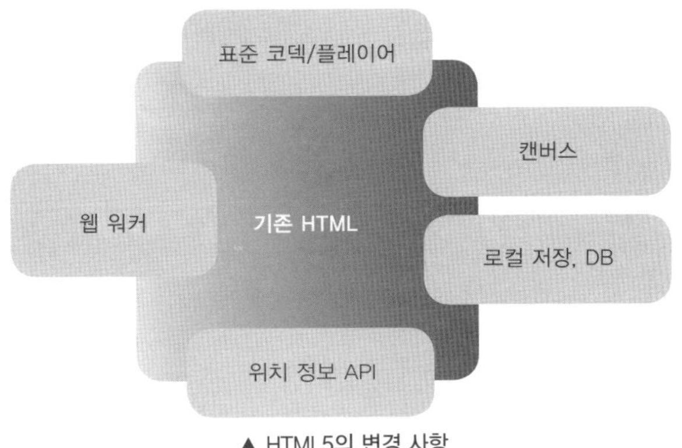

▲ HTML5의 변경 사항

HTML5는 표준 코덱(Codec) 기반의 비디오, 오디오 재생 환경을 내장하고 있다. 기존에는 멀티미디어 재생을 위해서는 외부의 플러그 인(Plug-in)을 설치해서 재생해야만 했으므로 Flash, Shockwave, Media player 등의 다수의 플러그 인이 존재하고 지원해야만 했다. 하지만 HTML5에서는 표준 코덱을 선정해서 브라우저 내에 플레이어를 기본 내장하고 있어서 사용자들이 사용하기 매우 편리해졌다. 또한 그래픽 지원을 위한 캔버스(Canvas)를 제공하므로 그리기 영역과 그리기 API를 제공하고 브라우저에서 다양한 그래픽 구현이 가능하다.

▲ 캔버스 예제 (출처 : http://www.canvasdemos.com/2009/02/26/3d-on-2d-canvas/)

로컬에서의 저장 기능과 DB가 지원되므로 로컬의 저장 기능을 통해서 오프라인에서도 웹 애플리케이션을 사용할 수 있게 되었다.

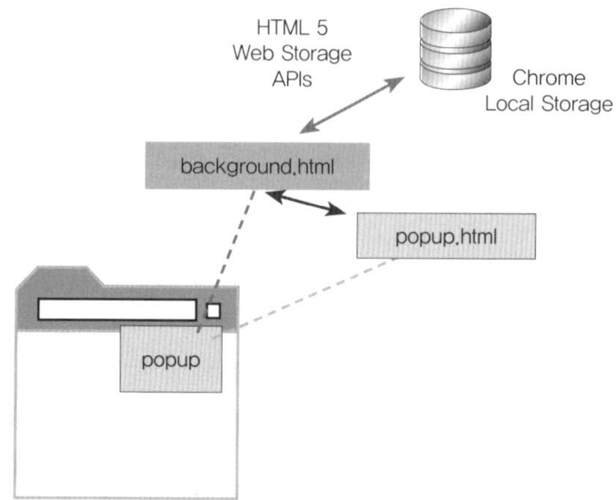

▲ 크롬의 로컬 저장 기능(출처 : http://www.rajdeepd.com)

위치 정보 관련된 API가 제공되므로 GPS, WiFi, 3G에서 제공하는 위치 정보(위도, 경도, 높이, 정확도, 진행 방향/속도)를 브라우저에서 스크립트 API를 통해서 제공받을 수 있다.

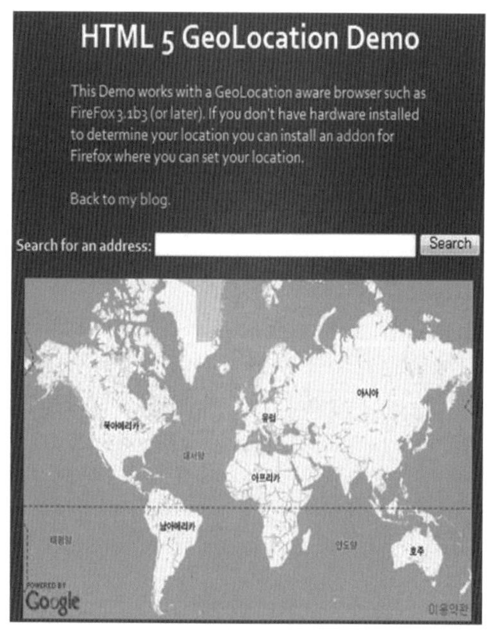

▲ Geolocation API 사용 예제(출처 : http://maxheapsize.com/static/html5geolocationdemo.html)

HTML5에서는 웹 워커(Web Worker)라는 기능을 통해서 백그라운드 프로세스를 지원할 수 있다. HTML4를 보면, 단일 프로세스만 지원되어 순차적으로만 동작할 수밖에 없었지만 HTML5에 오면서 웹 워커라는 기능을 도입하여 멀티프로세스 지원이 가능하게 되었다. 그래서 여러 가지 일을 효율적으로 처리할 수 있기 때문에 시각적으로 반응이 빠르게 이루어질 수 있는 개발이 가능해졌다.

다음 소스 코드에서는 간단한 웹 워커를 나타내고 있다. 이벤트 리스너를 추가하여 해당 이벤트가 발생하였을 때 입력 값의 덧셈 또는 곱셈이 이루어지도록 하였다.

```javascript
/* 간단한 웹 워커 생성 : arithmetic.js */

function addNumbers(x,y) {
   return x + y;
}

function mulNumbers(x,y) {
   return x*y;
}

/*
  워커에 이벤트 리스너 추가
*/
this.onmessage = function (event) {
  var data = event.data;

  switch(data.op) {
    case 'mult':
    postMessage(mulNumbers(data.x, data.y));
    break;
    case 'add':
    postMessage(addNumbers(data.x, data.y));
    break;
    default:
    postMessage("Wrong operation specified");
  }
};
```

▲ 웹 워커 생성 예제(출처 : http://www.codediesel.com/javascript/introducing-html5-web-workers/)

이번 예제는 웹 워커 지원 여부를 확인하는 getWebWorkerSupport( ) 함수의 사용 예부터 웹에서의 멀티태스킹 동작 수행을 위한 새로운 목적을 위한 웹 워커를 만들고 이벤트 리스너를 추가하며 버튼을 눌렀을 때 수행해야 하는 동작들을 나타내고 있다. 이렇게 웹 워커를 사용하면서 스크립트 작업이 오래 걸린다고 해서 페이지를 멈추고 기다리지 않아도 된다. 웹 워커를 사용하여 자바스크립트 코드를 UI 쓰레드와는 별도인 백그라운드에서 수행할 수 있어 웹 페이지의 동작을 방해하지 않고 독립적으로 스크립트를 수행시킬 수 있다.

```html
<!DOCTYPE html>
<body>
  <input type="text" id="x" value="2" />
  <br/>
  <input type="text" id="y" value="3" />
  <br/>
  <input type="text" id="output" />
  <br/>
  <input type="button" id="multButton" value="Multiply" />
  <input type="button" id="addButton" value="Add" />
<script>
    /* 웹 워커가 지원되는지 확인 */
    function getWebWorkerSupport() {
      return (typeof(Worker) !== "undefined") ? true:false;
    }

    if(getWebWorkerSupport() == true)
    {
      var x,y,message;
      /* 새로운 웹 워커 생성 */
      arithmeticWorker = new Worker("arithmetic.js");
       /* 워커에 이벤트 리스너 추가 */
      arithmeticWorker.onmessage = function (event) {
        document.getElementById("output").value = event.data;
      };
      /* 버튼을 위한 이벤트 등록 */
      document.getElementById("multButton").onclick =
          function() {
        /* 값 추출 */
        x = parseFloat(document.getElementById("x").value);
        y = parseFloat(document.getElementById("y").value);
        message = {
          'op' : 'mult',
          'x' : x,
          'y' : y
        };
        arithmeticWorker.postMessage(message);
      }

      document.getElementById("addButton").onclick = function() {
```

```
            /* 수행할 값을 얻는 동작 */
            x = parseFloat(document.getElementById("x").value);
            y = parseFloat(document.getElementById("y").value);
            message = {
                'op' : 'add',
                'x' : x,
                'y' : y
            };
            arithmeticWorker.postMessage(message);
        }
    }
    </script>
</body>
</html>
```

▲ 웹 워커 동작 예제

웹 워커는 HTML 페이지에서 Worker라는 객체를 통해 실행된다. Worker 객체를 생성하기 위해서는 워커의 작업을 정의한 자바스크립트 파일을 Worker 객체 생성 시 전달해야 한다.

- 예) var worker = new Worker("arithmetic.js")

생성 이후의 많은 작업들은 .js 파일에 정의된 스크립트로 수행된다. 양쪽 모두 상대에게 데이터를 송신할 때는 postMessage( ) 메소드를 이용하며 데이터를 수신할 때는 onmessage 이벤트를 통해 전달 받는다.

다음 예제에서는 간단히 웹 브라우저에서 원을 그리면서 이와 동시에 소수(Prime Number)를 구하는 동작을 수행하도록 한다. 소수를 구하는 동작이 백그라운드로 동작하면서 웹 워커로서 동작한다. 이를 위해서는 cruncher.js라는 Worker 객체의 생성이 필요하다.

```
<script src="js/h5utils.js"></script></head>
<body>
    <section id="wrapper">
    <div id="carbonads-container">
        <div class="carbonad">
            <div id="azcarbon">
            </div>
            <script type="text/javascript">
                var z = document.createElement("script");
                z.type = "text/javascript";
                z.async = true;
```

```
            z.src = "http://engine.carbonads.com/z/14060/
                azcarbon_2_1_0_VERT";
            var s = document.getElementsByTagName("script")[0];
                s.parentNode.insertBefore(z, s);
        </script>
      </div>
    </div>
    <header>
      <h1>Worker</h1>
    </header>
    <article>
      <p>Canvas is running whilst an prime number finder runs in a
          worker</p>
      <p>Prime found: <span id="status">0</span></p>
      <div><input type="button" value="start worker" id=
          "toggleWorker" /></div>
    </article>
    <script>
      buildSpinner({ x : 50, y : 50, size : 20, degrees : 30 });
      var w = new Worker('/js/cruncher.js');
      addEvent(document.getElementById('toggleWorker'), 'click',
          function () {
        w.postMessage('');
      });

      w.onmessage = function (event) {
        if (event.data && (event.data+"").match(/^log:/i)) {
          console.log(event.data.match(/^log:\s*(.*)/)[1]);
        } else {
          document.querySelector('#status').innerHTML = event.data;
        }
      }

      function buildSpinner(data) {
        var canvas = document.createElement('canvas');
        canvas.height = 100;
        canvas.width = 300;
        document.querySelector('article').appendChild(canvas);
        var ctx = canvas.getContext("2d"),
        i = 0, degrees = data.degrees, loops = 0, degreesList = [];
        for (i = 0; i < degrees; i++) {
          degreesList.push(i);
        }

        // 리셋
```

```javascript
      i = 0;
      window.canvasTimer = setInterval(draw, 1000/degrees);

      function reset() {
        ctx.clearRect(0,0,100,100);
        var left = degreesList.slice(0, 1);
        var right = degreesList.slice(1, degreesList.length);
        degreesList = right.concat(left);
      }

      function draw() {
        var c, s, e;
        var d = 0;
        if (i == 0) {
          reset();
        }

        ctx.save();
        d = degreesList[i];
        c = Math.floor(255/degrees*i);
        ctx.strokeStyle = 'rgb(' + c + ', ' + c + ', ' + c + ')';
        ctx.lineWidth = data.size;
        ctx.beginPath();
        s = Math.floor(360/degrees*(d));
        e = Math.floor(360/degrees*(d+1)) - 1;

        ctx.arc(data.x, data.y, data.size, (Math.PI/180)*s,
              (Math.PI/180)*e, false);
        ctx.stroke();
        ctx.restore();

        i++;
        if (i >= degrees) {
          i = 0;
        }
      }
    }
  </script>
</body>
```

▲ 웹 워커를 사용한 브라우저에서 다중 동작 수행 예제

다음 그림은 크롬 브라우저에서 실행한 결과이다.

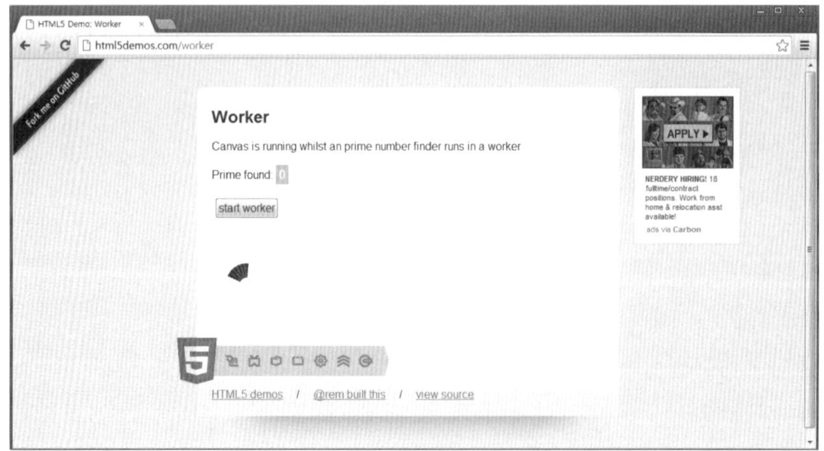

▲ 웹 워커 예제 실행 결과

    HTML5는 오프라인 애플리케이션 캐시, 웹 스토리지의 제공으로 인하여 기존의 HTML4보다 훨씬 향상되고 편리한 기능을 제공하며 드래그 앤 드롭을 위한 전용 API가 제공된다. 또한 HTML5는 오프라인 애플리케이션 캐시를 제공하기 때문에 사용자들의 유무선 디바이스가 비록 인터넷에 접속할 수 없어도 문제없이 동작될 수 있는 웹 기반의 애플리케이션을 제공하며 스크립팅으로 효율적으로 데이터를 제어하기 위한 웹 스토리지 기능도 제공한다.

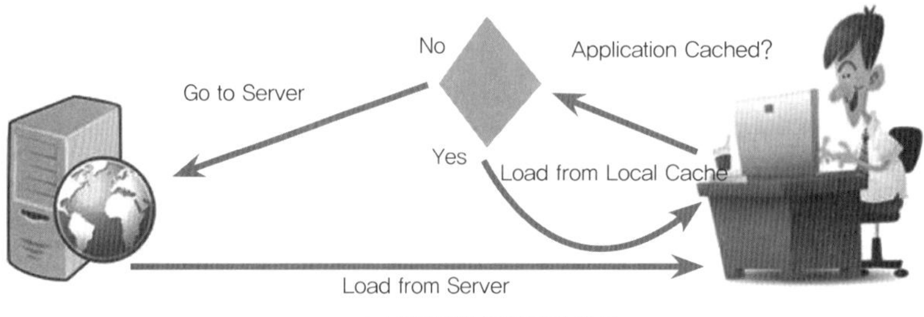

▲ HTML5와 오프라인 캐시

    오프라인 캐시를 사용하여 오프라인에서도 브라우징을 할 수 있으며 서버의 로드(Load)를 감소시킬 수 있으며 브라우징을 더 빠르게 할 수 있다. 애플리케이션 캐시를 사용하여 개발자가 오프라인에서도 브라우징이 가능하기 위해서는 캐싱될 파일들을 지정할 수 있다. 이러한 동작을 수행하기 위해서는 매니페스트 파일(Manifest File)을 사용해야 한다. 다음의 예제에서는 HTML 태그 내에서 매니페스트 어트리뷰트를 포함하고 있다.

```
<html manifest="html5demo.appcache">
   ...
   ...
</html>
```

캐시 매니페스트(Cache Manifest) 파일에서는 오프라인에서도 온라인 상에서와 마찬가지로 동작시키기 위해서 필요한 파일들을 지정한다. 이때 파일의 URL과 파일명을 같이 기입하도록 한다. 다음과 같은 캐시 매니페스트 파일을 보면 그 내부에는 크게 2개로 구분됨을 알 수 있다. 첫 번째는 'CACHE:'로 시작되는 영역이고, 'NETWORK:'으로 시작되는 영역이다. 전자는 오프라인에서도 사용할 수 있는 캐싱된 파일들이며 후자는 온라인에서만 사용할 수 있는 파일들이다.

```
CACHE MANIFEST
# 10-27-2012

CACHE:
/kunal-chowdhury/html5demo/src/jquery-min.js
/kunal-chowdhury/html5demo/src/navigation.js
/kunal-chowdhury/html5demo/src/style.css
/kunal-chowdhury/html5demo/src/background.png
/kunal-chowdhury/html5demo/src/social-network.png

NETWORK:
# CACHE 외의 다른 파일 지정
/kunal-chowdhury/html5demo/src/login.aspx
/kunal-chowdhury/html5demo/src/my-profile.aspx
```

11.3 기본 내장 객체 및 자바스크립트 내장 기법들

기술적으로 '내장'이라는 단어는 '어딘가에 포함된다.'라는 의미를 가지고 있다. 이번에 나타낼 내장 객체는 사용자가 별도로 구현할 필요 없이 자바스크립트에서 기본적으로 제공하는 객체들을 의미하며 더불어 설명하기 위한 자바스크립트 내장 기법들은 HTML에 자바스크립트를 내장하기 위해서 사용하는 기본적으로 제공하는 기법들을 설명하도록 한다. 전자는 이미 포함되어 우리가 사용하면 되지만 후자는 개발자가 만든 자바스크립트를 HTML에 일정한 위치에 넣어주어야 한다. 이에 대해서 하나씩 살펴보도록 한다.

다음은 클라이언트 사이드의 자바스크립트에서 제공하는 기본 내장 객체들이다.

- Array
- Boolean
- Date
- Function
- Number
- Object
- String

이 기본 내장 객체들은 자바스크립트 엔진이 구동되는 시점에 바로 실행되며 자바스크립트 코드 내의 어느 곳에서든지 간에 사용이 가능하다. 앞에서 소개한 8개의 기본 내장 객체에 대해서 지금부터 하나씩 천천히 살펴보도록 한다. 단 여기서 RegExp는 Chapter 09에서 소개하였기 때문에 그 내용을 참조하기로 하고 지나가기로 한다.

IIIII Array

자바스크립트에서 Array 객체는 배열을 제공하기 위해서 사용되며 리스트와 같은 역할을 수행한다. 이를 사용하기 위한 문법은 다음과 같이 각 엘리먼트들을 나열하거나 배열 길이를 지정하여 사용할 수 있다. 자바스크립트에서 배열은 각 주어진 엘리먼트들로 초기화가 이루어지지만 Array 생성자에서 인자로 숫자를 가지는 경우는 여기에서 제외된다. 배열 길이는 0부터 $2^{32}-1$까지의 범위를 가진다.

```
[element0, element1, ..., elementN]
new Array(element0, element1, ..., elementN)
new Array(arrayLength)
```

자바스크립트의 배열은 제로 기반 인덱스를 가진다. 배열의 첫 번째 엘리먼트는 인덱스 0인 셈이다. 마지막 인덱스는 배열 길이를 제공하는 프로퍼티에서 1을 뺀 값이 된다.

```
var arr = ["this is the first element", "this is the second element"];
console.log(arr[0]); // "this is the first element"를 프린트한다.
console.log(arr[1]); // "this is the second element"를 프린트한다.
console.log(arr[arr.length - 1]);
// "this is the second element"를 프린트한다.
```

다음의 예제는 msgArray라는 배열을 생성하기 위한 것이며 배열의 0번째와 99번째에 각각 사용자가 원하는 값을 대입하였다.

```
var msgArray = new Array();
msgArray[0] = "Hello";
msgArray[99] = "world";
```

다음은 선언된 배열에 값이 대입되었을 때의 다양한 경우에 대해서 살펴보도록 한다. 사용자가 선언한 배열에는 그 배열의 크기에 맞도록 값을 대입할 경우도 있지만 그 배열 크기보다 적은 값을 입력할 수도 있다. 다음의 예에서는 fruits라는 배열에 3개의 값을 넣고, 그 이후에 과일명을 추가로 입력하는 경우를 보여준다. 이러한 동작 이후에 배열의 크기를 증가시킬 수 있는데, 증가될 경우에는 비어있는 공간에는 임의의 랜덤한 값이 들어갈 수 있다.

```
var fruits = [];
fruits.push("banana", "apple", "peach");
console.log(fruits.length); // 3

fruits[3] = "mango";
console.log(fruits[3]);
console.log(fruits.length); // 4

fruits.length = 10;
console.log(fruits);
console.log(fruits.length); // 10
```

||||| Boolean

Boolean 객체는 불리언 값을 사용하기 위해서 제공하는 객체이며 다음과 같이 선언하고 사용한다.

```
new Boolean(value)
```

파라미터로 사용되는 값은 불리언 값으로 변경되어 사용되는데 만약에 값을 넣지 않거나 다음과 같은 값 중 하나를 사용한다면 객체는 false를 초깃값으로 가지게 된다.

```
0, -0, Null, False, NaN, Undefined, 또는 비어있는 스트링("")
```

Boolean 객체에서 사용하는 파라미터로 사용되는 값이 false를 사용하는 경우를 제외하고 다음과 같이 스트링을 쓰는 경우에는 불리언 객체에서는 이를 true로 인식한다.

```
myFalse = new Boolean(false);      // 초깃값 False
g = new Boolean(myFalse);          // 초깃값 True
myString = new String("Hello");  // 스트링 객체
s = new Boolean(myString);         // 초깃값 True
```

‖‖‖ Date

Date 객체는 작업한 날짜와 시간을 제공해 준다. 기본 형식은 다음과 같다.

```
new Date()
new Date(value)
new Date(dateString)
new Date(year, month, day [, hour, minute, second, millisecond])
```

그리고 실제로 사용할 때는 다음과 같이 사용한다.

```
today = new Date();
birthday = new Date("December 17, 1995 03:24:00");
birthday = new Date(1995,11,17);
birthday = new Date(1995,11,17,3,24,0);
```

자바스크립트의 Date 객체를 사용해서 날짜와 시간을 알 수 있으므로 이러한 정보를 사용하여 지난 시간을 계산하는 코드를 만들면 다음과 같이 시작 시간과 종료 시간을 얻어 여기서의 차이 값을 구해서 얻을 수 있다.

```
// static 메소드를 사용하는 경우
var start = Date.now();

// 여기선 무엇인가 동작을 하자
doSomethingForALongTime();
var end = Date.now();
var elapsed = end - start; // 밀리 초 단위 값을 얻는다.

// Date 객체를 사용할 때
var start = new Date();

// 여기선 무엇인가 동작을 하자
doSomethingForALongTime();
```

```
var end = new Date();
var elapsed = end.getTime() - start.getTime(); // 밀리 초 단위 값을 얻는다.
```

만약에 ISO8601 포맷의 날짜를 구하고자 한다면 다음과 같이 사용하도록 한다.

```
function ISODateString(d) {
  function pad(n){return n<10 ? '0'+n : n}
  return d.getUTCFullYear()+'-'
    + pad(d.getUTCMonth()+1)+'-'
    + pad(d.getUTCDate())+'T'
    + pad(d.getUTCHours())+':'
    + pad(d.getUTCMinutes())+':'
    + pad(d.getUTCSeconds())+'Z'
}

var d = new Date();
console.log(ISODateString(d));
```

IIIII Function

자바스크립트에서 사용하는 함수는 Function 객체를 사용한다. 따라서 사용자들이 기존에 다른 언어에서 사용하던 함수와 동일하게 사용한다.

```
new Function ([arg1[, arg2[, ... argN]],] functionBody)
```

다음의 예제(https://developer.mozilla.org의 Function 관련)에서는 함수를 어떻게 사용하는지에 대해서 소개한나.

```
<!DOCTYPE html>
<html>
<head>
  <meta http-equiv="Content-Type" content="text/html;
     charset=UTF-8" />
  <title>MDN Example - a recursive shortcut to massively modify the
     DOM</title>
  <script type="text/javascript">
    var domQuery = (function() {
      var aDOMFunc = [
        Element.prototype.removeAttribute,
        Element.prototype.setAttribute,
        CSSStyleDeclaration.prototype.removeProperty,
```

```javascript
        CSSStyleDeclaration.prototype.setProperty
];
function setSomething (bStyle, sProp, sVal) {
  var bSet = Boolean(sVal), fAction = aDOMFunc[bSet | bStyle
  《 1], aArgs = Array.prototype.slice.call
  (arguments, 1, bSet ? 3 : 2),
  aNodeList = bStyle ? this.cssNodes : this.nodes;
  if (bSet && bStyle) { aArgs.push(" "); }
  for (
    var nItem = 0, nLen = this.nodes.length;
    nItem 〈 nLen;
    fAction.apply(aNodeList[nItem++], aArgs)
  );
  this.follow = setSomething.caller;
  return this;
}

function setStyles (sProp, sVal)
{
  return setSomething.call(this, true, sProp, sVal);
}

function setAttribs (sProp, sVal)
{
  return setSomething.call(this, false, sProp, sVal);
}

function getSelectors ()
{
  return this.selectors;
}

function getNodes ()
{
  return this.nodes;
}

return (function (sSelectors) {
  var oQuery = new Function("return arguments.callee.
  follow.apply(arguments.callee, arguments);");
  oQuery.selectors = sSelectors;
  oQuery.nodes = document.querySelectorAll(sSelectors);
  oQuery.cssNodes = Array.prototype.map.call(
  oQuery.nodes, function (oInlineCSS) {
  return oInlineCSS.style; });
```

```
            oQuery.attributes = setAttribs;
            oQuery.inlineStyle = setStyles;
            oQuery.follow = getNodes;
            oQuery.toString = getSelectors;
            oQuery.valueOf = getNodes;
            return oQuery;
        });
    })();
  </script>
</head>
<body>
  <div class="testClass">Lorem ipsum</div>
  <p>Some text</p>
  <div class="testClass">dolor sit amet</div>
  <script type="text/javascript">
    domQuery(".testClass").attributes("lang", "en")("title",
      "Risus abundat in ore stultorum")
    .inlineStyle("background-color", "black")("color", "while")
      ("width", "100px")("height", "50px");
  </script>
</body>
</html>
```

▲ 자바스크립트에서 함수 사용 동작 예제

‖‖‖‖ Number

Number 객체는 파라미터 값을 숫자 형태로 변경한다. 기본 형식은 다음과 같다.

```
new Number(value)
```

변수에 Number 오브젝트의 프로퍼티를 사용하여 여러 개의 수치 변수에 값을 할
당하는 예는 다음과 같다.

```
var biggestNum = Number.MAX_VALUE;
var smallestNum = Number.MIN_VALUE;
var infiniteNum = Number.POSITIVE_INFINITY;
var negInfiniteNum = Number.NEGATIVE_INFINITY;
var notANum = Number.NaN;
```

만약에 Date 객체를 사용하여 어떠한 날짜 값을 추출한 이후에 이를 Number 객체
를 사용하여 표시하면 날짜가 아닌 수치 형태로 표시된다.

```
var d = new Date ("December 17, 1995 03:24:00");
print (Number (d)); //"819199440000" 출력
```

IIIII Object

Object는 오브젝트 래퍼(Object Wrapper)를 생성할 수 있다. 사용법은 다음과 같다.

```
var o = new Object ();
var o = new Object (true);
var o = new Object (Boolean ());
```

IIIII String

String 객체는 문자열을 나타내기 위해서 사용한다. 다음은 String 객체를 어떻게 사용하는지를 나타낸 간단한 예이다.

```
var a = "a";
var b = "b";
if (a < b) // true
   print (a + " is less than " + b);
else if (a > b)
   print (a + " is greater than " + b);
else
   print (a + " and " + b + " are equal.");
```

다음의 예와 같이 2와 2를 더하는 동작이 있다고 생각하자. 이때 String 객체를 생성하여 사용하면 이는 문자열로 표시된다.

```
s1 = "2 + 2";                      // 기본 문자열 생성
s2 = new String ("2 + 2");         // 문자열 객체 생성
console.log (eval (s1));           // 숫자 4 반환
console.log (eval (s2));           // 문자열 "2 + 2" 반환
```

지금까지는 자바스크립트에서 제공하는 기본 내장 객체에 대해서 살펴보았다. 다음부터는 자바스크립트가 웹 서비스를 제공하는 측면에서 HTML에 어떻게 내장되어 동작하는지를 살펴보는 기회를 가져보자.

||||| 자바스크립트 내장 방법

자바스크립트를 HTML에 내장하기 위한 여러 가지 방법들이 있다.

표) 자바스크립트의 HTML 내장 방법

구분	내용
방법 1	<script>와 </script> 태그 사이 추가
방법 2	<script> 태그의 src 어트리뷰트로 지정된 외부 파일
방법 3	특수 'javascript:' 프로토콜을 사용하는 URL

방법 1 : <script>와 </script> 태그 사이에 내장

자바스크립트는 HTML 파일의 일부로서 <script>와 </script> 태그 사이에 내장될 수 있다. 이를 알려주는 가장 쉬운 포맷은 다음과 같이 단순히 태그 사이에 존재하는 것이다.

```
<script>
    // 자바스크립트 내용이 들어갈 위치
    // 단 XHTML을 사용 시 모든 코드는 CDATA 영역에 두어야 함.
</script>
```

여기서는 단순히 어떻게 사용하는지를 보았으므로 실제 코드를 보면 다음 코드와 같이 HTML 안에 자리를 잡게 된다.

```
<!DOCTYPE html>
<html>
<body>
  <h1>My First Web Page</h1>
  <script>
    document.write("<p> First JavaScript Example </p>");
  </script>
</body>
</html>
```

▲ HTML에서 <script> 사용 예제

Tip

XHTML의 CDATA 섹션(<![CDATA[⋯]]>)을 사용할 수 있다. CDATA 섹션 영역 안에 들어갈 경우에는 <,>, & 기호 같은 특수 문자들이 자동으로 <, >, &로 변환되는 것이라고 보면 된다. 이 섹션 안의 문자들은 태그로 처리되지 않기 때문에 따로 이스케이프(escape)해 줄 필요가 없다.

HTML에서 script와 style 엘리먼트들은 CDATA 엘리먼트로 파싱된다. 이와 같은 동작은 XML의 경우와 다르므로 이를 고려하도록 한다. XML에서는 일반 엘리먼트로 파싱된다는 것이 다른 점이라고 볼 수 있다. 즉, 주석은 주석 그대로 처리되고 시작 태그는 시작 태그 그대로 인식된다. 엘리먼트 title과 textarea는 RCDATA 엘리먼트로 파싱된다.

XML에서는 RCDATA가 존재하지 않으며 SGML에서의 RCDATA하고는 다른 의미를 가진다. 하지만, XHTML에서는 엘리먼트는 항상 엘리먼트 그 자체로 인식된다. HTML에서 iframe, noembed와 noframes 엘리먼트들은 CDATA 엘리먼트로 파싱되지만 XHTML에서는 그대로 인식된다.

방법 2 : <script> 태그의 src 어트리뷰트로 지정된 외부 파일을 통해서 내장

방법 1에서 찾아본 내장 방법 이외에 외부 파일을 통해서도 내장이 가능하다. 이때에는 자바스크립트 코드가 담긴 파일과 그 파일이 위치한 URL을 결합한 정보를 사용하면 된다. 이때 이 결합된 정보는 src 어트리뷰트로 지정해야 한다.

간단히 예를 들어보면 <script src="scripts/example.js"></script>와 같다. 일반적인 자바스크립트 파일은 확장자로서 .js를 가질 것이며, 이 확장자를 가진 파일은 그 안을 살펴보면 순수한 자바스크립트만 존재할 것이다. 이렇게 순수한 자바스크립트만이 존재하면 HTML 안에 자바스크립트를 사용하여 다양한 기능을 추가하고자 해도 많은 코드가 HTML 안에 들어가지 않아서 간결하고 깔끔한 HTML 코드를 작성할 수 있다. 따라서 간략한 구조의 HTML 코드를 만들 수 있다. 그리고 무엇보다도 개발자가 좀 더 편리하게 코딩할 수 있게 된다. 이는 개발자가 코딩할 때 동일한 동작을 여러 군데에서 하고자 할 수 있는데 이때 자바스크립트 파일을 외부에서 불러와서 수행할 수 있으면 공통적인 부분을 외부 호출 가능한 자바스크립트 파일로 만들어 사용하면 되기 때문이다.

▲ 〈script〉 태그의 src 어트리뷰트로 지정한 예

방법 3 : 특수 자바스크립트 프로토콜을 사용하는 URL을 사용하여 내장

특수 자바스크립트 프로토콜을 사용하는 URL을 사용하여 내장한다는 것은
'javascript:'라는 슈도-프로토콜로 지정된 URL을 사용함을 의미한다. 우선 간단한
예를 통해서 어떻게 생겼는지를 확인해보도록 하자.

```
javascript:var yourtime = new Date(); "〈h1〉Your time is -〉〈/h1〉"
    + yourtime;
javascript:alert("My name is Greg.")
```

예제에서 보는 바와 같이 'javascript:'는 URL을 통해서 자바스크립트 인터프리
터 실행 대상인 코드를 알려준다. 단 여기서 주의해야 할 점은 자바스크립트 인터프
리터는 한 줄 코드로 알기 때문에 세미콜론으로 구분해야 하는 점과 주석을 '//'이
아닌 '/*', '*/'을 써야 하는 점이다. 그리고 자바스크립트 URL 맨 마지막에 'void
0'을 사용하여 아무런 값도 반환하지 않게 사용할 수 있다. 예를 들면 다음과 같이
'javascript:'의 바로 다음 혹은 맨 마지막에도 사용될 수 있다.

```
〈a href="javascript: void(myNum=10);alert('myNum = '+myNum)"〉
Set myNum Please〈/a〉
javascript:window.open("about:blank"); void 0;
```

다음은 더블 클릭했을 때 Well done!이라는 팝업을 띄워주게 되어 있는데 이때 주의해야 할 것이 한 번만 클릭했을 때에는 아무런 동작도 하지 말아야 한다는 것이다. 한 번 클릭했을 때 다시 페이지가 리로드되는 것을 방지하기 위해서 'void 0'을 활용하였다.

```
<a href="JavaScript:void(0);" ondblclick="alert(
'Well done!')">Double Click Me!</a>
```

지금까지 살펴본 클라이언트 측의 자바스크립트에서 사용한 이러한 몇 가지 내장 방법 이외에도 자바스크립트를 웹에 내장하기 위한 방법들이 있다. 지금부터는 이러한 방법들에 대해서 조금 더 살펴보도록 한다.

||||| 유저 스크립트

유저 스크립트(User scripts)에서는 사용자가 누릴 수 있는 많은 다양한 자바스크립트를 무료로 제공한다. 유저 스크립트 사이트에서는 웹 브라우징의 성능을 향상시킬 수 있으며 개발자는 자기가 유용하다고 느끼는 스크립트는 공유할 수도 있다. 유저 스크립트를 통해서 HTML 문서가 브라우저에 의해서 사용자에게 보여지기 이전에 더 많은 기능이 추가될 수 있다. 이는 스크립트를 통해서 HTML 파일이 동작할 때 다양한 입력에 대해서 여러 가지 동작을 할 수 있다는 의미이다.

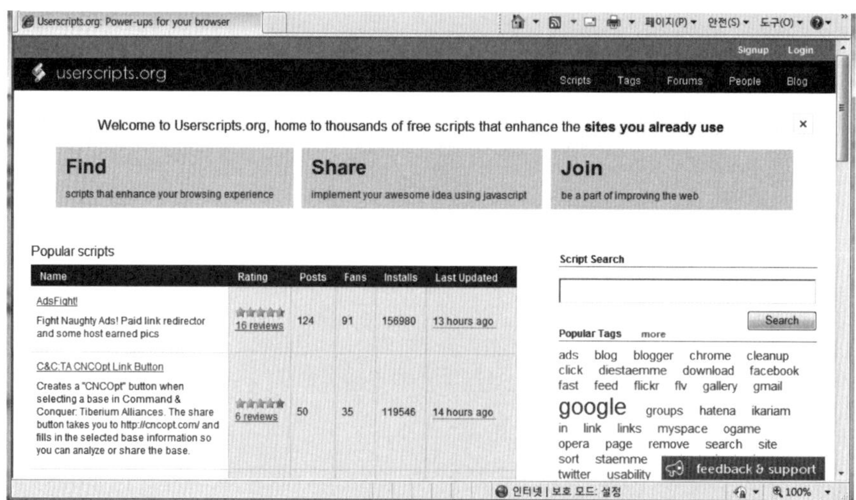

▲ 유저 스크립트 사이트(http://userscripts.org)

그동안 많이 알려진 유저 스크립트로는 모질라 파이어폭스의 Greasemonkey (http://www.greasespot.net/, http://en.wikipedia.org/wiki/Greasemonkey) 이다. Greasemonkey는 파이어폭스의 확장 기능으로 설치되며 웹 페이지가 브라우저 에서 오픈되기 이전과 이후에 웹 페이지 콘텐츠를 변경할 수 있다. 따라서 이를 사용하 면 사용자 고유의 웹 페이지를 만들 수도 있다.

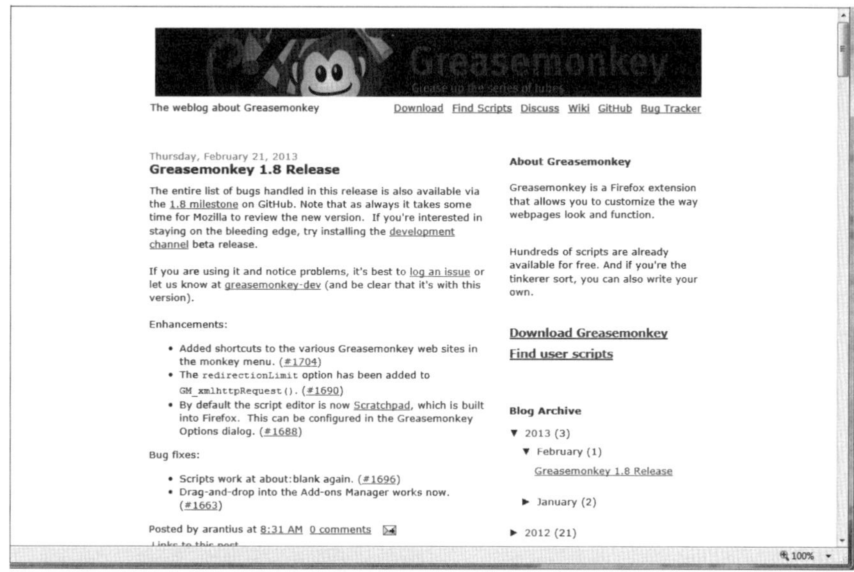

▲ Greasemonkey 사이트(http://www.greasespot.net)

SVG

SVG(Scalable Vector Graphics)는 XML 기반의 그래픽 포맷이며 자바스크립트 를 포함할 수 있다. 이해하기 쉽게 예를 들어보자. 다음은 SVG를 사용하여 애니메이 션을 수행하도록 하는 예제이다. SVG 파일을 사용하여 그림을 보여주고 그 안의 캐릭 터를 화살표를 사용하여 조정할 수 있다. SVG 문서에 자바스크립트를 추가하기 위해 서는 다음과 같이 'href'를 사용하여 추가할 수 있다.

```
<script type="text/ecmascript" xlink:href="unseth/unseth.js" />
<script type="text/ecmascript"><![CDATA[
   ...
]]></script>
```

앞에서 이야기 한 바와 같이 화살표를 사용하여 캐릭터를 조정할 수 있다고 하였으므로 이를 구현하기 위해서 기본적으로 필요한 마우스 이벤트가 어떠한 것이 있는지 살펴보자. 다음의 표에서는 각 이벤트 호출 시기를 기준으로 여러 개의 이벤트를 보여 주고 있다.

표) 이벤트별 호출 시기

이벤트	호출 시기
onclick	객체를 클릭했을 때
onmousedown	마우스 버튼이 객체를 눌렀을 때
onmouseup	마우스 버튼이 객체에서 놓여졌을 때
onmouseover	마우스 커서가 객체를 지나갈 때
onmousemove	마우스가 객체에서 움직일 때
onmouseout	마우스 커서가 객체를 떠나갈 때

마우스 이벤트가 발생했을 때 이를 처리하는 기능을 적용한 코드는 다음과 같다. 여기서는 일단 마우스의 동작별로 어떻게 값을 얻을 수 있는지를 보는 용도로 사용할 것이다. 다음 코드를 사용하면 마우스를 클릭했을 때나 가운데 원안에서 바깥으로 나왔을 때 등의 이벤트가 발생할 때 몇 번이나 발생했는지를 알 수 있다.

```
<script type="text/ecmascript"><![CDATA[
...
function updateStats() {
  svgDocument.getElementById("clicks").firstChild.data
    = "onclick = " + click;
  svgDocument.getElementById("mousedowns").firstChild.data
    = "onmousedown = " + mouseDown;
  ...
}


function msClick (evt) {
  click++;
  updateStats();
}
...
]]></script>

<circle cx="50%" cy="25%" r="40" fill="lightyellow"
  onclick="msClick()"
  onmousedown="msDown()"
```

```
onmouseup="msUp()"
onmouseover="msOver()"
onmousemove="msMove()"
onmouseout="msOut()"
/>
```

마우스의 동작을 어떻게 조절할 수 있는지 알게 되면 그 다음 단계로 다음 그림과 같은 캐릭터를 왼쪽 상단의 방향키를 사용해서 조정한다.

▲ 캐릭터 조정하는 SVG 파일

SVG 파일 코드를 살펴보면 자바스크립트를 포함하는 부분, X축과 Y축을 지정해 놓고 이를 기준으로 이동시키는 부분과 이동하는 모습을 표현하기 위해서 걷기 시작하는 기능, 멈추는 기능을 추가한 부분이 있다.

```
<?xml version="1.0" encoding="ISO-8859-1" standalone="no"?>
<!DOCTYPE svg PUBLIC "-//W3C//DTD SVG 20010904//EN"
  "http://www.w3.org/TR/2001/REC-SVG-20010904/DTD/svg10.dtd">
<svg xmlns="http://www.w3.org/2000/svg"
  xmlns:xlink="http://www.w3.org/1999/xlink"
  xml:space="preserve" zoomAndPan="disable"
  width="400" height="400"
  viewBox="0 0 400 400" >

<script type="text/ecmascript" xlink:href="unseth/unseth.js" />
  <!-- 패턴 정의 -->
  <defs>
    <pattern id="checkerPattern" patternUnits="userSpaceOnUse"
      x="0" y="0" width="20" height="20"
      viewBox="0 0 10 10" >
```

```
            <rect x="0" y="0" width="5" height="5" fill="lightblue" />
            <rect x="5" y="5" width="5" height="5" fill="lightblue" />
        </pattern>
    </defs>
<!-- 백그라운드 -->
<rect x="0" y="0" width="100%" height="100%"
        fill="url(#checkerPattern)" />
    <image x="0" y="0" width="100%" height="100%" xlink:href=
        "ground.jpg" image-rendering="optimizeSpeed" />
<!-- 예제 -->
    <image id="unSeth" x="0" y="0" width="128" height="128" xlink:
        href="unseth/stopd.png" image-rendering="optimizeSpeed" />
    <circle cx="25" cy="25" opacity="0.7" r="22" fill="grey"
        stroke="white" stroke-width="3" />
    <rect x="10" y="20" width="10" height="10" onclick=
        "unSeth.startAnimate('walk', 6)" />
    <rect x="30" y="20" width="10" height="10" onclick=
        "unSeth.startAnimate('walk', 2)" />
    <rect x="20" y="10" width="10" height="10" onclick=
        "unSeth.startAnimate('walk', 0)" />
    <rect x="20" y="30" width="10" height="10" onclick=
        "unSeth.startAnimate('walk', 4)" />
    <rect x="20" y="20" width="10" height="10" fill="red"
        onclick="unSeth.stop()" />
    <image x="-64" y="0" width="64" height="64" xlink:href=
        "unseth/stepr1.png" image-rendering="optimizeSpeed" />
    <image x="-64" y="0" width="64" height="64" xlink:href=
        "unseth/stepr2.png" image-rendering="optimizeSpeed" />
    <image x="-64" y="0" width="64" height="64" xlink:href=
        "unseth/stepr3.png" image-rendering="optimizeSpeed" />
    <image x="-64" y="0" width="64" height="64" xlink:href=
        "unseth/stepr4.png" image-rendering="optimizeSpeed" />
    <image x="-64" y="0" width="64" height="64" xlink:href=
        "unseth/stepu1.png" image-rendering="optimizeSpeed" />
    <image x="-64" y="0" width="64" height="64" xlink:href=
        "unseth/stepu2.png" image-rendering="optimizeSpeed" />
    <image x="-64" y="0" width="64" height="64" xlink:href=
        "unseth/stepu3.png" image-rendering="optimizeSpeed" />
    <image x="-64" y="0" width="64" height="64" xlink:href=
        "unseth/stepu4.png" image-rendering="optimizeSpeed" />
    <image x="-64" y="0" width="64" height="64" xlink:href=
        "unseth/stepd1.png" image-rendering="optimizeSpeed" />
    <image x="-64" y="0" width="64" height="64" xlink:href=
```

```
        "unseth/stepd2.png" image-rendering="optimizeSpeed" />
⟨image x="-64" y="0" width="64" height="64" xlink:href=
        "unseth/stepd3.png" image-rendering="optimizeSpeed" />
⟨image x="-64" y="0" width="64" height="64" xlink:href=
        "unseth/stepd4.png" image-rendering="optimizeSpeed" />
⟨image x="-64" y="0" width="64" height="64" xlink:href=
        "unseth/stepl1.png" image-rendering="optimizeSpeed" />
⟨image x="-64" y="0" width="64" height="64" xlink:href=
        "unseth/stepl2.png" image-rendering="optimizeSpeed" />
⟨image x="-64" y="0" width="64" height="64" xlink:href=
        "unseth/stepl3.png" image-rendering="optimizeSpeed" />
⟨image x="-64" y="0" width="64" height="64" xlink:href=
        "unseth/stepl4.png" image-rendering="optimizeSpeed" />
⟨image x="-64" y="0" width="64" height="64" xlink:href=
        "unseth/stopu.png" image-rendering="optimizeSpeed" />
⟨image x="-64" y="0" width="64" height="64" xlink:href=
        "unseth/stopl.png" image-rendering="optimizeSpeed" />
⟨image x="-64" y="0" width="64" height="64" xlink:href=
        "unseth/stopr.png" image-rendering="optimizeSpeed" />
⟨script type="text/ecmascript"⟩⟨![CDATA[
 var doc = window.document;
   var unSeth = new aniBody(doc.getElementById("unSeth"), 220,
      190, 1);
   UpdateTimer();
  function UpdateTimer() {
     var document = window.document;
     if ((document.getElementById("unSeth").getAttribute
     ("x") ⟨ -32 && unSeth.direction == 6)
     ||(document.getElementById("unSeth").getAttribute("x") ⟩
     336 && unSeth.direction == 2)
     ||(document.getElementById("unSeth").getAttribute("y") ⟨
     -32 && unSeth.direction == 0)
     ||(document.getElementById("unSeth").getAttribute("y") ⟩
     336 && unSeth.direction == 4)){
        unSeth.stop();
     }
   unSeth.animate(100);
  setTimeout("UpdateTimer()", 100);
   }
 ]]⟩⟨/script⟩
⟨/svg⟩
```

▲ SVG 파일에서 사람의 동작을 구현한 코드

Tip 플레이어 객체 내장 방법

지금까지 여러 가지 내장 객체 및 내장 기법들을 살펴보았는데 플레이어 객체를 어떻게 내장시킬 수 있을까를 추가적으로 보도록 한다. 객체를 HTML에 임베디드하기 위해서는 embed라는 태그를 사용한다. 임베디드하기 위한 객체의 특성별로 방법은 달라질 수 있다.

- 매크로미디어 플래시 플레이어 객체를 내장시키는 방법 (1)

```
<embed type="application/x-shockwave-flash"
  pluginspage="http://www.macromedia.com/go/getflashplayer"
  width="300px" height="200px" src="flash.swf" quality="high" />
```

- 매크로미디어 플래시 플레이어 객체를 내장시키는 방법 (2)

```
<object classid="clsid:d27cdb6e-ae6d-11cf-96b8-444553540000"
width="300" height="120"
  codebase="http://fpdownload.adobe.com/pub/shockwave/cabs/flash/
  swflash.cab#version=9,0,0,0"
  standby="Loading flash movie">
  <param name="movie" value="flash.swf" />
  <!-- 옵션 파라미터 -->
  <param name="play" value="true" />
  <param name="loop" value="true" />
  <param name="quality" value="high" />
  <!-- 옵션 종료 -->
  <embed src="flash.swf" width="300" height="120" play="true"
    loop="true" quality="high"      pluginspage="http://www.adobe.com/
shockwave/download/index.cgi?P1_Prod_Version=ShockwaveFlash" />
</object>
```

- 윈도우 미디어 플레이어 객체를 내장시키는 방법

```
<embed type="application/x-mplayer2" src="testVideo.wmv"
  width="320px" height="286px" autostart="true" showcontrols="1"
  showstatusbar="0" showdisplay="0" />
```

- 자바스크립트에서 애플릿(Applet) 엘리먼트의 코드베이스를 얻기 위한 방법

```
<head>
  <script type="text/javascript">
    function GetURL () {
      var embed = document.getElementById ("myEmbed");
      alert (embed.src);
    }
  </script>
</head>
<body>
```

```
〈embed id="myEmbed" type="application/x-mplayer2"
  src="testVideo.wmv"
  width="320px" height="286px" autostart="true" showcontrols="1"
  showstatusbar="0" showdisplay="0" /〉
〈br /〉〈br /〉
〈button onclick="GetURL ();"〉Get the URL of the video file〈/button〉
〈/body〉
```

11.4 HTML 이벤트 처리

이벤트(Event)란 TTA(한국정보통신기술협회)에서는 "프로그램이 반응하도록 사용자가 생성시키는 동작 뜨는 일(사건)의 발생. 키보드의 키를 누르는 것이 대표적이다. 마우스 버튼을 클릭하는 것, 마우스를 이동하는 것 등이 있다. 프로그램이나 태스크의 수행에 영향을 미치는 동작 또는 일의 발생. 프로그램 주행 중의 입출력 동작의 완료 등이 있다."라고 정의하고 있다.

HTML 문서에서도 다양한 입력 값에 대해서 대응하는 이벤트 처리 방법이 있다. 지금부터는 HTML에서의 이벤트 처리 방법을 간략히 살펴보자.

❶ 직접 이벤트 핸들러를 등록하는 방식이다. 하지만 이벤트 핸들러가 HTML 코드에 섞여 있어서 HTML 코드가 복잡해져서 가독성을 떨어뜨릴 수 있다는 단점이 있다.

```
〈h1 onclick="check()"〉고전적 이벤트 등록〈/h1〉
```

❷ 자바스크립트 내부로 등록하는 방식이 제공된다. 이때 괄호 안에는 이벤트가 발생했을 때 수행되어야 하는 코드를 넣어야만 한다.

```
object.onclick=function(){JavaScriptCode};
```

❸ DOM 레벨 2 이벤트 등록 방식을 사용할 경우에는 addEventListener가 이용된다. 함수 인자 중 세 번째는 캡처링을 사용할 것인지 아니면 버블링을 사용할 것인지를 결정할 때 사용한다.

```
target.addEventListener(type, listener[, useCapture]);
target.addEventListener(type, listener[, useCapture, aWant-
sUntrusted Non-standard]); // 단 Gecko/Mozilla 브라우저에서만
```

여기서 할당된 이벤트를 제거하고자 할 경우에는 removeEventListener를 사용한다.

```
element.removeEventListener(type, listener, useCapture)
```

여기서 element는 이벤트 주체를 의미하고 마지막 인자인 useCapture는 캡처링/
버블링 중 하나를 선택하기 위해서 사용된다.

Tip 캡처링과 버블링

이벤트 호출 시에 사용되는 2가지 타입을 잠시 살펴보는 기회를 가져보자. 하나는 캡처링이고 또 다른 하
나는 버블링이다. 캡처링(Capturing)은 DOM 트리의 가장 바깥요소에서부터 시작하여 이벤트가 일어
난 요소에 도착할 때까지 안쪽 방향으로 찾아들어간다. 그리고 그 이후에 다시 바깥으로 찾아나오는 방법
을 사용한다. 웹 페이지 클릭 시 onclick 이벤트 핸들러부터 시작하여 이벤트가 일어난 요소까지 찾아들
어가는 방법을 사용한다. 버블링(Bubbling)은 이벤트가 일어난 요소부터 시작하여 그 부모 요소를 거
쳐서 다시 그 위의 부모 요소 방향으로 진행하여 거슬러 올라가는 방식을 사용한다.

addEventListener, removeEventListener는 최근 표준에 포함되어 있기 때문
에 모든 브라우저에서 지원되는 것은 아니다. 따라서 개발자가 이러한 호환성 관련되
어서 신경을 덜 쓰도록 하기 위해서 다음과 같은 코드가 제공된다. 이를 개발자가 작
성한 스크립트 이전에 놓게 되면 호환성 관련된 문제점을 회피해서 갈 수 있다.

```
if (!Element.prototype.addEventListener) {
  var oListeners = {};
  function runListeners(oEvent) {
    if (!oEvent) { oEvent = window.event; }
    for (var iLstId = 0, iElId = 0, oEvtListeners = oListeners
      [oEvent.type]; iElId < oEvtListeners.aEls.length; iElId++) {
      if (oEvtListeners.aEls[iElId] === this) {
        for (iLstId; iLstId < oEvtListeners.aEvts[iElId].length;
        iLstId++) { oEvtListeners.aEvts[iElId][iLstId].
        call(this, oEvent); }
        break;
      }
    }
  }

  Element.prototype.addEventListener = function (sEventType,
      fListener /*, useCapture */) {
    if (oListeners.hasOwnProperty(sEventType)) {
      var oEvtListeners = oListeners[sEventType];
      for (var nElIdx = -1, iElId = 0; iElId < oEvtListeners.aEls.
        length; iElId++)
```

```
    {
      if (oEvtListeners.aEls[iElId] === this) { nElIdx = iElId;
        break; }
    }
    if (nElIdx === -1) {
      oEvtListeners.aEls.push(this);
      oEvtListeners.aEvts.push([fListener]);
      this["on" + sEventType] = runListeners;
    } else {
      var aElListeners = oEvtListeners.aEvts[nElIdx];
      if (this["on" + sEventType] !== runListeners) {
        aElListeners.splice(0);
        this["on" + sEventType] = runListeners;
      }
      for (var iLstId = 0; iLstId < aElListeners.length; iLstId++) {
        if (aElListeners[iLstId] === fListener) { return; }
      }
      aElListeners.push(fListener);
    }
  } else {
    oListeners[sEventType] = { aEls: [this], aEvts: [ [fListener]
      ] };
    this["on" + sEventType] = runListeners;
  }
};

Element.prototype.removeEventListener = function (sEventType,
    fListener /*, useCapture */) {
  if (!oListeners.hasOwnProperty(sEventType)) { return; }
  var oEvtListeners = oListeners[sEventType];
  for (var nElIdx = -1, iElId = 0; iElId < oEvtListeners.aEls.
    length; iElId++) {
    if (oEvtListeners.aEls[iElId] === this) { nElIdx = iElId; break; }
  }
  if (nElIdx === -1) { return; }
  for (var iLstId = 0, aElListeners = oEvtListeners.aEvts[nElIdx];
    iLstId < aElListeners.length; iLstId++) {
    if (aElListeners[iLstId] === fListener) { aElListeners.splice
      (iLstId, 1); }
  }
};
}
```

　　HTML DOM 이벤트 객체는 자바스크립트에 의해서 검출될 수 있다. 만약에 사용자가 버튼을 클릭하여 발생하는 이벤트에 맞추어서 어떠한 동작을 수행하고자 한다면 이벤트 객체를 활용할 수 있다. 이벤트들이 가지고 있는 특징들을 살펴보면 다음과 같다.

표) 다양한 이벤트

종류	동작 설명
onblur	엘리먼트의 포커싱이 흐려짐.
onchange	필드의 콘텐츠가 변경
onclick	마우스로 객체를 클릭
ondblclick	마우스로 객체를 더블 클릭
onerror	문서나 이미지를 로딩했을 때 에러가 발생
onfocus	엘리먼트가 포커싱을 맞춤.
onkeydown	키보드의 키가 눌려짐.
onkeypress	키보드의 키가 눌려지거나 눌린 상태로 유지됨
onkeyup	키보드 키가 눌렸다가 떼어짐.
onload	페이지 또는 이미지의 로딩하는 작업이 완료
onmousedown	마우스 버튼이 눌려짐.
onmousemove	마우스가 이동
onmouseout	마우스가 엘리먼트에서 벗어남.
onmouseover	마우스가 엘리먼트를 지나감.
onmouseup	마우스가 눌렸던 것이 떼어짐.
onresize	윈도우나 프레임의 사이즈가 재변경
onselect	텍스트가 설정됨.
onunload	사용자가 페이지 종료

　　마우스와 키보드의 이벤트 속성 값들은 다음과 같다.

표) 마우스 & 키보드 이벤트 속성

종류	동작 설명
altKey	이벤트가 발생되었을 때 Alt 키가 눌려졌는지 아닌지를 반환
button	이벤트가 발생되었을 때 마우스 버튼이 클릭되었는지를 반환
clientX	이벤트가 발생되었을 때 마우스 포인터의 수평 좌표 값을 반환
clientY	이벤트가 발생되었을 때 마우스 포인터의 수직 좌표 값을 반환
ctrlKey	이벤트가 발생되었을 때 Ctrl 키가 눌려졌는지 아닌지를 반환

metaKey	이벤트가 발생되었을 때 meta 키가 눌려졌는지 아닌지를 반환
relatedTarget	이벤트를 발생한 엘리먼트와 관련된 엘리먼트를 반환
screenX	이벤트가 발생되었을 때 마우스 포인터의 수평 좌표 값을 반환
screenY	이벤트가 발생되었을 때 마우스 포인터의 수직 좌표 값을 반환
shiftKey	이벤트가 발생되었을 때 Shift 키가 눌려졌는지 아닌지를 반환

다음은 더블 클릭 이벤트가 대상인 단순 예제이다.

```
<!DOCTYPE HTML PUBLIC "-//W3C//DTD HTML 4.01 Transitional//
    EN" "http://www.w3.org/TR/html4/loose.dtd">
<html>
<head>
  <script type="text/javascript">
    function OnDblClickSpan () {
       alert ("You have double-clicked on the text!");
    }
  </script>
</head>
<body>
  <span ondblclick="OnDblClickSpan()">Click on me twice and fast!
     </span>
</body>
</html>
```

▲ 더블 클릭 이벤트 예제

마우스 더블 클릭 예제 코드를 실행하면 다음과 같은 화면이 나타난다.

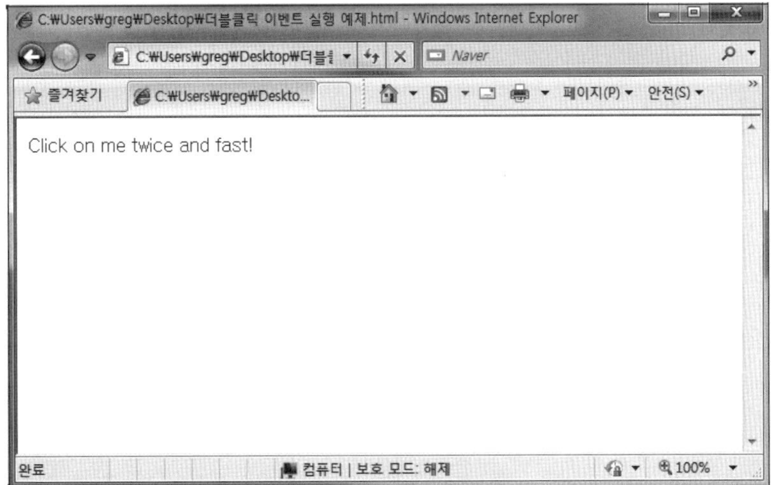

▲ 마우스 더블클릭 예제 실행

버튼을 더블 클릭하면 다음과 같은 결과가 나타난다.

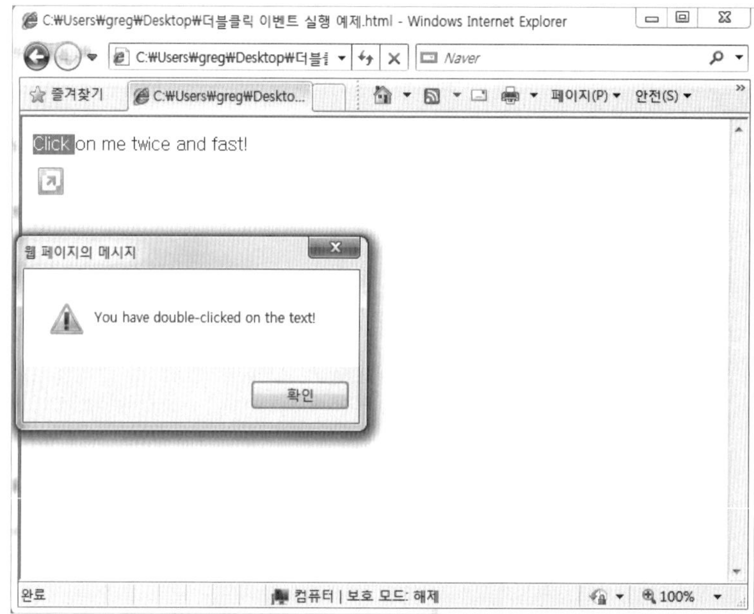

▲ 마우스 더블클릭 예제에서 더블 클릭 실행 결과

지금부터는 이벤트를 활용하여 HTML DOM의 Body 엘리먼트를 변경해보는 방법을 살펴보도록 한다. Body 엘리먼트는 HTML 문서 내에서 text, hyperlinks, images, tables, lists를 포함하는 모든 콘텐츠를 포함하고 있으며 다양한 속성과 이벤트를 지원한다. 다음 표에서는 Body 객체에서 지원하는 6가지 속성과 1개 이벤트를 간단히 소개한다.

표) Body 객체의 속성 특징

속성	내용
aLink	alink의 값을 설정하거나 반환
background	background 특성 값을 설정하거나 반환
bgColor	bgcolor 특성 값을 설정하거나 반환
link	link 특성 값을 설정하거나 반환
text	text 특성 값을 설정하거나 반환
vLink	vlink 특성 값을 설정하거나 반환

여기서는 마우스의 onclick 이벤트를 사용하여 브라우저 배경화면 색을 변경하는 동작을 수행해 보자.

```
〈!DOCTYPE html〉
〈html〉
〈body〉
  〈script type="text/javascript"〉
    document.body.bgColor="lavender";
  〈/script〉
  〈p〉 BG Color Change Test 〈/p〉
  〈input type="button" onclick="document.body.bgColor='white';
      " value="BG color  Change ??" /〉
〈/body〉
〈/html〉
```

▲ onclick 이벤트 예제

이제 실행 결과를 살펴보자. 물론 다른 예제도 마찬가지이지만 브라우저에 따라서
실행 결과가 달라질 수 있으므로 참고하도록 하자.

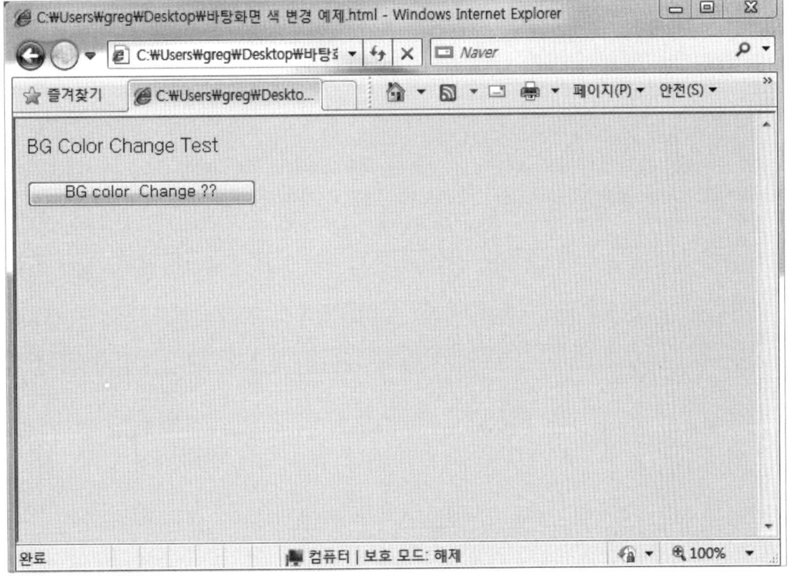

▲ HTML 바탕색 변경 전

사용자가 브라우저 내의 버튼을 클릭한 이후에 배경 화면 색상이 하얀 색으로 변경
되었음을 확인할 수 있다. 마우스의 onclick 이벤트 수행에 의해서 배경색이 변경되
었다.

▲ HTML 바탕색 변경 후

　　마이크로소프트 MSDN에서 제공하는 이벤트 처리 HTML 요소 샘플을 보면 이 페이지의 〈meta〉에서 defaultClientScript 속성을 설정하고 id=clientEventHandlersJS 특성은 〈SCRIPT〉를 이벤트 처리기의 기본 위치로 정의한다. goThere() 함수에서 예외 처리가 추가되었으므로 사용자가 GO를 클릭할 때 〈OPTION〉이 선택되지 않거나 OPTION의 VALUE 특성에 저장된 URL이 없거나 잘못 작성된 경우 메시지가 표시된다. 기본 CSS 스타일이 〈BODY〉, 〈H1〉, 〈SELECT〉 및 〈INPUT type="button"〉 요소에 할당되어 있다.

```
<!DOCTYPE HTML PUBLIC "-//W3C//DTD HTML 4.0 Transitional//EN">
<HTML>
<HEAD>
  <TITLE>GoThere.htm</TITLE>
  <meta http-equiv=content-type content=text/html;
     charset=iso-8859-1>
  <meta name=keywords content="web design" >
  <meta content=http://schemas.microsoft.com/intellisense/
     ie5 name=vs_targetSchema>
  <meta content=JavaScript name=vs_defaultClientScript>
  <SCRIPT id="clientEventHandlersJS" language="javascript"
     type="text/javascript" >
    function goThere(eSelPage) {
```

```
      var iSel = eSelPage.selectedIndex;
      if (iSel == -1) {
        alert("Please select a page, then click GO.");
        return
      }
      var sURL = eSelPage.options[iSel].value;
      if (sURL.substr(0,7) != "http://" || sURL.length < 12 ) {
        alert("Invalid URL. Edit the VALUE of this option.");
      } else {
        sURL = eSelPage.options[iSel].value;
        var newWin = window.open(sURL,'newWin','resizable,
            scrollbars,menubar,toolbar,location,status');
      newWin.focus();
      }
    }
  </SCRIPT>
  <STYLE TYPE="text/css">
    BODY {background:#fbfbfb; font-family:Verdana,Arial,Helv,
      Helvetica,Geneva,sans-serif; font-size:9pt; }
    H1 {font-family:Arial,Helv,Helvetica,Geneva,sans-serif;
      font-size:21pt; color:navy; padding:0pt 0pt 12pt 0pt}
    SELECT {font-family:Courier New, Letter Gothic, Courier,
      monospace; font-size:10pt; font-weight:bold; width:180pt;
      color:darkred; background-color:lightyellow; }
    INPUT.button {font-family:Verdana,Arial,Helv,Helvetica,
      Geneva,sans-serif; font-size:13pt; font-weight:bold;
      width:38pt; color:darkred; background-color:lightyellow; }
  </STYLE>
</HEAD>
  <BODY MS_POSITIONING="GridLayout">
    <TABLE width="468pt" border=0 cellspacing=0 cellpadding=0><tr>
    <td align="center"><H1>goThere() Function</H1>
    <FORM NAME="fGo" ID="fGo" TARGET="_blank">
    <TABLE border=0 cellspacing="2pt" cellpadding="1pt">
      <tr valign="top">
    <td><SELECT ID="eSelPage" NAME="eSelPage" size=3>
    <OPTION VALUE="http://www.microsoft.com/en-us/download/
      default.aspx" SELECTED>Microsoft Download Center</OPTION>
    <OPTION VALUE="http://msdn.microsoft.com/vstudio/">
      Visual Studio Home
    <OPTION VALUE="http://www.microsoft.com/">Microsoft Home
    </SELECT></td>
    <td><TABLE border=1 cellspacing=0 cellpadding=0><tr>
    <td><INPUT ID="bGo" TYPE="button" VALUE="GO" NAME="bGo"
      CLASS="button" onClick="goThere(this.form.eSelPage)"
```

```
      STYLE="width:38pt; height:38pt; font-size:13pt;"〉〈/td〉
     〈/tr〉〈/TABLE〉〈/td〉
   〈/tr〉〈/TABLE〉〈/FORM〉〈/td〉〈/tr〉〈/TABLE〉
 〈/BODY〉
〈/HTML〉
```

▲ goThere 테스트 코드

goThere.htm을 실행한 결과는 다음과 같다. 3개의 URL 중 하나를 선택해서
[GO] 버튼을 누르면 해당 사이트로 이동한다.

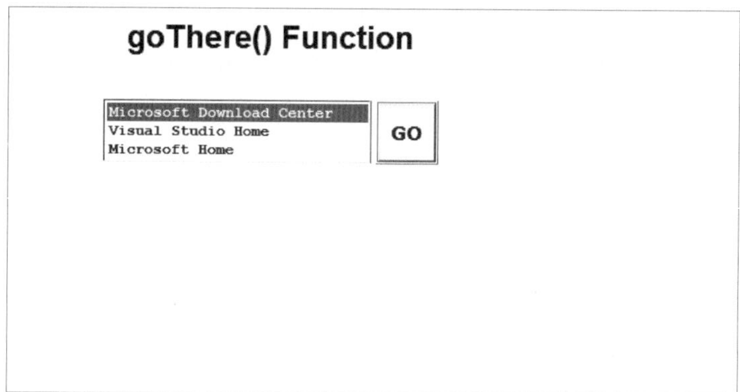

▲ goThere.htm 예제 실행 결과

다음은 마우스의 왼쪽 버튼을 클릭했을 때 발생하는 이벤트를 확인하기 위한 예제
이다.

```
〈!DOCTYPE html〉
〈html〉
〈head〉
  〈script type="text/javascript"〉
    function whichElement(e)
    {
      var targ;
      if (!e)
      {
        var e=window.event;
      }
      if (e.target)
      {
        targ=e.target;
      }
      else if (e.srcElement)
      {
```

```
        targ=e.srcElement;
    }
    if (targ.nodeType==3)
    {
      targ = targ.parentNode;
    }
    var tname;
    tname=targ.tagName;
    alert("*****Now, You clicked " + tname + "*****");
  }
 </script>
</head>
<body onmousedown="whichElement(event)">
  <p> [on-mouse-down --> Test] </p>
  <img border="0" src="lake-tree.jpg" width="300" height="100">
</body>
</html>
```

▲ 마우스 버튼 누름 효과 예제

마우스 버튼 누름 효과 예제를 실행하면 HTML 코드 실행 결과는 다음 그림과 같다. 화면에는 어떠한 동작을 할 것인지를 알려주는 간단한 문장으로 된 설명과 그 아래에는 빈 공간을 채워주는 그림이 위치한다. 참고로 src에 lake-tree.jpg 이미지 파일을 사용했는데 이 부분은 개인 실습 환경에 맞춰 변경할 수 있다.

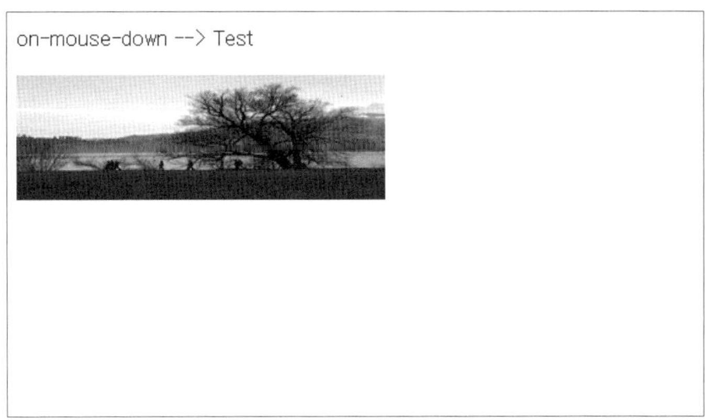

▲ 마우스 왼쪽 버튼 누름 효과 예제 실행 결과

개발자가 자주 사용하는 웹 브라우저를 통해서 HTML 문서를 실행한 이후에 브라우저 내의 글씨나 그림을 클릭하면 이미 정의한 팝업을 통해서 알려주고자 하는 메시지를 보여줄 수 있다.

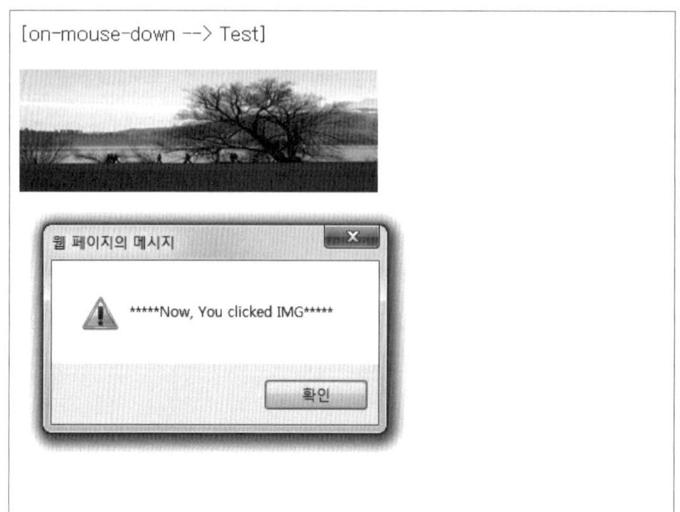

▲ 마우스 왼쪽 버튼 누름 예제에서 버튼 누름 실행

사실상 이벤트는 주위에 많이 존재한다. 여러 가지 동작을 할 때마다 그 동작들은 하나의 이벤트가 되어서 어떠한 동작을 유발한다. 따라서 각각의 이벤트는 어떠한 행위의 시발점이 되기 때문에 매우 중요하다. 앞에서 언급한 몇 개의 이벤트 이외에 추가적인 내용은 'Chapter 17. 이벤트 처리' 부분에서 좀 더 다루도록 한다.

11.5 XMLHttpRequest와 ⟨script⟩ 태그 사용

XMLHttpRequest는 마이크로소프트가 만든 자바스크립트 객체(Object)로서 추후에 모질라에서도 이를 적용하였다. XMLHttpRequest는 HTTP를 통해서 쉽게 데이터를 받을 수 있게 해주며 XML 문서 이상의 용도로 사용이 가능하다. XMLHttpRequest 객체를 사용하면 페이지를 리로딩하지 않고서도 웹 페이지를 업데이트할 수 있으며 페이지가 로드된 이후에 서버로 데이터를 요청할 수도 데이터를 수신할 수도 있다. 그리고 백그라운드로 서버에 데이터를 보낼 수 있으니 많은 고급 기능을 제공할 수 있도록 하는 개발자들의 훌륭한 도구로 사용될 수 있다. Gecko에서 XMLHttpRequest는 nsIJSXMLHttpRequest와 nsIXMLHttpRequest 인터페이스를 구현하였다.

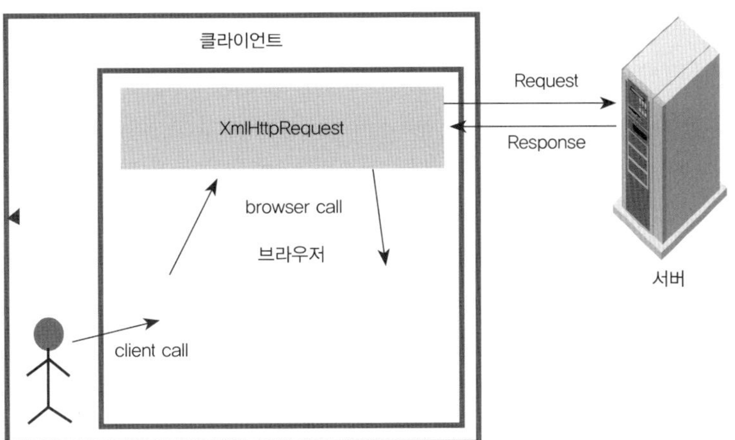

▲ XMLHttpRequest 동작(자료 : http://withfriendship.com/user/cyborg/xmlhttprequest.php)

XMLHttpRequest를 사용하기 위해서는 객체의 인스턴스를 만든 후 URL을 열고 요청을 보내야 한다. 이러한 동작 이후에 인스턴스의 결과 문서와 HTTP 상태 코드를 사용할 수 있다. 데이터를 받기 위해서 XMLHttpRequest를 사용하는데 고려해야 할 점이 한 가지 있다. 이는 데이터를 동기적으로 받을 것인지 비동기적으로 받을 것인지를 구분해야 한다는 점이다. 동기적으로 받는다는 것은 데이터를 받는 동작 중에는 다른 일은 처리되기 힘들다는 것을 예상해야 하며 비동기적으로 받을 경우에는 다른 일의 처리도 가능하다는 점을 생각해봐야 한다. 먼저 동기적으로 데이터를 받는 예제를 보도록 하자.

```javascript
var req = new XMLHttpRequest();
req.open('GET', 'http://www.wikipedia.org/', false);
req.send(null);
if(req.status == 200)
  dump(req.responseText);
```

다음은 비동기적으로 데이터를 받는 경우이다.

```javascript
var req = new XMLHttpRequest();
req.open('GET', 'http://www.wikipedia.org/', true);
req.onreadystatechange = function (aEvt) {
  if (req.readyState == 4) {
    if(req.status == 200)
      dump(req.responseText);
    else
      dump("Error loading page\n");
  }
```

```
};
req.send(null);
```

마이크로소프트가 제공하는 윈도우 XP의 인터넷 익스플로러 6 버전을 고려해야 할
경우에는 다음과 같은 버전을 고려한 작업이 선행되어야 한다.

```
/*
예제 기반 자료 :
http://blogs.msdn.com/xmlteam/archive/2006/10/23/
   using-the-right-version-of-msxml-in-internet-explorer.aspx
*/
if (typeof XMLHttpRequest == "undefined")
  XMLHttpRequest = function () {
    try { return new ActiveXObject("Msxml2.XMLHTTP.6.0"); }
    catch (e) {}
    try { return new ActiveXObject("Msxml2.XMLHTTP.3.0"); }
    catch (e) {}
    try { return new ActiveXObject("Microsoft.XMLHTTP"); }
    catch (e) {}
    //Microsoft.XMLHTTP -> Msxml2.XMLHTTP
    throw new Error("This browser does not support
      XMLHttpRequest.");
  };
```

하지만 다음의 예제에서는 모든 브라우저를 고려하여 사용할 수 있도록 구성되
었다.

```
function getXMLHttpRequestObject() {
  var ref = null;
  if (window.XMLHttpRequest) {
    ref = new XMLHttpRequest();
  } else if (window.ActiveXObject) { // Older IE.
    ref = new ActiveXObject("MSXML2.XMLHTTP.3.0");
  }
  return ref;
}
```

XMLHttpRequest를 사용하여 문서를 받는 동안 어떻게 진행되고 있는지를 궁금
해 하는 사용자들에게 상태를 알려주기 위해서는 onprogress를 사용할 수 있으며
position를 이용해서는 받은 데이터가 몇 바이트인지를 알 수 있고 totalSize를 사용
하면 데이터의 전체 크기가 몇 바이트인지를 알 수 있다.

```
httpRequest = new XMLHttpRequest();
httpRequest.open("GET", url, true);
httpRequest.onprogress = this.onProgress;
httpRequest.onload = this.onLoad;
httpRequest.onerror = this.onError;
httpRequest.send(null);
```

11.6 HTML의 자유로운 사용을 위한 Canvas 태그

HTML5에서 Canvas 태그는 ⟨div⟩, ⟨a⟩ 또는 ⟨table⟩과 같은 HTML 태그와 유사하다. 다만 차이는 자바스크립트와 같이 사용되어 렌더링 기능을 제공한다는 것이다. Canvas를 사용하여 선, 도형, 텍스트, 이미지와 같은 그래픽을 표현할 수 있고 색깔, 그림자, 패턴과 같은 여러 효과도 적용이 가능하다. Canvas는 2차원 그래픽 표현을 위한 스펙이며 WebGL를 기반으로 하는 3D 그래픽용으로도 확장이 진행되고 있다.

HTML5 Canvas 태그를 사용함으로서 UI, 다이어그램, 사진 앨범, 차트, 그래프, 애니메이션 및 임베드된 그리기를 구현하기가 훨씬 더 쉬워졌다. Canvas 요소는 경로, 사각형, 원 등의 다양한 메소드들이 있다.

다음은 간단한 HTML5 Canvas 템플릿이다.

```
⟨body⟩
  ⟨canvas id="myCanvas" width="578" height="200"⟩⟨/canvas⟩
  ⟨script⟩
    var canvas = document.getElementById('myCanvas');
    var context = canvas.getContext('2d');
    // 추가 작업 위치
  ⟨/script⟩
⟨/body⟩
```

Canvas 태그를 사용하여 간단히 사각형 도형을 그리도록 하겠다. 사각형 도형을 그리기 위해서 필요한 것은 Canvas 태그 안에 아이디와 폭/넓이, 스타일이다.

```
⟨!DOCTYPE html⟩
⟨html⟩
⟨body⟩
  ⟨canvas id="FirstCanvasExample" width="300" height="200"
```

```
      style="border:3px solid #000000;">
   Your browser does not support the HTML5 canvas tag.
   </canvas>
</body>
</html>
```

▲ Canvas 태그를 사용한 사각형 도형 예제

▲ Canvas 활용 예 1

만약 사용하고자 하는 웹 브라우저에서 Canvas 태그가 지원되지 않는다면 이 브라우저에서 HTML5 canvas 태그는 지원되지 않는다는 메시지를 발견할 수 있다.

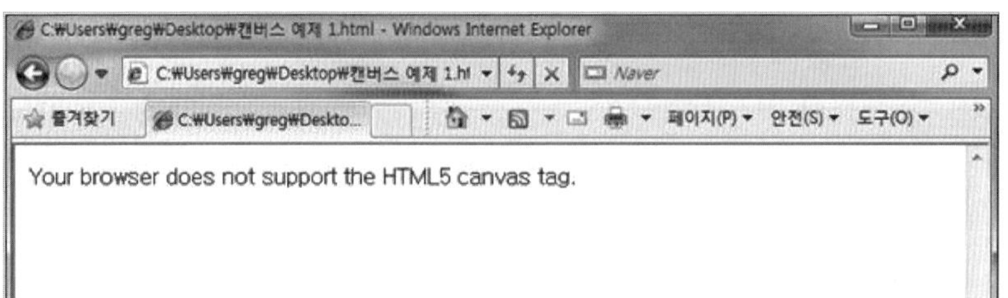

▲ Canvas 태그를 지원하지 않는 경우

Canvas 태그와 자바스크립트 함수를 활용하여 좀 전에 그린 사각형 안에 빨간색 작은 사각형을 추가로 넣도록 한다.

```
<!DOCTYPE html>
<html>
<body>
   <canvas id="FirstCanvasExample" width="300" height="200"
      style="border:3px solid #000000;">
   Not support the HTML5 canvas tag.
```

```
  </canvas>
  <script>
    var c=document.getElementById("FirstCanvasExample");
    var ctx=c.getContext("2d");
    ctx.fillStyle="#FF0000";
    ctx.fillRect(50,50,150,75);
  </script>
</body>
</html>
```

▲ Canvas를 사용한 추가 빨간 사각형 예제

   빨간 사각형을 지정하기 위해서 ctx.fillStyle="#FF0000"으로 색을 지정하고, 그려질 위치를 지정하기 위해서 ctx.fillRect(50,50,150,75)를 사용하였다. 실제로 렌더링된 결과는 다음 그림과 같다. 사용자가 원한다면 색상과 위치를 자유롭게 변경할 수 있다.

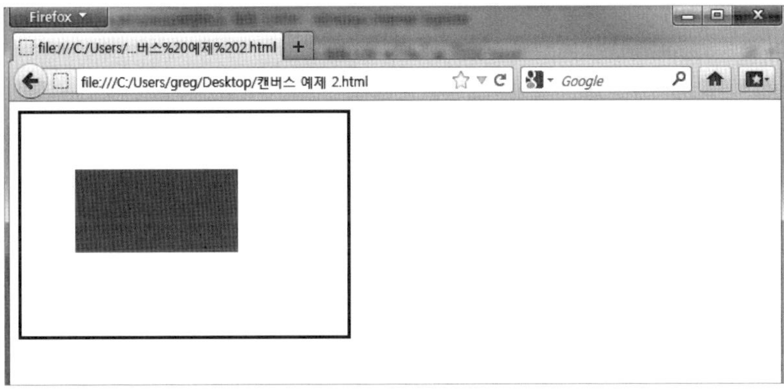

▲ Canvas 태그를 활용한 예 2

요약

이번 Chapter에서는 웹 브라우저에서 실행할 웹 페이지의 가장 기본을 이루는 HTML과 자바스크립트에 대해서 살펴보았다. 특히 HTML에 대해서는 주요 특성들을 살펴보았고 스크립트를 어떻게 내장하는지, 내장된 객체로는 어떠한 것들이 있는지도 살펴보았다. 이와 더불어 기본적인 웹 페이지 이벤트를 살펴보았으며 다양한 효과를 부여하기 위한 SVG, Canvas에 대해서도 간략히 살펴보았다.

Chapter 12 브라우저 다루기

브라우저를 통해서 여러 가지 동작을 수행할 수 있으며 동작의 통제도 가능하다. 앞에서는 자바스크립트의 여러 가지 기본 동작들에 대해서 살펴보는 시간을 가졌다라고 보면 지금부터는 이전의 내용을 가지고 어떻게 활용이 되는지를 알아보겠다.

12.1 브라우저를 대상으로 한 다양한 조작

자바스크립트에서 윈도우 객체(window object)를 사용하여 브라우저에서 오픈 윈도우를 구현할 수 있다. HTML 코드에서 〈frame〉 또는 〈iframe〉 태그를 포함하고 있다면 브라우저는 HTML 문서를 위한 하나의 윈도우 객체와 각 프레임별 추가 윈도우 객체를 생성하겠다는 것을 의미한다.

윈도우 객체의 속성들로는 다음의 표에서 보듯이 여러 가지 속성이 존재한다.

표) 윈도우 객체 속성 리스트

속성	내용
closed	윈도우가 닫혀졌는지 아닌지를 나타내기 위해서 불리언 값을 반환
defaultStatus	윈도우의 상태 바에 있는 기본 텍스트를 반환하거나 설정
document	윈도우의 도큐먼트 객체(Document object)를 반환
frames	현재 윈도우에서 모든 프레임 배열들을 반환(iframes 포함)
history	윈도우의 히스토리 객체(History object)를 반환

innerHeight	윈도우 콘텐츠 영역에서의 내부 높이를 설정하거나 반환
innerWidth	윈도우 콘텐츠 영역에서의 내부 넓이를 설정하거나 반환
length	윈도우 내에서의 프레임들의 수를 반환(iframes 포함)
location	윈도우의 로케이션 객체 값을 반환
name	윈도우 이름을 설정하거나 반환
navigator	윈도우의 네비게이터 객체를 반환
opener	윈도우를 생성한 윈도우의 레퍼런스를 반환
outerHeight	툴바/스크롤바를 포함하는 윈도우의 바깥쪽 높이를 설정하거나 반환
outerWidth	툴바/스크롤바를 포함하는 윈도우의 바깥쪽 넓이를 설정하거나 반환
pageXOffset	수평으로 스크롤했을 때 윈도우의 왼쪽으로부터 현재 문서의 픽셀 값을 반환
pageYOffset	수직으로 스크롤했을 때 현재 픽셀 값을 반환
parent	현재 윈도우의 부모 윈도우 반환
screen	윈도우의 스크린 객체(Screen object) 반환
screenX	윈도우 좌표 중 x축 값 반환
screenY	윈도우 좌표 중 y축 값 반환
self	현재 윈도우 반환
status	윈도우 상태 바의 텍스트 값 설정
top	가장 최상위의 브라우저 윈도우 반환

다음은 윈도우 객체가 지원하는 메소드들을 나열하였다.

표) 윈도우 객체 메소드 리스트

메소드	내용
alert()	메시지를 나타내며 OK 버튼을 가지는 박스를 표시
blur()	현재 윈도우에서의 포커스를 삭제
clearInterval()	setInterval()으로 타이머 설정을 제거
clearTimeout()	setTimeout()으로 타이머 설정을 제거
close()	현재 윈도우를 닫음
confirm()	메시지를 나타내는 다이얼로그 박스와 OK, Cancel 버튼을 지원
createPopup()	팝업 윈도우 생성
focus()	현재 윈도우에 대해 포커스 설정
moveBy()	현재 위치에서 윈도우를 일정 위치만큼 이동
moveTo()	특정 위치로 윈도우를 이동
open()	새로운 브라우저 윈도우를 오픈

print()	현재 윈도우의 콘텐츠를 프린트
prompt()	입력을 받기 위한 다이얼로그 박스를 띄움
resizeBy()	특정 픽셀만큼 윈도우 크기를 다시 변경함
resizeTo()	특정 넓이와 높이만큼 윈도우 크기를 다시 변경
scrollBy()	특정 픽셀만큼 콘텐츠를 스크롤
scrollTo()	특정 좌표로 콘텐츠를 스크롤
setInterval()	특정 시간 간격으로 함수를 수행(밀리초 단위)
setTimeout()	특정 시간 이후에 함수를 수행(밀리초 단위)

12.2 로케이션 객체

로케이션(Location) 객체는 현재 URL에 대한 정보를 가지고 있다. 이를 알기 위해서는 window.location 속성을 사용하여 정보 접근이 가능하다.

표) 로케이션 객체가 가지고 있는 속성 리스트

속성	내용
hash	URL의 앵커(Anchor) 값 반환
host	URL의 호스트명과 포트 값 반환
hostname	URL의 호스트명 반환
href	전체 URL 반환
pathname	URL 경로명 반환
port	URL을 지원하는 서버의 포트 값 반환
protocol	URL 프로토콜 반환
search	URL 쿼리 값 반환

현재 페이지의 전체 URL을 알기 위해서는 href 속성을 사용하도록 한다.

```
<!DOCTYPE html>
<html>
<body>
  <script>
    document.write(location.href);
```

```
    </script>
  </body>
</html>
```

▲ 전체 URL 제공 예제

URL의 호스트명을 알고 싶으면 location.hostname 속성을 사용한다.

```
<!DOCTYPE html>
<html>
<body>
  <script>
    document.write(location.hostname);
  </script>
</body>
</html>
```

▲ URL의 호스트명 제공 예제

URL이 수행되는 경로 전체를 알기 위해서는 다음과 같이 사용한다.

```
<!DOCTYPE html>
<html>
<body>
  <script>
    document.write(location.pathname);
  </script>
</body>
</html>
```

▲ URL 전체 수행 경로 예제

다음은 로케이션 객체가 지원하는 메소드들이다.

표) 로케이션 객체 메소드 리스트

메소드	내용
assign()	새로운 문서 로드
reload()	현재 문서 다시 로드
replace()	새로운 문서로 현재 문서 교체

예를 들어 현재 문서를 다시 로딩하는 코드는 다음과 같이 작성한다.

```
<!DOCTYPE html>
<html>
<head>
  <script>
    function reloadPage()
    {
       location.reload()
    }
  </script>
</head>
<body>
  <input type="button" value="Reload page" onclick="reloadPage()">
</body>
</html>
```

▲ 현재 브라우저 리로딩 예제

12.3 도큐먼트 객체

도큐먼트(Document) 객체의 속성들을 정리하면 다음과 같다.

표) 도큐먼트 객체 속성 리스트

속성	내용	W3C
anchors	도큐먼트 내의 모든 앵커 반환	Yes
applets	도큐먼트 내의 모든 애플릿 반환	Yes
body	도큐먼트의 body 엘리먼트 반환	Yes
cookie	도큐먼트 내의 쿠키 이름과 값을 반환	Yes
documentMode	도큐먼트를 렌더링하기 위해서 브라우저에서 사용하는 모드 값을 반환	No
domain	도큐먼트를 로드하는 서버의 도메인 이름 반환	Yes
forms	도큐먼트 내의 모든 폼을 반환	Yes
images	도큐먼트 내의 모든 이미지 반환	Yes
lastModified	최근에 수정된 문서의 날짜와 시간 값 반환	No
links	문서 내의 모든 링크 값 반환	Yes
readyState	문서의 로딩 상태 값 반환	No
referrer	현재 문서를 로딩하는 문서의 URL 값 반환	Yes

title	문서의 타이틀을 설정하거나 반환	Yes
URL	문서에 대한 전체 URL 값 반환	Yes

현재 문서의 도메인명을 출력해보자.

```
<!DOCTYPE html>
<html>
<body>
   도메인 이름 :
   <script>
      document.write(document.domain);
   </script>
</body>
</html>
```

▲ 현재 문서 도메인명 출력 예제

이번에는 쿠키 값을 출력해보자.

```
<!DOCTYPE html>
<html>
<body>
   쿠키 값 :
   <script>
      document.write(document.cookie);
   </script>
</body>
</html>
```

▲ 쿠키 값 출력 예제

도큐먼트 관련 메소드는 다음과 같이 5개를 지원한다.

표) 도큐먼트 메소드 리스트

메소드	속성	W3C
close()	document.open()을 사용하여 이전에 열린 아웃풋 스트림을 닫음.	Yes
getElementsByName()	특정 이름을 가지는 모든 엘리먼트들에 접근	Yes
open()	document.write() 또는 document.writeln()으로부터의 아웃풋 스트림을 오픈	Yes
write()	문서로 HTML 또는 자바스크립트 코드 출력을 내보냄.	Yes
writeln()	write()와 동일하지만 각 문장 다음에 개행 문자가 들어감.	Yes

다음 예제는 open( ) 메소드를 사용하여 새로운 창을 오픈한다.

```html
<!DOCTYPE html>
<html>
<head>
  <script>
    function createDoc()
    {
      var w=window.open();
      w.document.open();
      w.document.write("<h1>Hello World!</h1>");
      w.document.close();
    }
  </script>
</head>
<body>
  <input type="button" value="New document in a new window"
      onclick="createDoc()">
</body>
</html>
```

▲ 새로운 창 오픈 예제

다음은 write( ) 메소드를 사용하여 일련의 문장을 브라우저로 출력한다.

```html
<!DOCTYPE html>
<html>
<body>
  <script>
    document.write("Hello World!");
  </script>
</body>
</html>
```

▲ 브라우저로 문장을 출력하는 예제

12.4 히스토리 객체

히스토리(History) 객체의 속성으로 length가 지원된다.

표) 히스토리 객체 속성 리스트

속성	내용
length	히스토리 리스트 내의 URL의 개수를 반환한다.

다음은 히스토리 객체의 length 속성을 이용하여 현재 가지고 있는 URL 개수를 출력한다.

```
<!DOCTYPE html>
<html>
<body>
  <script>
    document.write("히스토리 리스트 내 URL 개수: " + history.length);
  </script>
</body>
</html>
```
▲ URL 개수 확인 예제

히스토리 객체가 지원하는 메소드는 다음과 같다.

표) 히스토리 객체 메소드 리스트

속성	내용
back()	히스토리 리스트에서 이전 URL을 로드
forward()	히스토리 리스트에서 다음 URL을 로드
go()	히스토리 리스트에서 특정 URL을 로드

예를 들어 히스토리 리스트에서 강제로 뒤로 5단계를 누른 효과를 발생시켜보자.

```
<!DOCTYPE html>
<html>
<head>
  <script>
    function goBack()
    {
```

```
      window.history.go(-5)
    }
  〈/script〉
〈/head〉
〈body〉
  〈input type="button" value="Go 5 pages back" onclick="goBack()"〉
〈/body〉
〈/html〉
```
▲ 히스토리 검색 예제

12.5 스크린 객체

이번에는 스크린(Screen) 객체에 대해 알아보자. 스크린 객체는 화면에 나타내는 다양한 정보를 제공한다.

표) 스크린 객체 속성 리스트

속성	내용
availHeight	스크린 높이 반환(윈도우 태스크바 제외)
availWidth	스크린 넓이 반환(윈도우 태스크바 제외)
colorDepth	이미지를 나타낼 때 필요한 컬러 팔레트의 비트 깊이 반환
height	스크린의 전체 높이 반환
pixelDepth	스크린의 색상 분해능 정도 반환(픽셀당 비트수)
width	스크린의 전체 넓이 반환

다음은 윈도우 태스크 바를 제외한 스크린 높이를 구하는 방법이다.

```
〈!DOCTYPE html〉
〈html〉
〈body〉
  〈script〉
    document.write("Available Height: " + screen.availHeight);
  〈/script〉
〈/body〉
〈/html〉
```
▲ 스크린 높이 확인 예제

이미지를 표시하기 위한 컬러 팔레트의 비트의 깊이 정도를 얻기 위해서 다음과 같은 코드를 사용한다.

```
<!DOCTYPE html>
<html>
<body>
  <script>
    document.write("Color Depth: " + screen.colorDepth);
  </script>
</body>
</html>
```

▲ 컬러 팔레트의 깊이를 얻는 예제

다음 예제는 스크린의 전체 넓이를 구하기 위한 방법이다.

```
<!DOCTYPE html>
<html>
<body>
  <script>
    document.write("Total Width: " + screen.width);
  </script>
</body>
</html>
```

▲ 스크린 전체 넓이를 얻기 위한 예제

다음 예제는 스크린의 전체 높이를 구하기 위한 방법을 나타낸다.

```
<!DOCTYPE html>
<html>
<body>
  <script>
    document.write("Total Height: " + screen.height);
  </script>
</body>
</html>
```

▲ 스크린 전체 높이를 얻기 위한 예제

12.6 셀프 객체

현재 윈도우에서의 셀프(Self) 속성을 반환한다. 다음의 예에서 제공하는 윈도우 체크 버튼을 누르면 check( ) 함수가 호출되고, 현재 윈도우의 상태를 확인한다. 그리고 가장 최상위 윈도우인지를 체크하고 만약에 아니라면 최상위 윈도우가 아님을 알려준다.

```html
<!DOCTYPE html>
<html>
<head>
  <script>
    function check()
    {
      if (window.top!=window.self)
      {
        document.write("<p>이 윈도우는 가장 최상위 윈도우가 아닙니다.</p>")
      }
      else
      {
        document.write("<p>이 윈도우는 가장 최상위 윈도우입니다</p>")
      }
    }
  </script>
</head>
<body>
  <input type="button" onclick="check()" value="현재 당신의 윈도우를 체크">
</body>
</html>
```

▲ 현재 윈도우 체크 예제

다음의 예제는 새로운 윈도우를 하나 띄우고 그 윈도우에 포커스를 맞추도록 하는 focus( ) 메소드에 대한 내용이다. 새로운 윈도우에 포커스가 맞추어지게 되므로 가장 앞으로 위치하게 된다.

```html
<!DOCTYPE html>
<html>
<head>
  <script>
    function openWin()
    {
      myWindow=window.open('','','width=500,height=200');
```

```
        myWindow.document.write("<p>포커싱 테스트</p>");
        myWindow.focus();
     }
   </script>
</head>
<body>
   <input type="button" value="새로운 윈도우 띄우기" onclick="openWin()" />
</body>
</html>
```

▲ 새 윈도우 생성 및 포커싱 예제

만약에 웹 페이지를 프린터로 출력하고 싶다면 print( ) 메소드를 사용하면 된다.

```
<!DOCTYPE html>
<html>
<head>
   <script>
     function printpage()
     {
        window.print();
     }
   </script>
</head>
<body>
   <input type="button" value="프린터 테스트" onclick="printpage()" />
</body>
</html>
```

▲ 웹 페이지 프린팅 예제

요약

이번 Chapter에서는 자바스크립트를 사용하여 브라우저 윈도우에 대한 여러 가지 객체와 메소드들을 살펴보았다. 물론 많은 객체들이 지원되고 있지만 그 중에서 중요한 것에 속하는 로케이션, 도큐먼트, 히스토리, 스크린 객체의 속성에 대해서 살펴보았고 추가적으로 각 객체에서 지원하는 메소드들도 살펴보았다. 지금까지 살펴본 객체의 활용법을 기반으로 추후에 실제 프로젝트에서 사용해보도록 하자.

CSS와 DHTML

HTML은 웹 문서를 다양하게 설계하고 사용자의 요청에 맞추어서 커스터마이징할 때 많은 제약들이 수반된다. 따라서 이러한 제약들을 극복하고 보완하기 위해서 제안된 것이 스타일 시트이다. 실제로 웹 기반 서비스를 제공하기 위해서 웹 페이지를 제작할 경우에 매번 수정하고 저장하고 다시 업데이트하기에는 많은 수고가 뒤따른다. 하지만 웹 페이지의 스타일을 미리 몇 가지 정의하고 다수의 정의된 시트들을 저장하여 유기적으로 활용하면, 추후 내부 구성 요소 일부만 변경해도 관련되는 전체가 내용이 한꺼번에 변경되므로 일관성, 유지 보수성, 효율성을 모두 만족시켜주게 된다. 이러한 역할을 지원해주는 것이 바로 CSS이다. 이번 Chapter에서는 이와 관련된 내용들을 살펴보도록 한다.

13.1 CSS 정의

CSS(Cascading Style Sheet)는 HTML과 XHTML에 주로 쓰이며 XML에서도 사용할 수 있어 마크업 언어가 실제 표시되는 방법을 기술한다. CSS는 W3C의 표준이며 개발자가 자신의 창의성을 살려서 레이아웃과 스타일을 정의할 때 매우 유용하다. CSS는 여러 수준과 프로 파일을 가지고 있으며 각 수준의 CSS(CSS1, CSS2, CSS3)는 일반적으로 새로운 기능을 담고 있다. 프로 파일들은 일반적으로 특정한 장치나 사용자 인터페이스를 위해 만들어진다.

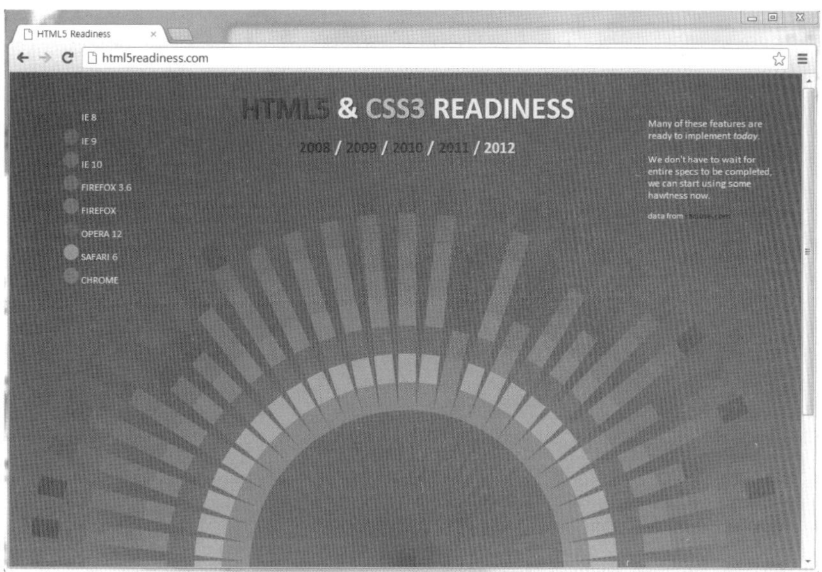

▲ CSS의 예 1(출처 : http://html5readiness.com/)

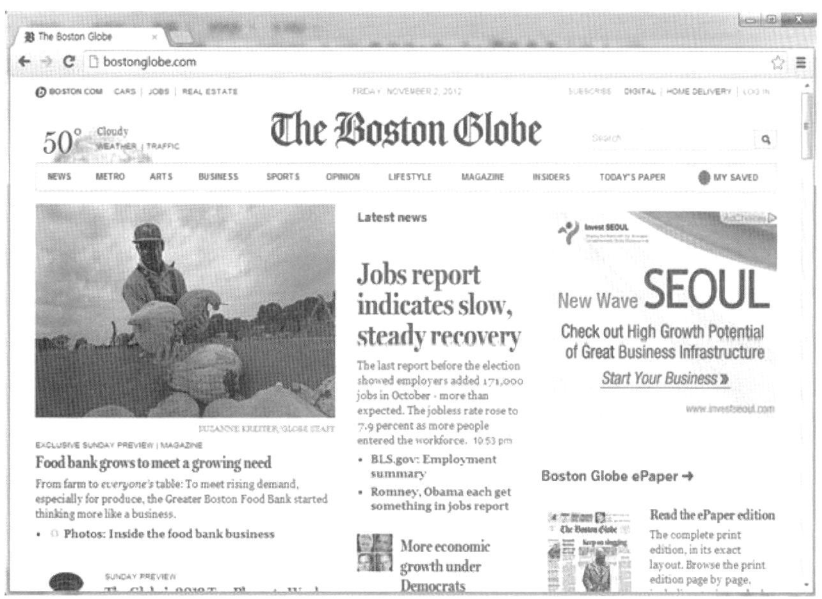

▲ CSS의 예 2(출처 : http://bostonglobe.com/)

만약에 앞에서 나타낸 예제 이외에 다양한 예제를 얻고 싶다면 HTML5와 CSS3 예제를 제공하는 트립와이어-매거진(http://www.tripwiremagazine.com/)에서 얻을 수 있다.

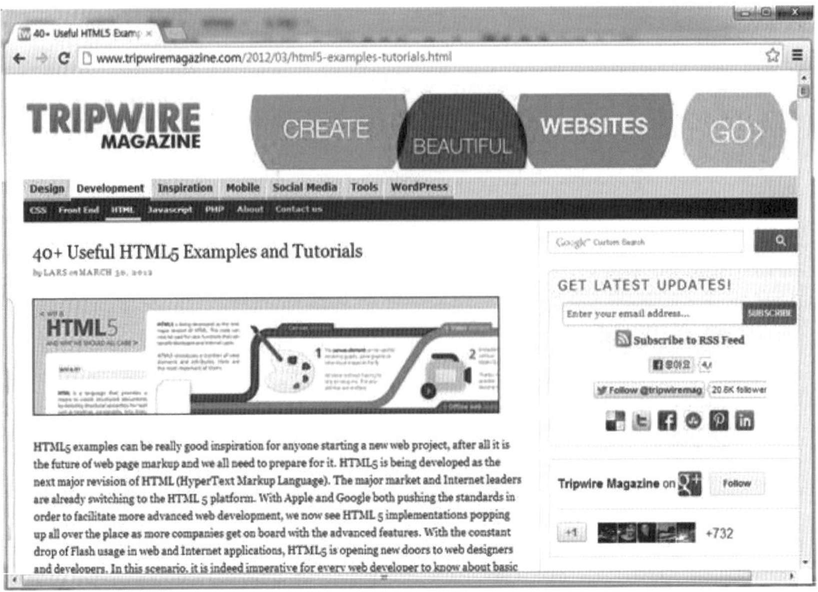

▲ 트립와이어-매거진 사이트(출처 : http://www.tripwiremagazine.com/)

CSS는 지속적으로 새로운 버전이 나오고 있다. 1996년에 도입된 CSS1은 CSS의 바탕이 되었다. CSS2도 역시 W3C에 의해서 개발되었으며 1998년에 발표되었다. CSS2에서는 미디어 타입 컨셉이 지원되고 Z-index, 엘리먼트들의 위치 관련 여러 사항들이 포함되었다. CSS의 표준으로는 CSS2.1이 있으며 이전 CSS2 버전의 오류가 수정되었다.

새로운 기능과 도구가 추가되었다. 현재 W3C에서는 CSS3을 표준으로 만들고 있으며, 대다수의 웹 브라우저는 CSS2.1을 지원했지만 점차적으로 CSS3 지원 사이트가 늘어나고 있는 추세이다. CSS3는 2005년 12월 5일 이후 개발 중에 있으며 전체가 모듈화되어 사용자 에이전트가 모듈에 대한 모든 모듈을 지원하지 않거나 자유롭게 선택할 수 있다.

CSS를 사용하면 웹 개발자는 HTML의 스타일링 자신이 원하는 방향으로 손쉽게 꾸밀 수 있다. CSS는 스타일 HTML 요소에 더 좋은 방법을 제공하기 위해 HTML4와 함께 도입되었다. CSS는 다음과 같은 방법으로 HTML에 추가될 수 있다.

- 인라인 스타일을 이용한 추가
- HTML 요소에 스타일 속성 사용 내부 스타일을 이용한 추가
- 외부 스타일시트

외부 스타일시트는 스타일을 여러 개의 페이지에 적용하고자 할 때 필요하다. 외부 스타일시트를 사용할 경우에는 하나의 파일에서 변경하여 전체 웹 사이트의 룩앤필을 변경할 수 있다. 각 페이지는 태그를 사용하여 스타일시트에 링크되어 있어야만 한다. 태그는 섹션 내에서 존재한다.

13.2 DHTML의 정의

DHTML(Dynamic HTML, 동적 HTML)은 정적 마크업 언어인 HTML과 클라이언트 기반 스크립트 언어, 스타일 정의 언어인 CSS를 조합하여 대화형 웹 사이트를 제작하는 기법이다. 기존의 정적인 웹 페이지에 동적인 기능을 추가하고자 만들어졌다.

DHTML은 웹 페이지 내에서 자체적으로 실행되어 서버의 부담이 적고 이벤트에 대한 즉각적인 반응이 가능하다는 장점이 있다. 사용자의 입력을 받아 그에 맞게 웹 페이지를 변화시킬 수 있으며 웹 페이지의 외형을 자유자재로 지정할 수 있다. 하지만, DHTML의 단점으로는 브라우저마다 기술 지원에 대한 편차가 있기 때문에 개발과 디버그 작업이 힘들다는 것과 화면 크기가 다양하기 때문에 제한된 브라우저와 화면 크기 조합에만 최적화가 가능하다는 점이있다.

DHTML은 웹 브라우저 상에서 동작하는 응용프로그램을 제작할 때 매우 유용하다. DHTML은 완전히 브라우저에 포함되어 데이터베이스와 같은 서버 측 지원이 없이 동작하는 DHTML 응용 프로그램을 때로 SPA(Single Page Applications : 단일 페이지 응용프로그램)라고도 부른다.

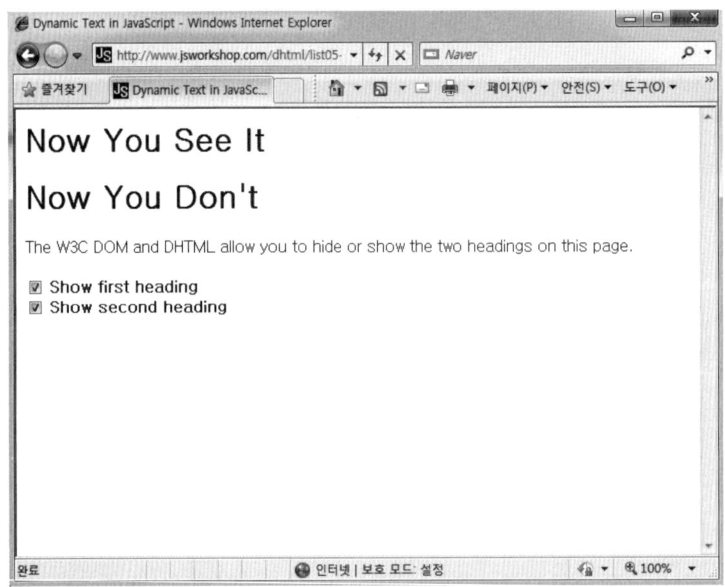

▲ DHTML 예제(출처 : http://www.jsworkshop.com/dhtml/list05-2.html)

위의 예제를 보면 두 개의 체크박스가 주어지고 그 중 하나를 선택하여 오프시키면 위의 문장도 동적으로 사라진다. DHTML 코드는 다음과 같다. 사용자가 체크박스를 선택하면 이를 확인하여 웹 페이지에서는 렌더링에 있어서 동적으로 수행한다. 이렇게 기존에 정해진 대로만 동작하는 것이 아니라 실시간으로 사용자의 의도를 파악하여 대응할 수 있다는 점에서 DHTML이 장점을 가진다고 볼 수 있다.

```html
<!DOCTYPE html>
<html>
<head>
  <title>Dynamic Text in JavaScript</title>
  <script language="Javascript">
    function ShowHide() {
      if (!document.getElementById) return;
      var head1 = document.getElementById("head1");
      var head2 = document.getElementById("head2");
      var showhead1 = document.form1.head1.checked;
      var showhead2 = document.form1.head2.checked;
      head1.style.visibility=(showhead1) ? "visible" : "hidden";
      head2.style.visibility=(showhead2) ? "visible" : "hidden";
    }
  </script>
</head>
<body>
  <h1 ID="head1">Now You See It</h1>
```

```
<h1 ID="head2">Now You Don't</h1>
<p>The W3C DOM and DHTML allow you to hide or show the two headings
    on this page.</p>
<form name="form1">
  <input type="checkbox" name="head1" checked
      onClick="ShowHide();">
  <b>Show first heading</b><br>
  <input type="checkbox" name="head2" checked
      onClick="ShowHide();">
  <b>Show second heading</b><br>
</form>
</body>
</html>
```

▲ DHTML의 동적 동작 예제

13.3 테이블

CSS를 사용하여 테이블(Table)을 손쉽게 구성할 수 있다. 여기에서는 3개의 기본적인 CSS 테이블 스타일을 나타내고자 한다. 테이블을 구성할 때에는 CSS 코드만 가지고 가능할 수도 있지만 자바스크립트를 사용해야 하는 경우도 있다.

|||| 경계선을 가지는 기본 CSS 테이블

3개의 행(TR 엘리먼트), 3개의 헤더 셀(TH 엘리먼트), 6개의 데이터 셀(TD 엘리먼트)을 가지는 테이블(TABLE 엘리먼트)을 생성하기 위해서 다음과 같이 TR, TH, TD를 정의하도록 한다.

```
<TABLE>
<CAPTION>3x3 테이블</CAPTION>
<TR id="row1">
  <TH>Header 1 <TD>Cell 1 <TD>Cell 2
<TR id="row2">
  <TH>Header 2 <TD>Cell 3 <TD>Cell 4
<TR id="row3">
  <TH>Header 3 <TD>Cell 5 <TD>Cell 6
</TABLE>
```

다음의 CSS 규칙은 헤더 셀에서 텍스트를 수평을 기준으로 어느 위치로 놓게 할 것인지를 결정하고 볼드체로 하기 위해서 작성한 것이다.

```
th { text-align: center; font-weight: bold }
```

만약에 수직으로 위치를 결정하고자 할 경우에는 다음과 같이 vertical-align을 사용하면 된다.

```
th { vertical-align: baseline }
td { vertical-align: middle }
```

다음에서는 맨 위 행은 3px 솔리드(Solid) 블루 경계선, 즉 파란 실선으로 둘러싸이게 해주는 효과를 적용하고 그 외의 다른 행들은 1px의 검정 실선을 적용하게끔 하기 위해서 사용한 예이다.

```
table  { border-collapse: collapse }
tr#row1 { border: 3px solid blue }
tr#row2 { border: 1px solid black }
tr#row3 { border: 1px solid black }
```

이러한 테이블 설정과 더불어 테이블 위에 위치할 캡션에 효과를 주기 위해서는 별도의 지정이 필요하다. 다음의 예에서는 테이블 캡션의 위치를 위와 아래로 구분해서 지정하는 방법을 나타냈다.

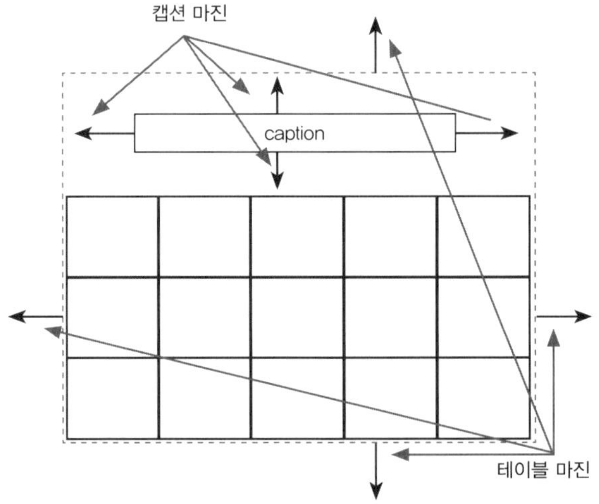

▲ CSS를 이용한 테이블과 캡션 마진(margin) 설정

```css
caption { caption-side: top }

caption { caption-side: bottom;
  width: auto;
  text-align: left }
```

이제 간단한 5행 3열 테이블을 만들어보자.

```html
<!DOCTYPE html>
<html>
<head>
  <style>
    table, td, th
    {
      border:1px solid black;
    }
    td
    {
      height:30px;
      vertical-align:bottom;
    }
  </style>
</head>
<body>
  <TABLE>
    <COL id="col1"><COL id="col2"><COL id="col3">
    <TR id="row1">
      <TD> 1
      <TD> 2
      <TD> 3
    </TR>
    <TR id="row2">
      <TD> 4
      <TD class="cell5"> 5
      <TD class="cell6"> 6
    </TR>
    <TR id="row3">
      <TD> 7
      <TD> 8
      <TD> 9
    </TR>
    <TR id="row4">
      <TD> 10
      <TD> 11
      <TD> 12
```

```
    〈/TR〉
    〈TR id="row5"〉
      〈TD〉13
      〈TD〉14
      〈TD〉15
    〈/TR〉
  〈/TABLE〉
〈/body〉
〈/html〉
```

▲ 5행 3열 테이블 생성 예제

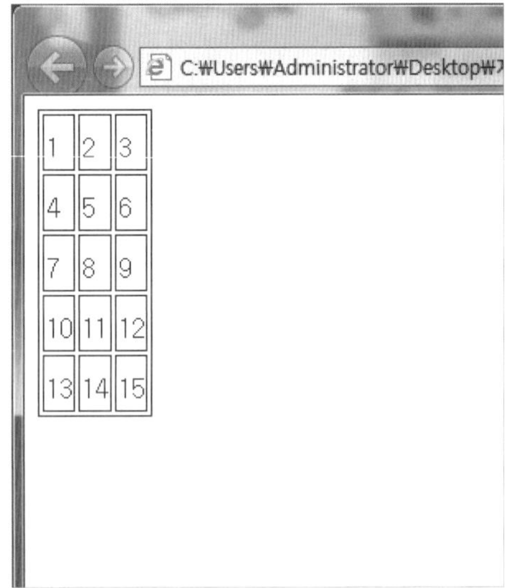

▲ 테이블 높이를 30px로 설정하고 5행 3열로 만든 결과

만약에 높이를 기존의 30px에서 50px로 변경시킨다면 테이블의 높이가 다음의 그림과 같이 조정됨을 쉽게 파악할 수 있다.

```
td
{
  height:50px;
  vertical-align:bottom;
}
```

▲ 테이블 높이를 50px로 변경한 결과

||||| 백그라운드 이미지를 가지는 CSS 테이블

테이블의 행에 백그라운드 이미지를 적용할 수 있다. 'table.imagetable th'와 'table.imagetable td'에서 사용할 백그라운드 이미지를 지정한다. 경계선의 넓이와 종류는 각각 지정 가능하다.

```
<!DOCTYPE HTML>
<html>
<head>
  <title> New Document </title>
  <style type="text/css">
    table.imagetable {
      font-family: verdana,arial,sans-serif;
      font-size:11px;
      color:#333333;
      border-width: 1px;
      border-color: #999999;
      border-collapse: collapse;
    }

    table.imagetable th {
      background:#b5cfd2 url('cell-blue.jpg');
      border-width: 1px;
      padding: 8px;
      border-style: solid;
```

```
        border-color: #999999;
      }
    table.imagetable td {
      background:#dcddc0 url('cell-grey.jpg');
      border-width: 1px;
      padding: 8px;
      border-style: solid;
      border-color: #999999;
      }
  </style>
</head>
<body>
  <table class="imagetable">
    <tr>
      <th>Info Header 1</th><th>Info Header 2</th><th>Info Header 3</th>
    </tr>
    <tr>
      <td>Text 1A</td><td>Text 1B</td><td>Text 1C</td>
    </tr>
    <tr>
      <td>Text 2A</td><td>Text 2B</td><td>Text 2C</td>
    </tr>
  </table>
</body>
</html>
```

▲ 백그라운드 이미지 적용 예제

3개의 행과 3개의 열을 가지는 표가 완성되었다. 만약에 사용자가 백그라운드로 사용되는 그림을 변경하고 싶으면 background 내부에서 사용하는 이미지 url을 변경한다.

▲ 백그라운드 이미지 예제 실행 결과

▓▓ 커서가 올려졌을 때 자동으로 하이라이트 되는 CSS 테이블

이번에는 커서를 테이블 위로 올렸을 때 선택된 행이 자동으로 하이라이트 되도록 해보자. 마우스 커서가 글씨 위에 위치할 때 마우스-오버(Mouse-over) 효과로 글씨를 바꾸도록 하기 위해서는 onmouseover 이벤트를 사용해야 한다. 이 이벤트는 마우스의 커서가 해당 요소 위에 위치할 때 발생한다. 이와 반대의 동작을 일으키는 onmouseout 이벤트는 마우스 커서가 해당 요소에서 위치하다가 밖으로 나갈 때 일어나는 이벤트이다.

```html
<!DOCTYPE HTML PUBLIC "-//W3C//DTD HTML 4.01 Transitional//
    EN" "http://www.w3.org/TR/html4/loose.dtd">
<html>
<head>
  <title> New Document </title>
  <style type="text/css">
    table.hovertable {
        font-family: verdana,arial,sans-serif;
        font-size:11px;
        color:#333333;
        border-width: 1px;
        border-color: #999999;
        border-collapse: collapse;
    }
    table.hovertable th {
        background-color:#c3dde0;
        border-width: 1px;
        padding: 8px;
        border-style: solid;
        border-color: #a9c6c9;
    }
    table.hovertable tr {
        background-color:#d4e3e5;
    }
        table.hovertable td {
        border-width: 1px;
        padding: 8px;
        border-style: solid;
        border-color: #a9c6c9;
    }
  </style>
</head>
<body>
  <table class="hovertable">
```

```html
    <tr>
      <th>Info Header 1</th><th>Info Header 2</th><th>Info Header 3</th>
    </tr>
    <tr onmouseover="this.style.backgroundColor='#ffff66';
      " onmouseout="this.style.backgroundColor='#d4e3e5';">
      <td>Item 1A</td><td>Item 1B</td><td>Item 1C</td>
    </tr>
    <tr onmouseover="this.style.backgroundColor='#ffff66';
      " onmouseout="this.style.backgroundColor='#d4e3e5';">
      <td>Item 2A</td><td>Item 2B</td><td>Item 2C</td>
    </tr>
    <tr onmouseover="this.style.backgroundColor='#ffff66';
      " onmouseout="this.style.backgroundColor='#d4e3e5';">
      <td>Item 3A</td><td>Item 3B</td><td>Item 3C</td>
    </tr>
    <tr onmouseover="this.style.backgroundColor='#ffff66';
      " onmouseout="this.style.backgroundColor='#d4e3e5';">
      <td>Item 4A</td><td>Item 4B</td><td>Item 4C</td>
    </tr>
    <tr onmouseover="this.style.backgroundColor='#ffff66';
      " onmouseout="this.style.backgroundColor='#d4e3e5';">
      <td>Item 5A</td><td>Item 5B</td><td>Item 5C</td>
    </tr>
  </table>
</body>
</html>
```

▲ 테이블의 하이라이트 동작 예제

▲ 자동으로 하이라이트 되는 CSS 테이블 실행 결과

이외에도 W3C(http://www.w3.org/TR/CSS2/tables.html)에서 제공하는 다양한 테이블 관련 CSS 코드들을 살펴보면 다음과 같다. 행과 데이터 셀의 색을 다르게 구분하였고 실선의 색은 검정색으로 설정하였다.

```
<!DOCTYPE HTML PUBLIC "-//W3C//DTD HTML 4.01//EN">
<HTML>
<HEAD>
  <TITLE>Table example</TITLE>
  <STYLE type="text/css">
    TABLE { background: #ff0; border: solid black;
      empty-cells: hide }
    TR.top { background: red }
    TD   { border: solid black }
  </STYLE>
</HEAD>
<BODY>
  <TABLE>
    <TR CLASS="top">
      <TD> 1
      <TD rowspan="2"> 2
      <TD> 3
      <TD> 4
    <TR>
      <TD> 5
      <TD>
  </TABLE>
</BODY>
</HTML>
```

▲ 테이블 꾸미기 예제

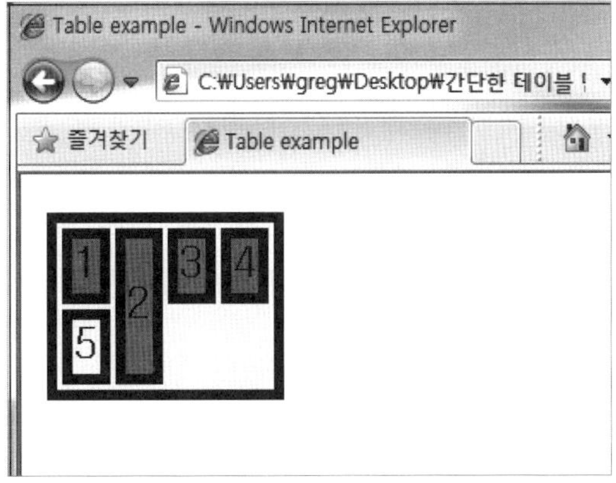

▲ 간단한 테이블 만들어보기 예제(W3C)

테이블에서 셀을 구성하는 경계선들이 각각 다르고 만약에 겹쳐진다면 어떻게 표현
될까? 이를 알아보기 위해서 다음과 같은 코드를 실행해보자.

```html
<!DOCTYPE HTML PUBLIC "-//W3C//DTD HTML 4.01 Transitional//
    EN" "http://www.w3.org/TR/html4/loose.dtd">
<html>
<head>
  <title> New Document </title>
  <style type="text/css">
    table      { border-collapse: collapse;
          border: 5px solid yellow; }
    *#col1     { border: 3px solid black; }
    td         { border: 1px solid red; padding: 1em; }
    td.cell5   { border: 5px dashed blue; }
    td.cell6   { border: 5px solid green; }
  </style>
</head>
<body>
  <TABLE>
    <COL id="col1"><COL id="col2"><COL id="col3">
    <TR id="row1">
      <TD> 1
      <TD> 2
      <TD> 3
    </TR>
    <TR id="row2">
      <TD> 4
      <TD class="cell5"> 5
      <TD class="cell6"> 6
    </TR>
    <TR id="row3">
      <TD> 7
      <TD> 8
      <TD> 9
    </TR>
    <TR id="row4">
      <TD> 10
      <TD> 11
      <TD> 12
    </TR>
    <TR id="row5">
      <TD> 13
      <TD> 14
      <TD> 15
```

```
    〈/TR〉
  〈/TABLE〉
〈/body〉
〈/html〉
```

▲ 테이블 경계선 꾸미기 예제

셀 5와 6을 'td.cell5 { border: 5px dashed blue; }', 'td.cell6 { border: 5px solid green; }'으로 설정함으로써 경계선이 겹쳐지는 부분은 파란 점선과 녹색 실선으로 순차적으로 오버랩 되도록 구성하였다.

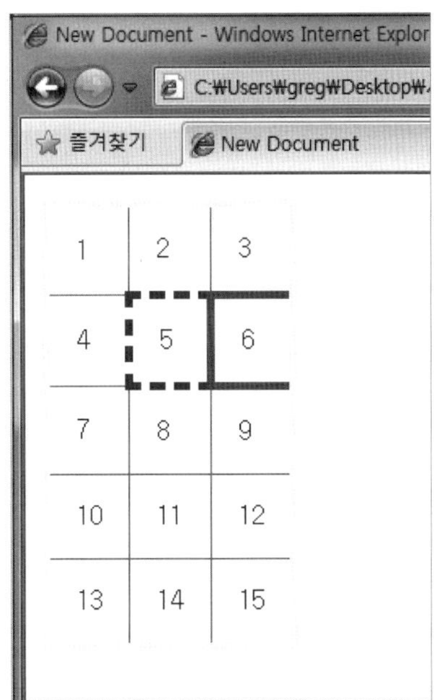

▲ 테이블 경계선 꾸미기 결과

셀을 구성하는데 있어서 주위 셀 간의 다양한 특성을 유지하기 위해서는 일정한 규칙을 준수해야 한다. 셀 간의 간격에서 경계선의 폭과 색상, 셀의 폭을 지정할 수도 있다.

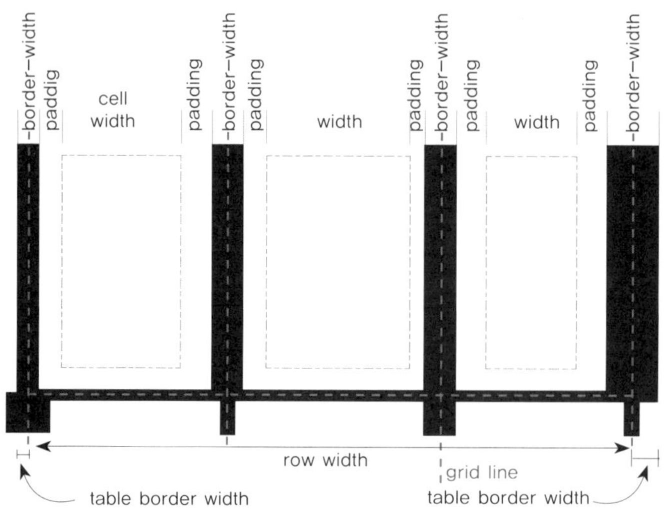

▲ 셀의 패딩과 폭 지정 규칙

13.4 프레임

웹 페이지의 프레임(Frame)을 왼쪽(비중이 더 큼)과 오른쪽으로 구분하며 페이지
가 스크롤될 때에도 고정되어 일정한 형태를 유지하도록 할 때 CSS 프레임(Frame)
레이아웃을 사용하여 구현할 수 있다.

왼쪽 프레임 레이아웃을 적용하는 경우를 살펴보자. 전체 화면은 두 군데로 나뉜다.
왼쪽과 오른쪽 열(메인 화면)이 존재하며 왼쪽은 고정된 화면을 유지하지만 오른쪽(메
인 화면)의 경우에는 많은 내용을 담고 있을 경우에는 스크롤하여 아래로 내릴 수 있
다(출처 : http://www.dynamicdrive.com/style/layouts/category/C11/P0/).

```
<!DOCTYPE html PUBLIC "-//W3C//DTD XHTML 1.0 Transitional//EN"
"http://www.w3.org/TR/xhtml1/DTD/xhtml1-transitional.dtd">
<html xmlns="http://www.w3.org/1999/xhtml" lang="en"
    xml:lang="en">
<head>
  <meta http-equiv="Content-Type" content="text/html;
    charset=iso-8859-1" />
  <title>Dynamic Drive: CSS Left Frame Layout</title>
  <style type="text/css">
    body{
      margin: 0;
```

```
    padding: 0;
    border: 0;
    overflow: hidden;
    height: 100%;
    max-height: 100%;
  }
  #framecontent{
    position: absolute;
    top: 0;
    bottom: 0;
    left: 0;
    width: 200px;
    height: 100%;
    overflow: hidden; /* 스크롤바 비활성화. 활성화를 위한 "scroll" 변경 */
    background: navy;
    color: white;
  }
  #maincontent{
    position: fixed;
    top: 0;
    left: 200px; /* WidthOfFrameDiv 관련 설정*/
    right: 0;
    bottom: 0;
    overflow: auto;
    background: #fff;
  }
  .innertube{
    margin: 15px; /* 각 DIV 내 내부 DIV을 위한 마진 */
  }
  * html body{ /* IE6 */
    padding: 0 0 0 200px;
  }
  * html #maincontent{ / *IE6 */
    height: 100%;
    width: 100%;
  }
</style>
<script type="text/javascript">
  /*** 임시 텍스트 채우기 함수 ***/
  var gibberish=["This is just some filler text", "Welcome to
  Dynamic Drive CSS Library", "Demo content nothing to read here"]
  function filltext(words){
    for (var i=0; i<words; i++)
      document.write(gibberish[Math.floor(Math.random()*3)]+" ")
  }
```

```
    </script>
  </head>
  <body>
    <div id="framecontent">
      <div class="innertube">
        <h1>CSS Left Frame Layout</h1>
        <h3>Sample text here</h3>
      </div>
    </div>
    <div id="maincontent">
      <div class="innertube">
      <h1>Dynamic Drive CSS Library</h1>
      <p><script type="text/javascript">filltext(255)</script></p>
      <p style="text-align: center">Credits: <a href="http://www.
        dynamicdrive.com/style/">Dynamic Drive CSS Library</a></p>
      </div>
    </div>
  </body>
</html>
```

▲ 왼쪽 프레임 레이아웃 설정 예제

왼쪽의 프레임은 파란색으로 바탕화면을 채웠지만 오른쪽 메인 화면의 경우에는 function filltext(words)를 사용하여 글을 채웠다. HTML의 코드 내에서 framecontent와 maincontent로 구분하여 프레임을 구현하였다. #framecontent에서 왼쪽 프레임 위치가 지정되었다.

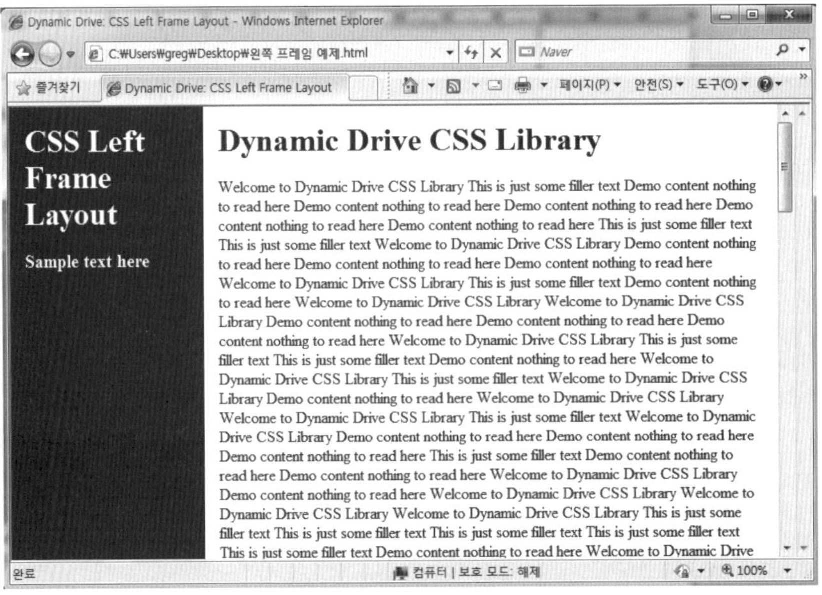

▲ 왼쪽 프레임 레이아웃 실행 결과

오른쪽 프레임 레이아웃을 적용할 경우에는 다음과 같다. 전체 화면은 왼쪽 프레임 레이아웃의 경우와 마찬가지로 두 군데로 나뉜다. 왼쪽(메인 화면)과 오른쪽 열이 존재하며 오른쪽은 고정된 화면을 유지하지만 왼쪽(메인 화면)의 경우에는 많은 내용을 담고 있을 경우에는 스크롤하여 아래로 내릴 수 있다.

```html
<!--Force IE6 into quirks mode with this comment tag-->
<!DOCTYPE html PUBLIC "-//W3C//DTD XHTML 1.0 Transitional//EN"
"http://www.w3.org/TR/xhtml1/DTD/xhtml1-transitional.dtd">
<html xmlns="http://www.w3.org/1999/xhtml" lang="en"
    xml:lang="en">
<head>
  <meta http-equiv="Content-Type" content="text/html;
    charset=iso-8859-1" />
  <title>Dynamic Drive: CSS Right Frame Layout</title>
  <style type="text/css">
    body{
      margin: 0;
      padding: 0;
      border: 0;
      overflow: hidden;
      height: 100%;
      max-height: 100%;
    }
    #framecontent{
      position: absolute;
      top: 0;
      bottom: 0;
      right: 0;
      width: 200px;
      height: 100%;
      overflow: hidden;
      background: navy;
      color: white;
    }
    #maincontent{
      position: fixed;
      top: 0;
      left: 0;
      right: 200px;
      bottom: 0;
      overflow: auto;
      background: #fff;
    }
```

```
        .innertube{
          margin: 15px;
        }
        * html body{ /* IE6 */
          padding: 0 200px 0 0;
        }
        * html #maincontent{ /* IE6 */
          height: 100%;
          width: 100%;
        }
      </style>
      <script type="text/javascript">
        /*** 임시 텍스트 채우기 함수 ***/
        var gibberish=["This is just some filler text", "Welcome to
          Dynamic Drive CSS Library", "Demo content nothing to read
          here"]
        function filltext(words){
          for (var i=0; i<words; i++)
            document.write(gibberish[Math.floor(Math.random()*3)]+" ")
        }
      </script>
</head>
<body>
    <div id="framecontent">
      <div class="innertube">
        <h1>CSS Right Frame Layout</h1>
        <h3>Sample text here</h3>
      </div>
    </div>
    <div id="maincontent">
      <div class="innertube">
        <h1>Dynamic Drive CSS Library</h1>
        <p><script type="text/javascript">filltext(255)</script></p>
        <p style="text-align: center">Credits: <a href="http://www.
          dynamicdrive.com/style/">Dynamic Drive CSS Library</a></p>
      </div>
    </div>
</body>
</html>
```

▲ 오른쪽 프레임 레이아웃 설정 예제

오른쪽의 프레임은 파란색으로 바탕화면을 채웠지만 왼쪽 메인 화면의 경우
에는 function filltext(words)를 사용하여 글을 채웠다. HTML의 코드 내에서

framecontent와 maincontent로 구분하여 프레임을 구현하였다. #framecontent
에서 오른쪽 프레임 위치가 지정되었다.

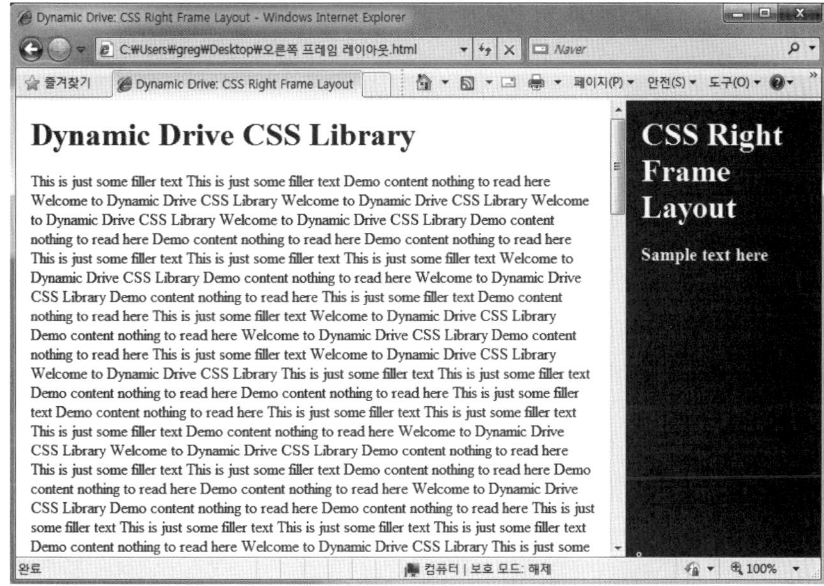

▲ 오른쪽 프레임 레이아웃 실행 결과

만약에 사용자가 탑 프레임 레이아웃을 적용하고자 할 경우에는 다음과 같이 한다.
탑 프레임 레이아웃도 왼쪽 프레임 레이아웃과 오른쪽 프레임 레이아웃과 마찬가지로
구성된다. #framecontent에서 탑 프레임 위치가 지정되었다.

```html
<!--Force IE6 into quirks mode with this comment tag-->
<!DOCTYPE html PUBLIC "-//W3C//DTD XHTML 1.0 Transitional//EN"
"http://www.w3.org/TR/xhtml1/DTD/xhtml1-transitional.dtd">
<html xmlns="http://www.w3.org/1999/xhtml" lang="en"
     xml:lang="en">
<head>
  <meta http-equiv="Content-Type" content="text/html;
     charset=iso-8859-1" />
  <title>Dynamic Drive: CSS Top Frame Layout</title>
  <style type="text/css">
    body{
      margin: 0;
      padding: 0;
      border: 0;
      overflow: hidden;
      height: 100%;
      max-height: 100%;
```

```
      }
    #framecontent{
      position: absolute;
      top: 0;
      left: 0;
      width: 100%;
      height: 130px;
      overflow: hidden;
      background-color: navy;
      color: white;
    }
    #maincontent{
      position: fixed;
      top: 130px;
      left: 0;
      right: 0;
      bottom: 0;
      overflow: auto;
      background: #fff;
    }
    .innertube{
      margin: 15px;
    }
    * html body{ /* IE6 */
      padding: 130px 0 0;
    }
    * html #maincontent{ /* IE6 */
      height: 100%;
      width: 100%;
    }
</style>
<script type="text/javascript">
  /*** 임시 텍스트 채우기 함수 ***/
  var gibberish=["This is just some filler text", "Welcome to
    Dynamic Drive CSS Library", "Demo content nothing to read
    here"]
  function filltext(words){
    for (var i=0; i<words; i++)
       document.write(gibberish[Math.floor(Math.random()*3)]+" ")
    }
</script>
</head>

<body>
  <div id="framecontent">
```

```
        <div class="innertube">
          <h1>CSS Top Frame Layout</h1>
          <h3>Sample text here</h3>
        </div>
      </div>
      <div id="maincontent">
        <div class="innertube">
          <h1>Dynamic Drive CSS Library</h1>
          <p><script type="text/javascript">filltext(255)</script></p>
          <p style="text-align: center">
          Credits:
          <a href="http://www.dynamicdrive.com/style/">Dynamic Drive
            CSS Library</a></p>
        </div>
      </div>
    </body>
  </html>
```

▲ 탑 프레임 레이아웃 설정 예제

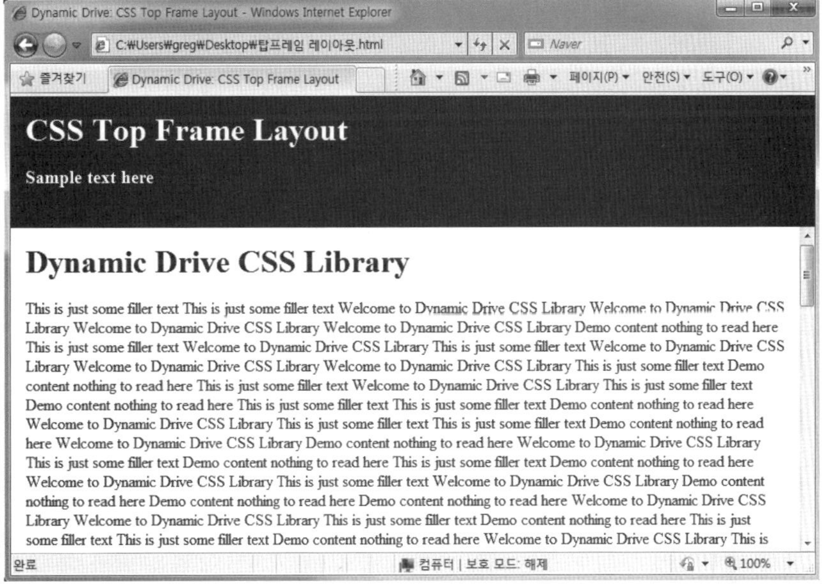

▲ 탑 프레임 레이아웃 실행 결과

13.5 폼

지금까지 살펴본 CSS 테이블과 프레임 이외에도 손쉽고도 유용하게 사용할 수 있는 여러 가지 CSS 폼(Form)에 대해서도 살펴보도록 한다.

CSS 폼으로는 인터넷 상에 공개된 많은 예제가 있겠지만 여기서는 우선적으로 web3mantra(http://www.web3mantra.com)에서 제공하는 30개의 예제를 기준으로 살펴보는 기회를 가지도록 하자. 사실 30개의 예제가 있는데 30개를 모두 다 보면 좋을 것이지만 여기서는 2가지만 맛보기로 보고 'Chapter 18. 폼과 폼 엘리먼트'에서 자세한 내용을 보기로 하자.

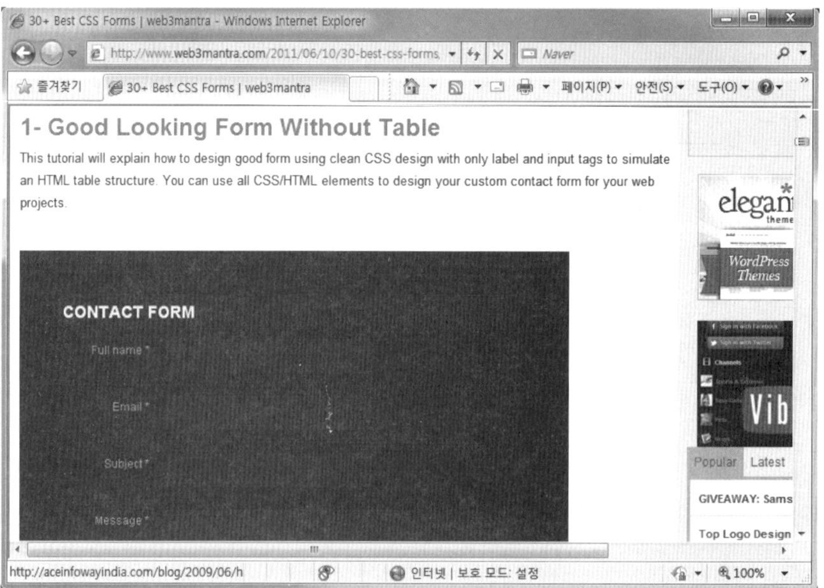

▲ CSS 폼 제공 사이트(http://css-tricks.com/nice-and-simple-contact-form/)

첫 번째 예는 HTML 테이블 구조를 흉내내기 위해서 레이블과 입력 태그만을 사용하여 깔끔한 CSS 디자인을 만들고 훌륭한 폼(Form)을 제공하는 경우이다. 이번 예에서 사용하는 HTML 코드와 태그, CSS 엘리먼트들을 사용하면 손쉽게 연락처 입력 메뉴를 제공할 수 있을 것이다. 우선 HTML 코드를 보도록 하자.

```
<form>
  <div class="box">
    <h1>Contact Form :</h1>
    <label>
      <span>Full name</span>
```

```
        <input type="text" class="input_text" name="name"
           id="name"/>
     </label>
     <label>
       <span>Email</span>
       <input type="text" class="input_text" name="email"
          id="email"/>
     </label>
     <label>
       <span>Subject</span>
       <input type="text" class="input_text" name="subject"
          id="subject"/>
     </label>
     <label>
       <span>Message</span>
       <textarea class="message" name="feedback" id="feedback">
       </textarea>
       <input type="button" class="button" value="Submit Form" />
     </label>
   </div>
</form>
```

▲ 연락처 폼 HTML 예제

이번에는 CSS에서 어떻게 디자인을 했는지 살펴보자. 사용하는 각각의 박스 크기
와 마진, 바탕 색상, 위치, 경계선을 순차적으로 지정하고 있다. 그리고 박스와 버튼의
웹 페이지 상에서의 배치와 디자인이 모두 고려되었다.

```
*{ margin:0; padding:0;}
body{ font:100% normal Arial, Helvetica, sans serif;
      background:#161712;}
form,input,select,textarea{margin:0; padding:0; color:#ffffff;}

div.box {
  margin:0 auto;
  width:500px;
  background:#222222;
  position:relative;
  top:50px;
  border:1px solid #262626;
}

div.box h1 {
  color:#ffffff;
```

```css
    font-size:18px;
    text-transform:uppercase;
    padding:5px 0 5px 5px;
    border-bottom:1px solid #161712;
    border-top:1px solid #161712;
}

div.box label {
    width:100%;
    display: block;
    background:#1C1C1C;
    border-top:1px solid #262626;
    border-bottom:1px solid #161712;
    padding:10px 0 10px 0;
}

div.box label span {
    display: block;
    color:#bbbbbb;
    font-size:12px;
    float:left;
    width:100px;
    text-align:right;
    padding:5px 20px 0 0;
}

div.box .input_text {
    padding:10px 10px;
    width:200px;
    background:#262626;
    border-bottom: 1px double #171717;
    border-top: 1px double #171717;
    border-left:1px double #333333;
    border-right:1px double #333333;
}

div.box .message{
    padding:7px 7px;
    width:350px;
    background:#262626;
    border-bottom: 1px double #171717;
    border-top: 1px double #171717;
    border-left:1px double #333333;
    border-right:1px double #333333;
    overflow:hidden;
```

```
    height:150px;
}

div.box .button
{
    margin:0 0 10px 0;
    padding:4px 7px;
    background:#CC0000;
    border:0px;
    position: relative;
    top:10px;
    left:382px;
    width:100px;
    border-bottom: 1px double #660000;
    border-top: 1px double #660000;
    border-left:1px double #FF0033;
    border-right:1px double #FF0033;
}
```

▲ 연락처 폼 CSS 예제

HTML과 CSS를 통해서 디자인된 결과 폼은 다음과 같다.

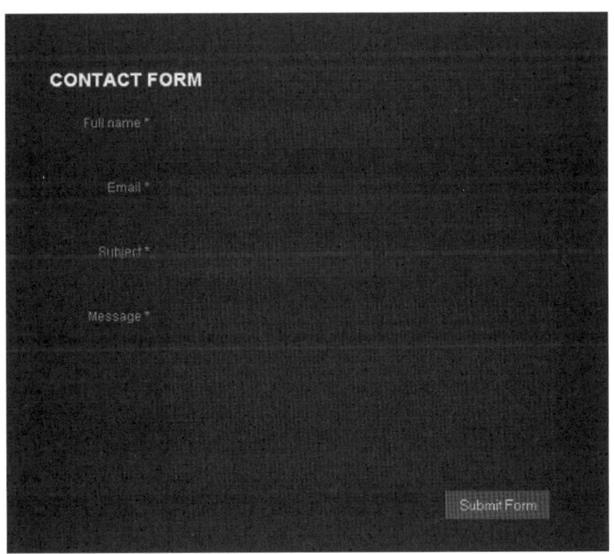

▲ 연락처 폼 예제 1

두 번째 예제도 입력을 받는다는 면에서 유사하지만 전체적인 디자인 측면에서는 차이가 있다. 두 번째 연락처 입력 폼에서도 이름, 도시, 이메일, 메시지를 입력받는다. 각 항목들을 입력받는 폼을 만들기 위한 HTML과 CSS를 차례대로 살펴보자. 우

선 HTML 코드를 보도록 하자. 이번 예제에서도 레이블과 입력 태그를 통해서 폼을
구성하였다.

```html
<form method="post" action="contactengine.php">
  <label for="Name">이름:</label>
  <input type="text" name="Name" id="Name" />
  <label for="City">주소:</label>
  <input type="text" name="City" id="City" />
  <label for="Email">e-mail:</label>
  <input type="text" name="Email" id="Email" />
  <label for="Message"> 메시지:</label><br />
  <textarea name="Message" rows="20" cols="20" id="Message">
    </textarea>
  <input type="submit" name="submit" value="Submit"
      class="submit-button" />
</form>
```

▲ 기본 연락처 폼 HTML 예제

CSS 코드는 다음과 같다. 각 항목별 영역의 크기와 색상 경계선 등에 대해서 정의
하고 반영하였다.

```css
#page-wrap {
  width: 660px;
  background: white;
  padding: 20px 50px 20px 50px;
  margin: 20px auto;
  min-height: 500px;
  height: auto !important;
  height: 500px;
}

#contact-area {
  width: 600px;
  margin-top: 25px;
}

#contact-area input, #contact-area textarea {
  padding: 5px;
  width: 471px;
  font-family: Helvetica, sans-serif;
  font-size: 1.4em;
  margin: 0px 0px 10px 0px;
  border: 2px solid #ccc;
```

```
}

#contact-area textarea {
   height: 90px;
}

#contact-area textarea:focus, #contact-area input:focus {
   border: 2px solid #900;
}


#contact-area input.submit-button {
   width: 100px;
   float: right;
}
```

▲ 기본 연락처 폼 CSS 예제

HTML과 CSS 코드를 모두 수행하면 다음과 같은 하얀 바탕의 입력 폼이 만들어진다.

▲ 연락처 폼 예제 2

13.6 다양한 스타일 스크립트

앞에서 HTML과 CSS를 활용하여 테이블을 만들고 모양을 꾸미고 프레임과 폼에 대해서도 효과를 어떻게 주는지를 보았다. 이번에는 그러한 효과 이외에 별도의 경계선 효과를 주는 것에 대해서도 살펴보도록 하자. 사용자가 좀 더 다가가기 쉽게 하기 위해서는 이러한 조그마한 효과도 높은 포인트가 될 수 있다.

　CSS에서 border-style 속성을 사용하여 보여주고자 하는 경계선을 조절할 수 있다. 경계선을 주지 않는 것부터 시작해서 도트, 실선, 이중 선, 색깔 변경이 모두 가능하다. 다음의 예제에서는 굵은 선, 중간 선, 가는 선을 지원하는 경계선 적용 효과 결과를 보여주도록 한다. 선의 변경을 통해서도 웹 페이지에서 다양한 감성을 느끼게 해줄 수 있다.

```
<!DOCTYPE html>
<html>
<head>
  <style>
    p.testone
    {
       border-style:solid;
       border-width:7px;
    }
    p.testtwo
    {
       border-style:solid;
       border-width:medium;
    }
    p.testthree
    {
       border-style:solid;
       border-width:1px;
    }
  </style>
</head>
<body>
  <p class="testone">텍스트 테스트 1</p>
  <p class="testtwo">텍스트 테스트 2</p>
  <p class="testthree">텍스트 테스트 3</p>
</body>
</html>
```

▲ CSS 활용 테두리 설정 예제

▲ CSS를 활용한 테두리 설정 예제

　CSS로 글 뒤에 백그라운드 이미지를 추가하여 효과를 부여할 수도 있다. 'background:url(images.jpg)'를 사용하여 배경으로 사용될 사진을 지정할 수 있고 크기를 설정하기 위해서는 'background-size:100% 100%'를 사용하였다. 단 파이어폭스 브라우저는 '-moz-background-size'를 사용한다.

```
<!DOCTYPE html>
<html>
<head>
  <style>
    div
    {
      background:url(images.jpg);
      background-size:100% 100%;
      -moz-background-size:100% 100%; /* Firefox 3.6 */
      background-repeat:no-repeat;
    }
  </style>
</head>
<body>
  <div>
  An ocean is a body of saline water that composes a large part of a
  planet's hydrosphere. In the context of Earth, it refers to one
  or all of the major divisions of the planet's World Ocean ? they
  are, in descending order of area, the Pacific, Atlantic, Indian,
  Southern (Antarctic), and Arctic Oceans.
  </div>
</body>
</html>
```

▲ CSS 배경 그림 넣기 예제

위의 HTML 코드를 실행한 결과는 다음과 같다.

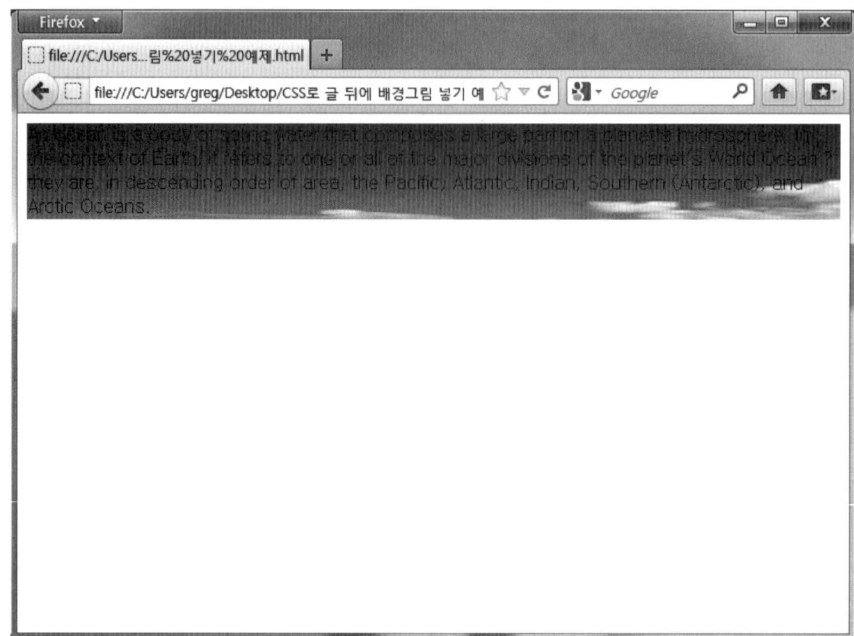

▲ CSS로 글 뒤에 배경 그림 넣기 예제

마지막으로 다이나믹 드라이브 사이트(http://www.dynamicdrive.com)에서 제공하는 프레임을 확보하여 '액자 속 글넣기' 기능 예를 간단히 살펴보도록 하자. 이미지를 사용하여 그 안에 글을 채워 넣는 효과를 제공하기 위해서는 다음과 같이 이미지를 사용할 수 있는 클래스를 만들어주고 추가적으로 스타일 값에서 폭과 넓이를 결정하도록 한다(출처 : http://www.dynamicdrive.com/style/csslibrary/item/image_frames_using_css3_border_image/).

```
<!DOCTYPE html>
<html>
<head>
  <style>
    .imageborder{
      border-width: 20px;
      -moz-border-image:
      url(http://www.dynamicdrive.com/cssexamples/media/
      frame.gif)
      20 stretch; /*Mozilla*/
      -webkit-border-image:
      url(http://www.dynamicdrive.com/cssexamples/media/
      frame.gif) 20 stretch; /*Webkit*/
```

```
      -o-border-image:
      url(http://www.dynamicdrive.com/cssexamples/media/
      frame.gif) 20 stretch; /*Opera*/
      -ms-border-image:
      url(http://www.dynamicdrive.com/cssexamples/media/
      frame.gif) 20 stretch; /*IE */
      border-image:
      url(http://www.dynamicdrive.com/cssexamples/media/
      frame.gif) 20 stretch; /*Standard version*/
      }
   </style>
</head>
<body>
  <p><!--webbot bot="HTMLMarkup" startspan -->
  <div class="imageborder" style="width:50%;min-height:150px">
  Found across much of the tropics, the coconut is known for its
   great versatility as seen in the many domestic, commercial,
   and industrial uses of its different parts.
  </div>
  <!--webbot bot="HTMLMarkup" endspan --></p>
  </div>
</body>
</html>
```

▲ 액자 속 글 넣기 기능 예제

요약

CSS(Cascading Style Sheet)는 HTML과 XHTML에 주로 쓰이며 XML에서도 사용할 수 있는 언어이다. CSS는 W3C의 표준이며 개발자가 자신의 창의성을 살려서 레이아웃과 스타일을 정의할 때 매우 유용함을 기억하도록 하자. CSS는 여러 수준과 프로 파일을 가지고 있으며 각 수준의 CSS(CSS1, CSS2, CSS3)는 일반적으로 새로운 기능을 담고 있다. 이번 Chapter에서는 CSS를 사용하여 테이블을 구성하는 방법을 살펴보았고 프레임과 폼을 대상으로 어떻게 활용해야 하는지를 간단하게나마 살펴보았다. 많은 내용은 아니지만 이러한 내용들을 기반으로 좀 더 가독성이 좋고 보기 훌륭한 페이지를 다이나믹하게 만들도록 한다.

Chapter 14 DOM과 문서 스크립팅

자바스크립트에서는 표준 객체 모음인 DOM(Document Object Model)을 사용하여 웹 페이지 내에서 HTML 코드를 조작하는 것을 가능하도록 해준다. 모질라 재단에 의하면 DOM은 문서에 대한 구조적인 정보를 제공하고 문서 구조나 외양 및 내용을 바꿀 수 있도록 프로그램에서 접근하는 방법을 제공한다. 이번 Chapter에서는 DOM에 대한 내용과 더불어 문서 스크립팅을 어떻게 수행하는지에 대해서 살펴보도록 한다.

14.1 DOM 정의 및 특징

위키피디아에서는 문서 객체 모델(DOM : Document Object Model)을 객체지향 모델로써 구조화된 문서를 표현하는 형식으로 정의하였다. DOM은 플랫폼/언어 중립적으로 구조화된 문서를 표현하는 W3C의 공식 표준이다. 또한 DOM은 W3C가 표준화한 여러 개의 API의 기반이 된다. DOM은 HTML 문서의 요소를 제어하기 위해 웹 브라우저에서 처음 지원되었다. DOM은 동적으로 문서의 내용, 구조, 스타일에 접근하고 변경하는 수단이었다.

DOM은 유효한 HTML과 XML 도큐먼트를 위한 애플리케이션 프로그래밍 인터페이스이다. DOM에서는 도큐먼트(Document) 내의 논리적 구조를 정의하고 어떻게 액세스하고 사용할 수 있는지를 나타낸다. 여기서 나타내는 도큐먼트는 일반적으로 쓰이는 문서라기보다는 XML에서 사용하는 것과 같이 여러 가지 시스템에 저장되는 많은 다양한 포맷의 정보를 의미한다. DOM을 사용하여 프로그래머는 도큐먼트를 만들고 구조를 탐색하고 콘텐츠와 엘리먼트들을 추가/삭제/수정할 수 있다. DOM 을 사용하기 위한 인터페이스는 OMG IDL(Object Management Group Interface Definition Language)에 의해서 정의된다.

다음의 XHTML 문서를 기준으로 DOM을 나타내면 다음과 같다.

```
⟨table⟩
  ⟨tbody⟩
    ⟨tr⟩
      ⟨td⟩Shady Grove⟨/td⟩
      ⟨td⟩Aeolian⟨/td⟩
    ⟨/tr⟩
    ⟨tr⟩
      ⟨td⟩Over the River, Charlie⟨/td⟩
      ⟨td⟩Dorian⟨/td⟩
    ⟨/tr⟩
  ⟨/tbody⟩
⟨/table⟩
```

▲ DOM 기본 예제

DOM 트리에서 엘리먼트 콘텐츠의 공백에 대해서는 무시하고 제거하였다.

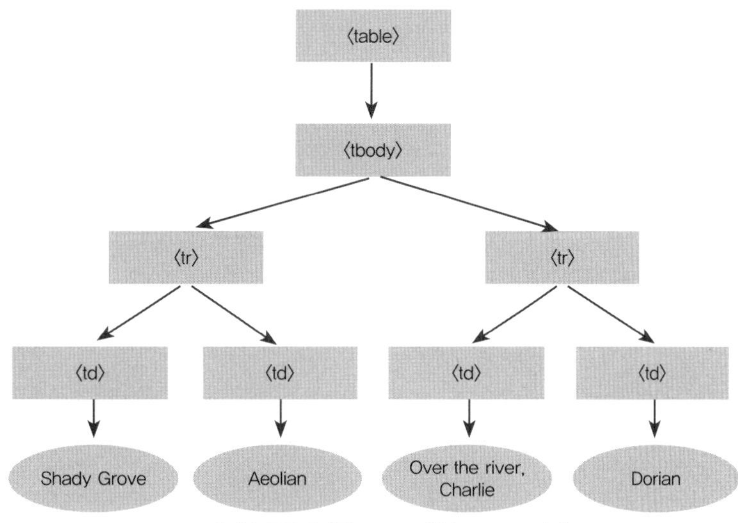

▲ 테이블 구현에 대한 DOM 표현 (SVG 1.0 버전)

ECMAScript를 사용한 DOM 조작 예는 다음과 같다. DOM에서 도큐먼트는 트리 와 같은 논리 구조를 가진다. 엄밀히 말하면 트리라기보다는 숲이라고 보는 것이 더 좋다. 각 도큐먼트는 doctype 노드, 도큐먼트 엘리먼트 노드, 커멘트 또는 프로세싱 인스트럭션을 가진다. 여기서의 도큐먼트 엘리먼트는 엘리먼트 트리의 루트로서의 역할을 수행한다.

```javascript
// 테이블 엘리먼트에서 tbody 엘리먼트에 대한 접근
var myTbodyElement = myTableElement.firstChild;

// 두 번째 tr 엘리먼트에 대한 접근
// 자식 리스트는 0에서부터 시작
var mySecondTrElement = myTbodyElement.childNodes[1];

// 첫 번째 td 엘리먼트 삭제
mySecondTrElement.removeChild(mySecondTrElement.firstChild);

// td 엘리먼트의 텍스트 콘텐츠를 변경
mySecondTrElement.firstChild.firstChild.data = "Peter";
```

브라우저 사이에 DOM 구현이 호환되지 않음에 따라 W3C는 DOM 표준 규격을 작성하게 되었다. DOM은 문서의 기반이 되는 데이터 구조에 제한을 두지 않는다. 잘 구조화된 문서는 DOM을 사용하여 트리 구조를 얻어낼 수 있다. 대부분의 XML 해석기와 XSL 처리기는 트리 구조의 이용에 대응해 개발되었다. 이와 같은 구현에서는 문서의 전체 내용이 해석되어 메모리 저장되어야 한다. 때문에 DOM은 문서 요소가 임의적으로 접근되고 변경할 수 있어야 하는 응용 프로그램에 가장 적합하다.

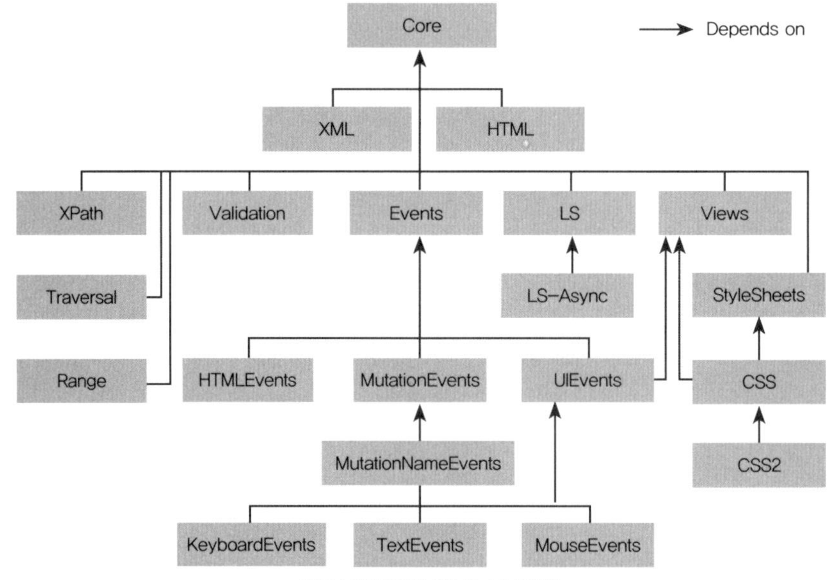

▲ DOM 아키텍처도(SVG 1.0 버전)

DOM은 트리로서 구성될 도큐먼트들을 특별히 지정하지는 않았으며 객체 사이에 관계가 구성되어야 하는지는 정의하지 않았다. DOM 스펙에서는 DOM API를 구성하는 API 세트를 제공한다. 각 DOM 스펙은 하나 이상의 모듈과 연관된 특성을 정의한다. 예를 들면 DOM 코어 스펙에서는 두 개의 모듈을 정의한다. 다음 그림은 DOM 스펙에 의해서 정의된 모든 DOM 모듈들을 나타내고 있다.

DOM은 레벨 0부터 시작하여 레벨 3까지의 총 4가지 레벨을 지원한다.

표) DOM의 지원 레벨

구분	내용
레벨 0	DOM이 만들어지기 이전의 모든 벤더 종속적인 DOM을 포함한다(예: document. images, document.forms, document.layers, document.all). 그러나 이것은 W3C이 공식적으로 공개한 규격이 아니며 표준화 이전에 있던 단계를 말한다.
레벨 1	DOM 문서에 대한 탐색과 조정
레벨 2	XML 명칭 공간(네임스페이스; namespace) 지원, 필터링된 뷰(view)와 DOM 이벤트
레벨 3	6가지 다른 규격으로 구성: ❶ 코어. ❷ 불러와서 저장(Load & Save). ❸ XPath. ❹ 보기 및 초기화(View & Formatting). ❺ 요구사항. ❻ 유효 확인(Validation).

DOM Level 3.0을 구성하는 하위 모듈들을 나열하면 다음과 같다.

- Core 모듈
- XML 모듈
- Events 모듈
- User interface Events 모듈
- Mouse Events 모듈
- Text Events 모듈
- Keyboard Events 모듈
- Mutation Events 모듈
- Mutation name Events 모듈
- HTML Events 모듈
- Load and Save 모듈
- Asynchronous load 모듈
- Validation 모듈
- XPath 모듈

14.2 DOM 트리

DOM은 트리 구조를 가지며 각 트리의 노드는 타입으로 구분된다.

- 도큐먼트(Document) : 가장 상위 노드(최고 상위 객체), HTML 엘리먼트 위에 위치
- 엘리먼트(Element) : HTML 코드 태그와 대응(태그로 만들어진 모든 요소)
- 텍스트(Text) : 엘리먼트의 텍스트 콘텐츠
- 속성(Attribute) : 엘리먼트의 속성
- 노드(Node) : 객체 그 자체(엘리먼트, 속성들도 모두 노드임)

유용한 노드 프로퍼티로서 다음과 같은 것 들이 있다.

- nodeValue : 노드에 저장된 값(텍스트, 속성 노드)
- nodeType : 노드 타입
- childNodes : 노드 하위의 모든 자식 노드 포함 배열(순서 유지)
- firstNode : 첫 번째 자식 노드

DOM 트리를 사용하여 다음과 같이 타이틀로 사용하기 위한 HTML 문서를 작성할 수 있으며 이는 전체 HTML 문서 중 일부로 구성된다.

```
<p title="The test paragraph">This is a sample of some <b>HTML you
might<br>have</b> in your document</p>
```

이와 같은 문서를 구성하는 코드는 브라우저에서 렌더링되어 나타난다. 이를 간단한 DOM 트리로 구성해보면 다음과 같다. 최상위를 기준으로 아래 세부 요소까지 트리 형태로 구성된다.

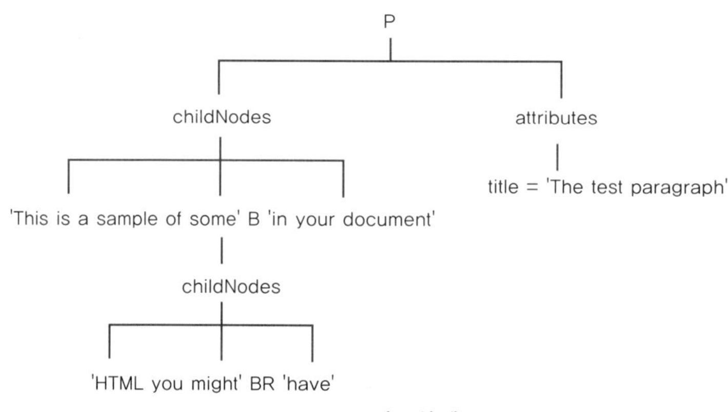

▲ DOM 트리 구성 예

위에서 도식화된 DOM 트리는 'P'를 건너서 다른 HTML 엘리먼트, body 엘리먼트를 통해서 확장되어 표시될 수 있다.

DOM 트리 구조도를 통해서 DOM의 각 구성 파트는 노드로 구성됨을 알 수 있다. P, B 및 BR 노드는 엘리먼트 노드에 속하고 자식 노드(childNodes)와 어트리뷰트(Attributes)는 컬렉션에 속한다. title='The test paragraph'로 구성되는 이 쌍은 어트리뷰트 노드에 속하고 텍스트 스트링(Text strings)은 텍스트 노드에 속한다.

DOM에서 Document 객체는 Window 개체에 포함되어 특정한 엘리먼트들을 포함하고 있으며 문서에 필요한 엘리먼트를 만들거나 찾을 수 있다. Document 객체의 많이 사용되는 메소드로서 document.write( )가 있다. Document 객체는 12.3절에서 설명하였다.

14.3 DOM 접근과 수정

사용자는 DOM API를 사용하여 콘텐츠를 생성할 수 있다. 이를 위해서는 두 가지 다른 타입의 노드를 만들어야 하는데 하나는 엘리먼트 노드이고 또 다른 하나는 텍스트 노드이다. 엘리먼트를 생성하기 위해서는 createElement( ) 메소드를 사용하며 텍스트 노드를 생성하기 위해서는 createTextNode( ) 메소드를 사용한다.

```
var myIntro = document.getElementById('intro');

// 새로운 콘텐츠 추가 작업
var someText = 'This is the text I want to add';
var textNode = document.createTextNode(someText);
myIntro.appendChild(textNode);
```

새로운 텍스트 노드를 추가하기 위해서는 appendChild( ) 메소드를 사용한다. 한 가지 고려해야 할 것은 비표준이긴 하지만 innerHTML( ) 메소드도 있다는 점이다. document 객체는 getElementById( )와 getElementByTagName( )과 같은 함수와 유용 프로퍼티(대부분의 노드에서 사용가능)들을 제공한다. 이 두 개의 차이는 전자는 단일 엘리먼트를 분리해 내고자 할 때 필요하며 후자는 한 그룹의 노드를 대상으로 할 때 필요하다. 따라서 대부분의 경우에는 후자보다는 전자를 상대적으로 많이 사용한다.

```
var myIntro = document.getElementById('intro');

// 새로운 앵커(Anchor) 추가 동작
// 새로운 앵커(Anchor) 엘리먼트 생성
var myNewLink = document.createElement('a'); // <a/>
myNewLink.href = 'http://google.com'; // <a href="http://
   google.com"/>
myNewLink.appendChild(document.createTextNode('Visit Google'));
// <a href="http://google.com">Visit Google</a>

// 생성된 것을 추가하는 작업
myIntro.appendChild(myNewLink);
```

insertBefore( ) 메소드를 사용하면 기존에 존재하는 노드 앞에 추가가 가능하다. insertBefore( )와 appendChild( )를 사용하면 다음과 같은 insertAfter( ) 메소드를 새롭게 생성 가능하다.

```
// 'Target'은 이미 DOM의 엘리먼트로 존재
// 'Bullet'은 추가하고자 하는 엘리먼트임
function insertAfter(target, bullet) {
  target.nextSibling ?
    target.parentNode.insertBefore(bullet, target.nextSibling)
    : target.parentNode.appendChild(bullet);
}
```

앞의 함수는 DOM 트리 내에서 타겟의 다음 자매 노드가 존재하는지를 체크하고 만약에 존재하면 타겟의 다음 자매 노드 이전에 bullet 노드를 추가하고 그렇지 않는 경우에는 부모 노드의 자식 노드로서 추가 동작을 진행하게 된다. insertBefore( ) 메소드를 사용한 예는 다음과 같다.

```
<!DOCTYPE html>
<html>
<head>
  <script src="loadxmldoc.js">
  </script>
</head>
<body>
  <script>
    xmlDoc=loadXMLDoc("books.xml");
    newNode=xmlDoc.createElement("book");
    x=xmlDoc.documentElement;
```

```
        y=xmlDoc.getElementsByTagName("book");
        document.write("Book elements before: " + y.length);
        document.write("〈br〉");
        x.insertBefore(newNode,y[3]);
        y=xmlDoc.getElementsByTagName("book");
        document.write("Book elements after: " + y.length);
    〈/script〉
〈/body〉
〈/html〉
```

▲ insertBefore( ) 메소드 사용 예제

노드에 대한 IDL 정의는 다음과 같다.

```
interface Node {
  // 노드 타입
  const unsigned short ELEMENT_NODE                = 1;
  const unsigned short ATTRIBUTE_NODE              = 2;
  const unsigned short TEXT_NODE                   = 3;
  const unsigned short CDATA_SECTION_NODE          = 4;
  const unsigned short ENTITY_REFERENCE_NODE       = 5;
  const unsigned short ENTITY_NODE                 = 6;
  const unsigned short PROCESSING_INSTRUCTION_NODE = 7;
  const unsigned short COMMENT_NODE                = 8;
  const unsigned short DOCUMENT_NODE               = 9;
  const unsigned short DOCUMENT_TYPE_NODE          = 10;
  const unsigned short DOCUMENT_FRAGMENT_NODE      = 11;
  const unsigned short NOTATION_NODE               = 12;

  readonly attribute DOMString nodeName;
           attribute DOMString nodeValue;

  readonly attribute unsigned short  nodeType;
  readonly attribute Node            parentNode;
  readonly attribute NodeList        childNodes;
  readonly attribute Node            firstChild;
  readonly attribute Node            lastChild;
  readonly attribute Node            previousSibling;
  readonly attribute Node            nextSibling;
  readonly attribute NamedNodeMap    attributes;

  // DOM 레벨 2에서 수정 :
  readonly attribute Document        ownerDocument;
```

```
   Node insertBefore(in Node newChild, in Node refChild)
      raises(DOMException);
   Node replaceChild(in Node newChild, in Node oldChild)
      raises(DOMException);
   Node removeChild(in Node oldChild)
      raises(DOMException);
   Node appendChild(in Node newChild)
      raises(DOMException);
   boolean hasChildNodes();
   Node cloneNode(in boolean deep);

// DOM 레벨 2에서 수정 :
   void normalize();

// DOM 레벨 2에서 도입:
   boolean isSupported(in DOMString feature, in DOMString version);

// DOM 레벨 2에서 도입 :
   readonly attribute DOMString      namespaceURI;

// DOM 레벨 2에서 도입 :
   attribute DOMString prefix;

// DOM 레벨 2에서 도입 :
   readonly attribute DOMString localName;

// DOM 레벨 2에서 도입 :
   boolean hasAttributes();
};
```

▲ 노드에 대한 IDL 정의

‖‖‖ 엘리먼트 노드에 대한 참조

DOM을 사용하여 문장에 대한 참조를 만들 수 있다. getElementById()를 사용하여 ID를 사용한 엘리먼트 액세스가 가능하다. 태그 이름을 사용하여 엘리먼트 값을 구하고자 할 때에는 getElementsByTagName() 메소드를 사용한다.

```
document.getElementById('id of paragraph')
document.getElementsByTagName('p')[indexOfParagraph]
```

getElementById( ) 메소드를 사용하는 간단한 예는 다음과 같다.

```
<!DOCTYPE html>
<html>
<head>
  <script>
    function getValue()
    {
      var x=document.getElementById("tryThis");
      alert(x.innerHTML);
    }
  </script>
</head>
<body>
  <h1 id=" tryThis " onclick="getValue()">클릭!</h1>
</body>
</html>
```

▲ getElementById( ) 메소드 사용 예제

getElementsByTagName( ) 메소드를 사용하여 레퍼런스를 만든 예로 다음
을 살펴볼 수 있다. 다음의 예제에서 사용된 innerHTML은 HTML 콘텐츠를 설정
하기 위해서도 사용한다. 엘리먼트의 콘텐츠를 HTML 텍스트 문자열로 설정한다.
innerHTML 프로퍼티에 텍스트 문자열 할당이 가능하며 기존에 값이 있는 경우에는
업데이트되어 저장된다. 참고로 innerHTML은 많은 브라우저에서 사용이 가능하지
만 실제로는 표준은 아니다.

```
<!DOCTYPE html>
<html>
<body>
  <p id="demo"> 안녕하세요. 자바스크립트!! </p>
  <button onclick="myTest()"> 클릭하세요 </button>
  <script>
    function myTest()
    {
      document.getElementsByTagName("P")[0].innerHTML=
        "Hello World";
    };
  </script>
</body>
</html>
```

▲ getElementsByTagName( ) 메소드 사용 예제

만약 getElementsByName( ) 메소드로 태그 내 구문 안에 이름을 기준으로 값을 구하고자 하는 경우에는 다음과 같이 사용할 수 있다.

```
<!DOCTYPE html>
<html>
<head>
  <script>
    function getElements()
    {
      var x=document.getElementsByName("x");
      alert(x.length);
    }
  </script>
</head>
<body>
  A:
  <input name="x" type="radio" value="A">
  B:
  <input name="x" type="radio" value="B">
  <input type="button" onclick="getElements()" value=
      "How many elements named 'x'?">
</body>
</html>
```

▲ 태그 내 구문 안 이름을 기준으로 값을 구하는 예제

HTML에서의 문장에 id를 매칭한 이후에 이를 getElementById( ) 메소드를 사용하여 활용하고자 할 경우에는 id='elementID' 쌍은 어트리뷰트 컬렉션 즉, 트리 다이어그램 내의 오른쪽 사이드 내에 존재한다. 여기서 주목할 점은 getElementsByTagName( ) 메소드에서는 반환 대상이 인덱스 엘리먼트와 length 속성을 가지는 객체라는 점이다. 반환하는 값은 자동적으로 객체를 모니터링하기 때문에 삭제되거나 추가되면 바로 그것을 반영한다.

다음과 같은 방법을 사용해서 간단한 페이지 구조에서 도큐먼트 객체 내 전체 DOM 트리 중 원하는 것을 찾아 볼 수 있다.

```
window.document.childNodes[0].childNodes[1].childNodes[4]
```

이를 구분해서 살펴보면 window.document.childNodes[0]는 HTML 엘리먼트이고 window.document.childNodes[0].childNodes[1]는 body 태그가 된다. head 엘리먼트는 HTML 엘리먼트의 1번째 자식 노드로 구성된다. document.childNodes[0]은 document.documentElement로 대치해서 사용될 수 있다. 이를

나타내면 다음과 같다.

```
window.document.documentElement.childNodes[1].childNodes[4]
```

이를 다시 BODY 엘리먼트를 사용하여 변경하면 document.body와 같이 변경할
수 있다.

```
window.document.body.childNodes[4]
```

노드를 찾기 위해서 위와 같이 여러 가지 방법을 사용할 수 있는데 브라우저 별로
노드를 구분하는 방법이 다르기 때문에 childNode 길이를 얻고자 할 때 이를 감안해
서 사용해야 한다.

DOM 트리에서 다음 엘리먼트 노드로 따라갈 때 nodeType 값을 확인할 필요가 있
다. node.getElementsByTagName( ) 메소드를 사용하여 확인해보도록 한다. 그리
고 DOM 트리에서 엘리먼트가 이동, 추가, 제거되기 때문에 노드 길이의 변동이 발생
할 수 있으므로 ID를 이용한 접근이 필요하다.

```
var theParagraph = document.getElementByTagName('엘리먼트 id')
```

‖‖‖‖ 어트리뷰트 노드 참조

title='The test paragraph' 어트리뷰트 쌍을 참조하기 위해서 어트리뷰트 컬렉
션을 사용할 수 있다. 사용자가 원하는 어트리뷰트를 찾기 위해서 nodeName을 활용
한 매칭이 필요하다.

```
for( var x = 0; x < theParagraph.attributes.length; x++ ) {
  if( theParagraph.attributes[x].nodeName.toLowerCase() ==
    'title' ) {
    window.alert( 'The value of the \'title\' attribute is: ' +
    theParagraph.attributes[x].nodeValue );
  }
}
```

이름을 가지고 어트리뷰트 값을 얻기 위한 사례를 보면 다음과 같다.

```
<!DOCTYPE html>
<html>
<head>
```

```
    <script src="loadxmldoc.js">          // 사용자의 환경에 맞게 설정
    </script>
</head>
<body>
    <script>
      xmlDoc=loadXMLDoc("nameLists.xml");    // 사용자의 환경에 맞게 설정
      txt=xmlDoc.getElementsByTagName("title")[0].
          getAttribute("lang");
      document.write(txt);
    </script>
</body>
</html>
```

▲ 이름을 사용한 어트리뷰트 값 얻는 예제

‖‖‖ 어트리뷰트 값을 변경하기

인터넷 익스플로러 7에서는 스타일, 클래스, 이벤트 핸들러에 대해서 값 설정이 힘
든 것과 마찬가지로 각각의 웹 브라우저마다 약간씩 차이가 있다. 엘리먼트의 어트리
뷰트는 setAttribute( ) 메소드를 사용하여 설정되거나 변경될 수 있다.

```
element.setAttribute('attributeName','attributeValue')
theParagraph.setAttribute('align','center')
```

어트리뷰트를 제거할 때에는 removeAttribute( ) 메소드를 사용해야 한다.

```
theParagraph.removeAttribute('attributeName')
```

다음은 전체 코드를 나열하였다.

```
<!DOCTYPE html>
<html>
<head>
    <script src="loadxmldoc.js">
    </script>
</head>
<body>
    <script>
      xmlDoc=loadXMLDoc("nameLists.xml");
      x=xmlDoc.getElementsByTagName('name');
      // 각 타이틀 엘리먼트에 새로운 속성 추가
```

```
      for(i=0;i〈x.length;i++)
      {
        x[i].setAttribute("family","first");
      }
      // 타이틀과 에디션 값 출력
      for (i=0;i〈x.length;i++)
      {
        document.write(x[i].childNodes[0].nodeValue);
        document.write(" - family: ");
        document.write(x[i].getAttribute(' family'));
        document.write("〈br〉");
      }
    〈/script〉
〈/body〉
〈/html〉
```

▲ 어트리뷰트 값 변경 예제

클래스는 read/write 스트링인 className을 사용하여 접근할 수 있다.
className 속성은 엘리먼트의 클래스 어트리뷰트를 설정하거나 반환하기 위해서 사
용된다.

```
〈!DOCTYPE html〉
〈html〉
〈body id="testid" class="teststyle"〉
  〈script〉
    var x=document.getElementsByTagName('body')[0];
    document.write("Body CSS class --〉" + x.className);
    document.write("〈br〉");
    document.write("Other --〉 ");
    document.write(document.getElementById('testid')
      .className);
  〈/script〉
〈/body〉
〈/html〉
```

▲ className 속성 사용 예제

이벤트 핸들러 어트리뷰트에 접근하기 위해서 어트리뷰트 이름에 매칭되는 이름을
사용한 참조 함수를 사용할 수 있다.

```
element.onclick = new Function(codeAsAString);
```

style 어트리뷰트의 스트링 값은 cssText(style 객체의 프로퍼티)라는 읽기/쓰기 스트링을 사용하여 접근이 가능하다. cssText는 스타일 룰의 실제 텍스트를 반환한다. 이를 통해서 스타일시트의 규칙을 동적으로 변경할 수 있다.

```
<style>
  body { background-color: darkblue; }
</style>
<script>
  var stylesheet = document.styleSheets[0];
  alert(stylesheet.cssRules[0].cssText);
      // body { background-color: darkblue; }
</script>
```

cssText를 사용할 때 일부 브라우저상의 지원 여부 관련 이슈가 존재하므로 다음과 같이 getAttribute와 setAttribute를 같이 사용하는 것을 고려해야 한다.

```
var cssString;
cssString = element.style.cssText;
if( typeof(cssString) != 'string' ) {
  cssString = element.getAttribute('style');
}
```

||||| 텍스트 프로퍼티

텍스트 프로퍼티는 선택된 엘리먼트에서 모든 텍스트 노드 값들을 얻기 위해서 사용한다. 다음의 예제에서는 새로운 텍스트 노드를 생성하는 방법을 보여준다.

```
<!DOCTYPE HTML>
<html>
<head>
  <title>새 텍스트 노드 생성 예제</title>
  <script>
    function addTextNode()
    {
      var newtext = document.createTextNode(
                        " 새 문장이 동적으로 추가되었습니다. ");
      var para = document.getElementById("p1");
      para.appendChild(newtext);
    }
  </script>
</head>
```

```html
<body>
  <div style="border: 1px solid red">
    <p id="p1">첫 번째 줄입니다.<br /></p>
  </div><br />
  <button onclick="addTextNode();">텍스트 노드 추가</button>
</body>
</html>
```

▲ 새로운 텍스트 노드 생성 예제

텍스트 노드 값을 얻기 위해서 사용하는 방법은 다음과 같다.

```html
<!DOCTYPE HTML>
<html>
<head>
  <script>
    function init() {
      var toc = document.getElementById("toc");
      var i, li, newAnchor;
      for (i = 0; i < document.anchors.length; i++) {
        li = document.createElement("li");
        newAnchor = document.createElement('a');
        newAnchor.href = "#" + document.anchors[i].name;
        newAnchor.innerHTML = document.anchors[i].text;
        li.appendChild(newAnchor);
        toc.appendChild(li);
      }
    }
  </script>
</head>
<body onload="init()">
  <h1>Title</h1>
  <a name="contents"><h2>Contents</h2></a>
  <ul id="toc"></ul>
  <a name="plants"><h2>Plants</h2></a>
  <ol>
    <li>Apples</li>
    <li>Oranges</li>
    <li>Pears</li>
  </ol>
  <a name="veggies"><h2>Veggies</h2></a>
  <ol>
    <li>Carrots</li>
    <li>Celery</li>
    <li>Beats</li>
  </ol>
```

```
</body>
</html>
```

▲ 텍스트 노드 값 얻기 예제

텍스트 노드 값 변경 예제는 다음과 같다.

```
<!DOCTYPE html>
<html>
<head>
  <title>텍스트 노드 변경</title>
  <script>
    function change(txt) {
      document.getElementById('textid').firstChild.nodeValue =
        txt;
    }
    function changevalue() {
      alert(document.getElementById('textid')
        .firstChild.nodeValue = 'want to change');
    }
  </script>
  <style type="text/css">
    #textid { position: absolute; top:5em; left:1em;
        background-color: yellow; color: blue; }
  </style>
</head>
<body>
  <p id="textid" onmouseover="change('Mouse-Over')"
    onmouseout="change('Mouse-Out')">Text Node change Test</p>
  <p>Example the change of text node.</p>
  <button onclick="changevalue()">변경</button>
</body>
</html>
```

▲ 텍스트 노드값 변경 예제

DOM의 도큐먼트 객체에 대한 여러 가지 메소드의 활용 예는 다음과 같다.

- 새로운 엘리먼트 노드 생성

- 새로운 텍스트 노드 생성

- 특정 값을 가지는 ID 어트리뷰트의 엘리먼트 반환

appendChild( ) 메소드를 사용하여 특정 엘리먼트 노드의 마지막 자식 노드 다음에 노드를 추가하고 새로운 자식 노드 값을 가진다.

```
// 3개 엘리먼트 생성: p, b, br
var theNewParagraph = document.createElement('p');
var theBoldBit = document.createElement('b');
var theBR = document.createElement('br');

// 새 패러그래프 셋업
theNewParagraph.setAttribute('title','The test paragraph');

// 필요한 텍스트 노드들을 생성
var theText1 = document.createTextNode('This is a sample of some ');
var theText2 = document.createTextNode('HTML you might');
var theText3 = document.createTextNode('have');
var theText4 = document.createTextNode(' in your document');

// 추가 작업 수행
theBoldBit.appendChild(theText2);
theBoldBit.appendChild(theBR);
theBoldBit.appendChild(theText3);

theNewParagraph.appendChild(theText1);
theNewParagraph.appendChild(theBoldBit);
theNewParagraph.appendChild(theText4);
```

DOM의 document.write( ) 메소드를 사용하여 텍스트를 출력하는 방법의 예는 다음과 같다.

```
<!DOCTYPE html>
<html>
<body>
  <script>
    document.write("Hello World!");
  </script>
</body>
</html>
```
▲ 텍스트 출력 예제

두 번째 예로서 도큐먼트의 anchor의 개수를 얻기 위한 방법은 다음과 같다.

```
<!DOCTYPE html>
<html>
<body>
  <a name="html">HTML Tutorial</a><br>
```

```
<a name="css">CSS Tutorial</a><br>
<a name="xml">XML Tutorial</a><br>
<a href="/js/">JavaScript Tutorial</a>
<p>anchors 개수:
<script>
    document.write(document.anchors.length);
</script></p>
</body>
</html>
```

▲ 도큐먼트의 anchor 개수 얻기 예제

14.4 DOM 이벤트

다음은 대부분의 엘리먼트 노드들에 대해서 발생되는 이벤트들이다.

- 마우스(Mouse) 이벤트
- 키보드(Keyboard) 이벤트
- HTML 프레임/객체(Frame/Object) 이벤트
- HTML 폼(Form) 이벤트
- 사용자 인터페이스(User Interface) 이벤트
- 뮤테이션(Mutation) 이벤트 (도큐먼트 구조에 변경이 있을 경우에 이를 알려줌)

각각의 이벤트에 대해서는 Chapter 17에서 자세히 살펴보도록 하며 여기서는 대략적인 종류를 살펴보도록 한다.

표) 일반적인 W3C 이벤트

카테고리	타입	어트리뷰트	버블	취소 가능
마우스	click	onclick	Yes	Yes
	dblclick	ondblclick	Yes	Yes
	mousedown	onmousedown	Yes	Yes
	mouseup	onmouseup	Yes	Yes
	mouseover	onmouseover	Yes	Yes
	mousemove	onmousemove	Yes	No
	mouseout	onmouseout	Yes	Yes

키보드	keydown	onkeydown	Yes	Yes
	keypress	onkeypress	Yes	Yes
	keyup	onkeyup	Yes	Yes
HTML 프레임/객체	load	onload	No	No
	unload	onunload	No	No
	abort	onabort	Yes	No
	error	onerror	Yes	No
	resize	onresize	Yes	No
	scroll	onscroll	Yes	No
HTML 폼	select	onselect	Yes	No
	change	onchange	Yes	No
	submit	onsubmit	Yes	Yes
	reset	onreset	Yes	No
	focus	onfocus	No	No
	blur	onblur	No	No
사용자 인터페이스	focusin	(none)	Yes	No
	focusout	(none)	Yes	No
	DOMActivate	(none)	Yes	Yes
뮤테이션 (Mutation)	DOMSubtreeModified	(none)	Yes	No
	DOMNodeInserted	(none)	Yes	No
	DOMNodeRemoved	(none)	Yes	No
	DOMNodeRemovedFromDocument	(none)	No	No
	DOMNodeInsertedIntoDocument	(none)	No	No
	DOMAttrModified	(none)	Yes	No
	DOMCharacterDataModified	(none)	Yes	No

DOM으로 시작하는 이벤트의 경우에는 성능이나 다른 이슈로 인해서 W3C DOM 레벨 3에서부터는 지원하지 않는 추세이다. 모질라, 오페라 브라우저는 DOMAttrModified, DOMNodeInserted, DOMNodeRemoved, DOMCharacterDataModified를 지원하지만 크롬과 사파리 브라우저의 경우에는 DOMAttrModified을 제외한 3개의 이벤트를 지원한다.

||||| 터치 이벤트

터치(Touch)가 가능한 디바이스에서 동작하는 웹 브라우저를 지원하기 위해서 터치 이벤트를 지원한다(Apple iOS, Google Android).

표) 터치 이벤트

카테고리	타입	버블	취소 가능
터치	touchstart	Yes	Yes
	touchend	Yes	Yes
	touchmove	Yes	Yes
	touchenter	Yes	Yes
	touchleave	Yes	Yes
	touchcancel	Yes	No

W3C의 권고안에 의하면 터치 이벤트를 통해서 터치한 위치의 터치 리스트를 전달할 수 있다.

||||| 마이크로소프트만의 특정(Microsoft-specific) 이벤트

마이크로소프트에 의해서 추가된 두 개의 주요 타입은 다음과 같다.

- 클립보드(Clipboard) 이벤트
- 데이터 바인딩(Data binding) 이벤트

표) 마이크로소프트만의 특정 이벤트

카테고리	타입	어트리뷰트	버블	취소 가능
클립보드	cut	oncut	Yes	Yes
	copy	oncopy	Yes	Yes
	paste	onpaste	Yes	Yes
	beforecut	onbeforecut	Yes	Yes
	beforecopy	onbeforecopy	Yes	Yes
	beforepaste	onbeforepaste	Yes	Yes

데이터 바인딩	afterupdate	onafterupdate	Yes	No
	beforeupdate	onbeforeupdate	Yes	Yes
	cellchange	oncellchange	Yes	No
	dataavailable	ondataavailable	Yes	No
	datasetchanged	ondatasetchanged	Yes	No
	datasetcomplete	ondatasetcomplete	Yes	No
	errorupdate	onerrorupdate	Yes	No
	rowenter	onrowenter	Yes	No
	rowexit	onrowexit	No	Yes
	rowsdelete	onrowsdelete	Yes	No
	rowinserted	onrowinserted	Yes	No
마우스	contextmenu	oncontextmenu	Yes	Yes
	drag	ondrag	Yes	Yes
	dragstart	ondragstart	Yes	Yes
	dragenter	ondragenter	Yes	Yes
	dragover	ondragover	Yes	Yes
	dragleave	ondragleave	Yes	Yes
	dragend	ondragend	Yes	Yes
	drop	ondrop	Yes	Yes
	selectstart	onselectstart	Yes	Yes
키보드	help	onhelp	Yes	Yes
HTML 프레 임/객체	beforeunload	onbeforeunload	No	Yes
	stop	onstop	No	No
HTML 폼	beforeeditfocus	onbeforeeditfocus	Yes	Yes
마퀴 (Marquee)	start	onstart	No	No
	finish	onfinish	No	Yes
	bounce	onbounce	No	Yes
기타	beforeprint	onbeforeprint	No	No
	afterprint	onafterprint	No	No
	propertychange	onpropertychange	No	No
	filterchange	onfilterchange	No	No
	readystatechange	onreadystatechange	No	No
	losecapture	onlosecapture	No	No

모질라, 사파리, 오페라 웹 브라우저는 XMLHttpRequest 객체를 위한 readystatechange 이벤트를 지원한다. 또한, 모질라는 전형적인 이벤트 등록 메소드(DOM Level 0)를 사용하여 beforeunload 이벤트도 지원한다. 모질라, 사파리는 또한 contextmenu 이벤트도 지원한다.

요약

DOM(Document Object Model)은 유효한 HTML과 XML 도큐먼트를 위한 애플리케이션 프로그래밍 인터페이스이다. DOM은 플랫폼/언어 중립적으로 구조화된 문서를 표현하는 W3C의 공식 표준이다. DOM은 또한 W3C가 표준화한 여러 개의 API의 기반이 된다. DOM은 동적으로 문서 내용, 구조, 스타일에 접근하고 변경하는 수단이며 사용자와의 상호 연관적인 동작을 수행하기 위해서 마우스나 키보드 등과 같은 이벤트를 지원한다. 이번 Chapter에서는 DOM의 기본적인 내용과 노드를 이용한 활용과 이벤트에 대한 간략한 내용을 살펴보았다.

Chapter 15 이벤트 **처리**

이벤트는 외부의 자극에 의해서 발생하며, 발생한 이벤트는 변화가 필요할 경우에는 표현되어야 한다. 애플리케이션의 시작, 마우스나 키보드를 통한 변경이 이루어질 때 해당 동작이 이루어질 수 있도록 자바스크립트에서도 처리되어야 한다. 이벤트 발생이 확인되면 자바스크립트에서도 이벤트 객체를 생성하고, 생성된 정보를 활용하여 많은 일을 할 수 있다. 이번 Chapter에서도 이와 관련된 여러 가지 내용을 살펴보도록 한다.

15.1 이벤트 기본 모델 및 처리

사용자와 웹 페이지 사이에서 다양한 상호 작용이 발생하며 이러한 동작이 이루어질 때마다 이벤트가 발생한다. 상호 작용이라고 하면 사용자가 웹 페이지 내에서 행해지는 일반적인 동작으로 어떠한 객체를 클릭하거나 특정 요소 위로 마우스를 가져가거나 그 외에도 특정한 키를 누르는 것 등이 이러한 상호 작용에 포함된다. 이벤트는 사용자의 동작에 의해서만 이루어지는 것이 아니라 브라우저의 동작 상태에 의해서도 일어날 수 있다. 브라우저의 동작에서는 웹 페이지 로딩이 완료되었을 경우 브라우저 창 크기가 작아지거나 커지는 경우를 의미한다.

자바스크립트를 사용할 때 개발자는 어떤 특정 이벤트가 일어나는 것을 감지할 수 있다. 이벤트를 모니터링하고 변경된 상태에 대한 대응을 수행하면서 사용자는 다음과 같은 이벤트 처리 과정을 진행할 수 있다.

- 모니터해야 하는 이벤트 결정
- 이벤트가 발생했을 때 함수를 트리거링해야 하는 이벤트 핸들러 셋업
- 이벤트에 대해서 적절한 대응을 할 수 있는 함수 작성

웹 브라우저를 사용하면서 발생하는 이벤트는 많다. 웹 브라우저의 무엇인가를 클릭하면 그 클릭 동작에 의해서 웹 브라우저는 페이지를 다시 로드한다든가의 동작을 수행한다. 이벤트가 발생했을 때 그와 연관되어 동작해야 하는 그 무엇을 이벤트 핸들러라고 한다. 이벤트 핸들러의 앞에는 주로 on이 접두어로 붙는다. 이러한 접두어를 통해서 사용자는 구분이 더 용이하다. 만약에 click 이벤트가 발생하면 이를 처리하기 위해서 onclick이라는 이벤트 핸들러가 동작한다. 이렇게 양측 간에 밀접한 연관 관계가 성립하는 이벤트와 이벤트 핸들러를 다음과 같이 표로 정리하였다.

표) 이벤트와 이벤트 핸들러 리스트

이벤트 종류	이벤트가 트리거 되는 경우	이벤트 핸들러
브라우저 이벤트	페이지 로딩 완료	onload
	페이지 언로딩(페이지가 브라우저 윈도우에서 제거됨)	onunload
	자바스크립트가 에러 발생	onerror
마우스 이벤트	사용자가 엘리먼트를 클릭	onclick
	사용자가 엘리먼트를 더블클릭	ondblclick
	마우스의 버튼을 사용하여 엘리먼트를 누름.	onmousedown
	마우스의 버튼을 사용하여 엘리먼트에서 누름 해제.	onmouseup
	마우스 포인터가 엘리먼트를 지나감.	onmouseover
	마우스 포인터가 엘리먼트에서 빠져나감.	onmouseout
키보드 이벤트	키보드 키가 눌려짐.	onkeydown
	키보드 키가 눌림 해제됨.	onkeyup
	키보드 키가 눌렸다가 해제됨.	onkeypress
폼(Form) 이벤트	엘리먼트가 포인터로부터 포커싱 받음.	onfocus
	엘리먼트가 포인터 포커싱에서 해제됨.	onblur
	사용자가 텍스트나 다른 필드를 선택	onselect
	사용자가 어떤 특정 폼을 채워서 제출	onsubmit
	사용자가 폼을 리셋	onreset
	포커싱된 이후, 내용이 변경된 경우	onchange

지금부터는 발생하는 이벤트를 처리하기 위해서 어떻게 자바스크립트 함수를 트리

거링하는지를 살펴보도록 한다. 경우에 따라서는 자바스크립트를 사용할 수 있으며 그 외에는 자바스크립트를 사용하지 않고서도 이벤트를 처리하도록 한다.

‖‖‖ 자바스크립트 가상 프로토콜

자바스크립트의 가상 프로토콜(JavaScript Pseudo Protocol)을 사용하여 다음의 예제와 같이 링크로부터 함수를 실행시킬 수 있다.

```
<a href="javascript:someFunctionName();">링크 이름</a>
```

사용자가 링크를 클릭하면 someFunctionName 함수가 호출될 것이다. 사용자가 적절한 용도를 먼저 생각해 놓고서 이 기능을 사용할 필요가 있다. 만약에 자바스크립트가 제대로 동작하지 못할 환경에 있게 되면 이 링크는 바로 깨져버리는 것이다.

인라인 이벤트 핸들러

인라인 이벤트 핸들러(Inline Event Handler)를 사용하는 경우의 예는 다음과 같다.

```
<input type="text" onblur="doValidate()" />
```

blur 이벤트를 처리하기 위해서 자바스크립트 함수 doValidate를 사용하였다. 사용자가 탭을 눌러서 이동할 때 커서가 포커싱을 얻었다가 잃게 될 경우에 해당 함수가 호출될 수 있다.

핸들러를 객체로 연결

이벤트 처리를 위한 핸들러를 만드는 방법으로서 ID를 가지는 객체를 할당하고 이렇게 생성된 객체에 대해서 이벤트가 발생할 때 처리되는 핸들러를 만들 수 있다. 다음의 예에서는 dog_pic라는 ID를 가지는 HTML 엘리먼트를 변수 clickableImage 객체로 할당한다. 그리고 나서 속성으로 이벤트 핸들러 onclick을 부여한다. 이후에 다시 showLargeImage라는 함수가 사용될 수 있도록 만든다. 이렇게 되면 ID dog_pic를 가지는 엘리먼트를 클릭할 때 showLargeImage가 수행된다.

```
var clickableImage=document.getElementById("dog_pic");
clickableImage.onclick=showLargeImage;
```

IIIII 이벤트 리스너

W3C DOM 모델과 함께 사용하게 된 이벤트 리스너(Event Listener)는 이벤트 등록과 이에 따른 실행을 제공한다.

이벤트 리스너는 객체를 등록한 이후에 이벤트가 발생하기를 기다렸다가 이벤트가 발생했을 때 정해진 함수가 수행된다. 이벤트 리스너는 이벤트를 트리거링할 때 사용하는 정보를 포함하고 있는 이벤트 객체를 등록된 함수에 전달하는 역할을 담당한다. 동작의 타겟이 무엇인지, 발생하는 이벤트의 타입이 무엇인지, 이벤트와 관련된 유용한 다른 정보들로 무엇이 있는지를 알기 위해서 함수 내에서 사용자는 객체의 속성을 파악할 수 있다. 이벤트 리스너는 하나의 객체에 대해서 여러 개의 리스너를 연결시킬 수 있어서 다양한 동작을 목표로 할 때 다른 방식보다 유리한 점이 있다. W3C의 룰을 준수하는 웹 브라우저와 마이크로소프트에서 제공하는 웹 브라우저는 이벤트 객체에 대한 접근 방식이나 엘리먼트에 대한 핸들러 사용 방식에 대해서 약간은 다른 면을 가지고 있다.

이러한 차이점에서 많은 개발자들이 추가적인 고민을 때로는 해야 한다. 따라서 다음에서는 이러한 두 가지 방식에 대해서 간략히 살펴보는 기회를 가지도록 한다.

IIIII W3C 이벤트 모델

지금부터 설명하는 방식은 W3C에서 제공하는 리스너를 엘리먼트와 연결시키는 방법이다. 사용자가 클릭을 하거나 탭을 눌러서 이동할 때, 실행될 폼 내 텍스트 필드와 2개의 이벤트 리스너를 연결시키는 방법이다.

```
// 객체 선택
emailField = document.getElementById("email");

// 포커스 리스너 추가
emailField.addEventListener('focus', doHighlight, false);

// 블러 리스너 추가
emailField.addEventListener('blur', doValidate, false);
```

커서가 필드로 이동되었을 때 함수 doHighlight가 호출되고 다시 커서가 필드 밖으로 빠져나가는 동작이 발생하면 함수 doValidate가 호출된다. 이때 같이 사용되는 세 번째 인자가 예제와 같이 false로 되어 있는 경우에는 이벤트 버블링(Event bubbling) 방식을 사용하겠다고 알려준다. 여기서 잠시 이벤트 버블에 대해서 간략히 살펴보면 이벤트의 근원을 아래로 내려가며 찾아가는 이벤트 캡처링(Event Capturing) 이후에 발생하는 이벤트를 이벤트 버블이라고 한다. 버블은 이벤트 요소에 도달한 이후에 이제 다시 이벤트 요소로부터 이벤트 요소를 포함하고 있는 부모 요소까지 올라가며서 이벤트를 검사하는 것을 의미한다. 이때 버블 속성의 이벤트 핸들러가 있다면 실행시킨다. 기본 이벤트 핸들러는 버블 속성이고 W3C 표준에서는 이벤트와 이벤트 핸들러를 연결할 때 캡처링을 사용할 것인지 버블링을 사용할 것인지를 지정할 수 있다. 하지만 인터넷 익스플로러 계열은 캡처링을 지원하지 않는다.

이번에는 반대로 이벤트를 삭제하기 위해서는 removeEventListener( ) 메소드를 사용한다. removeEventListener( )에서는 타겟이 되는 이벤트를 삭제해 주며, 매개변수로 이벤트 타입, 수신자 함수 이름 2개를 사용한다.

```
// 객체 선택
emailField = document.getElementById("email");

// 이벤트 삭제 동작 수행
emailField.removeEventListener('focus', doHighlight, false);

// 이벤트 삭제 동작 수행
emailField.removeEventListener('blur', doValidate, false);
```

||||| 마이크로소프트 이벤트 모델

마이크로소프트 이벤트 모델은 이전에서 설명한 W3C 이벤트 모델과는 약간 다르다. 마이크로소프트 이벤트 모델과 W3C 이벤트 모델을 직접적으로 비교하면 다음과 같다. 우선 W3C 이벤트 모델이다.

```
emailField.addEventListener('focus', doHighlight, false);
emailField.removeEventListener('focus', doHighlight, false);
```

다음은 마이크로소프트 이벤트 모델이다.

```
emailField.attachEvent('onfocus', doHighlight);
emailField.detachEvent('onfocus', doHighlight);
```

이를 구분하면 다음과 같이 나눌 수 있다.

- addEventListener의 프로토타입: 예) addEventListener('click', functionA, false)
- attachEvent의 프로토타입: 예) attachEvent('onclick', functionA)

attachEvent는 더 이상 사용되지 않지만 개발자는 브라우저에서 addEvent Listener의 지원 여부를 확인하고 코딩하는 습관을 가지면 도움이 된다. 마이크로 소프트에서도 attachEvent에 대한 MSDN 사이트(http://msdn.microsoft.com/en-us/library/ie/ms536343(v=vs.85).aspx)를 통해서 해당 메소드가 더 이상 지원되지 않음을 알려주며, 대신에 addEventListener를 사용하도록 권고하고 있다.

마이크로소프트에서 보여주는 간단한 addEventListener 예제를 살펴보도록 하자. 다음 그림과 같은 여러 개의 사각형이 겹쳐있는 그림에서 하나를 클릭하는 예제이다.

▲ 클릭 수행 이전 초기화 상태

```
⟨script⟩
var eventCount = 0;
var eventLast = 0;
var phases = [ '', 'capturing', 'target', 'bubbling' ];

function captureEvent(evt) {
  var msg = evt.currentTarget.id + "(" + phases[evt.eventPhase]
      + ") ⟩ ";
  document.getElementById('output').innerHTML += msg;
  if (evt.eventPhase == 2) {
    evt.currentTarget.style.backgroundColor = 'red';
  }
  if (++eventCount == eventLast) {
    evt.stopPropagation();
    document.getElementById('output').innerHTML += " STOPPED.";
  }
}

function finalEvent(evt) {
  document.getElementById('output').innerHTML += " COMPLETE.";
}
```

```javascript
function resetElements(evt) {
  var divs = evt.currentTarget.getElementsByTagName('div');
  for (var i=0; i<divs.length; i++) {
    divs[i].style.backgroundColor = '';
  }
  document.getElementById('output').innerHTML = '';
  var sel = document.getElementById('selCount');
  eventLast = sel.options[sel.selectedIndex].value;
  eventCount = 0;
}

function setEvents() {
  if (typeof(document.addEventListener) == "undefined") {
    alert("addEventListener not supported.");
    return;
  }

  var divs = document.getElementsByTagName('div');
  for (var i=0; i<divs.length; i++) {
    var d = divs[i];
    if (d.className == 'container') {
      d.addEventListener('click',captureEvent,false);
      d.addEventListener('click',captureEvent,true);
    }
  }

  var dc = document.getElementById('capture');
  dc.addEventListener('click',resetElements,true);
  dc.addEventListener('click',finalEvent, false);
}

window.onload = setEvents;
</script>
```

▲ DIV 엘리먼트 클릭 예제

위의 소스 코드를 적용하여 클릭할 때마다 해당 레이어의 사각형의 색상이 변경되
도록 하였다.

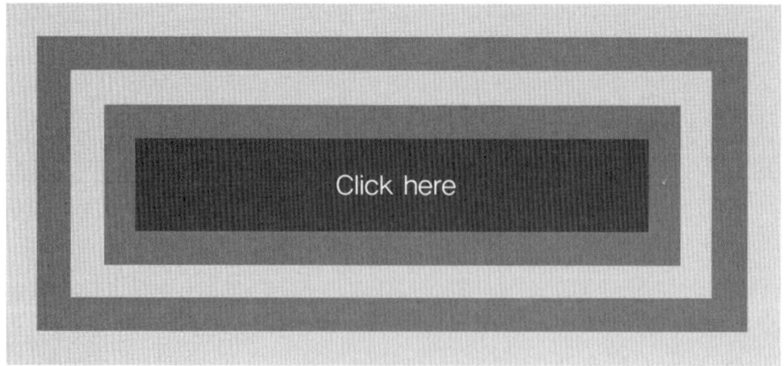

▲ 클릭 수행 시 변경 결과

||||| 헬퍼 함수

이벤트 리스너가 웹 브라우저 타입에 상관없이 제대로 동작하도록 하기 위해서는 헬퍼(Helper) 함수를 사용할 수 있다. 여기서의 헬퍼 함수는 원래의 함수의 동작이 웹 브라우저의 종류와 버전에 따라서 달라지기 때문에 이를 보완하기 위해서 W3C와 마이크로소프트의 이벤트 모델에 맞추어 보완적인 동작을 하도록 추가 작성한 함수이다. 이 헬퍼 함수에서는 다음과 같은 3가지 항목이 필수적으로 들어가야 한다.

- 리스너에 추가되어야 할 엘리먼트
- 이벤트 타입
- 이벤트가 발생했을 때 호출된 함수 이름

인터넷 익스플로러에서 동작하기 위한 attachEvent 메소드를 가지고 예를 들어보면 다음과 같다.

```
function addEvent(obj, type, fn) {
  if (obj.attachEvent) { // 마이크로소프트용
    obj['e' + type + fn] = fn;
    obj[type + fn] = function() {
      obj['e' + type + fn](window.event);
    }
    obj.attachEvent('on' + type, obj[type + fn]);
  }
  else { // W3C용
    obj.addEventListener(type, fn, false);
  }
}
```

이벤트 제거 함수의 경우에도 헬퍼 함수에서 사용한 방식을 사용하여 구현한다.

```
function removeEvent(obj, type, fn) {
  if (obj.detachEvent) { // 마이크로소프트용
    obj.detachEvent('on' + type, obj[type + fn]);
    obj[type + fn] = null;
  }
  else { // W3C용
    obj.removeEventListener(type, fn, false);
  }
}
```

사실 생각해보면 웹 브라우저에서 이벤트가 없이는 아무런 동작이 없을 것이고 이벤트가 없는 스크립트도 없을 것이다. 사용자가 자바스크립트를 포함하고 있으면서 활발히 사용하는 웹 페이지의 소스를 보면 스크립트를 트리거링하는 이벤트들을 여러 군데에서 살펴볼 수 있을 것이다. 특히 자바스크립트를 사용하려는 목적이 동적으로 웹 페이지가 사용되도록 하고, 사용자와 웹 브라우저 사이에 상호 연관적인 동작을 일으키도록 하기 위함이기 때문에 더욱 더 필수적이다. 그래서 사용자로부터 입력을 받아서 그에 상응하는 동작을 자바스크립트에서 수행하게 된다.

||||| 넷스케이프 모델

넷스케이프(Netscape) 버전 2에서는 단지 몇 개의 이벤트만 지원하고 있었다. 그 중에서 mouseover와 mouseout의 경우에는 이를 이용하여 개발자가 훌륭한 효과를 부가할 수 있어서 단박에 인기를 끈 이벤트에 속한다. 이러한 기본적인 몇 개의 이벤트는 지금은 일상적인 것이 되었지만 이전에는 이것만 지원하더라도 많은 사람의 관심을 끌기 충분하였다. 넷스케이프에서 지원하던 이벤트 핸들러의 모양은 다음과 같은 형태를 지원하고 있었다. 가장 기본적인 모습을 가지고 있다.

```
<a href="somewhere.html" onclick="alert('I\'ve been clicked!')">
```

이러한 형태는 나중에 표준화된 모습의 기본이 되었다. 여기서 사용된 이벤트와 이벤트 핸들러들은 모든 브라우저의 자바스크립트를 통해서도 지원하게 되었다.

||||| 브라우저의 호환성 관련 이슈

다양한 이벤트들이 추가되고 많아지면서 기존의 단순한 형태의 핸들러들은 변경이 가해지게 되었다. 그리고 자바스크립트를 사용하여 HTML 엘리먼트로 이벤트 핸들러를 등록하는 방법도 변하게 되었다. 기존의 많은 코드들이 이제는 스크립트를 통해서 지원됨으로서 많은 편의성을 추가적으로 제공할 수 있게 되었다. 브라우저의 점유율을 높이기 위한 업계의 경쟁으로 인하여 각 업체가 자기만의 방식을 하나씩 추구하게 되었고 이러한 이유로 인하여 이벤트 모델이 완벽히 호환되지 않는 형태로 되었다.

브라우저마다 각각의 선행 스크립팅 기술을 지원하기 때문에 호환성 간에 문제가 발생하여 부수적인 에러를 발생하는 경우가 많아지게 되었다. 이러한 불편함을 웹 브라우저 사용자가 느끼지 않도록 하기 위해서 다음과 같은 브랜치가 이루어지는 방식을 사용하여 여러 개의 이벤트 모델들을 지원하는 방법이 사용되었다.

```
if (Netscape) {
    // 넷스케이프 모델
}
else if (Explorer) {
    // 마이크로소프트 모델
}
```

||||| 이벤트 핸들링 및 스크립트 다루기

이벤트 핸들링 스크립트를 작성하기 위해서 우선적으로 필요한 것은 이벤트 핸들러의 등록이다. 이벤트가 발생할 때마다 브라우저가 스크립트를 실행할 수 있어야 한다. 이벤트 핸들러를 등록하는 모델로 4가지가 있다.

- inline
- traditional
- W3C
- Microsoft

이벤트 등록의 가장 기본적인 예는 다음과 같다.

```
element.onclick = doSomething;
if (element.captureEvents) element.captureEvents(Event.CLICK);
```

위에서 doSomething( ) 부분은 HTML 엘리먼트의 클릭 이벤트에 맞는 핸들러를 의미하며 여기서 등록이 되어야 추후에 제대로 동작이 가능하다. 즉, 사용자가 대상 엘리먼트를 클릭할 때마다 doSomething( ) 함수가 수행된다.

이벤트 핸들러를 등록하고 난 이후에는 실제로 그 이벤트 핸들러에 추가된 함수가 작성되어 있어야 한다. 이벤트가 정의되고 그 이벤트가 발생하여 등록된 핸들러로 갔는데 그 핸들러의 본체가 없으면 얼마나 황당한 일인가. 따라서 이벤트 핸들러를 따라서 실제 수행해야 할 함수를 다음과 같이 만들어야 한다.

```
function doSomething(e) {
  if (!e) var e = window.event
  // e는 이벤트를 참조
}
```

이벤트 핸들러에서 발생한 이벤트에 대한 HTML 엘리먼트를 사용하기 위해서는 this 키워드를 사용하던가 target/srcElement 속성을 사용하도록 한다. 다음은 핸들러 내에서 HTML 엘리먼트를 사용할 수 있도록 하기 위한 이벤트 핸들러의 기본 형태를 나타냈다.

```
function doSomething(e) {
  if (!e) var e = window.event
  // e는 이벤트를 참조
  // 현재 이벤트를 처리할 HTML 엘리먼트 참조
  // target/srcElement 속성은 이벤트 발생과 관련된 HTML 엘리먼트를 참조
}
```

다음은 이벤트 핸들러 내에서의 각 속성을 읽는 방법이다.

```
function doSomething(e) {
  if (!e)
  var e = window.event

  if (e.keyCode)
    code = e.keyCode;
  else if (e.which)
    code = e.which;
}
```

이벤트 핸들러를 사용함으로서 함수 참조를 자바스크립트 코드 내부에서 사용할 수 있도록 하며 이를 위해 콜백 함수를 설정할 수 있다. 이벤트와 이벤트 핸들러 함수를 사용함으로써 HTML에 코드에서 자바스크립트 코드가 분리되어 유지 보수에 더 많은 도움을 줄 수 있게 되었다.

15.2 마우스 이벤트

웹 브라우저를 사용하면서 많이 마주치게 되는 이벤트 중 하나가 마우스에 대한 이벤트들이다. 다음의 이벤트들은 사용자가 마우스를 사용하면서 발생할 다양한 이벤트들이다.

- Click
- DblClick
- MouseDown
- MouseUp
- MouseOut
- MouseOver
- MouseMove
- ContextMenu

마우스 이벤트를 처리하기 위한 가장 간단한 예이다. 여기서는 HTML을 사용하였고 개별 이벤트를 HTML 엘리먼트의 어트리뷰트로 지정하였다.

```
<span onclick="alert('Hello World!');">여기를 클릭하세요</span>
```

자바스크립트 코드를 인라인 형태로 HTML 코드에 추가할 수 있다. 이렇게 추가하기 위해서는 HTML 페이지내에서 <script> 블록을 사용해야 한다.

```
<script type="text/javascript">;
  function onclick_callback () {
  alert ("Hello, World!");
}
</script>
<span onclick="onclick_callback();">여기를 클릭하세요</span>
```

발생된 이벤트 객체는 캡처되고 참조될 수 있다. 또한 이벤트의 타입과 속성을 확보하고 사용자가 어떤 값인지 알 수 있으며 이를 위해서는 다음과 같은 방법이 사용된다.

```
<script type="text/javascript">
  function onclick_callback(event) {
    var eType = event.type;
    /* 다음은 브라우저의 호환성을 고려 */
```

```
    /* 모질라 :  이벤트 객체의 target 프로퍼티 */
    /* IE : srcElement 프로퍼티 */
    var eTarget = event.target || event.srcElement;
    alert ( "Captured Event (type=" + eType + ", target=" + eTarget );
  }
</script>
<span onclick="onclick_callback(event);">여기를 클릭하세요</span>
```

다음은 객체를 초기화하고 웹 페이지에 추가하며 여러 가지 이벤트를 등록하는 방법을 나열한 예이다.

```
<script type="text/javascript">
  function mouseevent_callback(event) {
    /* 호환성 관련 다음 참조 */
    /* IE : 기본적으로 이벤트 객체를 전달 안 함 */
    /* 주어지지 않은 이벤트에 대한 참조 확보 */
    if (!event) event = window.event;

    /* 이전 이벤트 타입과 타겟 확보 */
    var eType = event.type;
    var eTarget = event.target || event.srcElement;
    alert (eType +' event on element with id: '+ eTarget.id);
  }


  function onload () {
    /* 페이지에서의 'body' 엘리먼트에 대한 참조 확보 */
    var body = document.body;
    /* 클릭될 때 span 엘리먼트를 생성 */
    var span = document.createElement('span');
    span.id = 'ExampleSpan';
    span.appendChild(document.createTextNode ('Click Here!'));

    /* 특정 마우스 이벤트를 받기 위한 span 객체 등록 */
    span.onmousedown = mouseevent_callback;
    span.onmouseup = mouseevent_callback;
    span.onmouseover = mouseevent_callback;
    span.onmouseout = mouseevent_callback;

    /* 페이지에서 span 표시 */
    body.appendChild(span);
  }
</script>
```

▲ 마우스 이벤트 처리 예제

15.3 키보드 이벤트

마우스 이벤트에 이어서 이번에는 키보드 이벤트를 살펴보자. 마우스 이벤트의 경우와 마찬가지로 키보드 이벤트에서도 키보드의 키가 눌릴 때마다 이벤트 처리를 위해서 자바스크립트의 이벤트 처리 루틴이 요긴하게 사용될 수 있다.

키보드의 이벤트 종류는 마우스 이벤트보다 상대적으로 적다.

- KeyPress
- KeyDown
- KeyUp
- TextInput (웹킷 기반에서만 유효)

키보드 키를 누를 때 발생하는 keypress 이벤트는 keyCode 또는 charCode 속성에 값이 저장된다. 만약에 사용자가 ⓐ키를 눌렀다고 생각해보면 charCode에서는 그 문자가 대소문자를 고려하여 들어간다.

키보드의 이벤트를 캡처링하는 방법도 이전에서 설명한 바와 같이 HTML 코드에서 이벤트 핸들러를 등록하고 각 개별 이벤트를 엘리먼트를 위한 어트리뷰트로 설정한다.

```
<input type="text" onkeypress="alert ('Hello World!');">
</input>
```

이러한 동작을 하는 코드를 동일하게 HTML 안의 인라인 처리를 하기 위해서는 다음과 같이 재작성한다.

```
<script type="text/javascript">
  function onkeypress_callback () {
    alert ("Hello, World!");
  }
</script>
<input onkeypress="onkeypress_callback();"></input>
```

이벤트 발생 시에는 HTML 페이지 내에서의 <script> 블록 범위에서 정의된 함수를 호출할 수 있다. 이벤트를 캡처링하고 타겟을 참조하기 위해서는 마우스 이벤트 처리와 동일하게 처리하도록 한다.

```
<script type="text/javascript">
  function onkeypress_callback(evt) {
    var eType = evt.type; // 이벤트 타입으로 "keypress"를 반환
    var eCode = 'keyCode is ' + evt.keyCode;
    var eChar = 'charCode is ' + evt.charCode;

    alert ("Captured Event (type=" + eType + ", key Unicode value="
        + eCode + ", ASCII value=" + eChar + ")");
  }
</script>
<input onkeypress="onkeypress_callback(event);"></input>
```

키보드 이벤트를 처리하기 위해서는 도큐먼트 레벨에서 이벤트 등록을 해야 한다.
이러한 예는 다음과 같다.

```
<script type="text/javascript">
  document.onkeypress = key_event(event);
  document.onkeydown = key_event(event);
  document.onkeyup = key_event(event)

  function key_event(evt) {
    var eType = evt.type;
    var eCode = "ASCII code is " + evt.keyCode;
    var eChar = 'charCode is ' + evt.charCode;

    alert ("Captured Event (type=" + eType + ", key Unicode value=
      " + eCode + ", ASCII value=" + eChar + ")");
  }
</script>
```

　다음은 키보드 이벤트를 처리하기 위한 전체 코드를 제시하였다. 구분적으로는 기
존에 설명한 부분과 일부분이 유사해 보일수 있지만 전체적인 모습을 보는 것도 중요
하므로 잘 살펴보도록 하자.

```
<!DOCTYPE html>
<html>
<head>
  <script>
    var metaChar = false;
```

```
        var exampleKey = 16;
        function keyEvent(event) {
          var key = event.keyCode || event.which;
          var keychar = String.fromCharCode(key);
          if (key==exampleKey) { metaChar = true; }
            if (key!=exampleKey) {
              if (metaChar) {
                alert("Combination of metaKey + " + keychar);
                metaChar = false;
              } else {
                alert("Key pressed " + key);
              }
            }
          }
          function metaKeyUp (event) {
            var key = event.keyCode || event.which;
            if (key==exampleKey) {
              metaChar = false;
            }
          }
        </script>
</head>
    <body onkeydown="keyEvent(event)" onkeyup="metaKeyUp(event)">
</body>
</html>
```

▲ 키보드 키 이벤트 처리 예제

다음은 이미지를 드래그하는 경우에 대한 예제이다. 이벤트를 처리한다는 의미는 해당 동작을 함으로써 그 다음 동작을 일으켜주어야 하기 때문에 앞서서 이야기한 마우스나 키보드 이외에도 추가적인 이벤트가 존재할 수 있다. 예상할 수 있는 추가 이벤트 중에서 이미지를 마우스로 드래그하는 동작을 구현한 예제 코드를 살펴보면 다음과 같다.

```
<!DOCTYPE html>
<html>
<head>
  <style type='text/css'>
    img { position: absolute; }
  </style>
  <script type='text/javascript'>
```

```javascript
    window.onload = function() {
      movMeId=document.getElementById("ImgMov");
      movMeId.style.top = "80px";
      movMeId.style.left = "80px";
      document.onmousedown = coordinates;
      document.onmouseup=mouseup;
      function coordinates(e) {
        if (e == null) {
          e = window.event;
        }
        var sender = (typeof( window.event ) != "undefined" )
           ? e.srcElement : e.target;
        if (sender.id=="ImgMov") {
          mouseover = true;
          pleft = parseInt(movMeId.style.left);
          ptop = parseInt(movMeId.style.top);
          xcoor = e.clientX;
          ycoor = e.clientY;
          document.onmousemove=moveImage;
          return false;
        } else {
          return false;
        }
      }
      function moveImage(e) {
        if (e == null) {
          e = window.event;
        }
        movMeId.style.left = pleft+e.clientX-xcoor+"px";
        movMeId.style.top = ptop+e.clientY-ycoor+"px";
        return false;
      }

      function mouseup(e) {
        document.onmousemove = null;
      }
    }
  </script>
</head>
<body>
  <img id="ImgMov"
```

```
src="http://mozcom-cdn.mozilla.net/img/covehead/about/logo/
download/logo-only.png" width="64" height="64" />
  <p>Drag and drop around the image in this page.</p>
</body>
</html>
```

▲ 마우스를 사용한 이미지 핸들링 예제

요약

사용자와 웹 페이지 사이에서 다양한 상호작용이 발생하며 이러한 동작이 이루어질 때마다 발생
되는 것이 이벤트이다. 웹 페이지에서의 상호작용이라고 하면 사용자가 웹 페이지 내에서 어떠한
객체를 클릭하거나 특정 요소 위로 마우스를 가져가거나 그 외에도 특정한 키를 누르는 것 등이
해당된다. 이번 Chapter에서는 W3C의 이벤트 모델과 마이크로소프트의 이벤트 모델에 대해서 구
분하여 살펴봤으며 마우스와 키보드에서의 이벤트 발생 시에 어떻게 처리해야 하는지를 간략히
살펴보았다.

폼과 폼 엘리먼트

웹 페이지에서의 HTML 폼(Form)은 사용자가 데이터를 입력하기 위한 어떤 형태를 만들어주는 방법이다. 입력된 데이터는 처리를 위해서 서버로 이동될 수 있다. HTML에서 폼은 일반적인 종이 형태 또는 데이터베이스에서의 폼 형태를 대체적으로 많이 따른다. 그 이유는 기존의 사용자들이 익숙한 체크박스, 라디오 버튼, 텍스트 필드 입력 방식이 사용되는 것이 훨씬 더 높은 효율성을 가지기 때문이다. HTML에서의 폼은 〈form〉 태그로 둘러싸인다. 이를 통해서 전송되기 위해서 입력되어야 할 데이터의 처음과 끝을 알 수 있다. 이번 Chapter에서는 폼과 폼 엘리먼트에 대해서 살펴보는 시간을 가지도록 한다.

16.1 Form 객체

폼은 다음과 같은 표준적인 사용자 인터페이스 엘리먼트들로 구성된다.

- 텍스트 입력 : 한 줄 정도의 텍스트 입력
- 체크박스 : 선택을 위한 체크박스
- 라디오 : 선택을 위한 라디오 버튼
- 파일 : 선택할 파일들
- 리셋 : 리셋 버튼
- 제출 : 제출 버튼
- 텍스트 영역 : 텍스트가 씌여져 있는 영역
- 선택 : 드롭 다운 리스트와 같은 선택할 수 있도록 만든 리스트

HTML의 폼 동작을 자바스크립트를 통해서 검증할 수 있다. 자바스크립트를 사용하면, 서버로 콘텐츠를 전송하기 이전에 데이터를 검증 가능하다.

예를 들면, 사용자가 필드를 비워놓은 것은 아닌지? 유효한 이메일 주소가 들어가 있는지? 유효한 날짜가 들어가 있는지 등이다. 이러한 역할을 수행하기 위한 다양한 자바스크립트 코드를 살펴보도록 하자.

16.2 Form 엘리먼트 및 스크립트

우선 첫 번째로 살펴볼 것은 특정 필드가 비워진 상태인지 아닌지 체크하는 것이다. 만약에 필드가 비워졌다면 경고 박스를 띄워서 메시지를 보여주어 사용자가 비워놓지 않고 데이터를 채울 수 있도록 한다. 이러한 동작이 끝나지 않으면 결과를 제출하지 못하도록 한다.

```javascript
function validateForm()
{
  var x=document.forms["myForm"]["fname"].value;
  if (x==null || x=="")
  {
    alert("빈 칸을 채우세요");
    return false;
  }
}
```

위의 자바스크립트 코드를 HTML에 결합시키면 다음과 같은 코드가 된다.

```html
<head>
  <script>
    function validateForm()
    {
      var x=document.forms["myForm"]["fname"].value;
      if (x==null || x=="")
      {
        alert("빈 칸을 채우세요");
        return false;
      }
    }
  </script>
```

```
</head>
<body>
  <form name="myForm" onsubmit=
        "return validateForm()" method="post">
    First name: <input type="text" name="fname">
    <input type="submit" value="Submit">
  </form>
</body>
```

▲ 필드 체크 예제

이와 다른 방법으로 엘리먼트의 길이를 체크한 이후에 만약에 그 길이가 0이면 도움말 창을 띄우도록 하는 방법이다.

```
// 만약에 엘리먼트의 길이가 0이 될 경우에는 메시지를 띄움
function notEmpty(elem, helperMsg){
  if(elem.value.length == 0){
    alert(helperMsg);
  elem.focus(); // 포커스 설정
   return false;
  }
  return true;
}
```

'elem.value.length == 0'을 통해서 길이가 얼마인지를 찾고 만약에 0이 아니라면 이는 비워져 있는 것이 아님을 알 수 있다. 빈 칸으로 놓여져 있는지를 찾아보는 자바스크립트 코드와 폼을 같이 사용하는 실제 코드를 나타냈다.

```
<script type='text/javascript'>
  function notEmpty(elem, helperMsg){
    if(elem.value.length == 0){
      alert(helperMsg);
      elem.focus();
      return false;
    }
   return true;
  }
</script>
<form>
  Required Field: <input type='text' id='req1'/>
  <input type='button'
    onclick="notEmpty(document.getElementById('req1'),
```

```
          'Please Enter a Value')"
    value='Check Field' />
</form>
```

두 번째 예제는 이메일 주소가 유효한지를 검증하는 것이다. 사용자가 이메일 주소를 넣었을 때 중간에 @이 있는지와 적어도 하나의 점(.)이 존재하는지를 파악할 수 있고, @가 혹시 맨 앞에 나와있는 것은 아닌지 알 수 있다. 그리고 맨 마지막에는 적어도 2개 이상의 문자로 구성은 되어 있는지를 파악하여 이메일 전체 값이 혹시 오류가 있는 것은 아닌지 사용자 실수에 의해서 이상한 값이 들어간 것은 아닌지를 일일이 파악한다.

```javascript
function validateForm()
{
  var x=document.forms["myForm"]["email"].value;
  var atpos=x.indexOf("@");
  var dotpos=x.lastIndexOf(".");
  if (atpos<1 || dotpos<atpos+2 || dotpos+2>=x.length)
  {
    alert("유효하지 않은 이메일 주소");
    return false;
  }
}
```

위의 자바스크립트 코드를 HTML에 결합시키면 다음과 같은 코드가 된다.

```html
<head>
 <script>
    function validateForm()
    {
      var x=document.forms["myForm"]["email"].value;
      var atpos=x.indexOf("@");
      var dotpos=x.lastIndexOf(".");
      if (atpos<1 || dotpos<atpos+2 || dotpos+2>=x.length)
      {
        alert("유효하지 않은 이메일 주소");
        return false;
      }
    }
 </script>
</head>
<body>
  <form name="myForm" onsubmit=
```

```
        "return validateForm();" method="post">
    Email: <input type="text" name="email">
    <input type="submit" value="Submit">
  </form>
</body>
```

▲ 이메일 유효 검증 예제

세 번째 예제는 입력하고자 하는 값이 숫자들로만 구성되어 있는지 아닌지를 확인한다. 신용카드 번호, 전화번호, 우편번호의 경우에는 문자가 들어가는 것이 아니라 대체적으로 숫자로 구성된다. 따라서 입력된 값이 숫자 이외에 다른 것이 있는지를 확인하기 위해서 정규 표현식(/^[0-9]+$/)을 사용하도록 한다.

```
// 엘리먼트의 스트링들이 정규 표현식 결과와 일치할 경우에 모두 숫자
function isNumeric(elem, helperMsg){
  var numericExpression = /^[0-9]+$/;
  if(elem.value.match(numericExpression)){
    return true;
  }else{
    alert(helperMsg);
    elem.focus();
    return false;
  }
}
```

입력받은 값들이 숫자(0~9 사이)인지를 확인하기 위해서 정규 표현식을 적용하고 그 결과를 numericExpression에 저장한다. 만약에 이 표현식의 적용 결과가 true이면 최종적으로 테스트를 통과하여 자바스크립트 함수 isNumeric도 true를 반환하게 되며 반대의 경우에 숫자 이외의 문자가 존재하는 경우에는 도움말 창을 제공한다.

HTML 폼과 같이 결합되어 사용되는 예이다.

```
<script type='text/javascript'>
function isNumeric(elem, helperMsg){
  var numericExpression = /^[0-9]+$/;
  if(elem.value.match(numericExpression)){
    return true;
  }else{
    alert(helperMsg);
    elem.focus();
    return false;
  }
}
```

```
</script>
<form>
  Numbers Only: <input type='text' id='numbers'/>
  <input type='button'
    onclick="isNumeric(document.getElementById('numbers'),
        'Numbers Only Please')" value='Check Field' />
</form>
```

▲ 입력 값 숫자 체크 예제

이번에는 앞에서 본 경우와 정반대로 숫자가 아닌 문자로 구성되어 있는지를 확인한다. 이때는 숫자를 찾아보는 정규 표현식이 아닌 알파벳 문자를 확인하는 정규 표현식 /^[a-zA-Z]+$/이 사용된다. 이를 구현한 자바스크립트 코드는 다음과 같다.

```
// 엘리먼트의 스트링들이 정규 표현식의 결과와 일치할 경우, 모두 문자
function isAlphabet(elem, helperMsg) {
  var alphaExp = /^[a-zA-Z]+$/;
  if(elem.value.match(alphaExp)){
   return true;
  }else{
    alert(helperMsg);
    elem.focus();
    return false;
  }
}
```

HTML 폼과 같이 결합되어 사용되는 예이다.

```
<script type='text/javascript'>
function isAlphabet(elem, helperMsg) {
  var alphaExp = /^[a-zA-Z]+$/;
  if(elem.value.match(alphaExp)){
    return true;
  }else{
    alert(helperMsg);
    elem.focus();
    return false;
  }
}
</script>
<form>
  Letters Only: <input type='text' id='letters'/>
  <input type='button'
    onclick="isAlphabet(document.getElementById('letters'),
```

```
                'Letters Only Please')"
        value='Check Field' />
</form>
```

▲ 문자 구성 체크 예제

이번에는 앞에서 나타낸 숫자와 문자를 섞어서 검토해보자. 앞서서 언급한 isAlphabet( )와 isNumeric( ) 함수를 사용하여 이러한 기능을 지원할 수 있다.

```
// 엘리먼트의 스트링들이 정규 표현식의 결과와 일치할 경우, 모두 숫자 또는 문자
function isAlphanumeric(elem, helperMsg){
  var alphaExp = /^[0-9a-zA-Z]+$/;
  if(elem.value.match(alphaExp)){
    return true;
  }else{
    alert(helperMsg);
    elem.focus();
    return false;
  }
}
```

유효한 이름을 구분해 내기 위해서 6~8개의 문자만 존재하는 지를 확인한다.

```
<script type='text/javascript'>
function lengthRestriction(elem, min, max){
  var uInput = elem.value;
  if(uInput.length >= min && uInput.length <= max){
    return true;
  }else{
    alert("Please enter between " +min+ " and " +max+
        " characters");
    elem.focus();
    return false;
  }
}
</script>
<form>
  Username(6-8 characters): <input type='text' id='restrict'/>
  <input type='button'
    onclick="lengthRestriction(document.getElementById
      ('restrict'), 6, 8)"
    value='Check Field' />
</form>
```

▲ 숫자와 문자 확인 예제

다음은 이메일 폼을 검증하기 위한 것이다. 이메일을 구성하는 주요 요소로는 다음과 같이 5부분이 있다.

- 문자, 숫자, 하이픈, 플럿, 부호 등이 결합된 부분
- 심볼 @
- 문자, 숫자, 하이픈, 플럿, 부호 등이 결합된 부분
- 점(.)
- 상위레벨 도메인 (com, net, org, us, gov, …)

이러한 규칙을 바탕으로 볼 때 다음과 같은 이메일 주소는 유효한 값을 가지는 경우다.

- greg.kim@gmobiletech.net
- greg+kim@gmobiletech.com
- the-greg@steven.gmobiletech.com

하지만 다음과 같이 맨 앞에 @가 나오면 틀린 주소가 되며 비유효한 부호가 들어가던가, 도메인에 언더스코어 부호가 들어가도 마찬가지이다.

- @deleted.net − no characters before the @
- free!dom@greg.art − invalid character !
- shoes@need_greg.com − underscores are not allowed in the domain name

이를 체크할 수 있는 정규 표현식을 사용하여 이메일 주소의 옳고 그름을 체크할 수 있다. 우선 자바스크립트 코드를 살펴보면 다음과 같은 정규 표현식을 발견할 수 있다.

```
function emailValidator(elem, helperMsg){
  var emailExp = /^[\w\-\.\+]+\@[a-zA-Z0-9\.\-]+\.[a-zA-z0-9]
     {2,4}$/;
  if(elem.value.match(emailExp)){
   return true;
  }else{
   alert(helperMsg);
   elem.focus();
   return false;
  }
}
```

이메일 주소를 체크하기 위한 자바스크립트와 HTML 폼 코드를 모두 살펴보면 다음과 같다.

```
<script type='text/javascript'>
  function emailValidator(elem, helperMsg){
    var emailExp =
      /^[\w\-\.\+]+\@[a-zA-Z0-9\.\-]+\.[a-zA-z0-9]{2,4}$/;
    if(elem.value.match(emailExp)){
      return true;
    }else{
      alert(helperMsg);
      elem.focus();
      return false;
    }
  }
</script>
<form>
  Email: <input type='text' id='emailer'/>
  <input type='button'
    onclick="emailValidator1(document.getElementById('emailer'),
'유효하지 않은 이메일 주소')" value='Check Field' />
</form>
```

▲ 이메일 주소 체크 예제

앞에서 살펴본 다른 다양한 폼 검증 코드를 여러 개 결합해서 한 번 전반적인 검증 코드로 만들어보자. 검증 기능을 넣은 HTML과 자바스크립트를 제시하였다. 코드의 초반을 보면 getElementById( ) 함수를 사용하여 HTML 입력에 대한 레퍼런스를 생성하였고 이들 통해서 코드 구성이 손쉽게 이루어질 수 있도록 하였다. 그리고는 if 문을 사용하여 각 필드가 올바른 값을 가지고 있는지 아닌지를 구분하여 판단할 수 있도록 하였다. 각 필드를 체크하기 위해서 각각 검증을 수행한다. 각 라인에서는 각 구성 폼을 체크하여 문제가 없을 경우에는 true를 반환하도록 되어 있다. 만약에 실패하는 경우가 발생하면 이때는 false를 얻게 된다.

```
<script type='text/javascript'>
  function formValidator(){
    // 필드에 대한 단축 참조 생성
    var firstname = document.getElementById('firstname');
    var addr = document.getElementById('addr');
    var zip = document.getElementById('zip');
    var state = document.getElementById('state');
    var username = document.getElementById('username');
```

```javascript
      var email = document.getElementById('email');

      // 각 입력이 순서대로 되어 있는지를 확인
      if(isAlphabet(firstname, "Please enter only letters for
          your name")){
       if(isAlphanumeric(addr, "Numbers and Letters Only for
           Address")){
        if(isNumeric(zip, "Please enter a valid zip code")){
         if(madeSelection(state, "Please Choose a State")){
          if(lengthRestriction(username, 6, 8)){
           if(emailValidator(email, "Please enter a valid email
               address")){
            return true;
           }
          }
         }
        }
       }
      }
      return false;
    }

    function notEmpty(elem, helperMsg){
      if(elem.value.length == 0){
        alert(helperMsg);
       elem.focus(); // set the focus to this input
       return false;
      }
      return true;
    }

    function isNumeric(elem, helperMsg){
      var numericExpression = /^[0-9]+$/;
      if(elem.value.match(numericExpression)){
        return true;
      }else{
       alert(helperMsg);
       elem.focus();
       return false;
      }
    }

    function isAlphabet(elem, helperMsg){
      var alphaExp = /^[a-zA-Z]+$/;
      if(elem.value.match(alphaExp)){
```

```javascript
   return true;
  }else{
  alert(helperMsg);
  elem.focus();
  return false;
  }
}

function isAlphanumeric(elem, helperMsg){
  var alphaExp = /^[0-9a-zA-Z]+$/;
  if(elem.value.match(alphaExp)){
   return true;
  }else{
  alert(helperMsg);
  elem.focus();
  return false;
  }
}

function lengthRestriction(elem, min, max){
  var uInput = elem.value;
  if(uInput.length >= min && uInput.length <= max){
   return true;
  }else{
  alert("Please enter between " +min+ " and " +max+ " characters");
  elem.focus();
  return false;
  }
}

function madeSelection(elem, helperMsg){
  if(elem.value == "Please Choose"){
  alert(helperMsg);
  elem.focus();
  return false;
  }else{
  return true;
  }
}

function emailValidator(elem, helperMsg){
  var emailExp = /^[\w\-\.\+]+\@[a-zA-Z0-9\.\-]+\.[a-zA-z0-9]
     {2,4}$/;
  if(elem.value.match(emailExp)){
   return true;
```

```
    }else{
     alert(helperMsg);
     elem.focus();
     return false;
     }
 }
</script>

<form onsubmit='return formValidator()' >
First Name: <input type='text' id='firstname' /><br />
Address: <input type='text' id='addr' /><br />
Zip Code: <input type='text' id='zip' /><br />
State: <select id='state'>
   <option>Please Choose</option>
   <option>AL</option>
   <option>CA</option>
   <option>TX</option>
   <option>WI</option>
</select><br />
Username(6-8 characters): <input type='text' id='username' /><br />
Email: <input type='text' id='email' /><br />
<input type='submit' value='Check Form' />
</form>
```

▲ 폼 검증 예제

요약

HTML 폼(Form)은 사용자가 데이터를 입력하기 위한 어떤 형태를 만들어주는 방법이다. 입력된 데이터는 처리를 위해서 서버로 이동될 수 있다. HTML에서 폼은 데이터베이스에서의 폼 형태를 대체적으로 많이 따르며 <form> 태그로 둘러싸여 표현된다. 폼의 표준적인 그래픽적인 사용자 인터페이스 엘리먼트들로 텍스트 입력, 체크박스, 라디오 등이 있다. 이번 Chapter에서는 HTML의 폼 동작을 자바스크립트를 통해서 검증하는 방법에 대해서 살펴보았다. 자바스크립트를 사용하면 서버로 콘텐츠를 전송하기 이전에 데이터를 검증할 수 있다.

Chapter 17 Ajax

웹 환경의 변화로 웹 응용이 단순한 HTML 기반의 브라우징이 아니라 웹 서비스와 개방형 API에 기반한 하나의 복합 응용의 형태로 사용자들에게 다가가고 있으며 이를 지원하기 위해서 Ajax 등의 클라이언트 확장 기술을 통해 웹 응용의 범위를 넓히고 있다. Ajax 기술을 활용한 웹 응용은 XML 처리를 할 수 있는 DOM 엔진과 자바스크립트 엔진을 가진 대부분의 브라우저나 플랫폼에서 호환되게 사용할 수 있다는 장점을 갖는다. 또한 비동기적인 데이터 교환이 가능하고 이벤트 기반의 처리를 할 수 있으므로 효과적인 사용자 인터페이스 구현이 가능하다. 이번 Chapter에서는 Ajax에 대해서 살펴보는 시간을 가지도록 한다.

17.1 Ajax 정의

Ajax(Asynchronous JavaScript and XML)는 서버와 데이터를 교환하기 위해서 사용하고, 웹 페이지 전체를 리로딩하지 않고서도 일부분을 업데이트할 때 사용하는 방법이다. Ajax 애플리케이션은 XML/XSLT 대신 미리 정의된 HTML이나 일반 텍스트, JSON, JSON-RPC를 이용할 수 있다. Ajax는 대화식 웹 애플리케이션의 제작을 위해 다음과 같은 조합을 이용하는 웹 개발 기법이다.

- HTML(XHTML) (표현 정보)
- CSS
- DOM (동적인 화면 출력 및 표시 정보와의 상호 작용 수행)
- 자바스크립트

- XML, XSLT, XMLHttpRequest (데이터 교환 및 웹 서버와 비동기적으로 데이터를 교환하기 위해서 필요)

Ajax에서는 서버에 데이터를 전송할 때나 서버로부터 데이터를 가지고 올 때 백그라운드로 현재 존재하는 페이지의 동작에 무리를 주지 않고 비동기적으로 동작한다. Ajax에서 데이터는 XMLHttpRequest를 사용해서 데이터를 추출한다. Ajax이라는 단어에서 맨 마지막의 X는 XML인데 실제로는 이름과 달리 XML보다는 JSON이 주로 사용된다.

기존의 웹 애플리케이션은 브라우저에서 폼을 채우고 이를 웹 서버로 제출하면 하나의 요청으로 웹 서버는 요청된 내용에 따라서 데이터를 가공하여 새로운 웹 페이지를 작성하고 응답으로 되돌려준다. 이때 최초에 폼을 가지고 있던 페이지와 사용자가 이 폼을 채워 결과물로서 되돌려 받은 페이지는 일반적으로 유사한 내용을 가지고 있는 경우가 많다. 결과적으로 중복되는 HTML 코드를 다시 한 번 전송받음으로써 많은 대역폭을 낭비하게 된다. 대역폭의 낭비는 금전적 손실을 야기할 수 있으며 사용자와 대화(상호 반응)하는 서비스를 만들기 어렵게도 한다.

반면에 Ajax 애플리케이션은 필요한 데이터만을 웹 서버에 요청해서 받은 후 클라이언트에서 데이터 처리를 할 수 있다. 보통 SOAP이나 XML 기반의 웹 서비스 프로토콜이 사용되며 웹 서버의 응답을 처리하기 위해 클라이언트 쪽에서는 자바스크립트를 쓴다. 웹 서버에서 전적으로 처리되던 데이터 처리의 일부분이 클라이언트 쪽에서 처리되므로 웹 브라우저와 웹 서버 사이에 교환되는 데이터 량과 웹 서버의 데이터 처리량도 줄어들기 때문에 애플리케이션의 응답성이 좋아진다. 또한 웹 서버의 데이터 처리에 대한 부하를 줄여주는 일이 요청을 주는 수많은 컴퓨터에 대해서 일어나기 때문에 전체적인 웹 서버 처리량도 줄어든다.

DHTML이나 LAMP와 같이 Ajax는 자체가 하나의 특정한 기술을 말하는 것이 아니며, 함께 사용하는 기술이다. Ajax 애플리케이션은 실행 플랫폼으로 앞서서 이야기한 다양한 기술들을 지원하는 웹 브라우저를 이용하며 이를 지원하는 브라우저로는 모질라 파이어폭스, 인터넷 익스플로러, 오페라, 사파리, 구글 크롬 등이 있다. 단 오페라는 현재 XSL 포맷팅 객체와 XSLT 변환을 지원하지 않는다. Ajax는 소프트웨어 개발에 대한 새로운 접근 방식이 아니다. 보다 높은 관점에서 Ajax는 MVC 패턴의 뷰와 컨트롤러에 해당하는 기술이며 이런 방식은 이전의 프로그래밍 환경인 델파이, MFC, 오라클 ADF 등에서 이미 많이 사용하고 있다.

Ajax 개발 시에 사용되는 브라우저-사이드 프레임워크로서 자바스크립트 프레임워크가 있다. 자바스크립트 프레임워크는 많이 사용되고 유용하기 때문에 많은 수가 존재하고 있다. 여기서는 어떠한 것들이 있는지 간단히 살펴본다.

표) 자바스크립트 프레임워크

프레임워크명	개요	라이센스
jQuery	Ajax 프레임워크와 기타 유틸리티, jQuery UI, 하위 레벨 상호 연동 기능, 애니메이션, 다양한 고급 이펙트들을 위한 플러그 인을 제공하는 프레임워크이다.	GPL, MIT
MooTools	비주얼 이펙트와 트랜지션을 제공하는 컴팩트하면서 모듈러 구성이 잘되어 있는 프레임워크이다.	MIT
Prototype	Ajax 프레임워크와 다양한 유틸리티들을 제공하며 애니메이션용 플러그인과 인터페이스 개발 도구를 지원하는 프레임워크이다.	MIT
YUI Library	DOM 스크립팅, DHTML과 Ajax 같은 기법들을 사용하여 리치 인터랙티브 웹 애플리케이션을 구성할 수 있는 유틸리티들과 컨트롤들을 제공하는 프레임워크이다.	BSD
ASP.NET(AJAX)	Ajax 기능을 구현하기 위한 ASP.NET의 확장 세트이다.	Microsoft Public License
Spry	어도비에서 개발된 오픈 소스 Ajax로서 RIA를 개발하기 위해서 사용된다.	BSD
Dojo Toolkit	자바스크립트로 제작된 오픈소스 DHTML 툴킷이다.	수정된 BSD license 또는 Academic Free License
Ext JS	버전 1.0까지는 Jquery와 YUI를 위한 확장 라이브러리였고 버전 1.1부터는 스탠드얼론 Ajax 프레임워크로 제공된다.	GPLv3 또는 개별 지정 라이센스
Prevel	다양한 메소드들을 사용하여 DOM, Ajax와 상호 연동을 위한 여러 가지 기능을 제공한다. 다양한 강력한 기능들을 제공하지만 약 4.8 Kb밖에 안 되는 경량화된 자바스크립트 라이브러리이다.	MIT, LGPL

17.2 Ajax 장/단점

Ajax는 서버와 데이터를 교환하기 위함이 주 목적이며 웹 페이지 전체를 리로딩하지 않고서도 일부분을 업데이트할 때 사용할 수 있음으로 유용하게 사용될 수 있다.

이러한 장점 이외에도 어떠한 추가적인 장점과 이와 상대적인 단점이 있는지 간략하게 살펴보자.

표) Ajax의 장/단점 비교

구분	내용
장점	페이지 이동 없이 고속으로 화면을 전환 가능하다. 서버 처리 대기 없이, 비동기 요청이 가능하다. 수신하는 데이터 양을 줄일 수 있고 클라이언트 처리 위임이 가능하다.
단점	Ajax를 쓸 수 없는 브라우저가 존재한다. HTTP 클라이언트의 기능이 한정되어 있다. 보안상 이슈가 존재한다. 지원하는 Char-Set이 한정되어 있다. 스크립트로 인하여 디버깅이 쉽지 않다. 최적화되지 않은 요청때문에 서버 부하가 늘 수 있음.

브라우저가 제공하는 XMLHttpRequest의 동작이 다를 경우에 브라우저에서 실행하는 자바스크립트 코드도 다르게 동작하므로 Ajax 수행 결과도 다를 수가 있다.

Cross Domain AJAX Limitation

▲ 다양한 도메인으로부터의 Ajax 처리 요청 케이스(출처 : www.javaworld.com)

다양한 도메인으로부터 Ajax 처리 요청이 들어왔을 때 브라우저의 동작 처리 관련
이슈로 인하여 문제가 발생할 경우를 예상하여 JSON을 사용하여 Ajax 동작이 수행
하도록 하는 경우는 다음의 그림과 같이 전체 동작 방법이 변경된다.

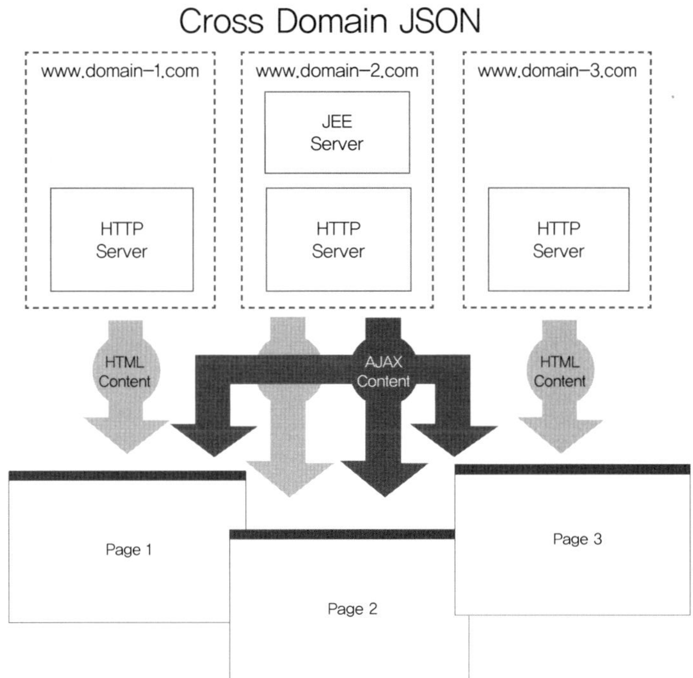

▲ JSON을 사용하여 Ajax 동작 수행(출처 : www.javaworld.com)

17.3 데이터 요청 및 전송

Ajax 사용에 있어서 Ajax 기술을 지원하지 않는 브라우저를 위한 대체물을 만드
는 것은 거의 힘들다. 이와 같은 접근은 WAI(Web Accessibility Initiative) 접근성
지침에 거스르는 측면도 있다. 기존에는 전체 페이지를 불러오는 것에 비해 Ajax 사
용자는 페이지의 일부분만 불러올 수가 있기 때문에 개발자들이 비 Ajax 환경에 있는
사용자의 접근성을 포함한 경험을 보호할 수 있으며 적절한 브라우저를 이용하는 경
우에 전체 페이지를 불러오는 일 없이 응답성을 향상시킬 수 있다.

Ajax에 대한 간단한 예제를 우선 보도록 하자. Ajax는 GET 또는 POST를 수행하
기 위해서 자바스크립트, DHTML와 XMLHttpRequest 객체를 사용할 수 있는 메소

드를 가지고 HTML 페이지를 리로딩하지 않고서도 결과를 반환받을 수 있다.

다음의 그림에서와 마찬가지로 XMLHttpRequest 객체를 사용하여 Ajax 동작을 수행할 수 있으며 JSON 데이터 포맷을 사용해도 서버에 데이터 요청 및 전송이 가능하다.

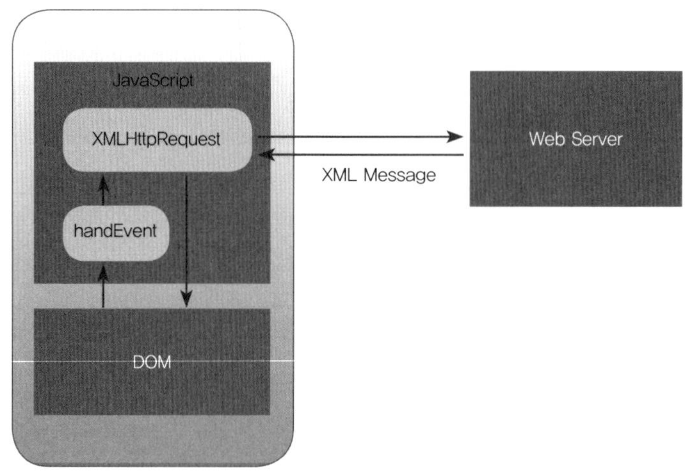

▲ 자바스크립트를 사용하는 Ajax 동작

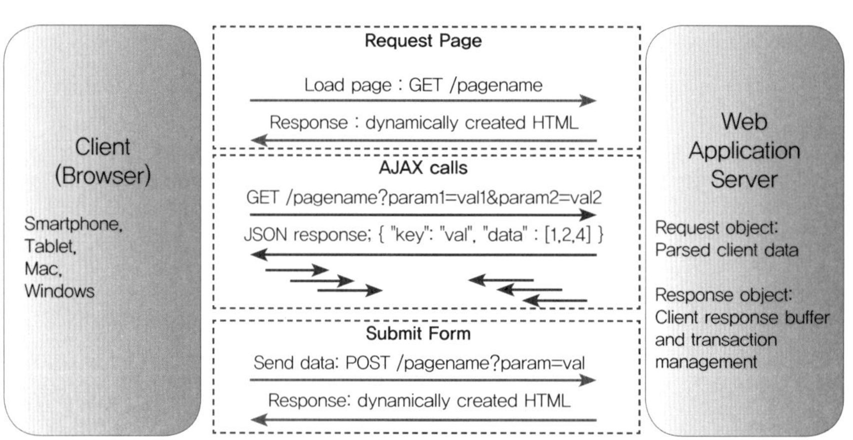

▲ JSON을 사용한 Ajax 요청 및 제출 동작(출처 : www.realtimelogin.com)

XMLHttpRequest 객체를 생성(Explorer 7 이상, Firefox, Chrome, Safari 및 Opera)하기 위해서는 빌트인되어 있는 XMLHttpRequest 객체를 사용한다.

```
variable=new XMLHttpRequest();
```

단 인터넷 익스플로러 6 이하 버전(IE5, IE6) 등에서는 다음과 같이 ActiveX 객체를 사용해야 한다.

```
variable=new ActiveXObject("Microsoft.XMLHTTP");
```

XMLHttpRequest 객체 또는 ActiveXObject 객체 생성을 위해서 사용되는 코드를 정리하면 다음과 같다.

```html
<!DOCTYPE html>
<html>
<head>
  <script>
    function loadXMLDoc()
    {
      var xmlhttp;
      if (window.XMLHttpRequest)
      { // IE7 이상, Firefox, Chrome, Opera, Safari를 위한 코드
        xmlhttp=new XMLHttpRequest();
      }
      else
      { // IE6, IE5를 위한 코드
        xmlhttp=new ActiveXObject("Microsoft.XMLHTTP");
      }
      xmlhttp.onreadystatechange=function()
      {
        if (xmlhttp.readyState==4 && xmlhttp.status==200)
        {
          document.getElementById("myDiv").innerHTML=
            xmlhttp.responseText;
        }
      }
      xmlhttp.open("GET","ajax_info.txt",true);
      xmlhttp.send();
    }
  </script>
</head>
<body>
  <div id="myDiv"><h2>AJAX Test</h2></div>
  <button type="button" onclick="loadXMLDoc()">Change</button>
</body>
</html>
```

▲ ActiveXObject 객체 생성을 위한 코드 사용 예제

Ajax에서의 주요 동작별 주요 메소드를 정리하면 다음 표와 같다.

표) 주요 메소드 리스트

구분	메소드
Request	Open, Send
Response	responseText, responseXML
ReadyState	onreadystatechange, readyState, status

HTTP 요청이 발생했을 때에는 open( ) 메소드를 실행한다. 여기서 POST/GET, 요청 URL, 동기/비동기 모드를 지정할 수 있다.

```
var request = createHttpRequest();
request.open("GET", "/test.xml");

// 첫 번째 파라미터 : GET/POST 중 하나 선택
// 두 번째 파라미터 : URL
// 세 번째 파라미터 : 생략 가능하지만 동기/비동기 중 하나 선택. 기본은 비동기.
```

데이터를 송신하기 위해서는 send( ) 메소드를 사용한다. 이제 GET/POST를 한 번 비교해보도록 하자.

표) GET/POST 비교

구분	내용
GET	GET 방식은 기본적으로 데이터베이스에 대한 질의어 데이터와 같은 요청 자체를 위한 정보를 전송할 때 사용되며 만약에 일정한 크기 이상의 데이터가 있으면 자른다. 데이터가 주소 입력란에 표시되므로 최소한의 보안도 유지되지 않는다. GET은 URL에 파라미터를 직접 붙여 보내지만 한글 등의 문제로 인코딩이 필요하고 RequestHeader 설정도 필요한 방식이다. 클라이언트로부터의 데이터를 이름과 값이 결합된 스트링 형태로 전달하며 각 이름과 값의 쌍은 "&"를 이용하여 구분한다. • http://localhost/chs/book/Request.asp?Name=Michael&Dept=Computer 웹 브라우저의 주소 입력란에서 위와 같이 직접 입력하여도 데이터를 서버로 전송하며 데이터를 쿼리 스트링(Query String)의 일부로써 전달한다. 실제로 사용하는 경우는 다음과 같이 인자를 설정한다.

	var paramValue = encodedURIComponent("paraValue");
	var fullParameter = '?' + paramName + '=' + paramValue;
	request.open("GET", "/test.cgi" + data);
	request.setRequestHeader('Content-Type', 'application/x-www-form-urlencoded; charset=UTF-8');
	request.send(null);

POST	POST 방식은 데이터베이스에 대한 갱신 작업과 같은 서버측에서의 정보 갱신 작업을 원할 때 사용하며 일정한 크기 이상의 데이터를 전송할 때 사용한다. POST 방식을 사용하면 GET 방식에 비해 상대적으로 처리 속도가 늦어진다.
	POST 방식에서도 파라미터를 인코딩하여 send() 메소드의 인자로 넘겨준다. 클라이언트와 서버 간에 상호 정의되어 있는 형식대로 값을 인코딩한 다음 서버로 전송하며 내부의 구분자가 각 파라미터를 이름과 값으로 구분한다.
	클라이언트로부터의 데이터가 HTTP 헤더에 포함되어 전송되기 때문에 브라우저의 주소 입력란에 내용이 나타나지 않는다.
	request.open('POST', "/test.cgi");
	request.setRequestHeader('Content-Type', 'application/x-www-form-urlencoded; charset=UTF-8');
	request.send("name=test&data=123");

착신과 데이터 처리 시에는 송수신 상태가 변할 때 기동하는 onreadystatechange 이벤트를 사용할 수 있다. 이는 인터넷 익스플로러 이외의 웹 브라우저에서는 콜백 스타일의 onload 이벤트를 사용한다. 그리고 readyState 프로퍼티가 필요하며 이는 송수신 상태를 나타내는데 4라는 값을 가지면 송신이 완료됨을 의미한다. readyState라는 속성은 서버가 요청을 완료하고 콜백 함수가 그 서버에서 온 데이터를 사용하여 웹 폼이나 페이지를 업데이트하도록 한다.

onreadystatechange는 요청 처리 상태를 나타내는 readyState 프로퍼티의 값이 바뀔 때 발생한다. 착신을 처리할 함수 지정은 request.open() 함수를 호출하기 전에 선언해야 한다. 이 방법 이외에도 콜백 함수를 인라인으로 정의하고 HTTP 상태 코드가 200이면 동작하도록 한다.

```
request.onreadystatechange = funcation() {
  if (request.readyState == 4 &&
    request.status == 200) {
    // 수행할 동작
  }
}
```

4라는 숫자에서 짐작하듯 여러 가지 다른 준비 상태들이 있다.

- 0 : (open( )을 호출하기 전에는) 요청이 초기화되지 않는다.
- 1 : (send( )를 호출하기 전에는) 요청은 설정되지만 보내지지 않는다.
- 2 : 요청이 보내지고 처리 중에 있다(이 시점에서 응답에서 콘텐트 헤더를 얻을 수 있음).
- 3 : 요청이 처리 중에 있다. 부분적인 데이터를 응답에서 사용할 수 있지만 서버는 이 응답으로는 종료되지 않는다.
- 4 : 응답이 완료된다. 서버의 응답을 받고 이를 사용한다.

수행할 동작 부분을 다음과 같이 구현할 수도 있다.

```javascript
function updatePage() {
  if (request.readyState == 4) {
    if (request.status == 200) {
        var response = request.responseText.split("|");
        document.getElementById("order").value = response[0];
        document.getElementById("address").innerHTML =
        response[1].replace(/\n/g, "<br />");
    } else
    alert("status is " + request.status);
  }
}
```

다음 예제는 원격지에 있는 사용자의 IP 주소에 있는 CGI 스크립트를 호출하고 그 결과 동작으로 특정 문장을 프린트한다(http://www.computerbooksonline.com/n2tech/index.php/how-to-send-and-receive-data-using-ajax 예제가 활용되었다).

먼저 XMLHttpRequest를 사용하는 자바스크립트 함수들을 포함하고 있는 HTML 페이지를 살펴보자.

```html
<!DOCTYPE html>
<html>
<head>
  <title>간단한 Ajax 예제</title>
  <script language="Javascript">
    function xmlhttpPost(strURL) {
      var xmlHttpReq = false;
      var self = this;
      // 모질라/사파리
      if (window.XMLHttpRequest) {
```

```
      self.xmlHttpReq = new XMLHttpRequest();
    }
    // 익스플로러
    else if (window.ActiveXObject) {
      self.xmlHttpReq = new ActiveXObject
        ("Microsoft.XMLHTTP");
    }
    self.xmlHttpReq.open('POST', strURL, true);
    self.xmlHttpReq.setRequestHeader('Content-Type',
        'application/x-www-form-urlencoded');
    self.xmlHttpReq.onreadystatechange = function() {
      if (self.xmlHttpReq.readyState == 4) {
        updatepage(self.xmlHttpReq.responseText);
      }
    }
    self.xmlHttpReq.send(getquerystring());
  }

  function getquerystring() {
    var form = document.forms['f1'];
    var word = form.word.value;
    qstr = 'w=' + escape(word);
      // NOTE: no '?' before querystring
    return qstr;
  }

  function updatepage(str){
    document.getElementById("result").innerHTML = str;
  }
</script>
</head>
<body>
<form name="f1">
<p>word: <input name="word" type="text">
<input value="Go" type="button"
  onclick='JavaScript:xmlhttpPost(
      "/cgi-bin/simple-ajax-example.cgi")'>
</p>
<div id="result"></div>
</form>
</body>
</html>
```

▲ XMLHttpRequest 동작 포함 HTML 예제

다음은 호출되는 CGI 스크립트이다.

```
#!/usr/bin/perl -w
use CGI;
$query = new CGI;
$secretword = $query->param('w');
$remotehost = $query->remote_host();
print $query->header;
print "<p>The secret word is <b>$secretword</b> and your IP is <b>
$remotehost</b>.</p>"
```

▲ CGI 스크립트 예제

간단한 예제를 하나 더 살펴보자. 이 예제에서는 하나의 div 섹션과 하나의 버튼을 지원한다. div 섹션에서는 서버로부터 얻은 데이터 정보를 나타내기 위해서 사용한다. 버튼은 클릭하면 loadXMLDoc( ) 함수를 수행한다.

```
<!DOCTYPE html>
<html>
<body>
  <div id="myDiv"><h2>Let AJAX change this text</h2></div>
  <button type="button" onclick="loadXMLDoc()">Change Content
        </button>
</body>
</html>
```

▲ Ajax 테스트를 위한 추가 예제

<script> 태그를 페이지의 <head> 섹션에 추가한다. 추가된 <script> 섹션 내에서는 loadXMLDoc( ) 함수를 포함한다. 함수 loadXMLDoc( )에서는 Ajax 스크립트들을 포함한다.

```
<head>
  <script>
    function loadXMLDoc()
    {
        .... AJAX 스크립트 위치 ...
    }
  </script>
</head>
```

앞서서 이야기한 코드들을 모두 결합한 Ajax의 전체 코드는 다음과 같다.

```
<!DOCTYPE html>
<html>
<head>
  <script>
    function loadXMLDoc()
    {
      var xmlhttp;
      if (window.XMLHttpRequest)
      {
        // IE7 이상, Firefox, Chrome, Opera, Safari를 위한 코드
        xmlhttp=new XMLHttpRequest();
      }
      else
      {// IE5, IE6를 위한 코드
        xmlhttp=new ActiveXObject("Microsoft.XMLHTTP");
      }
      xmlhttp.onreadystatechange=function()
      {
        if (xmlhttp.readyState==4 && xmlhttp.status==200)
        {
          document.getElementById("myDiv").innerHTML=
            xmlhttp.responseText;
        }
      }
      xmlhttp.open("GET","ajax_info.txt",true);
      xmlhttp.send();
    }
  </script>
</head>
<body>
  <div id="myDiv"><h2>Let AJAX change this text</h2></div>
  <button type="button" onclick="loadXMLDoc()">Change Content
    </button>
</body>
</html>
```

▲ Ajax 테스트용 통합 예제

다음 예제에서는 DefaultAjaxBehavior( ) 메소드를 사용하여 어떻게 Ajax 요청을 수행하는지를 살펴본다. DefaultAjaxBehavior( )는 AjaxBehavior 인터페이스를 지원하기 위해서 만들어졌다. 다음에서 나타낸 클래스 AjaxBehaviorPage.java에서는 DefaultAjaxBehavior( )를 ActionLink(link-id의 HTML ID와 링크되어 있음)에 추가하였다. DefaultAjaxBehavior onAction( ) 메소드는 Ajax 요청을 처

리하기 위해서 동작한다. onAction( ) 메소드는 브라우저에 ActionResult을 렌더링한다.

```java
public class AjaxBehaviorPage extends BorderPage {
  private static final long serialVersionUID = 1L;
  private ActionLink link = new ActionLink("link", "here");
  public AjaxBehaviorPage() {
    link.setId("link-id");
    addControl(link);
    // DefaultAjaxBehavior를 링크에 추가
    // 링크를 클릭하면, DefaultAjaxBehavior가 실행
    link.addBehavior(new DefaultAjaxBehavior() {
      @Override
      public ActionResult onAction(Control source) {
        // 날짜 인스턴스의 포맷 수행
        String now = format.currentDate("MMM, yyyy dd HH:MM:ss");
        String msg = "AjaxBehavior <tt>onAction()</tt>
            method invoked at: " + now;
        // 메시지를 포함하는 동작 결과 반환
        return new ActionResult(msg, ActionResult.HTML);
      }
    });
  }
}
```

▲ DefaultAjaxBehavior( ) 메소드 사용 예제

HTML ID로서 link-id는 Ajax 타겟 컨트롤을 위한 ActionLink의 구분자로서 사용되며 DefaultAjaxBehavior는 ActionLink로 추가된다. 그리고 DefaultAjaxBehavior onAction 메소드는 Ajax 요청을 수행하기 위해서 사용한다. 최종적으로 브라우저에 HTML 콘텐츠를 렌더링하는 곳은 ActionResult을 통해서 이루어진다.

다음은 클라이언트 단의 자바스크립트 코드를 포함하고 있는 예제(ajax_behavior.htm) 이다. 여기서 Ajax 요청을 초기화한다. 여기에서는 jQuery 라이브러리를 사용한다.

```html
<!-- // $link is a Velocity reference that will render an ActionLink
at runtime. -->
Click $link to make an Ajax request to the server.
<div id="result">
  <!-- // Ajax response will be set here -->
</div>
```

```
<!-- // JavaScript code below -->
<!-- // Import the jQuery library -->
<script type="text/javascript" src="$context/js/jquery.js">
</script>
<!-- // The client-side JavaScript for initiating an Ajax
request -->
<script type="text/javascript">
  // Ajax 요청에 대한 jQuery 사용에 대한 예제
  // 전체 DOM이 로드될 때 함수 등록 수행
  jQuery(document).ready(function() {
    // 'click' 핸들러 등록
    jQuery("#link-id").click(function(event){
      // Ajax 요청 수행
      makeRequest();

      return false;
    })
  })
  function makeRequest() {
    // 링크에 대한 참조 확보
    var link = jQuery('#link-id');
    var extraData = link.attr('id') + '=1';
    // Ajax URL은 모든 링크 기본 파라미터를 가지는 링크 'href'로 설정
    // 이름과 값 쌍이 포함됨 : 'actionLink=link'
    var url = link.attr('href');
    jQuery.get(url, extraData, function(data) {
      // 'data'는 서버로부터 받는 응답
      // 아이디가 "result"인 div 엘리먼트 찾고, 그 콘텐츠를 서버 응답에 매핑
      jQuery("#result").html("<p>" + data + "</p>");
    });
  }
</script>
```

▲ 클라이언트 단의 자바스크립트 예제

브라우저 DOM이 로드될 때 jQuery ready도 실행되도록 작성되어 브라우저의 페이지 이미지가 표시되기 전에 함수가 실행될 수 있다. 링크의 HTML ID 어트리뷰트를 사용하여 서버에 대한 타겟 컨트롤을 가능하도록 한다. ActionLink HTML ID 파라미터와 더불어 link의 href 파라미터도 전송할 수 있다. jQuery html 함수를 사용하여 서버 응답으로 div 콘텐츠를 업데이트할 수 있다.

17.4 다양한 데이터 포맷

클라이언트와 서버 사이에서 전송이 이루어질 때 사용하는 데이터 포맷으로 다음과 같은 여러 가지 포맷을 사용한다.

JSON

JSON(JavaScript Object Notation)은 경량의 DATA-교환 형식이다. 이 형식은 사람이 읽고 쓰기에 용이하며 기계가 분석하고 생성함에도 용이하다. JSON은 완벽하게 언어로 부터 독립적이지만 C, C++, C#, Java, JavaScript, Perl, Python 그 외 다수의 프로그래머들에게 친숙한 문법을 사용하는 텍스트 형식이다. 이러한 속성들이 JSON을 이상적인 DATA-교환 언어로 만들고 있다.

JSON은 두 개의 구조를 기본으로 두고 있다.

표) JSON의 구조

구분	내용
name/value 형태의 쌍으로 collection 타입	주로 object, record, struct(구조체), dictionary, hash table, 키가 있는 list 또는 연상 배열로 구현된다.
값들의 순서화된 리스트	주로 array, vector, list 또는 sequence로 구현된다.

JSON의 구조는 보편적인 DATA 구조이다. 사실상 모든 현대의 프로그래밍 언어들은 어떠한 형태로든 이것들을 지원한다. 프로그래밍 언어들을 이용하여 호환성 있는 DATA 형식이 이러한 구조들을 근간에 두고 있는 것은 당연하다.

표) JSON의 데이터 형식

구분	내용
object	비순서화된 name/value 쌍들의 SET이다. object 표현 방식은 { (왼쪽 중괄호)로 시작하고 } (오른쪽 중괄호)로 끝낸다. 각 name 뒤에 : (콜론)을 붙이고 콤마로 name/value 쌍들 간을 구분한다.
array	값들의 순서화된 collection이다. array 표현 방식은 [(왼쪽 대괄호)로 시작해서] (오른쪽 대괄호)로 끝낸다. 콤마로 array의 값들을 구분한다.
value	큰따옴표 안에 string, number, true, false, null, object, array가 올 수 있다. 이러한 구조들을 포함한다.

string	큰따옴표 안에 둘러 싸인 0 이상의 유니코드 문자들의 조합이며 backslash escape 가 적용된다. 하나의 문자(character)도 하나의 문자열(character string)로서 표현된 다. string은 C 또는 Java와 아주 비슷하다.
number	8진수와 16진수 형식을 사용하지 않는 것을 제외하면 C 또는 Java와 아주 많이 비슷 하다.

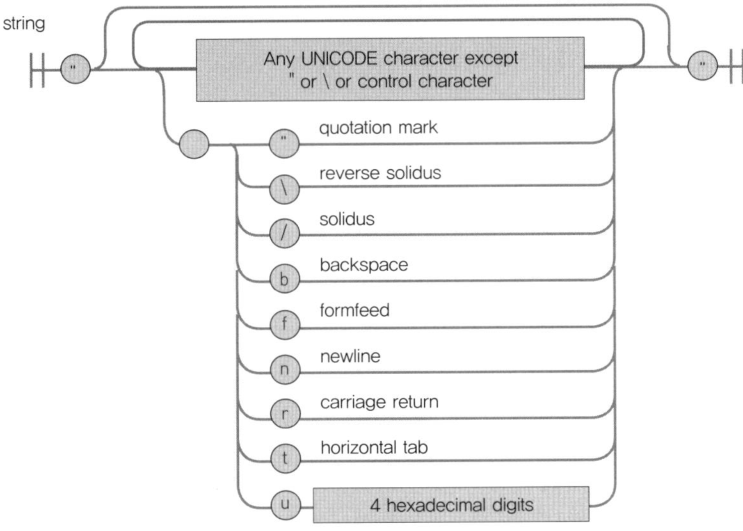

▲ JSON 데이터 형식 예(string)(출처 : www.json.org)

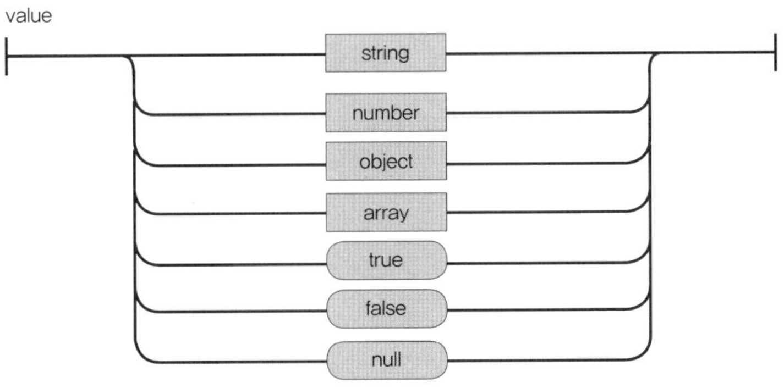

▲ JSON 데이터 형식 예(value)(출처 : www.json.org)

JSON은 텍스트로 이루어져 있으므로 사람과 기계 모두 읽고 쓰기 쉽다. 프로그래 밍 언어와 플랫폼에 독립적이므로 서로 다른 시스템 간에 객체를 교환하기에 좋다. 또 한 자바스크립트의 문법을 채용했기 때문에 자바스크립트에서 eval 명령으로 곧바로 사용할 수 있다. 이런 특성은 자바스크립트를 자주 사용하는 웹 환경에서 유리하다. 그러나 eval 명령을 사용하면 외부에서 악성 코드가 유입될 수 있다. 그래서 최신 웹 브라우저는 JSON 전용 파서 기능을 내장하고 있으므로 이런 기능을 사용하는 것이 보안상 안전하고 빠르다.

JSON 문법은 자바스크립트 표준인 ECMA-262 3판의 객체 문법에 바탕을 두며 인코딩은 유니코드로 한다. 표현할 수 있는 자료형에는 수, 문자열, 불리언이 있고 또 배열과 객체도 표현할 수 있다. JSON 메시지 단위는 배열이나 객체이다. 배열의 각 요소는 기본 자료형이거나 배열, 객체이다.

```
[10, {"v": 20}, [30, "마흔"]]
```

객체는 이름/값 쌍의 집합으로 중괄호({})로 싼다. 이름은 문자열이기 때문에 반드시 따옴표를 하며 값은 기본 자료형이거나 배열, 객체이다. 각 쌍이 나오는 순서는 중요하지 않다.

```
{"name2": 50, "name3": "값3", "name1": true}
```

다음과 같이 이름에 따옴표를 쓰지 않아도 상관 없지만 쓰는 편이 문자열과 숫자를 구분하기 좋다.

```
{name2: 50, name3: "값3", name1: true}
```

Text

생성하기도 쉽고 사용하기도 쉽다. 데이터베이스에서 사용자의 이메일 주소를 사용하고자 할 때나 사용자가 존재하는지 확인할 때도 유효하게 사용될 수 있다.

XML

XML 포맷은 모든 언어에서 사용된다. XML(eXtensible Markup Language)은 W3C에서 다른 특수 목적의 마크업 언어를 만드는 용도에서 권장되는 다목적 마크업 언어이다. XML은 SGML의 단순화된 부분 집합이지만 수많은 종류의 데이터를 기술하는 데 적용할 수 있다. XML은 주로 다른 시스템, 특히 인터넷에 연결된 시스템끼리 데이터를 쉽게 주고 받을 수 있게 하여 HTML의 한계를 극복할 목적으로 만들어졌다. 자바스크립트에서는 XML 포맷이 파싱하기 어렵다.

17.5 Ajax 성능

Ajax에서는 서버에 데이터를 전송할 때나 서버로부터 데이터를 가지고 올 때 비동기적으로 동작한다. 웹 애플리케이션에서 Ajax와 자바스크립트를 더 많이 사용하게 되면서 자바스크립트 코드와 Ajax 요청을 세밀하게 조정하여 성능을 최적화하는 것이 점차 중요해지고 있다. 성능을 극대화하기 위해서 다양한 방법이 사용될 수 있으며, 여기서는 이를 위한 다양한 정보를 제공하고자 한다.

Ajax는 서버와 통신할 때 전체 페이지를 요청하지 않으므로 응답 시간을 개선할 수 있다. 여기서 더 응답 시간을 줄이면 훨씬 더 나은 사용자 경험을 제공할 수 있다. 따라서 응답시간을 최대한 줄이기 위해서 Ajax 애플리케이션 성능을 분석하는 것이 필수적이다.

Ajax 성능은 웹 애플리케이션의 몇 가지 측면에 근거한다.

- 서버 응답 시간
- 네트워크 전송 시간
- 클라이언트 자바스크립트 처리 시간

이제 Ajax 성능 개선에 대해 살펴보자.

ⅠⅠⅠⅠ 외부 자바스크립트 파일 사용

가장 먼저 살펴볼 방법은 외부 자바스크립트 파일을 사용하는 것이다. 자바스크립트 애플리케이션의 성능을 극대화하려면 HTML 파일에 직접 자바스크립트 코드를 삽입하기보다는 가능한 외부 자바스크립트 파일을 사용해야 한다. 이러한 방법을 통해서 하나의 자바스크립트 코드를 웹 페이지의 여러 군데에서 사용하더라도 중복해서 사용하지 않을 수 있다. 또한 추가적인 장점으로서 웹 브라우저에서 자바스크립트 코드를 캐싱할 수 있다는 점이다. 따라서, 나중에 페이지를 로드할 때마다 반복해서 동일한 자바스크립트 코드를 로드할 필요가 없다.

그러나 외부 파일을 사용하는 방법은 페이지를 처음 로드할 때는 속도가 매우 느리다는 단점을 가질 수 있다. 이는 추가로 HTTP 요청을 서버에 전송해야 하기 때문이다. 그래서 웹 페이지가 하나의 페이지만으로 구성되어 있고 많은 사람들이 이 페이지만을 보는 경우에는 주로 인라인 자바스크립트를 사용해야 한다. 이는 'Post-Onload Download'라는 방법을 사용하는 경우를 의미하며 Steve Sounders가 제시한 방법이다. 첫 번째 페이지에서는 자바스크립트 코드를 HTML 파일에서 인라인으로 유지하고 다음 페이지가 완전히 로드된 후에 이 페이지에 필요한 외부 자바스크립트 파일을 동적으로 로드한다.

IIIII 프레임워크와 라이브러리 사용 검토

두 번째로는 자바스크립트 프레임워크와 라이브러리가 사용된 부분을 검토해보는 것이다. 이를 사용하면 웹 애플리케이션 개발 시간을 줄일 수 있지만 반대로 매우 용량이 커지며 애플리케이션 성능을 악화시킬 수 있다. 그래서 프레임워크를 사용하기에 앞서 정말 프레임워크를 사용할 필요가 있는지 고민을 해야한다.

IIIII 스크립트 배치 및 로딩 시점 검토

세 번째로는 스크립트 배치 및 로딩 시점을 고민하도록 한다. 대부분의 HTML 관련 작성 방법에서는 모든 ⟨script⟩ 태그를 해당 페이지의 ⟨head⟩ 요소에 배치한다. 하지만 ⟨script⟩ 태그를 ⟨head⟩ 태그 안에 삽입하면 스크립트가 로드되어 실행된 후, 사용자에게 페이지가 늦게 로드되고 있다는 인상을 줄 수 있다. 따라서 성능을 극대화하려면 자바스크립트 코드를 페이지 가능한 맨 밑에 ⟨/body⟩ 태그 바로 전에 배치함으로써 개선을 기대할 수 있다. 이렇게 순서를 조절하면, HTML, CSS, 이미지, 플래시 콘텐츠들의 다운로딩과 렌더링 이후에 스크립트가 로딩되어 실행하게 되므로 속도 향상 요인이 될 수 있다. 그리고 자바스크립트 코드가 많으면 이를 다운받아서 실행하는 시간이 오래 걸릴 수 있으므로, 이러한 시간을 줄이고자 여러 개의 파일로 분리하여 페이지 로딩이 완료되었을 때 필요에 따라 동적으로 이러한 자바스크립트 코드를 로드하는 방법을 사용하는 것도 한 방법이다.

CSS와 스크립트 순서에 의해서 속도를 향상시킬 수 있으므로 CSS와 스크립트 선언의 위치를 분석하도록 한다. 페이지 처음에 CSS 선언을 두면 표시할 때 즉시 사용될 수 있고 페이지의 끝에 두면 상호작용을 위해 자바스크립트가 로딩되기 전에 페이지를 표시할 수 있다.

IIIII Ajax 요청 최소화

네 번째로는 Ajax 요청을 최소화하는 것이다. 모든 HTTP 요청은 서버로 요청을 보내고 응답을 받기 위해 어느 정도 시간이 필요하다. 응답 크기가 작더라도 지연

(Latency)이라고 알려진 최소한의 왕복 시간이 있다. YSlow 도구를 사용하여 HTTP 요청 횟수에 근거해 등급을 살펴보고 더 적은 요소들을 로드해도 되도록 페이지를 단순화하여 HTTP 요청을 줄일 수 있다. 또한 CSS 스프라이트(Sprite) 도구를 사용하면 이미지 요청을 줄일 수 있다. 스크립트와 CSS 요청을 줄이려면 페이지에 직접 포함시키거나 여러 개의 스크립트나 CSS 파일을 합치는 방법을 사용하도록 한다. 이외에도 HTTP 캐시 파기(Expiration) 헤더를 미래 날짜로 설정해서 브라우저가 해당 요소를 캐싱하도록 하면 HTTP 요청을 줄일 수 있다. 이 헤더는 사용자가 페이지 사이를 이동하거나 사이트를 다시 방문할 때 중요한데 캐시할 수 있는 요소들은 사이트를 방문할 때마다 매번 받지 않도록 한다. 그렇지만 가장 좋은 성능을 얻기 위해서는 Ajax 요청을 전혀 하지 않아야 한다. 하지만, 실제로 하지 않을 수는 없을 것이다.

따라서, 첫 번째 목표는 Ajax 요청을 하되 불필요한 것들은 잘라내도록 한다. Ajax 프로세스를 사용할 때 불필요한 부분을 빼면 대폭적으로 요청을 줄일 수 있다. 예를 들어 사용자가 동적으로 항목의 목록을 재정렬할 수 있는 페이지가 있으면 각 변화 내용에 대해서 Ajax 요청을 할 수도 있지만 사용자가 여러 요청을 수행하면서 성능상 문제가 발생할 수 있다. 이러한 문제를 해결하는 방법은 그 시간에 수행한 Ajax 요청에 대해서 클릭할 사용자에 대한 제출 버튼을 추가하는 것이다. 사용상의 안전을 위해서, 저장하지 않고 변경한 후에 페이지를 떠날 시에는 경고 코드를 추가한다.

사용자에게만 전적으로 버튼을 누름을 맡기지 않으려면, 두 번째로 상태 변경을 볼 자바스크립트를 추가하고 그에 따라 대응할 수 있다. 마지막 요청 이후의 Ajax 요청에 대해서 간격 타이머를 사용할 수 있고, 간단한 플래그 변수를 사용하여 변경 사항을 확인할 수도 있다.

수행 요청의 수를 줄일 수 있는 세 번째 방법으로 브라우저 캐싱을 활용한다. 이 방법은 서버에 데이터를 보낼 때가 아니라 정보를 요청할 때 적용될 수 있다. 처음에 정보를 요청한 그 이후의 요청(특정 시간 프레임 내) 시에 다시 다운로드할 필요가 없다. 브라우저는 사이트 리소스의 로컬 복사본을 저장하고 있고, Ajax 요청에 대응하기 위해서는 GET 메소드를 통해서 캐시 리소스를 사용 가능하다. 요청된 GET이 캐싱 가능한 경우에는 Ajax 성능이 향상될 수 있다.

||||| 올바른 변수 사용

다섯 번째로는 변수를 제대로 사용하는 것이다. 변수를 사용하여 특정 코드의 실행 속도를 대폭 높일 수 있다. 우선 다음과 같은 코드를 보자. 여기서는 DOM을 통해 ID가 myTest인 요소를 검색하고 있는데 세 번의 요소 검색을 수행하고 있다.

```
document.getElementById("myTest").style.backgroundColor = "#CCC";
document.getElementById("myTest").style.color = "#FF0000";
document.getElementById("myTest").style.fontWeight = "bold";
```

이를 최적화하기 위해서 document.getElementById("myTest")의 결과를 변수
에 지정하고 각 행에서 이 변수를 사용하면 최적화가 가능하다.

```
var myField = document.getElementById("myTest");
myField.style.backgroundColor = "#CCC";
myField.style.color = "#FF0000";
myField.style.fontWeight = "bold";
```

배열을 통해 반복하는 for 루프에서도 변수를 사용하여 성능 최적화가 가능하다.

```
for(var i=0; i < myArray.length; i++) {
    // 수행 동작 위치
}
```

만약에 배열이 크다면 성능에 차이가 생길 수 있다. 그래서 성능 개선을 위해서 다음
과 같은 수정이 이루어질 수 있다. 루프가 처음 반복될 때만 배열의 길이가 계산된다.

```
for(var i=0, arrayLength=myArray.length; i < arrayLength; i++) {
    // 수행 동작 위치
}
```

||||| DOM 순회 처리 방법 사용

여섯 번째로는 DOM 순회 처리 방법을 활용한다. 일반적으로 DOM을 순회하여 처
리하는 작업은 웹 애플리케이션의 성능적인 측면에서 부담을 가질 수 있다. 그렇지만
애플리케이션에 응답 속도가 빠른 리치 인터페이스를 제공하려면 DOM과 상호 작용
하는 것이 필수적이고, 따라서 코드 결과를 리플로우하고 리페인트하는 횟수를 최소
화하여 최적화를 이끌어내도록 한다.

||||| DNS 검색에서 최적화

일곱 번째 방법으로는 DNS 검색에서 최적화하는 것이다. HTTP 요청을 할 때 서
버와 한 번 이상 데이터를 주고받을 수 있다. 데이터를 주고받을 때 포함된 자원들이

여러 개의 호스트 또는 도메인 이름을 사용했다면 브라우저는 추가적인 도메인 이름 시스템(Domain Name System: DNS) 검색을 수행해야 하고, 여러 개의 호스트 이름을 사용하면 더 많은 연결, 즉 결과적으로 더 많은 동시 다운로드가 이루어지므로 이를 최적화할 수 있는지 검토할 필요가 있다.

‖‖‖ 데이터 전송크기 최소화

여덟 번째 방법으로는 전송하는 크기를 줄이는 것이다. HTTP 요청의 횟수를 줄이는 것과 함께 요청되는 각 부분의 크기를 줄인다. 데이터 전송 크기를 최소화하기 위해서는 데이터 형식을 잘 선택해야 한다.

- 일반 텍스트
- JavaScript Object Notation (JSON)
- eXtensible Markup Language (XML)

GET과 POST 동작을 고려할 때 데이터 형식을 포함한 선택에 대한 여러 가지 요인이 있지만, 일반 텍스트의 경우에는 작은 데이터들만 전송할 수 있고 XML의 경우에는 일반 텍스트와 반대로 복잡한 데이터들을 전송할 수 있다. 물론 JSON 및 XML은 일반 텍스트보다 훨씬 더 복잡한 데이터를 표현할 수 있지만 옵션으로 일반 텍스트를 사용할 수도 있다.

성능 향상을 위해 특정 포맷으로 압축하는 기술인 YSlow가 사용될 수 있다. 전송하는 양을 줄이기 위해서는 자바스크립트 코드, CSS, 그리고 HTML에서 불필요한 공백과 주석을 제거하도록 한다. 자바스크립트 코드를 대상으로 압축 여부를 확인하는 것도 필수이다. Packer와 YUI Compressor는 자바스크립트 코드 압축을 위한 효과적인 도구이다. YUI compressor는 CSS 압축도 지원한다. 리소스를 압축할 때 텍스트 기반 자원들은 gzip(GNU zip)을 적용하도록 한다. gzip을 사용하면 약 70% 감소 효과를 얻을 수 있다. 하지만 그림이나 동영상 같이 이미 압축된 자원들은 압축 효과가 그리 크지 않을 것으로 예상되므로 gzip으로 압축할 때 큰 효과를 기대하기는 힘들다. gzip 압축 대상으로 적합한 것은 CSS, HTML, 자바스크립트 코드, XML, JSON을 들 수 있다.

이와 더불어 HTTP 요청 크기를 줄이기 위해서 긴 URL, 큰 post 데이터, 그리고 과도한 헤더, 쿠키를 검토하고 불필요하게 증가시키지 않도록 한다.

IIIII 네트워크

아홉 번째 방법으로는 다른 네트워크를 검토하여 전송 성능 향상을 꾀하는 것이다. 이를 위해서 CDN(Content Delivery Network : 콘텐츠 전송 네트워크)가 고려될 수 있다. CDN은 더 빠른 응답 시간을 제공하기 위해 최종 사용자들과 더 가까운 곳에 콘텐츠를 가진 분산된 서버의 네트워크를 제공한다.

IIIII 처리 순서 분석 및 최적화

열 번째로 자바스크립트 처리 순서를 분석하고 최적화하도록 한다. 자바스크립트 코드를 계속해서 실행해 버리면 웹 브라우저는 락업(Lockup)될 수 있다. 자바스크립트 코드가 계속해서 실행할 필요가 있는지 만약에 그렇지 않으면 어떤 문제가 발생할 수 있는지를 모두 고려하도록 한다.

표) 자바스크립트 연산

연산	설명
DOM 접근	DOM을 활용하는 것은 대개 보통 자바스크립트 코드보다 더 느릴 수 있기 때문에 불가피한 경우에 최소화하도록 노력해야 한다.
eval	eval 메소드는 상당한 오버헤드가 발생하기 때문에 가능한 피하도록 한다.
with	with 문은 추가적인 유효 범위 객체를 만들기 때문에 성능 저하를 유발할 수 있다.
for-in 순환문	for-in 순환문 대신 전통적인 for(var i=0; i<array.length; i++)를 사용하는 것이 성능적인 측면에서 더 유리하다.

IIIII 적절한 GET 요청

열한 번째 방법으로는 적절한 시기에 GET 요청을 사용한다. GET을 사용할지 아니면 POST를 사용할지는 요청의 종류에 맞추어서 결정해야 한다.

- GET 요청은 서버로부터 정보를 검색하기 위해서 필요하다.
- POST 요청은 서버의 리액션을 통해서 데이터베이스 기록, 이메일의 전송을 업데이트할 수 있다.

GET 요청이 일반적으로 더 빠르기 때문에 많이 사용할 수도 있지만 오히려 과도하게 많이 사용함으로서 발생하는 경우에 대해서도 생각해 볼 필요가 있다.

||||| 서버 성능 최적화

열두 번째 방법으로는 서버 성능을 최적화하도록 한다. 어떻게 서버를 잘 관리하는 가에 따라서 Ajax 요청 성능이 달라질 수 있으므로 서버 성능을 최적화해서 Ajax 성능을 향상시킬 수 있다.

- 콘텐츠 제공 시 적절한 만기(Expires) 또는 캐시-컨트롤(Cache-Control) 헤더를 사용하도록 한다.
- 다이렉트 캐싱 동작을 수행한다(ETags를 사용).

서버에 대한 변경이 필요하지만 추가 비용을 필요로 하지 않는 다른 방법은 Contents Delivery Network(CDN)를 통해 콘텐츠를 배포하는 방법이다. 그리고 수행 요청 수와 전송 트랜잭션에서의 데이터 양를 감소시킴으로서 Ajax 성능에 영향을 미칠 수 있을 것이다. 서버를 최적화하면 많은 도움을 얻을 수 있겠지만 통제할 수 없는 부분도 있기 때문에 컨트롤을 높이기 위해서 최적의 시간에 XMLHttpRequest 개체를 생성하고 삭제하도록 한다.

요약

Ajax(Asynchronous JavaScript and XML)는 서버와 데이터를 교환하기 위해서 사용하고 웹 페이지 전체를 리로딩하지 않고서도 일부분을 업데이트할 때 사용하는 방법이다. Ajax를 사용하면 사용자는 대화식 웹 애플리케이션의 제작을 위해 여러 가지 방법을 사용할 수 있다. Ajax에서는 서버에 데이터를 전송할 때나 서버로부터 데이터를 가지고 올 때 백그라운드로 현재 존재하는 페이지의 동작에 무리를 주지 않고 비동기적으로 동작한다. Ajax에서 사용하는 데이터로서 여러 가지 포맷이 사용될 수 있지만 JSON이 주로 사용된다.

Tip 유용한 자바스크립트 샘플 저장소

국내의 유수 연구기관 및 기업체에서도 자바스크립트와 관련된 많은 자료들을 공유하고 있다. 그 중에서 대표적인 웹 서비스 제공 업체인 다음(Daum)에서는 개발자 네트워크를 통해서 Javascript 센터를 운영하고 있다. 이 곳에서는 OpenAPI 관련 내용과 샘플 코드를 나타낸다.

▲ 다음 자바스크립트 센터(출처: http://dna.daum.net/tools/javascript)

여러 가지 샘플코드 중에서 사용자는 자신이 사용하고자 하는 기능이 포함된 샘플 코드를 열어서 내부 구현 내용까지 참고할 수 있다. 샘플코드는 github를 통해서 관리하도록 구성되어 있다.

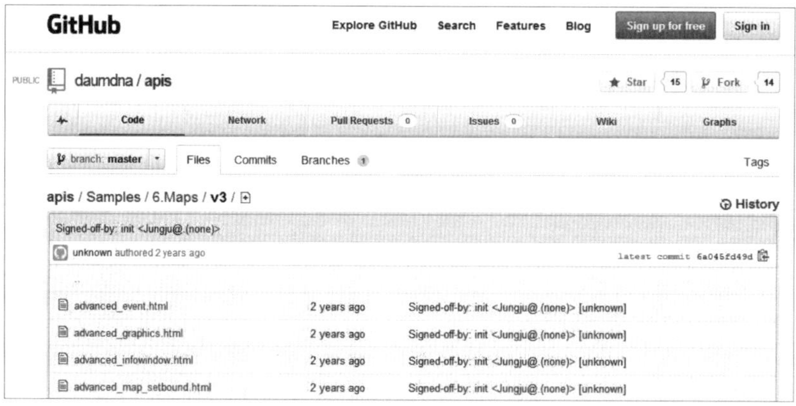

▲ github의 지도 API 이용 예제 코드

Part III.
자바스크립트가 활용된 프로젝트 탐험

Chapter_18 실제 프로젝트 살펴보기

실제 프로젝트 살펴보기

앞에서 배운 기본적인 내용들과 활용 방법들을 실제 프로젝트를 통해 완전히 습득하는 시간을 갖도록 하겠다. 여기서 소개하는 사례들은 자바스크립트를 통해서 많은 사용자들이 필요로 하는 애플리케이션들을 구현할 수 있음을 보여준다. 애플리케이션에서 사용하는 자바스크립트 코드를 보면서 어떻게 사용하고 있는지를 확인해 보자.

18.1 멋진 프로젝트 예 1

모바일 및 데스크탑 PC용 애플리케이션의 발전 추세를 보면 네이티브 애플리케이션에서 웹 기반 애플리케이션으로 확장되어 가는 추세이다. 이러한 배경을 바탕으로 지금부터는 자바스크립트가 활용된 실제 프로젝트를 살펴볼 것이다. 첫 번째로 자바스크립트를 사용한 비디오 플레이어의 실제 구현 예를 살펴보도록 한다. 기존에는 비디오 플레이어하면 C/C++, 자바로 된 것만 생각할 수 있으나 다음과 같이 HTML과 자바스크립트를 사용해서도 기능 지원이 가능하다.

⦚⦚⦚⦚⦚ HTML5 비디오 플레이어

Video.js(http://videojs.com/)는 HTML5 & Flash 비디오를 플레이할 수 있으며 동일한 HTML/CSS 스킨과 자바스크립트 API를 제공하는 솔루션이다. Video.js는 HTML/CSS로 만들어진 공용 컨트롤을 제공한다. 크로스 브라우저에 대한 불일치성을 제거할 수 있고 풀 스크린과 서브 타이틀과 같은 특성들을 추가하였다. Video.js 는 Steve Hefferman과 Zencoder가 주도하는 오픈 소스이며 무료 비디오 플레이어 이다.

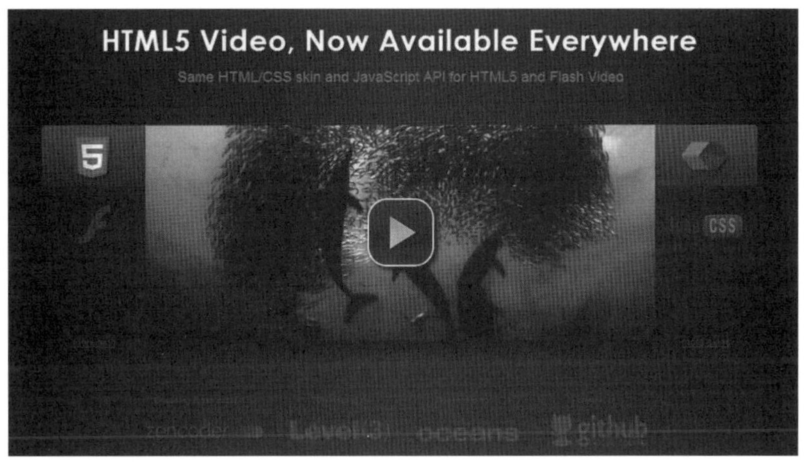

▲ HTML5 비디오 플레이어 화면

HTML은 웹 상에서 웹 페이지를 구성하기 위한 마크업 언어인데 HTML5에 이르 러서는 ⟨video⟩ 태그가 추가되어 웹 개발자들이 이미지를 사용하는 것과 동일하게 비 디오도 사용할 수 있다. 단순히 웹 페이지 상에서 비디오 플레이를 구현하는 것은 기 존에도 플러그인을 통해서 가능했지만 이와 같이 별도의 플러그인을 설치하지 않고서 도 가능한 것은 HTML5부터이다.

여기서 제공하고자 하는 HTML5 비디오(video) 플레이어는 HTML5를 지원하는 브라우저들에서 일관된 규칙을 제공하기 위해서 커스텀화된 컨트롤 셋들을 제공히는 자바스크립트 라이브러리이다. 여기서 제공하는 주요 특성은 다음과 같다.

- 서브 타이틀 제공
- 풀 스크린 지원
- 볼륨 컨트롤 지원
- 확장 가능 용이
- 사용 편리
- 독립적인 라이브러리

해당 비디오 플레이어의 웹 브라우저에 대한 호환성은 다음의 표와 같다.

표) 비디오 플레이어와 웹 브라우저에 대한 호환성

Browsers	Ogg Theora	MP4	WebM	Market Share
Firefox 4.0 +	v		v	17.06%
Firefox 3.5 − 3.6	v			4.90%
Safari 3 +		v		7.45%
Chrome 6 +	v	v	v	27.09%
Chrome 3 ~ 5	v	v		6.19%
Opera 10.6 +	v		v	3.59%
Opera 10.5	v			0.48%
IE 9 +		v		10.74%
All HTML5 Browsers	59.31%	51.47%	47.74%	77.50%

표) 비디오 플레이어와 플래시 브라우저에 대한 호환성

Browsers	Ogg Theora	MP4	WebM	Market Share
All Flash Browsers		v	*	99.0%

HTML5를 지원하지 않는 브라우저와 디바이스에서도 Video.js는 가벼운 플래시 플레이어 기능을 제공한다. HTML5 비디오 플레이어를 사용하기 위해서는 사용자는 자신의 웹 페이지에 다음과 같은 소스를 추가하는데 호스팅을 사용자 자신이 하지 않고 CDN 호스트를 사용하고자 할 경우에 해당한다.

먼저 〈head〉 부분에 추가해야 할 내용은 다음과 같다.

```
<link href="http://vjs.zencdn.net/c/video-js.css" rel=
"stylesheet">
<script src="http://vjs.zencdn.net/c/video.js"></script>
```

그리고 〈body〉 부분에 추가해야 할 내용은 다음과 같다.

```
<video id="my_video_1" class="video-js vjs-default-skin" controls
  preload="auto" width="640" height="264" poster=
  "my_video_poster.png"data-setup="{}">
  <source src="my_video.mp4" type='video/mp4'>
  <source src="my_video.webm" type='video/webm'>
</video>
```

특히 〈body〉 부분에 추가하는 내용은 커스터마이징이 가능하다. 게다가 커스터마이징을 위해서 사용하는 도구로서 간단한 옵션 입력 서비스가 제공된다.

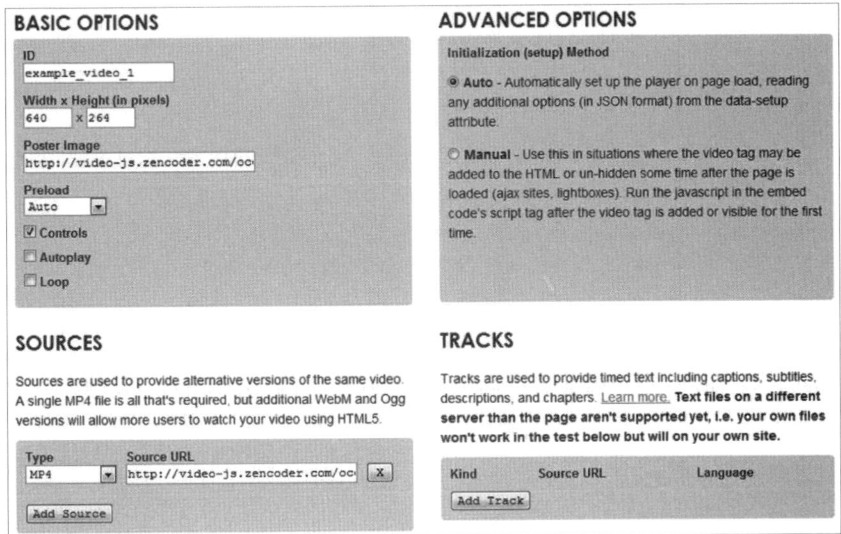

▲ 비디오 플레이어 설정화면

사용자가 위의 옵션들을 선택하여 바꾸면 하단의 코드가 자동으로 변경되어 이를 사용하여 자신이 사용하고자 하는 웹 페이지에 붙인다. 물론 코드 상에서 사용자가 추가하거나 삭제해도 상관없다.

```
<video id="example_video_1" class="video-js vjs-default-skin" controls width="640" height="264"
poster="http://video-js.zencoder.com/oceans-clip.jpg" preload="auto" data-setup="{}">
  <source type="video/mp4" src="http://video-js.zencoder.com/oceans-clip.mp4">
</video>
```

▲ 설정 변경된 코드

Data-setup 어트리뷰트는 Video.js가 페이지 로딩이 되면 자동으로 비디오를 셋업 하기 위해서 사용된다. 그리고 JSON 포맷의 옵션들을 읽어들인다.

다음은 데모 HTML 코드를 나타내고 있다. 어떤 종류의 비디오 클립들을 재생할 것인지 재생 시의 화면 크기는 어떻게 할지를 정의한다. 그밖에 스킨을 어떤 종류로 할지도 결정할 수 있다.

```
<!DOCTYPE html>
<html>
<head>
  <title>Video.js | HTML5 Video Player</title>
```

```
<!-- Chang URLs to wherever Video.js files will be hosted -->
<link href="video-js.css" rel="stylesheet" type="text/css">
<!-- video.js must be in the <head> for older IEs to work. -->
<script src="video.js"></script>

<!-- Unless using the CDN hosted version, update the URL to the
Flash SWF -->
<script>
  _V_.options.flash.swf = "video-js.swf";
</script>

</head>
<body>
<video id="example_video_1" class="video-js vjs-default-skin"
    controls preload="none" width="640" height="264"
  poster="http://video-js.zencoder.com/oceans-clip.png"
   data-setup="{}">
  <source src="http://video-js.zencoder.com/oceans-clip.mp4"
    type='video/mp4' />
  <source src="http://video-js.zencoder.com/oceans-clip.webm"
    type='video/webm' />
  <source src="http://video-js.zencoder.com/oceans-clip.ogv"
    type='video/ogg' />
  <track kind="captions" src="captions.vtt" srclang="en"
    label="English" />
</video>

</body>
</html>
```

▲ HTML 비디오 플레이어 HTML 코드

플레이어의 UI와 각종 컨트롤 및 플레이 부분을 담당하는 자바스크립트 코드는 다음과 같다. 맨 앞부분에는 HTML5 비디오 플레이어의 라이선스를 명시하고 있다. 이미 앞에서 소개한 바와 같이 이 플레이어는 무료 소프트웨어이면서 오픈 소스 기반의 소프트웨어이기도 하다. 라이선스 명시 이후 부분에서는 ID를 확인하는 부분이 들어가 있다.

```
/*!
Video.js - HTML5 비디오 플레이어 Version 3.2.0

LGPL v3 LICENSE INFO
This file is part of Video.js. Copyright 2011 Zencoder, Inc.
```

```
Video.js is free software: you can redistribute it and/or modify
it under the terms of the GNU Lesser General Public License as
published by the Free Software Foundation,
either version 3 of the License, or
(at your option) any later version.

Video.js is distributed in the hope that it will be useful,
but WITHOUT ANY WARRANTY; without even the implied warranty of
MERCHANTABILITY or FITNESS FOR A PARTICULAR PURPOSE.  See the
GNU Lesser General Public License for more details.

You should have received a copy of the GNU Lesser General Public
License along with Video.js.
If not, see ⟨http://www.gnu.org/licenses/⟩.
*/

// 셀프 실행 함수 (최소화와 관련되어 전역 변수들 보호 수행)
;(function(window, undefined){
 var document = window.document;
 document.createElement("video");document.createElement("audio");

 var VideoJS = function(id, addOptions, ready){
 var tag; // ID 엘리먼트

 // 아이디 타입에 따른 동작 구분
 if (typeof id == "string") {
  // jQuery ID 문법에 따른 조정
  if (id.indexOf("#") === 0) {
   id = id.slice(1);
  }

  // 해당 ID에 대한 플레이어 인스턴스가 이미 생성되었으면 그것을 반환한다.
  if (_V_.players[id]) {
   return _V_.players[id];

  // 그렇지 않을 경우에는 ID의 엘리먼트 얻기
  } else {
   tag = _V_.el(id)
  }

 // ID는 미디어 엘리먼트
 } else {
  tag = id;
 }
```

```
    // 사용 가능한 엘리먼트인지를 확인
    if (!tag || !tag.nodeName) {
     throw new TypeError("The element or ID supplied is not valid.
         (VideoJS)"); // Returns
    }

    // 엘리먼트는 이미 생성된 플레이어 인스턴스를 참조하는 플레이어 attr를 가지게 되거나
    // 그렇지 않은 경우에 새로운 플레이어를 셋업하고 인스턴스를 반환한다.
    return tag.player || new _V_.Player(tag, addOptions, ready);
    },
```

▲ 컨트롤 및 플레이 부분 자바스크립트 코드

다음은 엘리먼트 데이터를 저장하는 부분이다. 이벤트 리스너의 경우에도 데이터 저장은 이곳에서 수행한다. 엘리먼트의 데이터가 저장되어야 할 캐시 객체를 반환한다.

```
/* 엘리먼트 데이터 저장소
   엘리먼트에 데이터를 바인딩 가능
   Ex. 이벤트 리스너는 이곳에서 저장됨 (출처: jsninja.com)
*/
cache: {}, // 데이터 저장소
guid: 1, // 엘리먼트를 위한 고유 ID
expando: "vdata" + (new Date).getTime(), // 고유 속성

// 엘리먼트용 데이터가 저장되는 캐시 객체 반환
getData: function(elem) {
 var id = elem[_V_.expando];
 if (!id) {
   id = elem[_V_.expando] = _V_.guid++;
   _V_.cache[id] = {};
 }
 return _V_.cache[id];
},

// 엘리먼트의 guid attr와 캐시의 엘리먼트 데이터를 삭제
removeData: function(elem) {
 var id = elem[_V_.expando];
 if (!id) { return; }
 // 모든 저장 데이터 삭제 수행
 delete _V_.cache[id];
 // DOM 노드의 expando 프로퍼티 삭제
 try {
  delete elem[_V_.expando];
 } catch(e) {
```

```
    if (elem.removeAttribute) {
      elem.removeAttribute(_V_.expando);
    } else {
      // IE에서 도큐먼트 엘리먼트의 removeAttribute를 지원하지 않을 경우에 처리
      elem[_V_.expando] = null;
    }
  }
},
```

▲ 엘리먼트 데이터 저장 코드

함수의 컨텍스트를 변경할 때 사용하기 위한 메소드와 관련된 부분이다. 함수의
유니크한 아이디를 저장하기 때문에 나중에 이벤트를 통해서 제거할 때 편한 부분이
있다.

```
/* 프록시(Proxy). 함수의 컨텍스트를 변경하기 위해서 사용하는 간단한 메소드
   함수에서의 유니크한 아이디를 저장하며 이는 이벤트로부터 쉽게 삭제될 수 있음.
*/
proxy: function(context, fn, uid) {
  // 함수가 고유 ID를 가지는지를 확인
  if (!fn.guid) { fn.guid = _V_.guid++; }

  // 컨텍스트 변경 수행을 위한 새로운 함수를 생성
  var ret = function() {
    return fn.apply(context, arguments);
  }

  // 함수에서 개개별 구별을 수행할 수 있도록 함.
  // 다중 객체가 동일한 프로토타입을 공유하는 경우에 필요
  // 하나의 이벤드 리스너가 동일한 함수에 결합되있을 때
  // 그 중 하나만 삭제하고자 할 때 사용될 수 있음.
  // 동일한 guid를 가지기 때문에 두 개 모두 삭제될 수 있음.
  // 여기서 삭제하고자 할 때 프록시 메소드를 사용
  ret.guid = (uid) ? uid + "_" + fn.guid : fn.guid;

  return ret;
},

get: function(url, onSuccess, onError){
  var local = (url.indexOf("file:") == 0 || (window.location.href.
      indexOf("file:") == 0 && url.indexOf("http:") == -1));

  if (typeof XMLHttpRequest == "undefined") {
    XMLHttpRequest = function () {
      try { return new ActiveXObject("Msxml2.XMLHTTP.6.0"); } catch
```

```
      (e) {}
    try { return new ActiveXObject("Msxml2.XMLHTTP.3.0"); } catch
      (f) {}
    try { return new ActiveXObject("Msxml2.XMLHTTP"); } catch (g) {}
    throw new Error("This browser does not support
        XMLHttpRequest.");
  };
}

var request = new XMLHttpRequest();

try {
  request.open("GET", url);
} catch(e) {
 _V_.log("VideoJS XMLHttpRequest (open)", e);
 // onError(e);
  return false;
}

request.onreadystatechange = _V_.proxy(this, function() {
 if (request.readyState == 4) {
  if (request.status == 200 || local && request.status == 0) {
   onSuccess(request.responseText);
   } else {
    if (onError) {
     onError();
    }
   }
  }
});

try {
 request.send();
} catch(e) {
 _V_.log("VideoJS XMLHttpRequest (send)", e);
 if (onError) {
  onError(e);
 }
 }
},
```

▲ 컨텍스트를 변경할 때 사용 메소드 코드

비디오 플레이어의 모든 UI 객체를 위한 플레이어 컴포넌트의 기본 클래스를 정의
한다.

```javascript
/* 플레이어 컴포넌트- 모든 UI 객체를 위한 기본 클래스
*/
_V_.Component = _V_.Class.extend({

  init: function(player, options){
    this.player = player;

    // 기본 컴포넌트 옵션에 대한 오버라이딩 허용
    options = this.options = _V_.merge(this.options || {}, options);

    // 옵션에서 제공되지 않는 엘리먼트 생성
    if (options.el) {
      this.el = options.el;
    } else {
      this.el = this.createElement();
    }

    // 컴포넌트 추가
    this.initComponents();
  },

  destroy: function(){},

  createElement: function(type, attrs){
    return _V_.createElement(type || "div", attrs);
  },

  buildCSSClass: function(){
    // 자식 클래스들은 다음과 같은 동작을 하는 함수를 포함할 수 있음
    // return "CLASS NAME" + this._super();
    return "";
  },

  initComponents: function(){
    var options = this.options;
    if (options && options.components) {
      // 컴포넌트들을 플레이어 대상으로 추가
      this.eachProp(options.components, function(name, opts){
        // 특정 이벤트가 호출될 때까지 컴포넌트들의 추가를 대기
        var tempAdd = this.proxy(function(){
          // 플레이어에서의 프로퍼티 설정
          this[name] = this.addComponent(name, opts);
        });
        if (opts.loadEvent) {
          this.one(opts.loadEvent, tempAdd)
```

```
      } else {
       tempAdd();
      }
    });
   }
 },

 // 자식 컴포넌트들을 해당 컴포넌트에 추가
 // 새로운 자식 컴포넌트들을 생성하고 자식 컴포넌트들의 엘리먼트들을 추가
 // 이름, UI 클래스 및 옵션들을 포함하는 객체 또는 컴포넌트 클래스 이름을 사용
 addComponent: function(name, options){
  var component, componentClass;

   // 만약에 문자열인 경우에 옵션을 포함하는 새 컴포넌트 생성
   if (typeof name == "string") {

     // 옵션이 비어있는 객체인지를 확인(에러 발생 고려)
     options = options || {};

     // 세트명이 소문자 UI 클래스명(PlayButton, etc.)인 경우를 고려
     componentClass = options.componentClass || _V_.uc(name);

     // 새로운 객체와 엘리먼트 생성
     component = new _V_[componentClass](this.player || this,
       options);

   } else {
     component = name;
   }

   // 컨테이너 div(box)에 UI 객체 엘리먼트 추가
   this.el.appendChild(component.el);

   return component;
 },

 removeComponent: function(component){
  this.el.removeChild(component.el);
 },
```

▲ 플레이어 컴포넌트의 기본 클래스 코드

다음의 웹 브라우저 화면에서 플레이어를 어떻게 보여줄지에 대해서 각각의 동작을
구분해서 구현하였다. 화면에 보여주는 경우부터 시작해서 감추는 경우 및 락 동작에

이르기까지 여러 동작을 나타내고 있다.

```
/* 디스플레이
*/
 show: function(){
  this.el.style.display = "block";
 },

 hide: function(){
  this.el.style.display = "none";
 },

 fadeIn: function(){
  this.removeClass("vjs-fade-out");
  this.addClass("vjs-fade-in");
 },

 fadeOut: function(){
  this.removeClass("vjs-fade-in");
  this.addClass("vjs-fade-out");
 },

 lockShowing: function(){
  var style = this.el.style;
  style.display = "block";
  style.opacity = 1;
  style.visiblity = "visible";
 },

 unlockShowing: function(){
  var style = this.el.style;
  style.display = "";
  style.opacity = "";
  style.visiblity = "";
 },

 addClass: function(classToAdd){
  _V_.addClass(this.el, classToAdd);
 },

 removeClass: function(classToRemove){
  _V_.removeClass(this.el, classToRemove);
 },
```

▲ 플레이어 디스플레이 부분 코드

다음은 여러 가지 처리해야 할 이벤트 동작들을 나열하고 있다. 이벤트 추가, 제거, 트리거링 함수가 제공된다.

```
/* 다양한 이벤트 관련
*/
 addEvent: function(type, fn, uid){
  return _V_.addEvent(this.el, type, _V_.proxy(this, fn));
 },
 removeEvent: function(type, fn){
  return _V_.removeEvent(this.el, type, fn);
 },
 triggerEvent: function(type, e){
  return _V_.triggerEvent(this.el, type, e);
 },
 one: function(type, fn) {
  _V_.one(this.el, type, _V_.proxy(this, fn));
 },
```

▲ 플레이어의 이벤트 처리 코드

이제는 컴포넌트가 준비되었을 때 이를 알려주기 위한 부분이다. 트리거 함수를 정의하였고 내부적으로 대기 큐(readyQueue)에 존재하는 모든 함수들을 호출한다.

```
/* 트리거 함수 - 컴포넌트 준비
*/
 ready: function(fn){
  if (!fn) return this;

  if (this.isReady) {
   fn.call(this);
  } else {
   if (this.readyQueue === undefined) {
    this.readyQueue = [];
   }
   this.readyQueue.push(fn);
  }

  return this;
 },

 triggerReady: function(){
  this.isReady = true;
  if (this.readyQueue && this.readyQueue.length > 0) {
   // 대기 큐의 모든 함수들을 호출
```

```
    this.each(this.readyQueue, function(fn){
      fn.call(this);
    });

    // 대기 큐 리셋 수행
    this.readyQueue = [];

    // 대기 상태인 이벤트 리스너 동작 가능
    this.triggerEvent("ready");
  }
},
```

▲ 컴포넌트 준비를 알려주는 트리거 함수 코드

컨트롤 바에서 지원하기 위한 옵션을 정의하고 마우스에 따른 컨트롤 바의 다양한 동작을 지정하였다. 컨트롤 바 동작 등의 지원을 통해서 비디오 플레이어가 단순한 웹 플레이어가 아닌 다른 네이티브 플레이어와 비교하여 손색없는 수준으로 제공될 수 있다.

```
/* 컨트롤 바
*/
_V_.ControlBar = _V_.Component.extend({

options: {
 loadEvent: "play",
 components: {
  "playToggle": {},
  "fullscreenToggle": {},
  "currentTimeDisplay": {},
  "timeDivider": {},
  "durationDisplay": {},
  "remainingTimeDisplay": {},
  "progressControl": {},
  "volumeControl": {},
  "muteToggle": {}
 }
},

init: function(player, options){
 this._super(player, options);

 player.addEvent("play", this.proxy(function(){
  this.fadeIn();
  this.player.addEvent("mouseover", this.proxy(this.fadeIn));
```

```javascript
    this.player.addEvent("mouseout", this.proxy(this.fadeOut));
 }));

},

createElement: function(){
 return _V_.createElement("div", {
   className: "vjs-controls"
 });
},

fadeIn: function(){
 this._super();
 this.player.triggerEvent("controlsvisible");
},

fadeOut: function(){
 this._super();
 this.player.triggerEvent("controlshidden");
},

lockShowing: function(){
 this.el.style.opacity = "1";
 }

});
```

▲ 플레이어의 컨트롤 바 관련 코드

다음은 비디오 플레이어에서 지원해야 하는 모든 버튼과 버튼 관련 동작들을 나타
냈다. 버튼 베이스 클래스를 정의하였으며 클릭, 포커스, 키-프레스, 블러와 같은 여
러가지 기본 동작에 대해서 구현하였다.

```javascript
/* 버튼 - 모든 버튼들을 위한 기본 클래스
*/
_V_.Button = _V_.Control.extend({

init: function(player, options){
 this._super(player, options);

 this.addEvent("click", this.onClick);
 this.addEvent("focus", this.onFocus);
 this.addEvent("blur", this.onBlur);
},
```

```
createElement: function(type, attrs){
 // 표준 Aria와 Tabindex 정보들을 추가
 attrs = _V_.merge({
  className: this.buildCSSClass(),
  innerHTML: '<div><span class="vjs-control-text">'
       + (this.buttonText || "Need Text") + '</span></div>',
  role: "button",
  tabIndex: 0
 }, attrs);

 return this._super(type, attrs);
},

// Click - 버튼에 대한 특정 기능 오버라이드
onClick: function(){},

// Focus - 엘리먼트에 키보드 기능 추가
onFocus: function(){
 _V_.addEvent(document, "keyup", _V_.proxy(this,
       this.onKeyPress));
},

// KeyPress (document level) - 키가 눌렸을 때 트리거
onKeyPress: function(event){
 // 스페이스바(32) 또는 엔터(13) 키인지를 체크
 if (event.which == 32 || event.which == 13) {
  event.preventDefault();
  this.onClick();
 }
},

// Blur - 키보드 트리거되면 제거
onBlur: function(){
 _V_.removeEvent(document, "keyup", _V_.proxy(this,
       this.onKeyPress));
}

});
```

▲ 플레이어의 버튼 관련 코드

버튼 중 플레이 버튼에 대한 정의가 제시되었다. 플레이 버튼을 누르면 플레이어의
플레이 기능이 수행된다.

```
/* 플레이 버튼
*/
_V_.PlayButton = _V_.Button.extend({

 buttonText: "Play",

 buildCSSClass: function(){
  return "vjs-play-button " + this._super();
 },

 onClick: function(){
  this.player.play();
 }

});
```

▲ 플레이 버튼 동작 관련 코드

버튼 중 일시 정지 버튼에 해당되는 부분은 다음과 같다. 플레이 중에 일시 정지하기 위한 기능을 지원하기 위해서 만들어졌다.

```
/* 일시 정지 버튼
*/
_V_.PauseButton = _V_.Button.extend({

 buttonText: "Pause",

 buildCSSClass: function(){
  return "vjs-pause-button " + this._super();
 },

 onClick: function(){
  this.player.pause();
 }

});
```

▲ 플레이어의 일시 정지 버튼 관련 코드

이번에는 탐색 바와 볼륨 슬라이더와 관련된 부분이다. 바의 크기와 UI가 조정되었을 때 다시 크기를 계산 및 고려하여 바의 리사이즈 동작이 이루어진다. 바의 포지션과 위치와 관련된 여러 가지 사항들도 이 부분에서 고려되어 제시된다. 키를 눌렀을 때의 동작이 구현되었고 마우스의 포커싱이 이루어졌을 때와 포커싱을 잃었을 때 실행할 동작도 구현되었다.

```
/* 슬라이더 - 탐색 바와 볼륨 슬라이더의 부모
*/
_V_.Slider = _V_.Component.extend({

 init: function(player, options){
  this._super(player, options);

  player.addEvent(this.playerEvent, _V_.proxy(this,
      this.update));

  this.addEvent("mousedown", this.onMouseDown);
  this.addEvent("focus", this.onFocus);
  this.addEvent("blur", this.onBlur);

  this.player.addEvent("controlsvisible",
      this.proxy(this.update));

  // 볼륨 핸들 위치 고정
  // this.player.one("timeupdate", this.proxy(this.update));

  this.update();
 },

 createElement: function(type, attrs) {
  attrs = _V_.merge({
    role: "slider",
    "aria-valuenow": 0,
    "aria-valuemin": 0,
    "aria-valuemax": 100,
    tabIndex: 0
  }, attrs);

  return this._super(type, attrs);
 },

 onMouseDown: function(event){
  event.preventDefault();
  _V_.blockTextSelection();

  _V_.addEvent(document, "mousemove", _V_.proxy(this,
      this.onMouseMove));
  _V_.addEvent(document, "mouseup", _V_.proxy(this,
      this.onMouseUp));

  this.onMouseMove(event);
```

```javascript
},

onMouseUp: function(event) {
  _V_.unblockTextSelection();
  _V_.removeEvent(document, "mousemove",
      this.onMouseMove, false);
  _V_.removeEvent(document, "mouseup", this.onMouseUp, false);

  this.update();
},

update: function(){
  // 스크러빙 처리 코드
  // var progress = (this.player.scrubbing) ?
  // this.player.values.currentTime / this.player.duration() :
  // this.player.currentTime() / this.player.duration();

  var barProgress,
    progress = this.getPercent();
    handle = this.handle,
    bar = this.bar;

  // 다른 이슈가 있을 경우에 대한 대비
  if (isNaN(progress)) { progress = 0; }

  barProgress = progress;

  // 프로그래스 바에서 핸들에 대한 고려 수행
  if (handle) {

    var box = this.el,
      boxWidth = box.offsetWidth,

      handleWidth = handle.el.offsetWidth,

      // 핸들 퍼센트 구하기
      handlePercent = (handleWidth) ? handleWidth / boxWidth : 0,

      // 박스의 적합한 사이즈 구하기
      // 양쪽으로 핸들 넓이의 마진 고려
      boxAdjustedPercent = 1 - handlePercent;

      // 프로그래스 조정
      adjustedProgress = progress * boxAdjustedPercent,
```

```
      // 바가 왼쪽 사이드에 위치(도착) 시에 넓이 고려
      barProgress = adjustedProgress + (handlePercent / 2);


    // 왼쪽으로부터 핸들 이동
    handle.el.style.left = _V_.round(adjustedProgress * 100, 2) + "%";
  }


  // 새로운 바 넓이 설정
  bar.el.style.width = _V_.round(barProgress * 100, 2) + "%";
},


calculateDistance: function(event){
  var box = this.el,
    boxX = _V_.findPosX(box),
    boxW = box.offsetWidth,
    handle = this.handle;

  if (handle) {
    var handleW = handle.el.offsetWidth;

    // 크기를 조정하여 핸들이 바 바깥으로 나가지 않도록 제어
    boxX = boxX + (handleW / 2);
    boxW = boxW - handleW;
  }

  return Math.max(0, Math.min(1, (event.pageX - boxX) / boxW));
},

onFocus: function(event){
  _V_.addEvent(document, "keyup", _V_.proxy(this,
    this.onKeyPress));
},

onKeyPress: function(event){
  if (event.which == 37) { // Left Arrow
    event.preventDefault();
    this.stepBack();
  } else if (event.which == 39) { // Right Arrow
    event.preventDefault();
    this.stepForward();
  }
},

onBlur: function(event){
  _V_.removeEvent(document, "keyup", _V_.proxy(this,
```

```
      this.onKeyPress));
  }
});
```

▲ 플레이어의 슬라이더 관련 코드

다음은 어디까지 플레이되었는지를 나타내기 위한 진행 상황을 알려주는 부분이다.
프로그래스 바에 마우스를 가져갔을 때와 같은 여러 가지 동작 시 대응도 이곳에서 정
의하였다.

```
/* 프로그래스
*/
// 프로그래스 컨트롤 : Seek, Load Progress, Play Progress
_V_.ProgressControl = _V_.Component.extend({

  options: {
    components: {
      "seekBar": {}
    }
  },

  createElement: function(){
    return this._super("div", {
      className: "vjs-progress-control vjs-control"
    });
  }

});

// 프로그래스 바용 탐색 바와 홀더
_V_.SeekBar = _V_.Slider.extend({

  options: {
    components: {
      "loadProgressBar": {},

      // 부모 슬라이더 클래스에 해당하는 바/핸들에 대한 프로퍼티 이름 설정
      "bar": { componentClass: "PlayProgressBar" },
      "handle": { componentClass: "SeekHandle" }
    }
  },

  playerEvent: "timeupdate",
```

```javascript
init: function(player, options){
 this._super(player, options);
},

createElement: function(){
 return this._super("div", {
  className: "vjs-progress-holder"
 });
},

getPercent: function(){
 return this.player.currentTime() / this.player.duration();
},

onMouseDown: function(event){
 this._super(event);

 this.player.scrubbing = true;

 this.videoWasPlaying = !this.player.paused();
 this.player.pause();
},

onMouseMove: function(event){
 var newTime = this.calculateDistance(event) *
        this.player.duration();

 // 스크러빙 동안에 비디오가 종료되지 않도록 함
 if (newTime == this.player.duration()) { newTime = newTime - 0.1; }

 // 새로운 시간으로 업데이트
 this.player.currentTime(newTime);
},

onMouseUp: function(event){
 this._super(event);

 this.player.scrubbing = false;
 if (this.videoWasPlaying) {
  this.player.play();
 }
},

stepForward: function(){
 this.player.currentTime(this.player.currentTime() + 1);
```

```javascript
  },

  stepBack: function(){
   this.player.currentTime(this.player.currentTime() - 1);
  }

});

// 프로그래스 바 로딩
_V_.LoadProgressBar = _V_.Component.extend({

 init: function(player, options){
  this._super(player, options);
  player.addEvent("progress", _V_.proxy(this, this.update));
 },

 createElement: function(){
  return this._super("div", {
   className: "vjs-load-progress",
   innerHTML: '<span class="vjs-control-text">Loaded: 0%</span>'
  });
 },

 update: function(){
  if (this.el.style) { this.el.style.width = _V_.round(
    this.player.bufferedPercent() * 100, 2) + "%"; }
 }

});

// 프로그래스 바 동작
_V_.PlayProgressBar = _V_.Component.extend({

 createElement: function(){
  return this._super("div", {
   className: "vjs-play-progress",
   innerHTML: '<span class="vjs-control-text">Progress: 0%</span>'
  });
 }

});

// 탐색 핸들 관련 부분
// 탐색 바 동작은 프로그래스 바의 동작을 포함하며 탐색 핸들도 포함
_V_.SeekHandle = _V_.Component.extend({
```

```
createElement: function(){
 return this._super("div", {
  className: "vjs-seek-handle",
  innerHTML: '<span class="vjs-control-text">00:00</span>'
 });
 }

});
```

▲ 플레이어의 플레이 진행 상황 표시 코드

다음 소스는 비디오 플레이어에서 제공하는 메뉴 UI를 정의한다. 스크립트는 ECMA-262(ECMAScript) 표준을 준수하도록 만들어졌다. 또한 모질라에서 제공하는 표준 양식들을 따라서 제작되었기 때문에 변경할 때 주의해야 한다. 사용하면서 다른 라이브러리와 충돌이 발생할 경우에도 해당 라이브러리를 표준에 맞추어서 업데이트해야 한다. 표준이라는 것은 추후에 확장이나 유지보수 뿐만 아니라 품질 측면에서도 많은 장점을 가지고 있기 때문에 표준을 따르는 것이 전체 애플리케이션의 성능 향상을 위해서 바람직하다.

```
/* 메뉴
*/
// 텍스트 트랙과 세팅 메뉴 버튼에 대한 베이스 내용 포함
_V_.Menu = _V_.Component.extend({

 init: function(player, options){
  this._super(player, options);
 },

 addItem: function(component){
  this.addComponent(component);
  component.addEvent("click", this.proxy(function(){
   this.unlockShowing();
  }));
 },

 createElement: function(){
  return this._super("ul", {
   className: "vjs-menu"
  });
 }

});
```

```javascript
_V_.MenuItem = _V_.Button.extend({

  init: function(player, options) {
    this._super(player, options);

    if (options.selected) {
      this.addClass("vjs-selected");
    }
  },

  createElement: function(type, attrs) {
    return this._super("li", _V_.merge({
      className: "vjs-menu-item",
      innerHTML: this.options.label
    }, attrs));
  },

  onClick: function() {
    this.selected(true);
  },

  selected: function(selected) {
    if (selected) {
      this.addClass("vjs-selected");
    } else {
      this.removeClass("vjs-selected")
    }
  }

}); // ECMA-262는 자바스크립트 표준임

// 다음 메소드들은 모질라 문서에 나타낸 표준을 따르기 때문에 사용 시 주의 바람

// [].indexOf
// https://developer.mozilla.org/en/JavaScript/Reference/
// Global_Objects/Array/indexOf
if (!Array.prototype.indexOf) {
  Array.prototype.indexOf = function (searchElement /*, fromIndex */ ) {
    "use strict";
    if (this === void 0 || this === null) {
      throw new TypeError();
    }
    var t = Object(this);
    var len = t.length >>> 0;
```

```javascript
      if (len === 0) {
        return -1;
      }
      var n = 0;
      if (arguments.length > 0) {
        n = Number(arguments[1]);
        if (n !== n) { // shortcut for verifying if it's NaN
          n = 0;
        } else if (n !== 0 && n !== (1 / 0) && n !== -(1 / 0)) {
          n = (n > 0 || -1) * Math.floor(Math.abs(n));
        }
      }
      if (n >= len) {
        return -1;
      }
      var k = n >= 0 ? n : Math.max(len - Math.abs(n), 0);
      for (; k < len; k++) {
        if (k in t && t[k] === searchElement) {
          return k;
        }
      }
      return -1;
    }
  }
```

▲ 플레이어의 메뉴 UI 관련 코드

18.2 멋진 프로젝트 예 2

이번에 소개할 프로젝트는 pdf.js(http://mozilla.github.com/pdf.js/)이다.
pdf.js는 네이티브 코드를 사용하지 않고서도 PDF(Portable Document Format)의
렌더러(Renderer) 기능을 제공할 수 있다.

|||| **pdf.js**

pdf.js는 커뮤니티 드리븐으로 진행되고 있으며 모질라 랩으로부터 지원을 받고
있다.

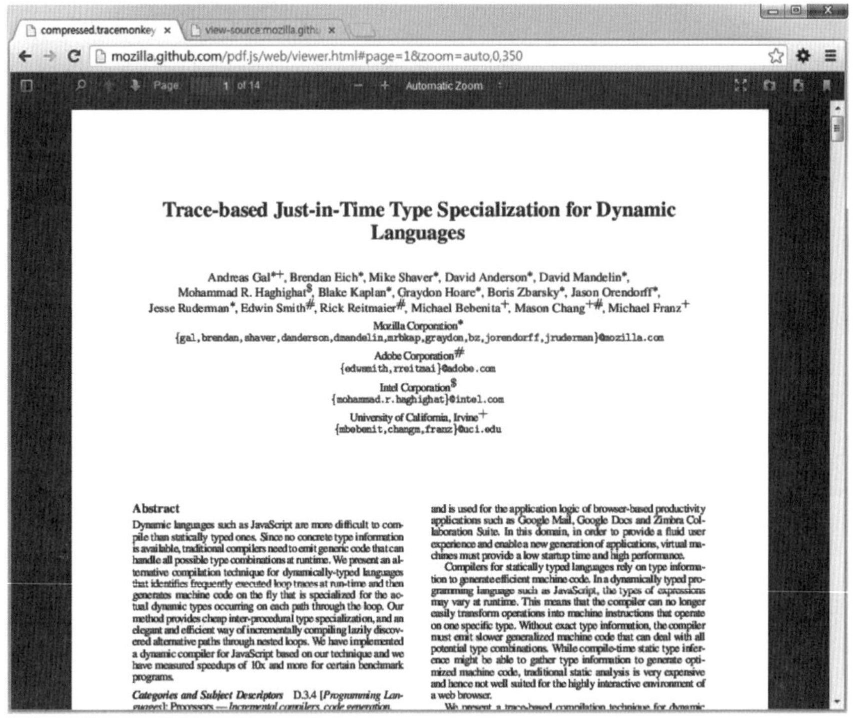

▲ pdf.js 프로젝트 실행 결과

  pdf.js에서는 아파치 라이선스를 사용한다는 것을 알려주고 있는 부분이다. 아파치 라이선스(Apache License)는 아파치 소프트웨어 재단에서 만든 소프트웨어 라이선스 규정이다. 아파치 2.0 라이선스는 누구나 해당 소프트웨어에서 파생된 프로그램을 제작할 수 있으며 저작권을 양도, 전송할 수 있도록 허용한다. 아파치 라이선스에 따르면 누구든 자유롭게 아파치 소프트웨어를 다운받아 부분 혹은 전체를 개인적 혹은 상업적 목적으로 이용할 수 있다. 단 재배포할 경우에는 아파치 소프트웨어 재단에서 개발된 소프트웨어라는 것을 밝혀야만 한다.

```
<!--
Copyright 2012 Mozilla Foundation

Licensed under the Apache License, Version 2.0 (the "License");
you may not use this file except in compliance with the License.
You may obtain a copy of the License at

  http://www.apache.org/licenses/LICENSE-2.0

Unless required by applicable law or agreed to in writing, software
distributed under the License is distributed on an "AS IS" BASIS,
```

```
WITHOUT WARRANTIES OR CONDITIONS OF ANY KIND,
either express or implied.
See the License for the specific language governing permissions and
limitations under the License.
-->
```

다음은 pdf 뷰어로서 필요한 추가 자바스크립트로 어떠한 것을 사용할지를 나타
낸 부분이다. 여기서 사용하고자 하는 자바스크립트로는 compatibility.js, l10n.js,
pdf.js, debugger.js가 있다. UI 구성을 위해서 viewer.css 파일을 사용하였다.

```
<html dir="ltr">
 <head>
  <meta charset="utf-8">
  <meta name="viewport" content="width=device-width,
     initial-scale=1, maximum-scale=1">
  <title>PDF.js viewer</title>
  <link rel="stylesheet" href="viewer.css"/>
  <script type="text/javascript" src="compatibility.js"></script>
  <!-- 다음의 정보는 추가 용도로서 사용 -->
  <link rel="resource" type="application/l10n"
        href="locale.properties"/>
  <script type="text/javascript" src="l10n.js"></script>
  <script type="text/javascript" src="../build/pdf.js"></script>
  <script type="text/javascript" src="debugger.js"></script>
  <script type="text/javascript" src="viewer.js"></script>
 </head>
 <body>
```

다음은 사이드바 관련 부분이다. 사이드바 버튼 관련 설정으로 아이디, 클래스, 타
이틀, 탭 인덱스 등을 설정한다.

```
<div id="sidebarContainer">
  <div id="toolbarSidebar">
    <div class="splitToolbarButton toggled">
      <button id="viewThumbnail" class="toolbarButton group
        toggled" title="Show Thumbnails" tabindex="1"
          ata-l10n-id="thumbs">
        <span data-l10n-id="thumbs_label">Thumbnails</span>
      </button>
      <button id="viewOutline" class="toolbarButton group"
        title="Show Document Outline" tabindex="2"
        data-l10n-id="outline">
        <span data-l10n-id="outline_label">Document Outline
```

```
            〈/span〉
        〈/button〉
      〈/div〉
    〈/div〉
    ......
  〈/div〉
```

▲ 사이드 바 관련 코드

여러 가지 바를 정의하고 구성 및 설정을 어떤 형태로 할 것인지를 정한다. 바에서
의 버튼을 어떻게 할 것인지 바 내에 어떠한 구성 요소들을 넣을지를 정의한다. 바 내
의 위치 별로 필요한 내용을 각각 구분하여 정의하였다.

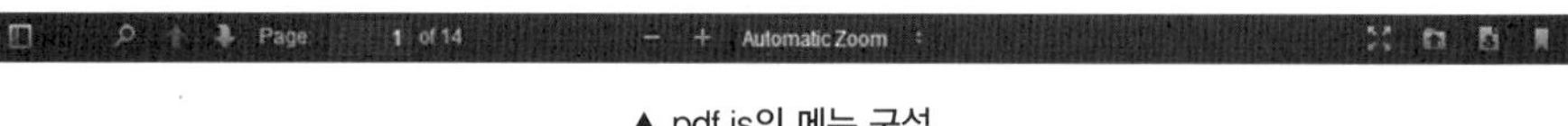

▲ pdf.js의 메뉴 구성

가장 왼쪽의 버튼에 토글 사이드 바 기능을 추가하여 이 버튼을 선택했을 때 각 페
이지별 뷰가 모자익으로 수직 나열되어 나오도록 하였다.

```
〈div id="mainContainer"〉
  〈div class="findbar hidden doorHanger" id="findbar"〉
    〈label for="findInput" class="toolbarLabel"
        data-l10n-id="find_label"〉Find:〈/label〉
    〈input id="findInput" class="toolbarField" tabindex="20"〉
      〈div class="splitToolbarButton"〉
        〈button class="toolbarButton findPrevious" title=
        "" id="findPrevious" tabindex="21" data-l10n-id=
        "find_previous"〉
          〈span data-l10n-id="find_previous_label"〉Previous〈/span〉
      〈/button〉
        〈div class="splitToolbarButtonSeparator"〉〈/div〉
        〈button class="toolbarButton findNext" title=
          "" id="findNext" tabindex="22" data-l10n-id="find_next"〉
          〈span data-l10n-id="find_next_label"〉Next〈/span〉
        〈/button〉
      〈/div〉
      〈input type="checkbox" id="findHighlightAll"
      class="toolbarField"〉
      〈label for="findHighlightAll" class="toolbarLabel"
      tabindex="23" data-l10n-id="find_highlight"〉
      Highlight all〈/label〉
      〈input type="checkbox" id="findMatchCase"
      class="toolbarField"〉
```

```html
            <label for="findMatchCase" class="toolbarLabel"
                tabindex="24" data-l10n-id="find_match_case_label">
            Match case</label>
              <span id="findMsg" class="toolbarLabel"></span>
          </div>
          <div class="toolbar">
            <div id="toolbarContainer">
              <div id="toolbarViewer">
                <div id="toolbarViewerLeft">
                  <button id="sidebarToggle" class="toolbarButton"
                      title="Toggle Sidebar" tabindex="3"
                          data-l10n-id="toggle_slider">
                      <span data-l10n-id="toggle_slider_label">
                          Toggle Sidebar</span>
                  </button>
                  <div class="toolbarButtonSpacer"></div>
      ......
      <label id="pageNumberLabel" class="toolbarLabel"
        for="pageNumber" data-l10n-id="page_label">
        Page: </label>
      <input type="number" id="pageNumber" class="toolbarField
        pageNumber" value="1" size="4" min="1" tabindex="7">
      </input>
        <span id="numPages" class="toolbarLabel"></span>
    </div>
    <div id="toolbarViewerRight">
      <input id="fileInput" class="fileInput" type="file"
        oncontextmenu="return false;" style="visibility: hidden;
        position: fixed; right: 0; top: 0" />
    ......
    <button id="download" class="toolbarButton download"
        title="Download" tabindex="14" data-l10n-id="download">
      <span data-l10n-id="download_label">Download</span>
    </button>
```

▲ 메뉴 구성 코드

다음은 사용자가 페이지를 볼 때 사이즈를 드롭다운 툴바 버튼을 사용하여 선택할
수 있도록 구현하였으며, 원하는 배율을 지정하면 선택한 대로 다시 화면을 리플래시
될 수 있도록 작성되었다.

```html
<span id="scaleSelectContainer" class="dropdownToolbarButton">
  <select id="scaleSelect" title="Zoom" oncontextmenu="return
      false;" tabindex="10" data-l10n-id="zoom">
```

```
      <option id="pageAutoOption" value="auto" selected="selected"
          data-l10n-id="page_scale_auto">Automatic Zoom</option>
      <option id="pageActualOption" value="page-actual"
          data-l10n-id="page_scale_actual">Actual Size</option>
      <option id="pageFitOption" value="page-fit" data-l10n-
          id="page_scale_fit">Fit Page</option>
      <option id="pageWidthOption" value="page-width" data-l10n-
          id="page_scale_width">Full Width</option>
      <option id="customScaleOption" value="custom"></option>
      <option value="0.5">50%</option>
      <option value="0.75">75%</option>
      <option value="1">100%</option>
      <option value="1.25">125%</option>
      <option value="1.5">150%</option>
      <option value="2">200%</option>
  </select>
      ......
```

▲ 드롭다운 툴바 버튼 관련 코드

다음 코드는 뷰어 및 로딩 박스와 관련된 설정이 이루어진다.

```
<menu type="context" id="viewerContextMenu">
  <menuitem label="First Page" id="first_page"
    data-l10n-id="first_page" ></menuitem>
  <menuitem label="Last Page" id="last_page"
    data-l10n-id="last_page" ></menuitem>
  <menuitem label="Rotate Counter-Clockwise" id="page_rotate_ccw"
    data-l10n-id="page_rotate_ccw" ></menuitem>
  <menuitem label="Rotate Clockwise" id="page_rotate_cw"
    data-l10n-id="page_rotate_cw" ></menuitem>
</menu>

<div id="viewerContainer">
  <div id="viewer" contextmenu="viewerContextMenu"></div>
</div>

<div id="loadingBox">
  <div id="loading"></div>
  <div id="loadingBar"><div class="progress"></div></div>
</div>
```

▲ 뷰어 및 로딩 박스와 관련 코드

지금부터는 pdf.js에서 사용되는 자바스크립트 코드 중에서도 중요한 메인에 해당

되는 pdf.js를 살펴보도록 한다. 다음에서 나타낸 함수는 PDF 파일을 로딩할 때 시작되는 메인 엔트리 포인트에 해당된다. PDF 데이터를 로드하고자 할 때 URL이 사용되며 이때 표준 XMLHttpRequest(XHR)이 사용된다.

```javascript
/**
 * This is the main entry point for loading a PDF and interacting
 * with it. NOTE: If a URL is used to fetch the PDF data a
 * standard XMLHttpRequest (XHR) is used, which means
 * it must follow the same origin rules that any XHR does
 * e.g. No cross domain requests without CORS.
 *
 * @param {string|TypedAray|object} source Can be an url to
 * where a PDF is located, a typed array (Uint8Array)
 * already populated with data or
 * and parameter object with the following possible fields:
 * - url  - The URL of the PDF.
 * - data - A typed array with PDF data.
 * - httpHeaders - Basic authentication headers.
 * - password - For decrypting password-protected PDFs.
 *
 * @return {Promise} A promise that is resolved with
 * {PDFDocumentProxy} object.
 */
PDFJS.getDocument = function getDocument(source) {
 var workerInitializedPromise, workerReadyPromise, transport;

  if (typeof source === 'string') {
   source = { url: source };
  } else if (isArrayBuffer(source)) {
   source = { data: source };
  } else if (typeof source !== 'object') {
   error('Invalid parameter in getDocument,
      need either Uint8Array, ' + 'string or a parameter object');
  }

  if (!source.url && !source.data)
   error('Invalid parameter array, need either .data or .url');

  // 'url'을 제외한 모든 키들을 복사하거나 사용  -- 전체 경로 필요
  var params = {};
  for (var key in source) {
   if (key === 'url' && typeof window !== 'undefined') {
    params[key] = combineUrl(window.location.href, source[key]);
    continue;
```

```
    }
  params[key] = source[key];
  }


  workerInitializedPromise = new PDFJS.Promise();
  workerReadyPromise = new PDFJS.Promise();
  transport = new WorkerTransport(workerInitializedPromise,
  workerReadyPromise);
  workerInitializedPromise.then(function transportInitialized() {
    transport.fetchDocument(params);
  });
  return workerReadyPromise;
};
```

▲ PDF 파일 로딩 엔트리 코드

    PDFDocument에서는 PDF 파일 내에 가지고 있는 데이터를 가진다. 데이터를 읽어 들여서 제대로 된 파일인지를 확인하고 초기에 필요한 여러 가지 작업들을 수행한다. 또한 도큐먼트 정보들을 읽어서 제공하는 역할도 담당하고 있다.

```
/**
 * PDFDocument는 PDF 파일 내의 모든 데이터 보유
 * PDFDoc와 비교 시 이는 어떠한 일을 관리하는 코드는 가지지 않음.
 * 메인 쓰레드의 1개 PDFDocument와 각 워커의 한 개씩의 객체로 구성됨.
 * 워커가 동작하지 않을 시에는 생성된 메인 쓰레드에서 2개의 PDFDocument 객체가 사용
 */
var PDFDocument = (function PDFDocumentClosure() {
 function PDFDocument(arg, password) {
  if (isStream(arg))
    init.call(this, arg, password);
  else if (isArrayBuffer(arg))
    init.call(this, new Stream(arg), password);
  else
    error('PDFDocument: Unknown argument type');
 }


 function init(stream, password) {
  assertWellFormed(stream.length > 0, 'stream must have data');
  this.stream = stream;
  this.setup(password);
  this.acroForm = this.catalog.catDict.get('AcroForm');
 }


 function find(stream, needle, limit, backwards) {
```

```javascript
      var pos = stream.pos;
      var end = stream.end;
      var str = '';
      if (pos + limit > end)
        limit = end - pos;
      for (var n = 0; n < limit; ++n)
        str += stream.getChar();
      stream.pos = pos;
      var index = backwards ? str.lastIndexOf(needle) :
          str.indexOf(needle);
      if (index == -1)
        return false; /* not found */
      stream.pos += index;
      return true; /* found */
    }

    PDFDocument.prototype = {
      get linearization() {
        var length = this.stream.length;
        var linearization = false;
        if (length) {
          try {
            linearization = new Linearization(this.stream);
            if (linearization.length != length)
              linearization = false;
          } catch (err) {
            warn('The linearization data is not available ' +
                'or unreadable pdf data is found');
            linearization = false;
          }
        }
        // 프로토타입 섀도우 수행
        return shadow(this, 'linearization', linearization);
      },
      get startXRef() {
        var stream = this.stream;
        var startXRef = 0;
        var linearization = this.linearization;
        if (linearization) {

          // 첫 번째 obj의 종단 확인
          stream.reset();
          if (find(stream, 'endobj', 1024))
            startXRef = stream.pos + 6;
        } else {
```

```javascript
      // 파일 끝에서 반대 방향으로 startxref 탐색
    var step = 1024;
    var found = false, pos = stream.end;
    while (!found && pos > 0) {
      pos -= step - 'startxref'.length;
      if (pos < 0)
        pos = 0;
      stream.pos = pos;
      found = find(stream, 'startxref', step, true);
    }
    if (found) {
      stream.skip(9);
      var ch;
      do {
        ch = stream.getChar();
      } while (Lexer.isSpace(ch));
      var str = '';
      while ((ch - '0') <= 9) {
        str += ch;
        ch = stream.getChar();
      }
      startXRef = parseInt(str, 10);
      if (isNaN(startXRef))
        startXRef = 0;
    }
  }

  return shadow(this, 'startXRef', startXRef);
},
get mainXRefEntriesOffset() {
  var mainXRefEntriesOffset = 0;
  var linearization = this.linearization;
  if (linearization)
    mainXRefEntriesOffset = linearization.mainXRefEntriesOffset;

  return shadow(this, 'mainXRefEntriesOffset',
      mainXRefEntriesOffset);
},
// 헤더 탐색, 쓰레기 제거, 헤더로부터 시작된 스트림 셋업
checkHeader: function PDFDocument_checkHeader() {
  var stream = this.stream;
  stream.reset();
  if (find(stream, '%PDF-', 1024)) {
```

```javascript
      // 헤더 발견, 이전의 쓰레기들은 잘라 냄
      stream.moveStart();
      return;
    }
  },
  setup: function PDFDocument_setup(password) {
    this.checkHeader();
    var xref = new XRef(this.stream,
                  this.startXRef,
                  this.mainXRefEntriesOffset,
                  password);
    this.xref = xref;
    this.catalog = new Catalog(xref);
  },
  get numPages() {
    var linearization = this.linearization;
    var num = linearization ? linearization.numPages :
          this.catalog.numPages;

    return shadow(this, 'numPages', num);
  },
  getDocumentInfo: function PDFDocument_getDocumentInfo() {
    var docInfo;
    if (this.xref.trailer.has('Info')) {
      var infoDict = this.xref.trailer.get('Info');

      docInfo = {};
      var validEntries = DocumentInfoValidators.entries;

      // 문서 정보에 유효 엔트리들로만 채움.
      for (var key in validEntries) {
        if (infoDict.has(key)) {
          var value = infoDict.get(key);

          // 값들이 스펙을 따르는지 확인
          if (validEntries[key](value)) {
            docInfo[key] = typeof value !== 'string' ? value :
                  stringToPDFString(value);
          } else {
            info('Bad value in document info for "' + key + '"');
          }
        }
      }
    }
    return shadow(this, 'getDocumentInfo', docInfo);
```

```javascript
    },
  getFingerprint: function PDFDocument_getFingerprint() {
   var xref = this.xref, fileID;
   if (xref.trailer.has('ID')) {
    fileID = '';
    var id = xref.trailer.get('ID')[0];
    id.split('').forEach(function(el) {
     fileID += Number(el.charCodeAt(0)).toString(16);
    });
   } else {
    // 만약에 fileID가 없다면 새로 생성
    var data = this.stream.bytes.subarray(0, 100);
    var hash = calculateMD5(data, 0, data.length);
    fileID = '';
    for (var i = 0, length = hash.length; i < length; i++) {
     fileID += Number(hash[i]).toString(16);
    }
   }

   return shadow(this, 'getFingerprint', fileID);
  },
  getPage: function PDFDocument_getPage(n) {
   return this.catalog.getPage(n);
  }
 };

 return PDFDocument;
})();
```

▲ 초기 필요 작업 수행 코드

l10n.js의 경우에는 사용자의 로컬라이제이션을 지원하기 위한 코드이다. 로컬라이
제이션은 줄여서 "l10n"이라고도 부르는데 어떤 제품이나 서비스를 특정한 언어나 문
화, 그리고 현지의 정서에 맞추는 과정이다. 다음 소스 코드는 특정 위치에 맞게 리소
스를 로드하고 파싱하는 작업을 수행한다.

```javascript
// 특정 지역에 대한 모든 리소스들을 로딩하고 파싱
 function loadLocale(lang, callback) {
  clear();

  // 모든 <link type="application/l10n" href="..." />의 노드들을 체크
  // 리소스 파일들을 로딩
  var langLinks = document.querySelectorAll(
     'link[type="application/l10n"]');
```

```
    var langLinksCount = langLinks.length;
    var langScripts = document.querySelectorAll(
        'script[type="application/l10n"]');
    var langScriptCount = langScripts.length;
    var langCount = langLinksCount + langScriptCount;

    // 모든 리소스들이 로딩되면 콜백 호출
    var onResourceLoaded = null;
    var gResourceCount = 0;
    onResourceLoaded = function() {
     gResourceCount++;
     if (gResourceCount >= langCount) {

       // 콜백 수행
       if (callback)
        callback();
       // 'localized' DOM 이벤트
       var evtObject = document.createEvent('Event');
       evtObject.initEvent('localized', false, false);
       evtObject.language = lang;
       window.dispatchEvent(evtObject);
      }
    }

    // 모든 리소스 파일 로딩
    function l10nResourceLink(link) {
     var href = link.href;
     var type = link.type;
     this.load = function(lang, callback) {
      var applied = lang;
      loadResource(href, lang, callback, function() {
       console.warn(href + ' not found.');
       applied = '';
      });
      return applied;
     };
    }
............ . .
}
```

▲ 로컬라이제이션 지원 코드

viewer.js 파일을 구성하는 여러 가지 함수 중 view 함수를 나타내었다. Initialize 함수는 pdf 문서를 로드하고 나서 초기화를 수행한다.

```javascript
var PDFView = {
 pages: [],
 thumbnails: [],
 currentScale: UNKNOWN_SCALE,
 currentScaleValue: null,
 initialBookmark: document.location.hash.substring(1),
 startedTextExtraction: false,
 pageText: [],
 container: null,
 thumbnailContainer: null,
 initialized: false,
 fellback: false,
 pdfDocument: null,
 sidebarOpen: false,
 pageViewScroll: null,
 thumbnailViewScroll: null,
 isFullscreen: false,
 previousScale: null,
 pageRotation: 0,
 mouseScrollTimeStamp: 0,
 mouseScrollDelta: 0,
 lastScroll: 0,

 // 도큐먼트로 로딩될 때 한 번 수행
 initialize: function pdfViewInitialize() {
  var self = this;
  var container = this.container = document.getElementById('viewe
     rContainer');
  this.pageViewScroll = {};
  this.watchScroll(container, this.pageViewScroll,
     updateViewarea);

  var thumbnailContainer = this.thumbnailContainer =
              document.getElementById('thumbnailView');
  this.thumbnailViewScroll = {};
  this.watchScroll(thumbnailContainer, this.
    thumbnailViewScroll, this.renderHighestPriority.bind(this));

  PDFFindBar.initialize();
  PDFFindController.initialize();

  this.initialized = true;
  container.addEventListener('scroll', function() {
   self.lastScroll = Date.now();
  }, false);
 },
```

▲ view 함수 관련 코드

뷰에서의 스케일 업/다운을 지원하고 setScale을 통해서 필요한 스케일 지정이 가
능하다.

```javascript
// 스크롤 업/다운되고 콜백이 호출되었는지를 알기 위한 헬퍼 함수
watchScroll: function pdfViewWatchScroll(viewAreaElement, state,
callback) {
  state.down = true;
  state.lastY = viewAreaElement.scrollTop;
  viewAreaElement.addEventListener('scroll',
   function webViewerScroll(evt) {
   var currentY = viewAreaElement.scrollTop;
   var lastY = state.lastY;
   if (currentY > lastY)
     state.down = true;
   else if (currentY < lastY)
     state.down = false;
   // 이전 값 사용
   state.lastY = currentY;
   callback();
  }, true);
},

setScale: function pdfViewSetScale(val, resetAutoSettings,
noScroll) {
  if (val == this.currentScale)
    return;

  var pages = this.pages;
  for (var i = 0; i < pages.length; i++)
   pages[i].update(val * CSS_UNITS);

  if (!noScroll && this.currentScale != val)
   this.pages[this.page - 1].scrollIntoView();
  this.currentScale = val;

  var event = document.createEvent('UIEvents');
  event.initUIEvent('scalechange', false, false, window, 0);
  event.scale = val;
  event.resetAutoSettings = resetAutoSettings;
  window.dispatchEvent(event);
},

parseScale: function pdfViewParseScale(value, resetAutoSettings,
noScroll) {
  if ('custom' == value)
```

```
  return;

var scale = parseFloat(value);
this.currentScaleValue = value;
if (scale) {
 this.setScale(scale, true, noScroll);
 return;
}

var container = this.container;
var currentPage = this.pages[this.page - 1];
if (!currentPage) {
 return;
}

var pageWidthScale = (container.clientWidth - SCROLLBAR_
  PADDING) / currentPage.width * currentPage.scale / CSS_UNITS;
var pageHeightScale = (container.clientHeight - VERTICAL_
  PADDING) / currentPage.height * currentPage.scale / CSS_UNITS;
switch (value) {
 case 'page-actual':
  scale = 1;
  break;
 case 'page-width':
  scale = pageWidthScale;
  break;
 case 'page-height':
  scale = pageHeightScale;
  break;
 case 'page-fit':
  scale = Math.min(pageWidthScale, pageHeightScale);
  break;
 case 'auto':
  scale = Math.min(1.0, pageWidthScale);
  break;
}
this.setScale(scale, resetAutoSettings, noScroll);

selectScaleOption(value);
},
```

▲ 스케일 조정 관련 코드

다음은 pdf 문서를 줌인 & 줌아웃하기 위해서 사용하는 파일이다.

```javascript
zoomIn: function pdfViewZoomIn() {
  var newScale = (this.currentScale * DEFAULT_SCALE_DELTA).
      toFixed(2);
  newScale = Math.min(MAX_SCALE, newScale);
  this.parseScale(newScale, true);
},

zoomOut: function pdfViewZoomOut() {
  var newScale = (this.currentScale / DEFAULT_SCALE_DELTA).
      toFixed(2);
  newScale = Math.max(MIN_SCALE, newScale);
  this.parseScale(newScale, true);
},

set page(val) {
  var pages = this.pages;
  var input = document.getElementById('pageNumber');
  var event = document.createEvent('UIEvents');
  event.initUIEvent('pagechange', false, false, window, 0);

  if (!(0 < val && val <= pages.length)) {
   event.pageNumber = this.page;
   window.dispatchEvent(event);
   return;
  }

  pages[val - 1].updateStats();
  currentPageNumber = val;
  event.pageNumber = val;
  window.dispatchEvent(event);

  // this.page가 updateViewarea 함수에서 호출되었는지를 확인
  // set page 메소드가 2개(내부와 퍼블릭)로 생성되는 것을 방지
  if (updateViewarea.inProgress)
   return;

  // 로딩되는 동안에 첫 번째 페이지가 스크롤되는 것을 방지
  if (this.loading && val == 1)
   return;

  pages[val - 1].scrollIntoView();
},

get page() {
  return currentPageNumber;
```

```
  },

  get supportsPrinting() {
    var canvas = document.createElement('canvas');
    var value = 'mozPrintCallback' in canvas;

    Object.defineProperty(this, 'supportsPrinting', { value: value,
                                      enumerable: true,
                                      configurable: true,
                                      writable: false });
    return value;
  },
```

▲ 줌인/줌아웃 관련 코드

다음은 메뉴 중에서 사용자가 풀 스크린 뷰를 보고자 할 때 풀 스크린으로 확대하는
기능을 확대를 지원하기 위한 함수이다.

```
get supportsFullscreen() {
  var doc = document.documentElement;
  var support = doc.requestFullscreen || doc.mozRequestFullScreen ||
        doc.webkitRequestFullScreen;

  // iframe에서 풀 스크린 버튼을 비활성화
  if (!!window.frameElement)
    support = false;

  Object.defineProperty(this, 'supportsFullScreen',
                        { value: support,
                          enumerable: true,
                          configurable: true,
                          writable: false });
  return support;
  },
  .....
}
```

▲ 풀 스크린 확대 관련 코드

다음은 PDF View를 오픈하기 위해서 사용하는 함수이다.

```
open: function pdfViewOpen(url, scale, password) {
  var parameters = {password: password};
  if (typeof url === 'string') { // URL
    this.setTitleUsingUrl(url);
```

```
    parameters.url = url;
  } else if (url && 'byteLength' in url) { // ArrayBuffer
    parameters.data = url;
}


if (!PDFView.loadingBar) {
   PDFView.loadingBar = new ProgressBar('#loadingBar', {});
}


this.pdfDocument = null;
var self = this;
self.loading = true;
PDFJS.getDocument(parameters).then(
   function getDocumentCallback(pdfDocument) {
    self.load(pdfDocument, scale);
    self.loading = false;
   },
   function getDocumentError(message, exception) {
    if (exception && exception.name === 'PasswordException') {
     if (exception.code === 'needpassword') {
      var promptString = mozL10n.get('request_password', null,
                 'PDF is protected by a password:');
      password = prompt(promptString);
      if (password && password.length > 0) {
       return PDFView.open(url, scale, password);
      }
     }
    }
    ....
   }
);
```

▲ View 오픈 관련 코드

다음은 로딩 시 에러가 발생하면 에러 관련 메시지를 나타낸다.

```
var loadingErrorMessage = mozL10n.get('loading_error', null,
    'An error occurred while loading the PDF.');


if (exception && exception.name === 'InvalidPDFException') {
    // 에러 메시지 변경
    var loadingErrorMessage = mozL10n.get('invalid_file_error',
        null, 'Invalid or corrupted PDF file.');
}
```

```javascript
var loadingIndicator = document.getElementById('loading');
loadingIndicator.textContent = mozL10n.get(
'loading_error_indicator', null, 'Error');
var moreInfo = {
    message: message
};
self.error(loadingErrorMessage, moreInfo);
self.loading = false;


function getDocumentProgress(progressData) {
    self.progress(progressData.loaded / progressData.total);
}
```

▲ 에러 핸들링 관련 코드

현재 보고 있는 pdf 파일을 다운로드하고자 할 때 사용된다.

```javascript
download: function pdfViewDownload() {
  function noData() {
   FirefoxCom.request('download', { originalUrl: url });
  }
  var url = this.url.split('#')[0];
  url += '#pdfjs.action=download';
  window.open(url, '_parent');
},


fallback: function pdfViewFallback() {
  return;
},
```

▲ pdf 파일 다운로드 관련 코드

18.3 멋진 프로젝트 예 3

다양한 사용자를 위해서 여러가지 플랫폼이 제공되고 있는데 장점도 있지만 이에 대한 단점도 존재한다. 많은 플랫폼에서 동작하는 여러 가지 애플리케이션들이 각 플랫폼 별로 다른 언어를 사용해야 한다는 점이 대표적인 단점이다. 앱스토어에서 다운받아서 사용하는 최종 사용자의 경우에는 어떠한 언어로 애플리케이션이 만들어졌는지 관심이 안 갈지도 모르지만 그 애플리케이션을 만드는 제공자 입장에서는 매우 큰 단점이다. 아이폰 애플리케이션은 Objective-C를 기반으로 만들어지지만, 안드로이드 애플리케이션은 자바를 기반으로 개발된다. 이러한 차이를 보완하기 위한 노력 중하나로서 표준 웹 기반 애플리케이션이 있다. 표준 웹을 통해서 아이폰과 안드로이드용 애플리케이션을 모두 지원한다. 대표적인 웹 애플리케이션용 플랫폼으로서 다음과 같은 2가지가 있다.

- 티타늄 모바일(Titanium Mobile)
- 폰갭(PhoneGap)

폰갭을 사용하여 웹 애플리케이션을 만드는 방법은 다음의 그림과 같다.

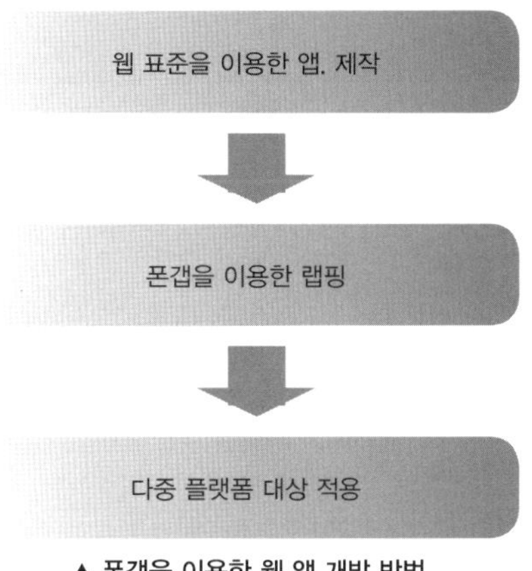

▲ 폰갭을 이용한 웹 앱 개발 방법

Tip 폰갭

폰갭(www.phonegap.com)은 웹 기반의 애플리케이션 프레임워크이며 아파치 퍼블릭 라이선스 v2를 따른다. 프레임워크 타겟은 임베디드 애플리케이션이며 개발 시에 사용되는 언어는 HTML5, 자바스크립트, CSS이다. iOS, 안드로이드, 윈도우폰, 블랙베리, 심비안, 팜OS 등등 다양하게 지원한다. 폰갭 이외에도 많은 웹 기반 솔루션이 있으며 비교 자료는 위키피디아(http://en.wikipedia.org/wiki/Multiple_phone_web_based_application_framework)를 참조하도록 한다.

개발자가 티타늄 모바일에서 제공하는 고유의 자바스크립트 API로 애플리케이션을 개발하면 개발 환경이 자바스크립트 코드를 네이티브 언어로 변경한다. 폰갭은 하이브리드 앱을 만들 수 있는 환경인데 플랫폼 디펜던시가 있는 부분은 네이티브 언어로 존재하지만 그 위에 HTML 코드와 자바스크립트 코드가 존재하며 이를 통해서 기능을 구현할 수 있다. 이러한 특성 때문에 앱 개발자는 하이브리드 방식을 사용하여

HTML5, 자바스크립트, CSS를 사용하여 앱 개발을 할 수 있다. 마지막 프로젝트에서는 폰갭을 기반으로 하는 애플리케이션을 살펴보도록 한다.

▲ 폰갭을 사용한 다양한 앱들(출처 : phonegap.com)

폰갭에서 지원하는 다양한 API들로 다음과 같이 16군이 존재한다.

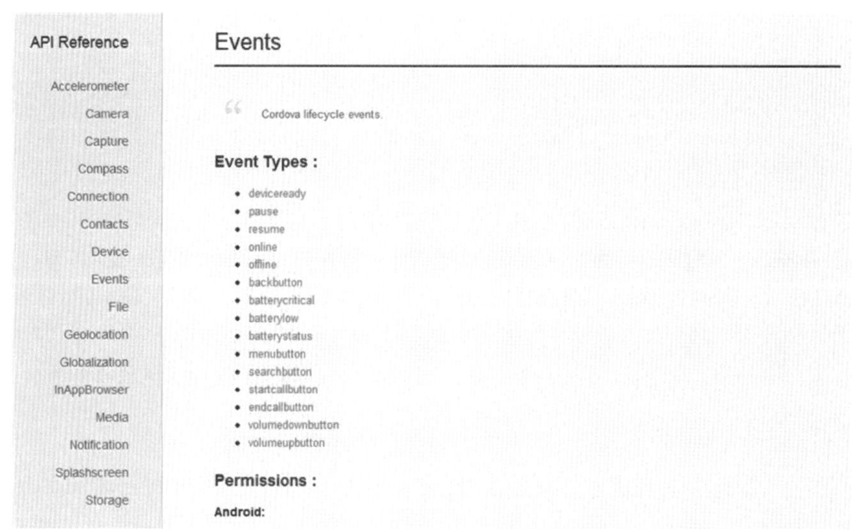

▲ 폰갭 지원 API 그룹(출처 : phonegap.com)

폰갭에서 지원하는 API 중 File 핸들링 관련 API에 대한 기본적인 예는 다음과 같다.

```html
<!DOCTYPE html>
<html>
<head>
  <title>FileReader Example</title>

  <script type="text/javascript" charset="utf-8"
      src="cordova-2.3.0.js"></script>
  <script type="text/javascript" charset="utf-8">

  // 로드할 Cordova를 기다림
  function onLoad() {
    document.addEventListener("deviceready", onDeviceReady,
      false);
  }

  // Cordova 대기
  function onDeviceReady() {
    window.requestFileSystem(LocalFileSystem.PERSISTENT, 0,
        gotFS, fail);
  }

  function gotFS(fileSystem) {
    fileSystem.root.getFile("readme.txt", null, gotFileEntry,
      fail);
  }

  function gotFileEntry(fileEntry) {
    fileEntry.file(gotFile, fail);
  }

  function gotFile(file){
    readDataUrl(file);
    readAsText(file);
  }

  function readDataUrl(file) {
    var reader = new FileReader();
    reader.onloadend = function(evt) {
      console.log("Read as data URL");
      console.log(evt.target.result);
    };
    reader.readAsDataURL(file);
  }

  function readAsText(file) {
```

```
     var reader = new FileReader();
     reader.onloadend = function(evt) {
        console.log("Read as text");
        console.log(evt.target.result);
     };
     reader.readAsText(file);
   }

   function fail(evt) {
     console.log(evt.target.error.code);
   }

   </script>
 </head>
 <body>
   <h1>Example</h1>
   <p>Read File</p>
 </body>
 </html>
```

▲ 파일 핸들링 폰갭 소스 예

폰갭을 기반으로 하는 애플리케이션이 많지만 그 중에서 추천할 만한 예제를 하나 소개해 보도록 한다. Walkable Restaurants(https://github.com/triceam/Walkable-App)인데 Backbone.js를 사용한 폰갭 애플리케이션으로서 어떻게 구성되고 어떻게 동작하는지를 간략히 살펴보도록 한다.

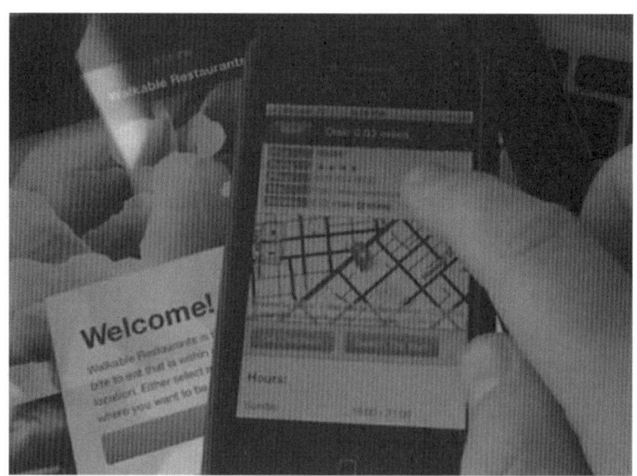

▲ 폰갭 사례 : Walkable Restaurants

Walkable Restaurants(MIT 라이선스)는 미국 지역을 기반으로 먹고 마실 수 있는 레스토랑을 쉽게 찾아준다. 필요한 음식점 종목이나 상호명을 검색하면 근처의 해당 장소를 안내해 준다. 서버와 클라이언트 구조로 되어 있으며 서버에서는 수집된 데이터를 사용하여 이동 시간을 제공해준다. 다음은 애플리케이션의 메인 코드이다.

```javascript
document.addEventListener("deviceready", onDeviceReady, false);
function onDeviceReady() {
  window.GeoWatcher.watch();
  loadTemplates( appTemplatesLoaded );
}

function appTemplatesLoaded() {
  $("body").empty();
  var homeView = new HomeView();
  // 뷰 네비게이터 셋업 수행
  window.viewNavigator = new ViewNavigator( 'body' );
  window.viewNavigator.pushView( homeView );
  document.addEventListener("backbutton", onBackKey, false);
}

function onBackKey( event ) {
  if ( window.viewNavigator.history.length > 1 ){
    event.preventDefault();
    window.viewNavigator.popView();
    return false;
  }
  navigator.app.exitApp();
}

document.addEventListener('touchmove', function (e) {
e.preventDefault(); }, false);
```

▲ 앱 메인 코드

이 앱에서 사용하는 오픈 소스 라이브러리들로는 다음과 같은 것 들이 존재한다.

- 폰갭
- Twitter Bootstrap(UI)
- Leaflet
- Backbone.js
- App-UI
- Underscore.js
- jQuery
- iScroll

많은 자바스크립트를 가지고 있는 웹 애플리케이션에서 동작할 때 사용자의 데이터가 DOM에 묶여지는 것을 멈추도록 하는 방법을 알 필요가 있다. HTML UI와 자바스크립트 로직과 서버의 데이터베이스 간에 동기화를 유지하면서 데이터를 제대로 보존하기 위해서 많은 노력이 필요하며 클라이언트 사이드의 리치 애플리케이션을 제공하기 위해서는 보다 구조적인 접근을 통한 개발 방법이 필요하다. 이를 위해서 애플리케이션에 도입된 방법이 백본(Backbone)이다.

Backbone.js에서는 데이터를 모델(Model)이라고 표현하는데 이 모델은 생성되고 검증되고, 삭제되고, 서버에도 저장된다. 모델의 속성이 변경되는 UI 동작이 이루어질 때마다 모델 트리거에서는 체인지 이벤트가 발생하고 모델의 상태를 나타내 준다. 백본은 Underscore.js(>=1.4.3, http://underscorejs.org/) 또는 Lo-Dash(http://lodash.com/)에 대한 의존성을 가진다.

Underscore.js는 빌트인 자바스크립트 객체들을 확장하지 않고 Prototype.js(또는 Ruby)에서 예측되는 수많은 기능적 프로그래밍 지원을 제공하기 위한 유틸리티 벨트 라이브러리다. 언더스코어(Underscore)에서는 map, select, invoke와 같은 수많은 특정 헬퍼 함수들을 제공한다. 이를 통해서 브라우저에서 더 자연스러운 다양한 구현을 지원할 수 있다. 지원하는 모델로 extend, constructor, initialize, get, set, escape, has, unset, clear, id, idAttribute 외 20종이 있다.

Lo-Dash의 경우에는 underscore.js를 대치하기 위한 방법으로서 일관성, 커스터마이제이션, 성능, 추가 기능들을 제공하고 있다.

다음의 코드는 앱 내에서 검색 매니저 역할을 수행하는 코드이다. 검색을 위해서 탐색 URL을 구성하기 위한 코드가 포함되어 있다.

```javascript
window.SearchManager = {
  apiUrl:"http://localhost:3000/restaurants-api?",
  search:function (searchString, successCallback, errorCallback) {
    var searchURL = this.apiUrl + "q=" + encodeURIComponent(
    searchString) + "&ll=" + window.GeoWatcher.position
    .latitude + "," + window.GeoWatcher.position.longitude +
    "&d=" + new Date().getTime();
    $.ajax({
      timeout:20000,
      url:searchURL,
      success:function(result){
        if ( successCallback ) {
          successCallback( result );
        }
      },
```

```
        error:function(error){
          if ( errorCallback ){
            errorCallback( error );
          }
        }
      });

    },
    findPointById:function (id, collection) {
      for (var x=0; x<collection.length; x++) {
        var poi = collection[x];
        if (poi.factual_id == id){
          return poi;
        }
      }
      return null;
    }
}
```

▲ 검색 매니저 코드

Walkable Restaurants가 지도에서의 레스토랑을 찾아주는 앱이므로 현재 위치
를 탐색하는 기능을 수행할 수 있는 코드도 필요하다. 이 앱에서는 세계의 모든 레스
토랑을 찾아주는 기능은 아직 없지만 현재 위치를 통해서 자신이 있는 위치를 기준으
로 일정 반경 내의 음식점을 찾아주는 기능을 수행한다. 여기서 나타낸 샘플 앱도 당
연히 사용자의 편의성과 반응성을 지원해주어야 하기 때문에 검색을 수행하고 일정기
간 동안 찾지 못하는 경우에는 물론 거기까지의 결과만 보여주어야 한다. 게다가 결과
가 없는 경우에는 실제로 찾아도 없다는 것을 알려주어야만 사용자에게 친절을 제공
할 수 있다. 앱을 만드는 개발자는 자신의 기술을 최대한 반영해서 앱을 개발하는 것
도 중요하지만 사용자가 실제 사용할 때 불편을 느끼지 못하도록 사용하기 편한 앱을
만드는 것도 중요하다.

```
navigator.geolocation.getAccurateCurrentPosition = function
(geolocationSuccess, geolocationError, geoprogress, options) {
  var lastCheckedPosition;
  var locationEventCount = 0;
  options = options || {};
  var checkLocation = function (position) {
    lastCheckedPosition = position;
    ++locationEventCount;

    // 첫 번째 이벤트는 무시
```

```
    // maxaimumAge가 0이 될 때 고려
    if ((position.coords.accuracy <= options.desiredAccuracy) &&
        (locationEventCount > 0)) {
      clearTimeout(timerID);
      navigator.geolocation.clearWatch(watchID);
      foundPosition(position);
    } else {
      geoprogress(position);
    }
  }

  var stopTrying = function () {
    navigator.geolocation.clearWatch(watchID);
    foundPosition(lastCheckedPosition);
  }

  var onError = function (error) {
    clearTimeout(timerID);
    navigator.geolocation.clearWatch(watchID);
    geolocationError(error);
  }

  var foundPosition = function (position) {
    geolocationSuccess(position);
  }

  if (!options.maxWait)    options.maxWait = 10000; // 기본 : 10초
  if (!options.desiredAccuracy)    options.desiredAccuracy = 20;
   // 기본 : 20미터
  if (!options.timeout)    options.timeout = options.maxWait;
   // 기본 : maxWait
  options.maximumAge = 0; // 현재 위치로 설정
  options.enableHighAccuracy = true; // 높은 정확도로 설정
  var watchID = navigator.geolocation.watchPosition
   (checkLocation, onError, options);
  var timerID = setTimeout(stopTrying, options.maxWait);
   // 타임아웃 설정
}
```

▲ 위치 검색 코드

앱을 실행시키면 맨 먼저 눈에 들어오는 화면은 앱의 홈 영역이다. 이 앱의 홈에서
는 찾고자 하는 요리가 어떤 것인지를 고르거나 직접 입력받는 역할을 담당한다.

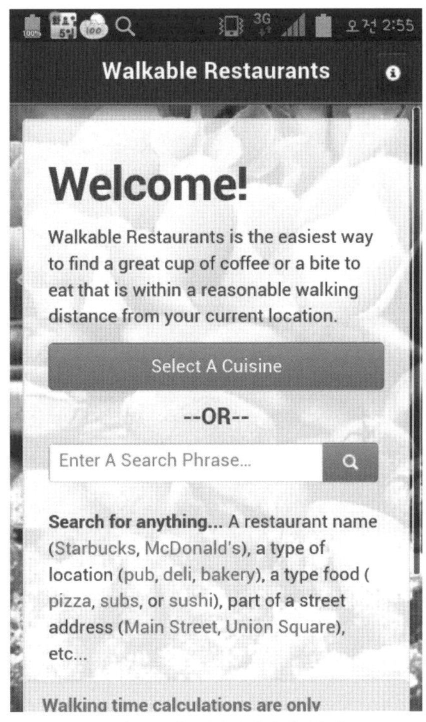

▲ 안드로이드 폰에서의 홈 화면

  웹은 여러 플랫폼에서 다 동작하므로 이를 PC에서 실행시켜도 동작되며 그 결과는 다음과 같다. 웹 기반의 앱을 만드는 이유 중 하나는 플랫폼에 의존적이지 않는다는 점이다. 사용자들은 각각 다른 플랫폼 기반의 기기를 사용할 수 있다. 하지만 개발자는 앱을 개발할 때 다양한 기기의 플랫폼을 모두 지원하도록 개발하기는 힘들다. 이러한 여러 가지 불편한 점을 개선해 줄 수 있는 방법이 앱을 웹 기반으로 개발하는 것이다. 표준 웹을 따를 경우에 일부 브라우저에서 지원이 불가능한 기능을 제외하고는 모바일 기기의 웹 환경에서나 PC에서의 웹 환경 모두에 대해서 개발자는 쉽게 앱을 지원할 수 있다.

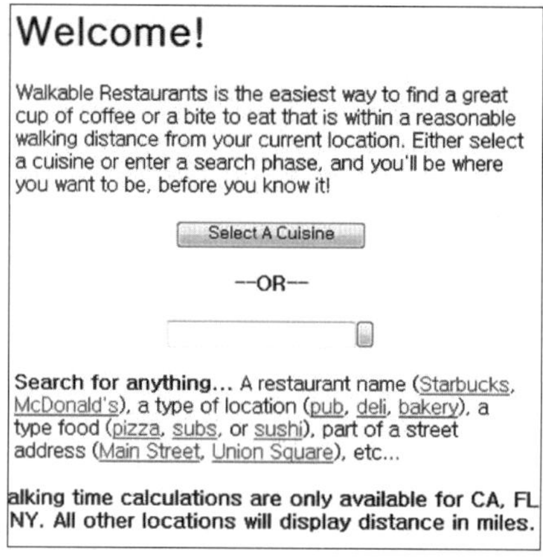

▲ PC 상에서의 홈 화면

홈 화면은 대문과 같은 역할을 수행한다. 사용자가 앱을 시작할 때 맨 먼저 들어가
야 하는 부분이기 때문이다. 여기에서는 해당 홈 뷰를 위한 HTML 코드와 자바스크립
트 코드를 다음과 같이 나타냈다.

```html
<div id="homeView">
  <div id="wrapper">
    <div class="well">
      <h1>Welcome!</h1>
      <p>Walkable Restaurants is the easiest way to find a great cup
        of coffee or a bite to eat that is within a reasonable
        walking distance from your current location.
        <% if ((typeof(isTablet) != "undefined") && isTablet) { %>
          Either select a cuisine or enter a search phase, and
            you'll be where you want to be, before you know it!
        <% } %>
      </p>
      <div style="text-align: center;">
        <p>
          <button id="selectCuisine" class="btn btn-info">Select
            A Cuisine</button>
        </p>
        <h4 style="text-align: center">--OR--</h4>
        <p>
          <form>
            <div class="input-append" style="max-width: 90%;">
              <input type="text" id="searchString"
                placeholder="Enter A Search Phrase…">
              <button id="search" type="submit" class="btn btn-info">
              <i class="icon-search icon-white"></i></button>
```

```
                    </div>
                 </form>
              </p>
           <p style="text-align: left;">
             <strong>Search for anything...</strong> A restaurant
               name (<a href="#" class="searchlink">Starbucks</a>, <a
               href="#" class="searchlink">McDonald's</a>), a type of
               location
               (<a href="#" class="searchlink">pub</a>, <a href="#"
                   class="searchlink">deli</a>, <a href="#"
                   class="searchlink">bakery</a>),
               a type food (<a href="#" class="searchlink">pizza</a>,
                   <a href="#" class="searchlink">subs</a>, or <a
                   href="#" class="searchlink">sushi</a>),
               part of a street address (<a href="#" class="searchlink">
                   Main Street</a>, <a href="#" class="searchlink">
                   Union Square</a>), etc...
             </p>
           </div>
           <p class="alert alert-info" style="font-weight: bold;
             margin:0px -20px;">Walking time calculations are only
               available for CA, FL, &amp; NY. All other locations will
               display distance in miles.</p>
         </div>
       </div>
</div>
```

▲ 홈 화면용 HTML 코드

홈 화면의 윈도우를 지원하기 위한 부분이 존재하며 이벤트 발생 시에 대한 처리를
나타냈고 렌더링에 대한 설정도 포함되어 있다.

```
templates.homeView = "app/views/HomeView.html";
window.HomeView = Backbone.View.extend({
  title: "Walkable Restaurants",
  destructionPolicy:'never',
  initialize: function(options) {
    this.render();
    this.view = this.$el;
  },
  events:{
    "click #search":"performSearch",
    "click #selectCuisine":"selectCuisine",
    "click .searchlink":"performSearchForLink"
  },
  render:function (eventName) {
```

```javascript
      var template = _ .template(templates.homeView);
      var model = {isTablet:NativeUtil.isTablet()};
      this.$el.html(template(model));
      if ( model.isTablet ) {
        this.$el.css("height", "100%");
        this.$el.css("margin", "0px");
        this.$el.css("padding", "0px");
        this.$el.find("#homeView").css("height", "100%");
        var wrapper = this.$el.find("#wrapper");
        wrapper.css("margin", "0px");
        wrapper.css("padding", "0px");
        var well = this.$el.find(".well");
        well.css("width", "460px");
        well.css("margin", "0px");
        well.css("padding", "30px");
        well.find(".input-append").css("max-width", "101%");
        well.css("position", "absolute");
        var hOffset = ($(window).width() - well.width())-70;
        hOffset = hOffset/2;
        well.css("left", hOffset+"px");
        well.css("top", "180px");
      }
      this.headerActions = $("<li class='btn btn-inverse'
        style='padding: 5px 5px;'>
        <i class='icon-info-sign icon-white'></i></li>");
      var self = this;
      this.headerActions.on( "click", function(event){
        self.headerButtonClick(event);
      })
      return this;
    },
performSearch:function () {
  if ( !this.lastTimestamp ||
  (new Date().getTime()-this.lastTimestamp) > 500) {
        var searchString = $("#searchString").val();
        var view = new SearchView( {searchString:searchString} );
        window.viewNavigator.pushView( view );
  }
    this.lastTimestamp = new Date().getTime();
  },
selectCuisine:function () {
    var view = new CuisineView();
    window.viewNavigator.pushView( view );
  },
performSearchForLink:function (event) {
    var target = $( event.target )
    var searchString = target.text();
```

```
      $("#searchString").val(searchString);
      this.performSearch();
   },
 headerButtonClick: function (event) {
      var view = new AboutView();
      window.viewNavigator.pushView( view );
   }
});
```
▲ 홈 뷰용 자바스크립트 코드

다음은 검색 기능을 구현한 코드이다. 사용자가 이 앱을 통해서 얻고자 하는 것은
검색 결과이다. 다음의 코드에서는 검색을 위한 사용자의 선택 과정 이후에 서버로부
터 결과를 얻는 동안에 검색 중이라는 동작 진행 문구를 화면에 렌더링한다.

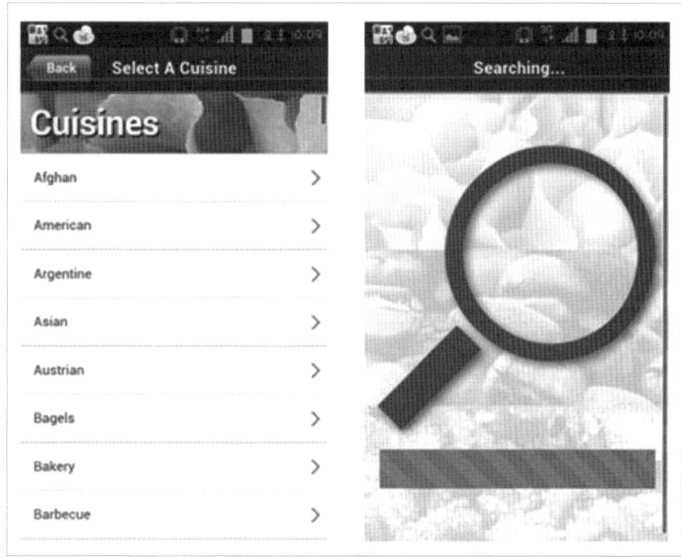

▲ 검색 수행 화면

```
templates.searchView = "app/views/SearchView.html";
window.SearchView = Backbone.View.extend({
  title: "Searching...",
  initialize: function(options) {
    this.render();
    this.view = this.$el;
    if(GeoWatcher.isValidLocation()) {
      var self = this;
      this.searchString = options.searchString;

      this.onSearchResult = function(result){
```

```javascript
        self.searchResult(result);
      }
      this.onSearchError = function(error){
        self.searchError(error);
      }

      // 완료로 변경되기 위한 충분한 지연  간격을 부여
      setTimeout(function(){SearchManager.search(
        self.searchString, self.onSearchResult,
        self.onSearchError );}, 401 );
    }
    else {
      var view = new InvalidLocationView();
      window.viewNavigator.pushView( view );
    }
  },
  events:{
  },
  render:function (eventName) {
    this.$el.html(templates.searchView);
    this.$el.css("height", "100%");
    return this;
  },
  searchResult: function(result) {
    //console.log(result);
    try {
      var jsonResult = JSON.parse(result);
      var view = new SearchResultsView({ model:jsonResult,
        searchString:this.searchString });
      window.viewNavigator.replaceView( view );
    }
    catch(e){
      alert(e.toString())
    }
  },
  searchError: function(error) {
   // console.log(error);
    var self = this;
    // 종료를 위한 대기
    setTimeout(function(){
      var view = new SearchResultsView({ model:{points:[],
        polygons:[]}, searchString:self.searchString });
      window.viewNavigator.replaceView( view );
    }, 550 );
  }
});
```

▲ 검색 뷰 코드

Appendix
부록

Appendix 01

참조 문헌

- http://www.tranexp.com/win/JavaScript-enabling.htm
- http://www.ibm.com/developerworks/kr/library/wa-jstools/
- http://stackoverflow.com/questions/7694840/javascript-public-private-variables?lq=1
- https://developer.mozilla.org/en-US/docs/JavaScript/Memory_Management
- https://developer.mozilla.org/en-US/docs/Venkman
- http://google-styleguide.googlecode.com/svn/trunk/javascriptguide.xml
- https://developer.mozilla.org/ko/docs/JavaScript 필수~
- http://www.w3.org/TR/domcore/#introduction-to-the-dom
- http://www.zdnet.co.kr/column/column_view.asp?artice_id=20120618090844&type=det
- http://en.wikipedia.org/wiki/Scripting_language
- http://www.w3.org/TR/html4/interact/scripts.html
- http://www.barelyfitz.com/projects/jssyndicate/
- http://www.w3schools.com/js/default.asp
- http://www.javascriptkit.com/cutpastejava.shtml
- http://www.javascriptsource.com/
- http://www.crockford.com/javascript/javascript.html
- http://en.wikipedia.org/wiki/JavaScript
- http://www.tranexp.com/win/JavaScript-enabling.htm
- http://www.javajigi.net/pages/viewpage.action?pageId=288489513
- http://stackoverflow.com/questions/1635116/javascript-class-method-vs-class-prototype-method
- http://msdn.microsoft.com/ko-kr/magazine/cc163419.aspx
- http://dev.naver.com/tech/ajaxui/ajaxui_3.php

- https://developers.google.com/speed/articles/optimizing-javascript?hl=es
- http://mckoss.com/jscript/object.htm
- http://www.javascriptkit.com/javatutors/oopjs3.shtml
- http://stackoverflow.com/questions/2117614/subclass-prototype-new-superclass-vs-subclass-new-superclass
- http://codebits.glennjones.net/cheatsheet/javascript.htm
- http://www.w3schools.com/js/js_functions.asp
- http://javascript.info/tutorial/functions-declarations-and-expressions
- http://www.w3schools.com/ajax/ajax_xmlhttprequest_create.asp
- http://www.w3schools.com/ajax/tryit.asp?filename=tryajax_first
- http://www.ibm.com/developerworks/kr/library/wa-ajaxintro3/index.html
- http://www.dynamicdrive.com/style/layouts/category/C11/P0/
- http://www.w3schools.com/css/tryit.asp?filename=trycss_border-width
- http://www.w3schools.com/css3/tryit.asp?filename=trycss3_background-size2
- http://www.dynamicdrive.com/style/csslibrary/item/image_frames_using_css3_border_image/
- http://www.json.org/
- http://ko.wikipedia.org/wiki/JSON
- http://teamaqua.github.com/JSONTest/
- http://www.ibm.com/developerworks/kr/library/wa-ajaxintro10/
- https://github.com/mozilla/pdf.js
- http://videojs.com/tag-builder/
- http://www.codeproject.com/Articles/755/JavaScript-For-Beginners
- http://news.naver.com/main/read.nhn?mode=LSD&mid=sec&sid1=104&oid=001&aid=0005586864
- http://www.madewithmarmalade.com/marmaladesdk
- http://www.dev.naver.com/openapi/apis/map/javascript_2_0/example
- http://www.dev.naver.com/openapi/download/NaverOpenApi_DevGuide.pdf
- http://developers.facebook.com/docs/guides/web/
- http://www.html.it/articoli/nifty/
- http://yoast.com/articles/sortable-table/#download
- http://www.webtoolkit.info/javascript-base64.html
- http://www.webtoolkit.info/javascript

- http://jsfiddle.net/qQp3T/
- http://www.regular-expressions.info/javascriptexample.html
- http://recurial.com/programming/understanding-callback-functions-in-javascript/
- http://dreamerslab.com/blog/en/javascript-callbacks/
- https://developer.mozilla.org/ko/docs/A_re-introduction_to_JavaScript
- http://blog.jidolstar.com/810
- http://www.whatbrowser.org/en/more/
- http://dromaeo.com/?dromaeo
- https://developers.google.com/v8/get_started
- http://ejohn.org/blog/javascript-performance-rundown/
- http://blogs.msdn.com/b/ie/archive/2012/06/13/advances-in-javascript-performance-in-ie10-and-windows-8.aspx
- http://blog.javarouka.me/2012/02/javascript-function.html
- https://github.com/jeresig/dromaeo
- http://my.safaribooksonline.com/book/programming/javascript/9781449399115/functions/curry
- http://www.svendtofte.com/code/curried_javascript/
- http://blog.saltfactory.net/194
- http://wiki.javajigi.net/pages/viewpage.action?pageId=4497
- https://developer.mozilla.org/en-US/docs/JavaScript/Guide/Regular_Expressions
- http://www.w3schools.com/js/js_variables.asp
- https://blog.mozilla.org/luke/2012/10/02/optimizing-javascript-variable-access/
- http://www.w3resource.com/javascript/variables-literals/variables.php
- http://www.w3schools.com/js/js_variables.asp
- http://www.snook.ca/archives/javascript/javascript_pass/
- https://developer.mozilla.org/en-US/docs/JavaScript/Memory_Management
- http://help.dottoro.com/ljngmdjo.php
- http://hompy.us/index.php?mid=javascript_study&listStyle=gallery&page=6&document_srl=7124&sort_index=readed_count&order_type=desc
- http://www.w3schools.com/js/js_htmldom_events.asp
- http://en.wikipedia.org/wiki/XMLHttpRequest
- http://www.w3.org/TR/XMLHttpRequest/
- https://developer.mozilla.org/ko/docs/XMLHttpRequest

- https://developer.mozilla.org/ko/demos/tag/tech:xhr
- http://www.w3schools.com/xml/xml_http.asp
- http://withfriendship.com/user/cyborg/xmlhttprequest.php
- http://tutorialsblogs.com/xmlhttprequest-tutorials-ajax-foundation/
- http://www.w3schools.com/tags/tag_script.asp
- https://developer.mozilla.org/en-US/docs/HTML/Element/script
- http://www.bamtol.net/bbs/skin/ggambo7002_board/print.php?id=a260&no=208

Appendix 02

JSLint 활용하기

JSLint는 자바스크립트 코드의 품질을 분석할 수 있는 도구이며 소프트웨어 개발 시에 코딩 규칙에 맞추어서 자바스크립트 코드를 작성하였는지를 확인하기 위해서 사용한다. JSLint는 더글라스 크록포드(Douglas Crockford)에서 의해서 개발된 온라인(Online) 도구이며 MIT 라이센스의 변형이 JSLint 라이선스를 따른다. JSLint를 사용하여 자바스크립트 코드를 테스트하기 위해서는 JSLint(http://www.jslint.com/) 홈페이지에 들어가 코드 입력 화면에서 대상 코드를 붙여 넣는다.

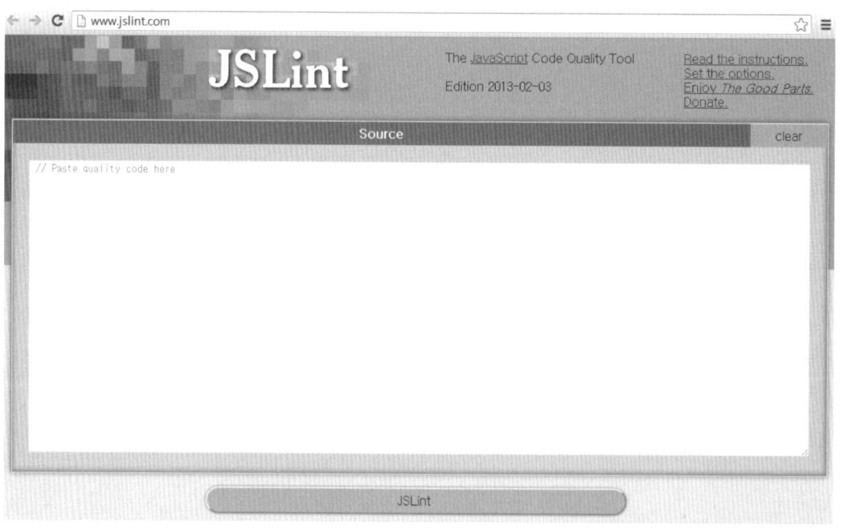

▲ jslint의 자바스크립트 코드 입력 화면(출처 : www.jslint.com)

테스트를 수행하기 전에 다음 그림과 같이 여러 개의 옵션을 설정할 수 있다. 테스트하고자 하는 대상에 대해서 원하는 옵션을 설정하고 수행하면 된다.

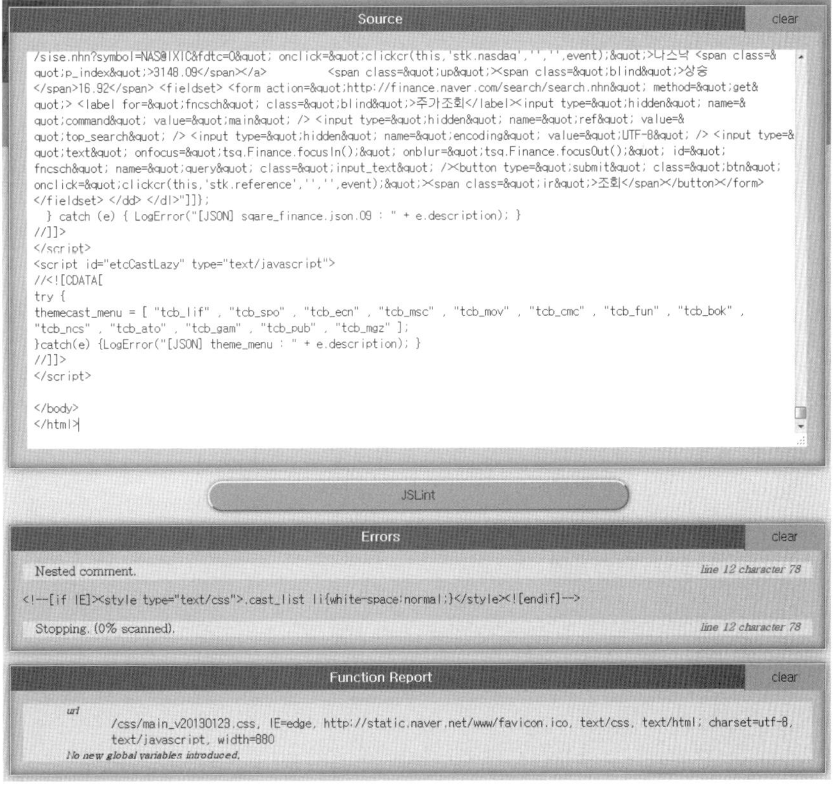

▲ jslint의 옵션 설정 메뉴

　JSLint는 코드 대상의 정적 분석 도구이기 때문에 코드의 규약 준수 여부와 같은 코드 품질 측면에서는 적용 효과를 볼 수 있지만 코드의 논리적인 부분에 대해서는 오류를 찾아내기는 어렵다. JSLint를 사용하였을 때 실제로 어떠한 결과를 얻을 수 있는지를 확인하기 위해서 JSLint 입력 칸에 코드를 넣고 테스트를 수행한 결과를 나타냈다.

▲ 네이버 사이트 테스트 결과

Appendix 03

참고할 만한 사이트

여기에서는 HTML5를 개발하면서 참조할 만한 사이트를 소개하고자 한다. 유명한 사이트들을 정리하였으며, 개발 도중에 다른 개발자들은 어떻게 하고 있는지를 참조할 수 있다. Bookmark로 등록해 놓고 수시로 살펴보도록 한다.

1. 제일 먼저 살펴볼 사이트는 Dr.Dobb's이다. 이 사이트는 웹 개발과 관련해서 많은 자료를 보유하고 있으니, 이는 매우 참조할 가치가 높다. 웹 개발 시 관련 있는 다른 지식에 대해서도 검색 및 참조가 가능하니 이를 기억하도록 한다.

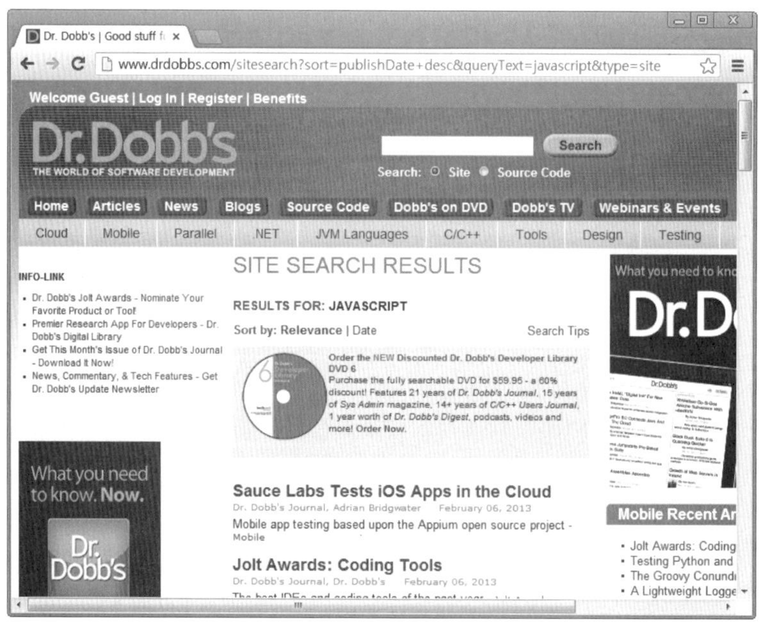

▲ Dr.Dobb's 사이트(출처 : drdobbs.com)

2. 모질라의 사이트는 웹 관련하여서 HTML, HTML5, JavaScript, AUDIO, VIDEO, SVG, CANVAS, DOM, CSS 등의 다양한 정보를 담고 있다.

▲ 모질라 사이트(출처 : https://developer.mozilla.org/)

다음은 모질라 사이트가 제공하는 다양한 데모 서비스이다. 많은 개발자가 공유해 놓은 데모들을 볼 수 있다. 다음의 하얀 원을 보면 데모 제출이라는 버튼이 있다. 그 버튼을 누르면 개발자는 자신이 개발한 데모를 외부 개발자들에게 보여줄 수 있다. 자신있게 개발한 작품이라면 시도해 보도록 한다.

▲ 모질라 사이트가 제공하는 다양한 데모

데모 제출 버튼을 클릭하면 다음과 같은 페이지로 전환된다.

▲ 모질라 사이트에 데모 공유 방법

3. 세 번째로 소개할 사이트는 다양한 HTML5 데모를 포함하고 있는 사이트이다. HTML5의 주요 기능들에 대해서 각각의 데모를 구현하여 공유한 사이트로서 브라우저 별로 지원 여부도 같이 정리하였다. 사용되는 기법들에 대해서 Filter를 사용하여 필터된 결과만으로도 데모들을 볼 수 있다.

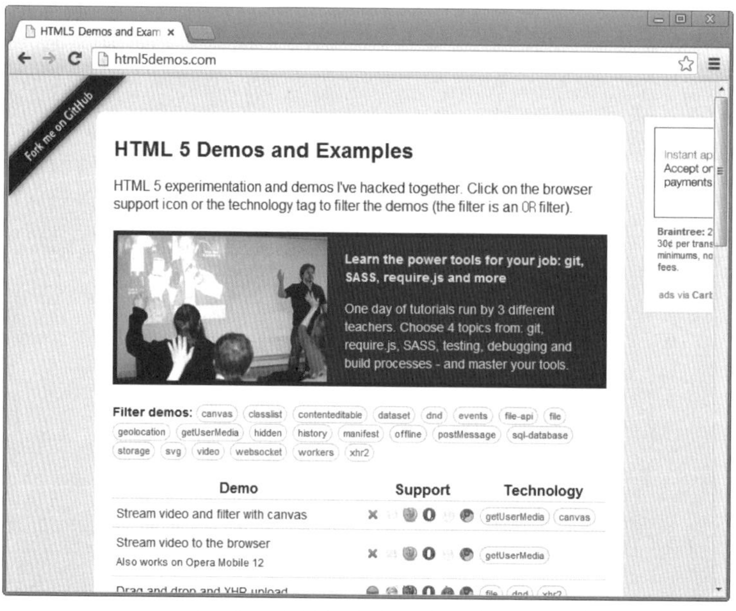

▲ HTML5 데모 사이트 (출처 : http://html5demos.com/)

이 사이트에서 지원되는 데모들을 나열하면 다음과 같다.

- Simple class manipulation
- dataset (data-* attributes)
- Browser based file reading (Not part of HTML5)
- Drag files directly into your browser (Not directly part of HTML5)
- Simple chat client
- Interactive canvas gradients
- Video
- Content Editable
- Geolocation
- drag and drop
- offline detection
- on/offline event tests
- Storage
- Web Workers

- Storage events
- History API using pushState
- Two videos playing in sync
- Canvas & Video
- Canvas
- contenteditable
- postMessage
- drag anything
- navigator.onLine tests
- offline application
- Web SQL Database Storage

4. HTML5 예제 제공 사이트로서 HTML5 Studio가 있다. HTML5에서 WebGL, Geolocation, Video, Drag & Drop 등에 대한 예제를 제공한다. 사용된 예제의 소스를 보고 다운로드 받을 수 있는 기능도 제공된다.

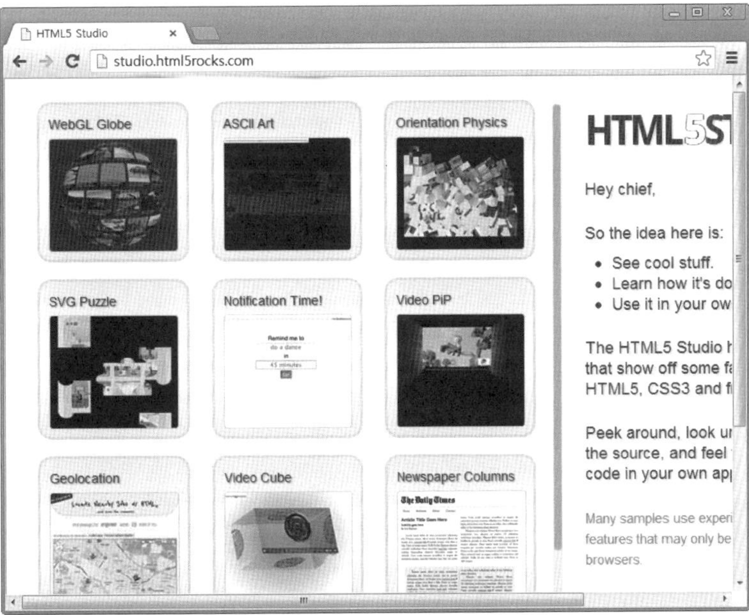

▲ HTML5 Studio 사이트(출처 : http://studio.html5rocks.com/)

5. HTML5의 내용을 인포그래픽으로 제공하는 사이트는 다음과 같다. 여기서는 HTML5의 주요 기능 관련 내용을 보기 쉽도록 인포그래픽 형태로 제공하여 사람들이 쉽게 이해할 수 있도록 하였고, 차트 시트를 제공하여 한눈에 정리되게끔 하였다.

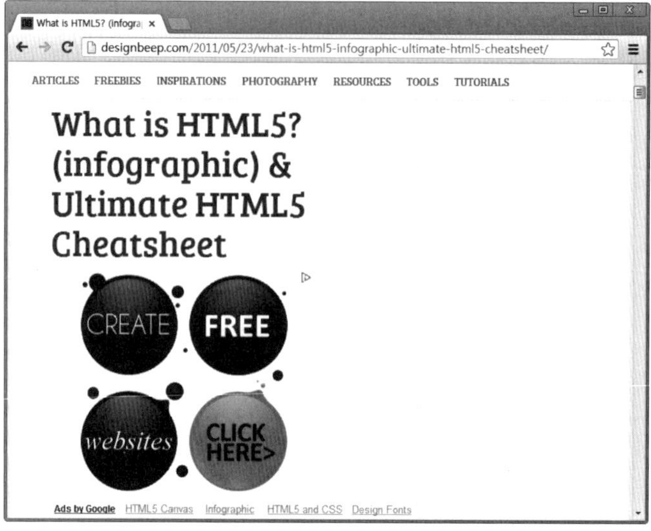

▲ HTML5 Infographic & Cheatsheet 제공 사이트

(출처 : http://designbeep.com/2011/05/23/what-is-html5-infographic-ultimate-html5-cheatsheet/)

HTML5 Infographic & Cheatsheet 제공 사이트에서 제공하는 인포그래픽 그림과 태그 정리, 이벤트 특성 정리를 간단히 나타냈다.

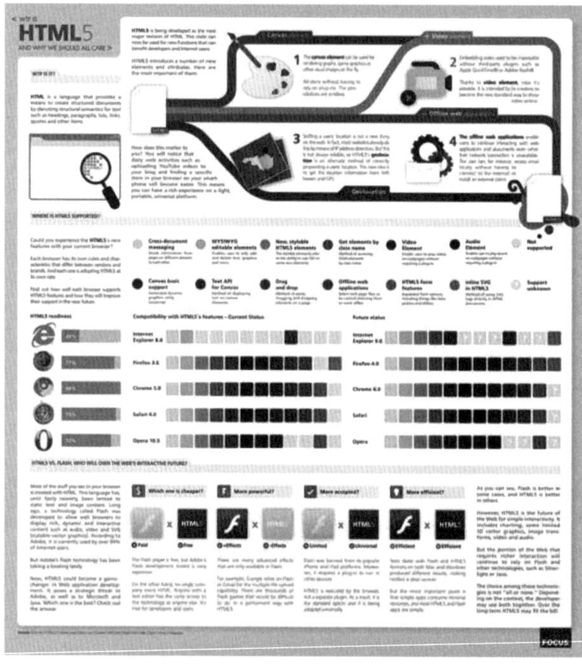

▲ HTML5 Infographic 자료(출처 : http://designbeep.com)

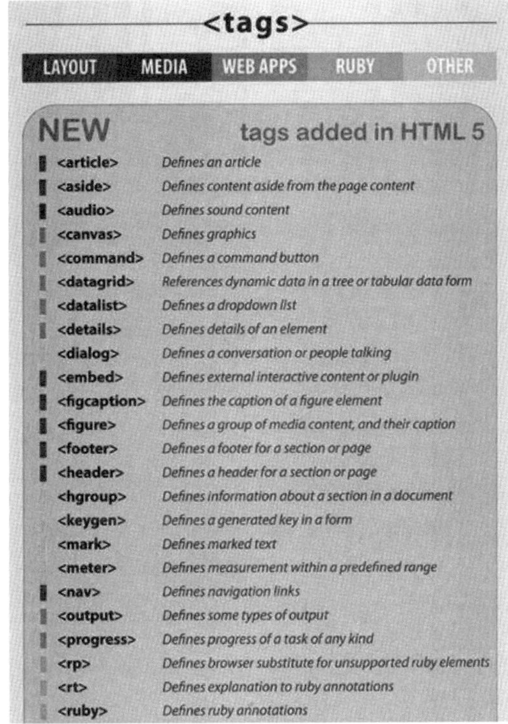

▲ HTML5 Cheatsheet의 태그(Tag) 정리(출처 : http://designbeep.com)

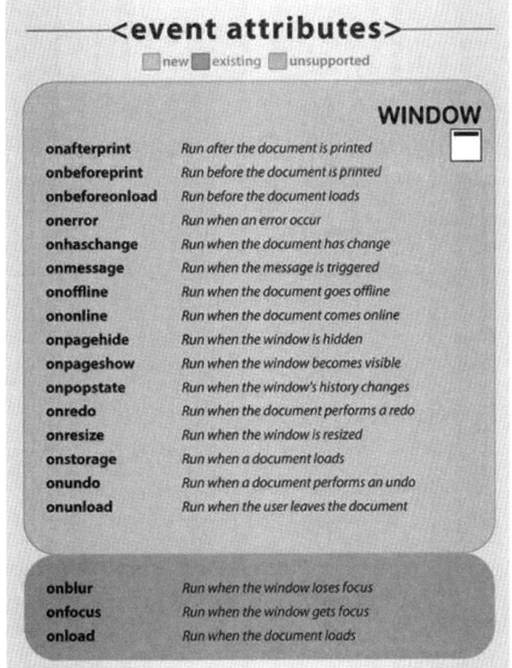

▲ HTML5 cheatsheet의 이벤트 특성(Event attribute) 정리(출처 : http://designbeep.com)

6. 브라우저의 HTML5 & CSS3 Readiness를 정리하고 제공하는 사이트이다. 부채꼴 모양으로 현재 웹에서 쉽게 확보할 수 있는 모든 브라우저를 망라하고 있다. 2008년부터 자료가 축적되어 현재는 2010년까지의 확인 자료를 바탕으로 인포그래픽이 작성되어 있다.

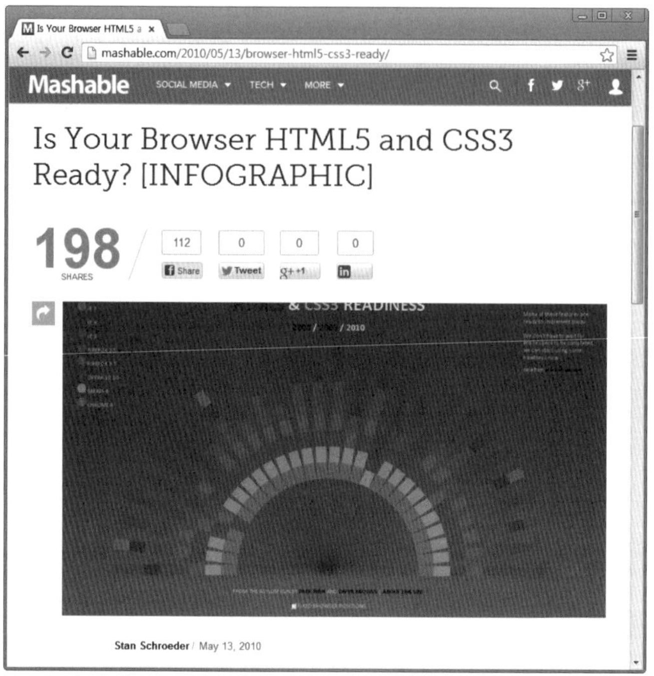

▲ HTML5 & CSS3 Readiness 정리(출처 : http://mashable.com/2010/05/13/browser-html5-css3-ready/)

7. HTML5 Rocks 사이트에서 HTML5 관련된 좋은 자료를 많이 제공한다. 태그별로 필터링해서 자료를 제공해 주며 프리젠테이션 자료를 제공하기도 한다.

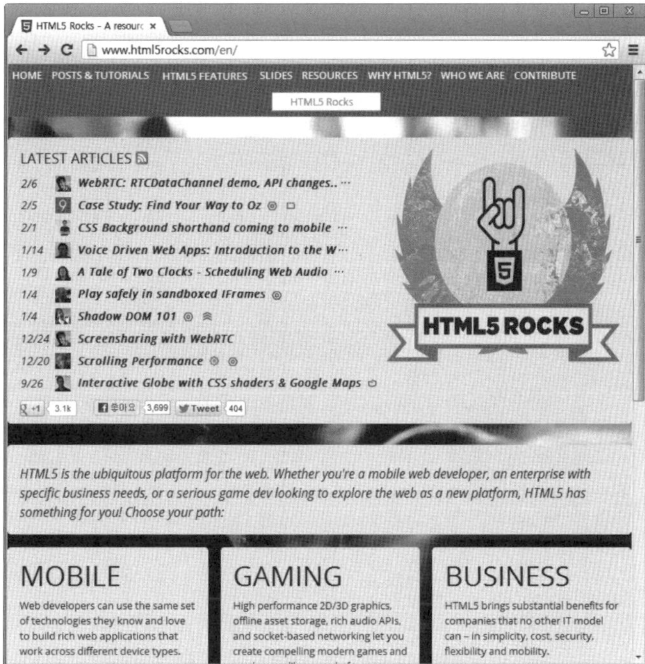

▲ HTML5 Rocks 사이트(출처 : http://www.html5rocks.com/en/)

‘Playground’라는 메뉴를 통해서는 작성된 자바스크립트의 결과를 즉시 확인해 볼
수도 있다.

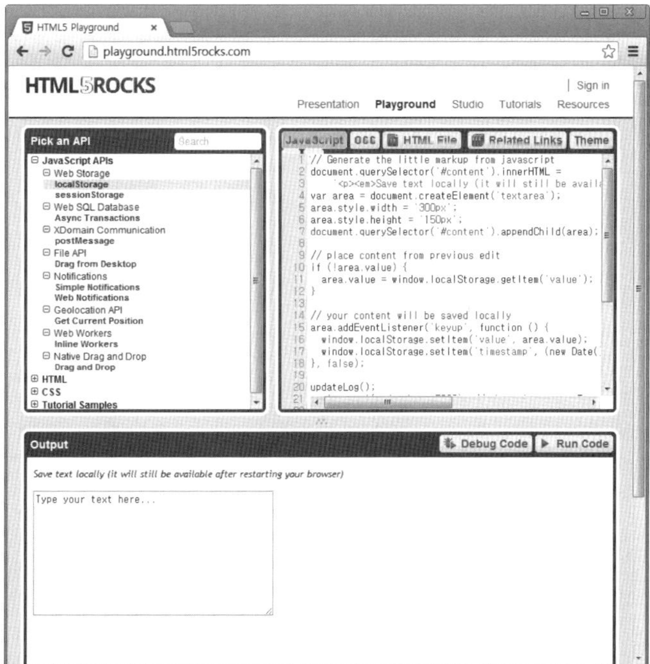

▲ HTML5 rocks의 Playground 메뉴

8. WHATWG( )와 W3C(World Wide Web Consortium) 사이트는 오픈 웹 애플리케이션을 개발하기 위한 다양한 자료를 제공한다. 이러한 자료의 범위는 스펙부터 시작하여 전체의 구조 최적화, 새로운 기능 추가, 표준화와 같은 활동을 진행하며 산업 각각의 의견을 받아들여 웹을 현재보다 더 나은 구조로 발전시키고자 노력하고 있다. 이러한 노력으로 HTML은 발전을 거듭하여 현재 HTML5에 이르렀으며 지금도 발전하고 있다.

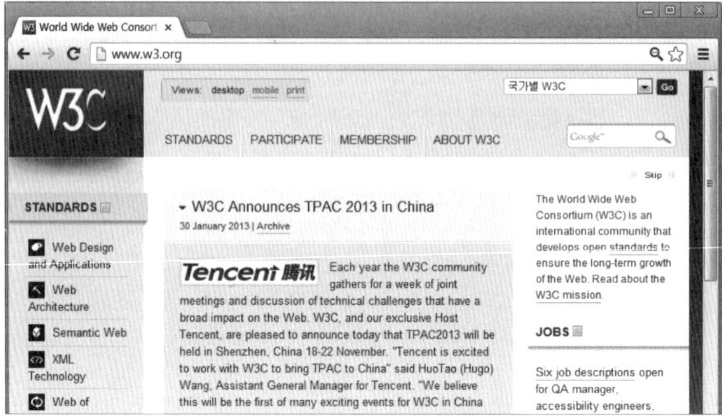

▲ W3C 사이트(출처 : http://www.w3.org)

W3C 사이트에서는 현재도 HTML5 표준의 개발 및 새로운 기능에 대한 검토가 지속적으로 이루어지고 있음을 알려주기 위해서 'This is a work progress' 팝업을 제공한다.

▲ WHATWG 사이트(출처 : http://www.whatwg.org)

다음의 사진은 2011년도에 찍은 W3C 구성 멤버이다. W3C 팀은 전 세계적으로는 78명의 인력에 의해서 유지되고 있으며 MIT/CSAIL(Massachusetts Institute of Technology Computer Science and Artificial Intelligence Laboratory) 등에서 호스팅되고 있다. W3C는 이 컨소시움의 창시자인 Tim Berners-Lee에 의해서 이끌어지고 있다.

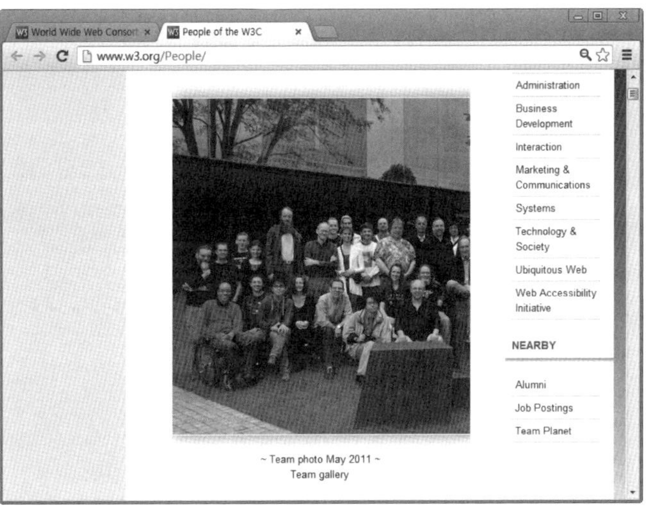

▲ W3C 팀 구성원

W3C 사무국은 W3C와의 연락을 위한 지역 거점 역할을 수행하며 또한 W3C의 기술 명세를 자국에 전파하는 역할을 수행한다. 사무국의 역할은 개발자, 설계자, 그리고 표준 전문가들에게 W3C 권고안의 채택을 촉진하게 하고 향후 권고안을 만들 수 있는 지역 기관의 가입을 독려하는데 있다. 다음은 한국 오피스 페이지이다.

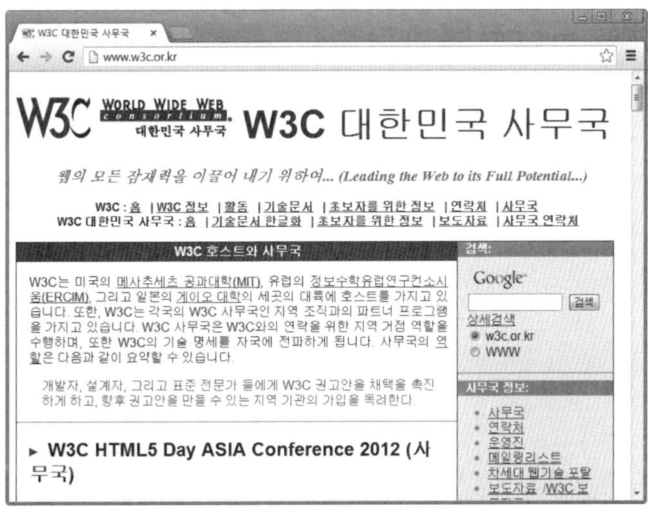

▲ W3C 한국 오피스

CSS 속성 인덱스 정리

이름	값	초깃값	비율	미디어
background-attachment	스크롤 | 고정 | 상속	스크롤		시각
background-color	〈color〉 | 상속	투명		시각
background-image	〈uri〉 |없음 | 상속도	없음		시각
background-position	[[〈percentage〉 | 〈length〉 | 왼쪽 | 센터 | 오른쪽] [〈percentage〉 | 〈length〉 |처음으로 | 센터 | 아래쪽]?] | [[왼쪽 | 센터 | 오른쪽] | | [위로 | 센터 | 아래쪽]] | 상속	0%	상자 자체의 크기를 참조	시각
background-repeat	반복 | 반복 - X | 반복 Y | 반복 없음 | 상속	반복		시각
background	[' background-color ' || ' background -image '|| ' background-repeat ' || 'background-attachment ' ||background-position]| 상속	개별 속성을 참조	background-position을 허용	시각
border-collapse	붕괴 | 구분 | 상속			시각
border-color	[〈color〉]{1,4} | 상속	개별 속성을 참조		시각
border-spacing	〈length〉〈length〉 ? | 상속	0		시각
border-style	〈border-style〉 {1,4}| 상속	개별 속성을 참조		시각
border-topborder-rightborder-bottomborder-left	[〈border-width〉 || 〈border-style〉 ||border-top-color]| 상속	개별 속성을 참조		시각

border-top-colorborder-right-colorborder-bottom-colorborder-left-color	⟨color⟩ | 상속	color속성 값		시각
border-top-styleborder-right-styleborder-bottom-styleborder-left-style	⟨border-style⟩ | 상속	없음		시각
border-top-widthborder-right-widthborder-bottom-widthborder-left-width	⟨border-width⟩ | 상속	중		시각
border-width	⟨border-width⟩ {1,4}| 상속	개별 속성을 참조		시각
border	[⟨border-width⟩ || ⟨border-style⟩ ||border-top-color]| 상속	개별 속성을 참조		시각
bottom	⟨length⟩가 | ⟨percentage⟩ |자동(Auto) | 상속	자동	블록을 포함하는 높이를 참조	시각
caption-side	위 | 아래 | 상속	상단		시각
clear	없음(None) | 왼쪽 | 오른쪽 || 모두| 상속	없음		시각
clip	⟨shape⟩ |자동(Auto) | 상속	자동		시각
color	⟨color⟩ | 상속	사용자 에이전트에 의존		시각
content	일반 | 없음 | [⟨string⟩ | ⟨uri⟩ | ⟨counter⟩ |attr은 (⟨identifier⟩)|open-quote|close-quote|no-open-quote|no-close-quote]+| 상속	정상		모든
counter-increment	[⟨identifier⟩⟨integer⟩ ?]+|없음| 상속	없음		모든
counter-reset	[⟨identifier⟩의⟨integer⟩ ?]+|없음| 상속	없음		모든

속성	값	초기값	적용 대상	미디어
cursor	[[〈uri〉,]*[자동 | crosshair | 기본 | 포인터 | 이동 | e-resize | ne-resize | nw-resize | n-resize | se-resize | sw-resize | s-resize | w-resize | 텍스트 | 도움말 || wait]] | 상속	자동		영상,인터랙티브
direction	ltr | RTL | 상속	ltr		시각
display	인라인 | 차단 | 목록 항목을 | 인라인 블록 | 테이블 | 인라인 테이블 | 테이블 행 그룹 | 테이블 헤더 그룹 | 테이블 바닥 글 – 그룹 | 테이블 행을 | 테이블 열 그룹 | 테이블 – 칼럼 | 테이블 셀 | 테이블 캡션 | 아무 | 상속도	인라인		모든
empty-cells	보기 | 숨기기 | 상속	표시		시각
float	왼쪽| 오른쪽 | 없음 | 상속	없음		시각
font-family	[[〈family-name〉 | 〈generic-family〉][, 〈family-name〉 | 〈generic-family〉]*] | 상속	사용자 에이전트에 의존		시각
font-size	〈absolute-size〉 | 〈relative-size〉 | 〈length〉 | 〈percentage〉 | 상속	중	상속 글꼴 크기를 참조	시각
font-style	일반 | 기울임꼴(italic) | 경사(oblique) | 상속	정상		시각
font-variant	정상 | 작은 대문자 | 상속	정상		시각
font-weight	일반 | bold | bolder | lighter | 100 | 200 | 300 | 400 | 500 | 600 | 700 | 800 | 900 | 상속	정상		시각
font	[[' font-style ' || ' font-variant ' || ' font-weight' ?] ' font-size ' [' line-height ']? font-family]|자막 | 아이콘 | 메뉴 | 메시지 상자 | 작은 자막 | 자격 – 바 | 상속	개별 속성을 참조	개별 속성을 참조	시각
height	〈length〉 | 〈percentage〉 |자동차 | 상속	자동		시각
left	〈length〉 | 〈percentage〉 |자동차 | 상속	자동	포함하는 블록의 너비를 참조	시각

letter-spacing	| 일반⟨length⟩ | 상속	정상		시각
line-height	일반 | ⟨number⟩ | ⟨length⟩ | ⟨percentage⟩ | 상속	정상	요소 자체의 글꼴 크기를 참조	시각
list-style-image	⟨uri⟩ |없음 | 상속도	없음		시각
list-style-position	내부 | 외부 | 상속	외부		시각
list-style-type	디스크 | 원형 | 사각형 | 소수점 | decimal-leading-zero | lower-roman | upper-roman | lower-greek | lower-latin | upper-latin | armenian | georgian | lower-alpha | upper-alpha | 없음 | 상속	디스크		시각
list-style	[' list-style-type ' || ' list-style-position ' ||list-style-image]| 상속	개별 속성을 참조		시각
margin-rightmargin-left	⟨margin-width⟩ | 상속	0	포함하는 블록의 너비를 참조	시각
margin-topmargin-bottom	⟨margin-width⟩ | 상속	0	포함하는 블록의 너비를 참조	시각
margin	⟨margin-width⟩ {1,4}| 상속	개별 속성을 참조	포함하는 블록의 너비를 참조	시각
max-height	⟨length⟩ | ⟨percentage⟩ |없음 | 상속도	없음		시각
max-width	⟨length⟩ | ⟨percentage⟩ |없음 | 상속도	없음	포함하는 블록의 너비를 참조	시각
min-height	⟨length⟩ | ⟨percentage⟩ | 상속	0		시각
min-width	⟨length⟩ | ⟨percentage⟩ | 상속	0	포함하는 블록의 너비를 참조	시각
opacity	⟨number⟩ | 상속	1		시각
orphans	⟨integer⟩ | 상속	2		시각, 호출
outline-color	⟨color⟩ |반전 | 상속	거꾸로		영상, 인터랙티브

outline-style	〈border-style〉	상속	없음		영상,인터랙티브
outline-width	〈border-width〉	상속	중		영상,인터랙티브
outline	[' outline-color ' || ' outline-style ' ||outline-width]| 상속	개별 속성을 참조		영상,인터랙티브
overflow	표시	숨김	스크롤	자동(Auto)	상속	눈에 보이는		시각
padding-toppadding-rightpadding-bottompadding-left	〈padding-width〉	상속	0	포함하는 블록의 너비를 참조	시각
padding	〈padding-width〉 {1,4}| 상속	개별 속성을 참조	포함하는 블록의 너비를 참조	시각
page-break-after	자동(Auto)	항상	방지	왼쪽	오른쪽	상속	자동		시각, 호출
page-break-before	자동(Auto)	항상	방지	왼쪽	오른쪽	상속	자동		시각, 호출
page-break-inside	방지	자동(Auto)	상속	자동		시각, 호출
position	정적	상대	절대	수정	상속	정적인		시각
quotes	[〈string〉〈string〉]+	없음	상속	사용자 에이전트에 의존		시각
right	〈length〉	〈percentage〉	자동(Auto)	상속	자동	포함하는 블록의 너비를 참조	시각
table-layout	자동(Auto)	고정	상속	자동		시각
text-align	오른쪽	왼쪽	센터	정당화	상속	이름 없는 값은 direction이 ltr 값을 가지면 left로, direction이 rtl 값을 가지면right로 동작.		시각
text-decoration	없음	[|	overline		라인을 통함 || Blink]	상속하지	없음		시각
text-indent	〈length〉	〈percentage〉	상속	0	포함하는 블록의 너비를 참조	시각
text-transform	대문자	대문자	소문자	없음	상속도	없음		시각

top	〈length〉	〈percentage〉	자동(Auto)	상속	자동	블록을 포함하는 높이를 참조	시각
unicode-bidi	일반(Normal)	포함	bidi	상속	정상		시각
vertical-align	기준가	서브	슈퍼	TOP	텍스트 상단	중간	하단	텍스트 아래쪽	〈percentage〉	〈length〉| 상속	기준	line-height 요소 자체를 참조	시각
visibility	표시	숨김	붕괴	상속	눈에 보이는		시각
white-space	일반	사전	넘김	예약 포장	예약 온라인	상속	정상		시각
widows	〈integer〉	상속	2		시각, 호출
width	〈length〉	〈percentage〉	자동(Auto)	상속	자동	포함하는 블록의 너비를 참조	시각
word-spacing	일반(Normal)	〈length〉	상속	정상		시각
z-index	자동	〈integer〉	상속	자동		시각

Index

YoungJin.com Y.
영진닷컴

실전에서 써먹는
JavaScript 프로그래밍

1판 1쇄 발행 2013년 6월 5일

저   자   김형훈
발 행 인   김길수
발 행 처   (주)영진닷컴
주   소   서울시 금천구 가산동 664번지 대륭테크노타운 13차 10층 (우)153-803

대표전화   1588-0789
대표팩스   (02)2105-2207
등   록   2007. 4. 27. 제16-4189호

값 25,000원

©2013. (주)영진닷컴

ISBN 978-89-314-4382-0

* 본 도서의 내용 문의는 pastelom@naver.com으로 해주시기 바랍니다.

http://www.youngjin.com